Observability Engineering

데브옵스 엔지니어를 위한
실전 관찰 가능성 엔지니어링

데브옵스 엔지니어를 위한 실전 관찰 가능성 엔지니어링

관찰 가능성의 시스템 구축과 문화 확산을 위한 가이드

초판 1쇄 발행 2024년 6월 7일

지은이 채리티 메이저, 리즈 퐁 존스, 조지 미란다 / **옮긴이** 노승헌 / **펴낸이** 전태호
펴낸곳 한빛미디어(주) / **주소** 서울시 서대문구 연희로2길 62 한빛미디어(주) IT출판2부
전화 02-325-5544 / **팩스** 02-336-7124
등록 1999년 6월 24일 제25100-2017-000058호 / **ISBN** 979-11-6921-251-9 93000

총괄 송경석 / **책임편집** 박민아 / **기획·편집** 김민경
디자인 표지 박정우 내지 최연희 / **전산편집** 강창효
영업 김형진, 장경환, 조유미 / **마케팅** 박상용, 한종진, 이행은, 김선아, 고광일, 성화정, 김한솔 / **제작** 박성우, 김정우

이 책에 대한 의견이나 오탈자 및 잘못된 내용은 출판사 홈페이지나 아래 이메일로 알려주십시오.
파본은 구매처에서 교환하실 수 있습니다. 책값은 뒤표지에 표시되어 있습니다.
한빛미디어 홈페이지 www.hanbit.co.kr / 이메일 ask@hanbit.co.kr

지금 하지 않으면 할 수 없는 일이 있습니다.
책으로 펴내고 싶은 아이디어나 원고를 메일(writer@hanbit.co.kr)로 보내주세요.
한빛미디어(주)는 여러분의 소중한 경험과 지식을 기다리고 있습니다.

Observability Engineering

데브옵스 엔지니어를 위한
실전 관찰 가능성 엔지니어링

O'REILLY® **HB** 한빛미디어
Hanbit Media, Inc.

이 책을 통해 관찰 가능성을 깊이 이해하게 되었습니다. 모니터링과의 차이점을 설명한 부분과 BI 시스템과의 비교도 흥미로웠습니다. 이 책은 시스템을 운영하는 조직이나 담당자뿐만 아니라 스타트업이나 개인 프로젝트를 진행하는 개발자에게도 관찰 가능성 도입을 고려할 때 참고할 만한 자료입니다. 또한, 책에서 소개한 슬랙의 사례를 통해 관찰 가능성 도입과 관련된 통찰력을 얻을 수 있으며, 저자들의 의견처럼 프론트엔드에 특화된 관찰 가능성 도구의 오픈소스가 필요하다는 생각이 들었습니다.

홍상의, 프리랜서

'엔지니어링팀이 건강하고 효율적으로 운영되는지를 나타내는 핵심 메트릭은 코드 작성 후 프로덕션 환경까지 배포되는 데 얼마나 시간이 걸리는가에 대한 메트릭이다.' 이 책에 나오는 문장에 매우 공감합니다. 수동적인 모니터링의 단계를 벗어나, 운영 중인 서비스의 상태를 제대로 추적하고 능동적으로 대응하고 싶다면 이 책으로 '관찰 가능성'을 배워보시길 추천합니다.

정현준, 20년 차 개발자

오퍼레이션을 수행하면서 관찰자가 반드시 숙지해야 할 정보를 다루고 있습니다. SLO 및 관찰 방법의 세부 내용을 소개하고, 슬랙의 사례를 통해 관찰 가능성에 대한 이해를 도와줍니다. 이 책은 관찰 가능성을 통해 시스템을 개선하는 방법에 대한 안내서입니다.

배윤성, 지에이랩 대표

관찰 가능성은 투명성을 동반합니다. 디버깅이나 유지 보수 측면에서 유용할 뿐만 아니라, 복잡한 클라우드 네이티브 시스템이 설계대로 작동하는지 검증할 수 있습니다. 기존 방식, 정형화 되어 있지 않은 로그나 예측 가능한 상황을 대변할 메트릭만으로는 관찰 가능성을 확보할 수 없습니다.

이 책은 어떻게 관찰 가능성을 확보하는지를 알려주기 전에, 관찰 가능성이 필요한 이유를 다양한 프로덕션 환경에서 소개하고 있습니다. 이러한 안티 패턴을 이해해도 이 책의 가치는 충분하다고 생각합니다.

박종헌, 시니어 소프트웨어 엔지니어

현대 소프트웨어 시스템은 날이 갈수록 복잡해지고 있습니다. 마이크로서비스 아키텍처, 클라우드 네이티브 기술, 분산 시스템 등 혁신적인 방법론과 도구들이 등장하면서 개발과 운영의 영역이 융합되고 있습니다. 이러한 변화의 중심에 있는 것 중 하나가 바로 관찰 가능성입니다.

관찰 가능성은 시스템의 상태를 이해하고 문제를 식별하여 해결하는 데 핵심이 됩니다. 데브옵스와 SRE 문화에서 관찰 가능성은 지속적인 모니터링, SLO 기반 알람, 분산 트레이싱과 같은 실무 기술로 구현됩니다. 카오스 엔지니어링, 피처 플래깅, 점진적 배포 등의 방법론 역시 시스템에 대한 깊이 있는 통찰을 바탕으로 가능해집니다.

조현석, 소프트웨어 엔지니어

지은이/옮긴이 소개

지은이 **채리티 메이저** Charity Majors

허니컴의 공동 창립자이자 CTO이면서 『데이터베이스 신뢰성 엔지니어링』(에이콘, 2023)의 공동 저자이기도 합니다. 이전에는 Parse, 페이스북, Linden Lab 등에서 시스템 엔지니어, 엔지니어링 매니저로 근무했습니다.

지은이 **리즈 퐁 존스** Liz Fong-Jones

개발자 애드보킷과 사이트 신뢰성 엔지니어로 업계에서 17년 이상 근무한 베테랑입니다. 허니컴에서 SRE와 관찰 가능성 커뮤니티의 애드보킷으로 활동 중입니다.

지은이 **조지 미란다** George Miranda

시스템 엔지니어였지만 현재는 허니컴에서 제품 마케터이자 시장 마케팅 전략 리더로 활동하고 있습니다. 15년 이상 금융 업계와 비디오 게임 업계에서 대규모 분산 시스템을 구축하는 일을 해왔습니다.

옮긴이 **노승헌** nopd@linecorp.com

눈물 없이 볼 수 없는 한 편의 뮤직비디오 같은 인생을 만드느라 바쁜 센티멘털리스트. 삼성 네트웍스, SK텔레콤, 아카마이 코리아를 거치면서 개발자, 프로젝트 매니저, 제품 오너, 솔루션 아키텍트 등 다양한 영역에서 자신을 시험해보고 있습니다. 현재는 라인플러스에서 사용자가 서비스를 더 쾌적하게 사용할 수 있도록 글로벌 트래픽에 관한 업무를 수행합니다. 집필한 도서로는 『나는 LINE 개발자입니다』(한빛미디어, 2019), 『슬랙으로 협업하기』(위키북스, 2017), 『소셜 네트워크로 세상을 바꾼 사람들』(길벗, 2013) 등이 있으며 『관찰 가능성 엔지니어링』(한빛미디어, 2023), 『NGINX 쿡북』(한빛미디어, 2022) 등을 번역했습니다.

현대의 시스템은 점점 복잡해지고 있습니다. 소프트웨어와 시스템은 점차 작은 조각으로 나뉘어지고 있으며 API를 중심으로 한 데이터 소통량이 폭발적으로 늘어나고 있습니다. 이러한 변화는 비단 특정한 시스템이나 회사 내로만 한정되지 않습니다. 서로 다른 회사의 소프트웨어, 시스템 간의 통신도 늘어나고 있고 상상할 수 없을 만큼 복잡한 생태계로 변화하고 있습니다.

소프트웨어와 시스템이 복잡해지면서 기존의 모니터링 방법만으로는 제대로 상태를 파악하거나 문제를 추적하는 것이 어려워지고 있습니다. 사용자의 높아진 기대 수준에 부응하기 위해서는 복잡해진 환경을 제대로 이해하고 사용자의 경험을 제대로 파악할 수 있는 도구나 방법이 필요합니다.

관찰 가능성은 개념일 수도 있고 여러 도구의 집합일 수도 있으며, 더 나아가 하나의 문화일 수도 있습니다. 정보의 유기적인 관계를 만들어 내는 체계인 동시에 기존에는 파악하기 어려웠던 숨겨진 진실들을 파헤치는 탐정 역할도 해주는 고마운 존재로 생각해도 무방합니다. 중요한 것은 우리가 해오던 소프트웨어의 개발과 서비스의 출시, 그리고 운영 업무를 든든하게 뒷받침해줄 수 있는 지원군이라는 사실입니다.

저자들은 자칫 모호하고 어렵게 느껴질 수 있는 관찰 가능성을 슬랙을 비롯한 업계 엔지니어의 경험과 자신들의 경험을 통해 쉽게 풀어내고 있습니다. 또한, 시장에 출시된 제품의 사례를 통해 구체화하고 있습니다. 여기에 더하여 관찰 가능성을 기술적인 관점에서만이 아닌, 조직이 문화적으로 받아들여야 하는 관행으로써 생각할 것을 이야기하고 있습니다.

이 책은 관찰 가능성을 처음 접하는 사람부터 이미 업무에 채택한 사람들까지 부담 없이 읽을 수 있는 좋은 지침서가 될 것으로 생각합니다. 독자 여러분들에게 저녁이 있는 삶, 일과 삶의 균형이 잡힌 아름다운 인생을 향해 걸어가는 길에 적게나마 도움이 되길 기대해 봅니다!

2024년
어느 야심한 밤에
노 승 헌

추천사

지난 수년간, '관찰 가능성^{observability}'이라는 용어는 시스템 엔지니어링 커뮤니티의 변방에서나 다뤄지던 주제에서 소프트웨어 엔지니어링 커뮤니티에서 늘 찾아볼 수 있는 주제로 변해 왔습니다. 용어가 명성을 얻기 시작하면서 불가피하게도 '모니터링^{monitoring}'과 같이 어느 정도 그 영역이 인접해 있는 다른 용어와 서로 뒤섞여 사용되는 운명을 겪었습니다.

이후 벌어진 일들은 불행하리만큼 불가피한 것들이었습니다. 모니터링 도구와 공급 업체들은 관찰 가능성의 철학적, 기술적, 사회 기술적 토대로 모니터링과 차별화하기 위해 사용했던 언어와 단어를 채택하여 사용하기 시작했습니다. 이처럼 혼탁해진 상황은 전혀 도움이 되지 않았습니다. 사람들이 '관찰 가능성'과 '모니터링'을 동일하게 취급하도록 했고, 두 용어가 갖고 있는 차이점에 대해 의미 있고 미묘한 대화$^{nuanced\ conversation}$를 나누기 어려운 상황을 초래했습니다.

모니터링과 관찰 가능성의 차이를 순수하게 의미론적 관점에서만 다루는 것은 바보 같은 짓입니다. 관찰 가능성은 (공급 업체가 무슨 말을 하든 간에) '관찰 가능성 도구'를 구입하거나 오늘날의 표준을 채택한다고 해서 얻어낼 수 있는 기술적인 개념이 아닙니다. 오히려 관찰 가능성은 사회 기술적인 개념입니다. 성공적으로 관찰 가능성을 구현하려면 적절한 도구를 자유롭게 사용할 수 있는 것과 마찬가지로, 소프트웨어의 개발, 배포, 디버깅 그리고 관리 방식을 지원할 수 있는 적절한 문화적 발판을 갖는 것이 중요합니다.

대부분 아니, 거의 모든 팀은 모니터링과 관찰 가능성 모두를 활용하여 각자 제공하고 있는 서비스를 성공적으로 만들고 운영하고자 합니다. 하지만 그러기 위해서는 우선 실무자들이 모니터링과 관찰 가능성이 갖고 있는 철학적인 차이점을 이해할 필요가 있습니다.

관찰 가능성과 모니터링은 시스템 동작에 대한 상태 공간$^{state\ space}$을 다루는 방법에 따라 구분됩니다. 조금 더 명확히 이야기하자면, 상태 공간을 탐색하는 방법과 어느 정도의 세부 수준에서 탐색하는가에 따라 나뉩니다. 여기서 이야기하는 '상태 공간'은 시스템이 다양한 단계에서 보여주는 새로운 동작을 말합니다. 그리고 시스템의 단계에는 시스템을 설계하고 개발하거나 개발된 시스템을 시험하는 과정과 시스템을 실제로 배포해 사용자에게 제공하는 과정은 물론이고, 서비스의 생애주기 동안 수행하는 디버그 과정도 포함합니다. 즉, 시스템이 복잡해질수록 상태 공간은 계속 확장되고 다양한 형태를 띠게 됩니다.

관찰 가능성은 상태 공간을 세심하게 매핑하고, 가는 빗으로 머리를 빗는 것처럼 세세한 부분까지 탐색할 수 있게 해줍니다. 이러한 세심한 탐색은 시스템의 예상치 못한 동작, 롱테일long-tail, 다봉분포multimodal distribution[1]를 더 잘 이해하고자 할 때 필요합니다. 반면 모니터링은 넓은 붓으로 그림을 그리는 것처럼 전체 시스템의 대략적인 모습을 보여줄 뿐입니다.

따라서, 수집되고 있는 모든 데이터 자체는 물론이고, 데이터를 저장하는 방법, 시스템의 동작을 더 잘 이해하기 위해 데이터를 탐색하는 방법에 이르기까지 모든 것들이 모니터링과 관찰 가능성의 목적에 따라 달라집니다.

지난 수십 년간, 모니터링의 정신은 무수히 많은 도구, 시스템, 프로세스, 사례 개발에 영향을 주었고 대다수는 사실상의 산업 표준이 되었습니다. 이러한 도구, 시스템, 프로세스, 사례들은 명시적으로 모니터링을 위해 디자인되었기 때문에 그 목적을 위한 역할을 훌륭히 수행하고 있습니다. 그렇지만, 아무것도 모르는 고객들에게 모니터링과 관련한 제품과 표준을 '관찰 가능성' 도구 혹은 프로세스라고 리브랜딩하거나 마케팅할 수는 없으며 그래서도 안 됩니다. 그렇게 하는 것은 아무런 이점도 없을 뿐 아니라 고객에게 막대한 시간과 노력, 비용의 낭비라는 위험을 초래할 수 있습니다.

이게 전부가 아닙니다. 도구는 빙산의 일각에 불과합니다. 다른 회사에서 성공적으로 도입된 관찰 가능성 도구나 사례를 만들고 채택하는 것이 어떤 한 조직이나 회사가 처한 모든 문제를 풀어줄 수는 없습니다. 완성된 제품은 그 뒤에 숨겨진 도구 제작 과정이나, 요구되는 프로세스의 변화, 해결하려는 가장 중요한 문제가 무엇이고 제품이 어떤 암묵적인 가정들을 내포하고 있는지 아무런 이야기를 해주지 않습니다.

성공을 위해 팀을 구성한 회사에서, 관찰 가능성을 적용하는 데 도움이 될 만한 문화적인 프레임워크를 먼저 도입하지 않은 채 관찰 가능성 도구를 만들거나 구매하는 것은 큰 도움이 되지

---

[1] https://en.wikipedia.org/wiki/Multimodal_distribution

않습니다. 대시보드나 경고, 정적으로 정의된 임계치^{threshold}와 같은 시볼레트^{shibboleths}**2**에 기반한 관념과 문화 역시 관찰 가능성의 제대로 된 잠재력을 끌어내는 데 도움이 되지 않습니다. 관찰 가능성 도구는 아주 많고 매우 세분화된 데이터에 액세스할 것이고, 그런 산더미 같은 데이터를 제대로 이해하기 위해서는 가설 중심의 반복적인 디버깅을 수행할 수 있는 사고방식이 필요합니다. 엄청난 양의 데이터는 관찰 가능성 도구가 유용하게 활용될 수 있게 해주는 궁극의 결정권자로서, 관찰 가능성 그 자체라 봐도 무방합니다.

단순히 최신의 도구를 사용할 수 있다고 하여 업계 실무자들에게 관찰 가능성에 대한 올바른 사고방식이 생기지는 않습니다. 모니터링과 관찰 가능성을 함께 고려해야만 하는 실질적인 해결책으로 바라보지 않은 채, 둘 사이의 모호한 철학적 차이에 대해 설득력 있게 말하는 것 역시 도움이 되지 않습니다. 예를 들어 이 책에서는 여러 장에 걸쳐 로그, 메트릭, 추적을 '관찰 가능성의 세 가지 기둥^{three pillars of observability}'이라는 관점에서 살펴봅니다. 비판의 여지가 없지는 않겠지만, 로그, 메트릭, 추적은 실세계에서 동작하는 실제 시스템을 운영하는 사람들이 오랫동안 그들의 시스템을 디버깅하기 위해 자유롭게 사용해 온, 원격 측정의 유일하면서도 구체적인 예라는 것은 거부할 수 없는 사실입니다. 따라서 '관찰 가능성의 세 가지 기둥' 이야기가 로그, 메트릭, 추적 중심이 되는 것은 당연한 일입니다.

현실 세계에서 시스템을 구축하는 실무자들에게 가장 큰 반향을 일으키는 것은 추상적이고 허황 된 생각이 아니라 그들이 당면한 촌각을 다투는 기술적, 문화적인 문제를 다룰 수 있으면서 해결책도 제안해 주는 실행 가능한 청사진입니다. 이 책은 이러한 생각들이 현실화할 수 있도록 도와주는(주관적이지만) 확실한 청사진을 독자 여러분에게 제공하려고 합니다. 이를 통해 관찰 가능성에 대한 철학적 신조와 실천 사이의 따분한 간극을 메꿀 것입니다.

이 책은 프로토콜이나 표준, 저수준의 다양한 원격 측정 시그널^{signals}에 대한 표현법에 집중하는 대신 관찰 가능성의 세 가지 기둥을 구조화된 이벤트^{events}의 세 가지 축(추적^{trace}에서 문맥^{context}

---

2 옮긴이_ 특정한 집단이 다른 집단이나 외부인을 구별해 내기 위해 사용하는 단어나 문구를 의미하는 히브리어입니다.

을 뺀 것), 가설의 반복적인 검증(가설 기반의 디버깅), 그리고 핵심 분석 루프core analysis loop 관점에서 고찰합니다. 그리고 관찰 가능성 구성 요소의 첫 번째 원칙부터 시작하여 관찰 가능성을 전반적으로 재구성 함으로써 원격 측정 시그널만으로는(또는 이러한 시그널을 활용하기 위해 만들어진 도구만으로는) 시스템 동작을 최대한 관찰 가능한 것으로 만들기 어렵다는 사실에 대해 살펴봅니다. 또한 조직에서 관찰 가능성 문화를 처음 도입할 때 직면할 수 있는 문제를 살펴보고, 관찰 가능성 실무자들이 장기적인 성공을 위해 견뎌내야만 하는, 지속 가능한 방식 도입 시 필요한 소중한 지침을 제공합니다.

인프라스터럭처 엔지니어, **신디 스리드하란**
샌프란시스코에서

현대적인 소프트웨어 시스템을 위한 관찰 가능성을 다루고 있는 이 책을 선택해 주셔서 감사합니다. 이 책은 독자 여러분들의 엔지니어링 조직에 관찰 가능성 관행을 적용하는 것을 돕기 위해 집필되었습니다. 또한 이 책은 관찰 가능성 실무자로서, 그리고 관찰 가능성 관행을 개선하고 싶어 하는 사용자들을 위한 도구의 개발자로서의 경험을 바탕으로 쓰였습니다.

소프트웨어 엔지니어링 업계에 관찰 가능성 관행 채택을 적극적으로 주장하는 집필진은 이 책이 현대적인 소프트웨어 시스템의 문맥에서 관찰 가능성이 무엇을 의미하는지 명확한 기록을 남겼으면 하는 마음을 갖고 있습니다. 최근 '관찰 가능성'이라는 용어는 소프트웨어 개발 생태계에서 뜨거운 감자입니다. 이 책은 다음과 같은 주제에 대한 심층적인 분석을 제공함으로써 '관찰 가능성'에 대한 제대로 된 정보를 전달하고자 합니다.

- 소프트웨어 배포와 운영의 문맥에서 관찰 가능성이 갖는 의미는 무엇인가
- 관찰 가능성 달성에 도움이 되는 기본적인 컴포넌트는 어떻게 만들 수 있는가
- 팀의 역동성에 관찰 가능성이 미치는 영향
- 시스템 규모에 따른 관찰 가능성 채택 고려 사항
- 조직 내에 관찰 가능성 문화를 만드는 실전 사례

이 책의 독자

관찰 가능성은 보통 실제 사용자 환경에서 소프트웨어가 어떻게 동작하는지를 더 잘 이해하는 것에 중점을 두고 있습니다. 따라서 이 책은 프로덕션 환경에서 동작하는 애플리케이션 개발에 어떤 식으로든 참여하고 있는 소프트웨어 엔지니어들에게 유용합니다. 다만, 소프트웨어 엔지니어가 아니더라도 프로덕션 환경의 소프트웨어 운영에 어떤 식으로든 참여하고 있는 사람이라면 이 책으로부터 많은 도움을 얻을 수 있을 것입니다.

뿐만 아니라 관찰 가능성 관행이 조직에 어떤 식으로 도움이 되는지 이해하고 싶어 하는 소프

트웨어 배포 및 운영팀의 관리자들도 이 책으로부터 많은 가치를 얻을 수 있고, 특히 팀의 역동성, 문화, 규모에 대해 이야기하는 장에서 통찰력을 얻을 수 있을 것입니다.

프로덕션 환경의 소프트웨어 배포와 운영에 어떤 식으로든 관여하고 있는 사람들(가령 프로덕트 매니저, 지원팀 엔지니어, 혹은 어떤 식으로든 이해관계가 얽혀있는 사람)과 '관찰 가능성'이라 불리는 새로운 무언가에 호기심이 있는 사람, 그리고 왜 사람들이 관찰 가능성에 열광하는지 궁금증을 갖고 있는 사람도 이 책에서 많은 것을 얻을 수 있습니다.

이 책의 집필 목적

관찰 가능성은 많은 관심과 주목을 받는 인기 있는 주제가 되었습니다. 안타깝게도 '관찰 가능성'의 인기가 늘어나면서 '모니터링'이나 '시스템 원격 측정'의 동의어처럼 잘못 인식되기 시작했습니다. 사실, 관찰 가능성은 소프트웨어 시스템의 특성입니다. 더 나아가 이 특성은 진행 중인 개발 과제에 새로운 관행을 채택하는 과정에서만 프로덕션 환경의 소프트웨어 시스템에서 효율적으로 활용될 수 있습니다. 따라서, 관찰 가능성을 시스템에 도입하는 것은 기술적인 과제인 동시에 문화적인 과제입니다.

집필진은 관찰 가능성에 대해 관심을 갖고 많은 목소리를 내고 있습니다. 또한 프로덕션 환경에서 소프트웨어를 관리하는 모든 팀이 관찰 가능성의 힘을 느낄 수 있게 하겠다는 하나의 목표로 회사도 창립했습니다. 우리는 관찰 가능성 도구에 대한 새로운 범주를 만들어가고 있으며 많은 관찰 가능성 업계의 기업이 호응해 주고 있습니다.

집필진 모두가 허니컴의 직원이긴 하지만, 책을 쓴 목적이 회사가 만드는 제품을 판매하려는 것은 절대 아닙니다. 이 책은 현대적인 소프트웨어 시스템을 관리하는 과정에 관찰 가능성의 본질적인 개념을 채택해야 하는 이유와 방법을 설명하는 것을 목표로 집필되었습니다. 또한 관찰 가능성은 다양한 도구와 방법을 통해 얻을 수 있습니다. 다만 소프트웨어 산업 내에 관찰 가능성 사례를 발전시키기 위해 쏟았던 필자들의 헌신을 통해 실무에서 겪게 되는 일반적인 문제들과 이에 대한 효과적인 해결책을 자세히 기술한 가이드를 작성할 만한 자격을 얻었다고 생각합니다. 어떤 관찰 가능성 도구를 선택했는지와 관계없이 프로덕션 환경의 소프트웨어 시스템을 구축하는 과정에 책에서 이야기하는 개념들을 적용할 수 있을 것입니다.

이 책은 관찰 가능성을 이용한 프로덕션 소프트웨어 시스템 관리를 추진하는 조직들이 고려해야 하는 여러 가지 사항들과 관찰 가능성으로부터 제공받을 수 있는 기능들, 그리고 겪게 될 많은 과제들을 살펴보도록 하는 것을 목표로 하고 있습니다. 간혹 허니컴Honeycomb의 사례와 제품을 예시로 일반적으로 일어날 수 있는 과제들을 어떻게 해결했는지 살펴보기도 합니다. 다만 이것은 허니컴을 홍보하는 목적이 아니라 추상적인 개념에 대한 실제 사례를 보여주기 위해 사용한 것임을 이해해 주기 바랍니다. 우리의 목표는 여러분이 사용하는 도구에 관계없이 다양한 환경에서 동일한 원칙을 적용하는 방법을 보여주는 것입니다.

이 책을 통해 배울 수 있는 것들

이 책을 통해 관찰 가능성이 무엇인지, 관찰 가능한 시스템을 어떻게 식별하는지, 그리고 현대적인 소프트웨어 시스템을 관리할 때 관찰 가능성이 가장 적합한 이유를 배우게 될 것입니다. 그리고 관찰 가능성이 모니터링과 무엇이 다른지 살펴보면서 이러한 차이점이 언제, 왜 필요한지 배워봅니다. 또한 관찰 가능성의 필요성이 인기를 얻을 수밖에 없도록 만든 산업 트렌드를 다루면서 클라우드 네이티브 생태계와 같은 새로운 분야에 어떤 점이 적합한지에 대해 알아봅니다.

이어서 관찰 가능성의 기초적인 지식을 배웁니다. 구조화된 이벤트가 관찰 가능한 시스템의 구성 요소가 된 이유와 이러한 이벤트를 엮어 추적으로 만드는 방법을 살펴봅니다. 이벤트는 시스템에 구현된 원격 측정을 통해 생성되며, 계측 프로세스를 빠르게 시작하도록 도와주는

OpenTelemetry와 같은 오픈소스 이니셔티브에 대해 배울 것입니다. 관찰 가능한 시스템에서 이슈의 원인을 찾기 위해 데이터 기반의 조사 프로세스를 사용하는 방법을 배우면서, 기존의 모니터링 방식에서 사용되는 직관에 의존한 조사 프로세스와 어떤 차이점이 있는지 알아봅니다. 뿐만 아니라 관찰 가능성을 기존의 모니터링 체계와 함께 활용하는 방법도 살펴봅니다.

이러한 기초적인 기술 개념을 소개한 뒤, 관찰 가능성 채택 과정에 동반될 수밖에 없는 사회적이고 문화적인 요소들에 대해서 배웁니다. 프로덕션 환경의 소프트웨어를 관리하는 것은 일종의 팀플레이입니다. 관찰 가능성을 이용해 팀의 역동성을 높일 방법도 살펴봅니다. 어떻게 관찰 가능성이 비즈니스 프로세스에 적합한지 살펴보면서 소프트웨어 공급망에 미치는 영향과 숨겨진 위험요소에 대해 배웁니다. 또한, 서비스 수준 목표(SLO)를 이용하여 더 효율적인 알람을 발송하는 방법과 관찰 가능성 데이터를 이용한 알람이 왜 실행 가능하고 디버깅 가능해야 하는지에 대한 기술적인 배경을 자세히 살펴보면서 이러한 기술적인 개념과 사회적인 개념들을 어떻게 실제 사례에 적용하는지 배웁니다.

그런 다음 대규모로 관찰 가능성을 구현하는 과정에 발생할 수 있는 과제들을 살펴봅니다. 먼저 관찰 가능성 솔루션을 직접 구축할 것인지 아니면 시장 제품을 구매할 것인지 결정할 때 감안해야 하는 고려 사항들을 알아봅니다. 관찰 가능성 솔루션이 가져야 하는 필수 속성은 반복적인 조사 과정에 대해 빠르게 답변 가능해야 한다는 것입니다. 이를 위해, 대규모의 데이터 세트를 관리할 때 효율적인 데이터 저장과 추출을 위해 풀어야 하는 숙제들을 어떻게 해결할 수 있는지 보여줍니다. 또한, 이벤트 샘플링과 같은 솔루션을 언제 도입해야 하는지와 요구사항에 적합한 트레이드오프를 찾기 위해 어떻게 해야 하는지를 배웁니다. 그리고 원격 측정 파이프라인을 이용해 아주 큰 규모의 데이터를 관리하는 방법도 알아봅니다.

마지막으로, 관찰 가능성 문화를 조직에 채택하는 접근 방법을 살펴봅니다. 단순히 관찰 가능성을 소개하는 것을 넘어, 관찰 가능성 관행을 전체 조직으로 확대하는 실질적인 방법에 대해 배웁니다. 핵심 이해관계자를 식별해 함께 일하는 방법과 조력자 확보를 위해 기술적으로 접근하는 방법, 그리고 관찰 가능성 관행을 채택한 비즈니스 사례를 만드는 방법을 살펴봅니다.

서문

집필진은 지금으로부터 약 3년 전쯤부터 이 책을 쓰기 시작했습니다. 책이 출간되는 데 오랜 시간이 걸릴 수밖에 없었던 이유는 관찰 가능성 분야가 지속적으로 빠르게 변화하며, 관찰 가능성 사례들이 계속 발전하기 때문입니다. 지금도 관찰 가능성 분야는 변화하고 발전하고 있습니다. 그럼에도 불구하고 이 책은 출간 시점 기준으로 가장 최신의 정보를 담고 있을 것이며 관찰 가능성 사례를 가장 포괄적으로 잘 보여주는 책이 될 거라고 믿어 의심치 않습니다. 독자 여러분들도 집필진과 마찬가지로 매혹적인 관찰 가능성의 세계로 여행을 떠나보길 바랍니다.

예제 코드

https://oreil.ly/7IcWz

CONTENTS

PART 1 관찰 가능성으로 가는 길

CHAPTER 1 관찰 가능성이란? ··· 31

CONTENTS

PART 2 관찰 가능성 기초

CONTENTS

PART 3 팀을 위한 관찰 가능성

CONTENTS

CONTENTS

CHAPTER **18 파이프라인을 이용한 원격 측정 관리** ················· **305**

CONTENTS

Part 1

관찰 가능성으로
가는 길

1부에서는 책 전반에 걸쳐 설명하는 관찰 가능성의 개념을 정의합니다. 관찰 가능성이 무엇인지, 관찰 가능한 시스템을 어떻게 식별하는지, 그리고 왜 모니터링 기반의 디버깅 기술에 비해 관찰 가능성 기반의 디버깅이 현대적인 소프트웨어 시스템에 더 적합한지 배워봅니다.

1장은 '관찰 가능성'이라는 용어의 유래와 어떻게 소프트웨어 시스템에서 관찰 가능성 개념을 채택하는지 살펴봅니다. 또한 여러분의 시스템이 관찰 가능한 시스템인지 스스로 판단해 볼 수 있도록 구체적인 질문을 제공합니다.

2장은 엔지니어들이 문제 원인을 식별하고 알아내기 위해 사용하는 기존 모니터링 방법에 대해 살펴보고, 이후 이런 방법들을 관찰 가능성 기반의 시스템에서 사용되는 방법과 비교합니다. 2장에서는 이러한 방법들을 대략적으로만 살펴보고, 더 자세한 내용은 2부에서 다룹니다.

3장에서는 관찰 가능성에 대한 몇 가지 사례와 공저자인 채리티 메이저Charity Majors의 이야기를 들어봅니다. 1장과 2장에서 다뤘던 개념을 바탕으로 실제 사례를 살펴보면서 언제, 어떤 이유가 생겼을 때 관찰 가능성으로 전환하는 것이 좋은지를 설명합니다.

4장은 업계 동향이 관찰 가능성의 필요성을 대중화하는 데 어떻게 도움이 되었는지 살펴보고, 왜 관찰 가능성이 클라우드 네이티브 생태계cloud native ecosystem와 같은 새로운 영역에 적합한지에 대해 설명합니다.

CHAPTER 1

관찰 가능성이란?

관찰 가능성은 소프트웨어 산업에서 많은 관심을 얻고 있는 주제이자 사람들이 열광하는 핫이 슈입니다. 하지만, 이슈가 되는 새로운 무언가를 채택하는 것에 관심이 집중될 때마다 필연적으로 그래왔듯이, 이면에 내포된 많은 의미를 깊이 생각해 보지 않는다면 잘못된 이해를 하기 쉽습니다. 이번 장은 '관찰 가능성'의 수학적인 유래를 살펴보고 어떻게 소프트웨어 개발 실무 자들이 프로덕션 소프트웨어 시스템의 특성을 설명하기 위해 이를 적용했는지 알아봅니다.

또한 프로덕션 소프트웨어 시스템에 관찰 가능성의 적용이 왜 필요한지 살펴봅니다. 소프트웨어 애플리케이션의 내부 상태를 디버깅하는 기존의 방법들은 오늘날의 시스템과 사뭇 다른 아주 간단한 레거시 시스템을 위해 디자인되어 있습니다. 시스템 아키텍처, 인프라스트럭처Infra-structure 플랫폼이 진화하고 사용자의 기대수준도 높아졌지만, 우리가 사용하는 도구들은 그렇지 못했습니다. 대체로 오늘날 많은 엔지니어링팀은 아주 복잡해진 시스템을 관리해야 하는 상황임에도 불구하고 여전히 수십 년 전에 만들어진 모니터링 도구를 이용한 디버깅 방법을 사용하고 있습니다. 관찰 가능성 도구는 자연스럽게 기존의 도구와 디버깅 방법으로는 파악하기 어려운 깊게 숨겨진 문제들을 빠르게 찾기 위해 탄생했습니다.

이번 장은 '관찰 가능성'의 의미와 어떻게 소프트웨어 시스템이 관찰 가능한지를 파악하고, 왜 관찰 가능성이 필요하며 어떻게 관찰 가능성이 기존의 방법으로는 불가능했던 많은 문제를 찾을 수 있게 해주는지 알려줄 것입니다.

1.1 관찰 가능성의 수학적 정의

관찰 가능성은 엔지니어였던 루돌프 E. 칼만Rudolf E. Kalman[1]이 1960년에 처음 사용한 이래, 많은 커뮤니티에서 다양한 의미로 사용되면서 널리 퍼지기 시작했습니다. 현대적인 소프트웨어 시스템에 대한 관찰 가능성 용어의 정의를 살펴보기 전에 용어의 등장 배경을 살펴봅시다.

칼만은 1960년에 쓴 논문에서 수학적 제어 시스템을 설명하기 위해 관찰 가능성이라는 특징을 사용했습니다.[2] 이 논문에서 관찰 가능성은 제어 이론[3]에서 외부 출력으로부터 시스템[4] 내부의 상태를 얼마나 잘 추론할 수 있는지를 측정하는 것으로 정의되었습니다.

관찰 가능성의 정의를 살펴보다 보면 센서sensors, 선형대수학 방정식, 정형 기법과 함께 관찰 가능성과 제어 가능성을 수학적 쌍대duals 개념을 학습하는 자신을 발견할지도 모릅니다. 이렇듯 관찰 가능성에 대한 기존 정의는 기계공학 엔지니어나 특정한 상태로 동작이 멈추는 것을 염두에 두는 물리적 시스템 관리자의 영역이었습니다.

혹시 수학과 공정 공학 중심의 교과서를 찾는 중이었다면 잘못 찾아왔습니다. 물론 서점에 가면 그런 책들이 분명 있을 것이고, 묘령의 기계공학 엔지니어 혹은 제어 시스템 엔지니어가 전통적인 시스템 공학 용어로서 관찰 가능성의 일반적인 의미를 열정적으로 설명해 줄 것입니다. 하지만 같은 개념을 가상 소프트웨어 시스템에 적용한다면 여러분이 작성한 코드를 이해하고 상호 작용할 수 있는 전혀 다른 방식의 관찰 가능성 세계를 열어줍니다.

1.2 소프트웨어 시스템에 대한 관찰 가능성 적용

칼만의 관찰 가능성에 대한 정의는 현대적인 소프트웨어 시스템에도 적용할 수 있습니다. 관찰 가능성의 개념을 소프트웨어에 적용할 때는 소프트웨어 엔지니어링 분야에 특화된 추가 고려 사항들도 염두에 둬야 합니다. 소프트웨어 애플리케이션이 관찰 가능성을 갖도록 하기 위해서

1　역자주_ 루돌프 E. 칼만은 과거 수행된 측정값을 바탕으로 현재 상태 변수의 결합분포를 추정하는 칼만 필터를 만든 엔지니어로 알려져 있습니다. 보다 자세한 내용은 https://en.wikipedia.org/wiki/Kalman_filter를 참고하기 바랍니다.

2　Rudolf E. Kálmán, 'On the General Theory of Control Systems', IFAC Proceedings Volumes 1, no. 1 (August 1960): 491–502. (https://oreil.ly/u7BM4)

3　https://en.wikipedia.org/wiki/Control_theory

4　https://en.wikipedia.org/wiki/System

여러분이 알아야 하는 것들은 다음과 같습니다.

- 애플리케이션 내부 동작을 이해해야 합니다.

- 전혀 보지 못했거나 예상하지 못했던 시스템 상태 등 애플리케이션이 가질 수 있는 시스템 상태를 알고 있어야 합니다.

- 코드에 대한 이해 없이 외부 도구를 이용해 관찰하고 쿼리하는 것만으로도 내부 동작 및 시스템 상태를 이해할 수 있어야 합니다.

- 별도의 코드를 추가하지 않더라도 내부 상태를 이해할 수 있어야 합니다(코드를 추가해야 내부 상태를 이해할 수 있다면 애플리케이션에 대한 선행 지식이 필요하다는 것을 의미합니다).

이 같은 조건을 만족하는지 확인하기 위해 스스로 다음과 같은 질문을 해보길 바랍니다.

- 애플리케이션의 내부 동작에 대한 여러 가지 질문에 막힘 없이(가령 이슈가 발생한 지점은 알지만 더 이상 세부 사항을 파악하지 못하는 것과 같이) 설명할 수 있습니까?

- 특정 소프트웨어 사용자가 문제 발생한 시점에 어떤 불편을 겪었을지 파악할 수 있습니까?

- 높은 수준의 기능 동작부터 개별 사용자의 단일 요청 수준까지 시스템 전반에 걸쳐 성능 저하를 일으키는 지점을 빠르게 찾아낼 수 있습니까?

- 임의의 사용자 그룹에서 발생한 요청 중 어떤 부분이 모든 사용자들에게서 공통적으로 발견되는지 식별할 수 있습니까?

- 특정 사용자 요청에서 의심스러운 속성을 발견했을 때 다른 사용자 요청에도 동일한 패턴이 있는지 찾아낼 수 있습니까?

- 어떤 시스템 사용자가 가장 많은 부하를 일으켜 애플리케이션의 성능 저하에 기여하고 있는지 알아내수 있습니까? 또, 두 번째, 세 번째, 혹은 백 번째로 많은 부하를 일으키는 사용자를 찾아낼 수 있습니까?

- 부하를 많이 일으키는 사용자 중 최근에 성능에 영향을 미치기 시작한 사용자를 식별할 수 있습니까?

- 만약 142번째로 느린 사용자가 성능에 대해 이의를 제기했다면, 왜 특정 사용자에게 느린 현상이 발생하는지 확인하기 위해 해당 사용자의 요청을 격리할 수 있습니까?

- 사용자가 타임아웃에 대해 이의를 제기했지만 성능 지표상에서 특별히 이상을 찾지 못했을 때, 숨겨져 있는 타임아웃을 찾아낼 수 있습니까?

- 위의 질문들을 스스로에게 해야 할지도 모른다는 생각을 하거나, 질문의 답변에 필요한 데이터를 수집, 모니터링 하지 않은 상황에서도 답변할 수 있습니까?

- 본 적도 없고 디버깅 해본 적도 없는 새로운 이슈에 대한 질문에 답변할 수 있습니까?

- 앞의 질문들에 대해 빠르게 답변할 수 있습니까? 또한 다음 질문, 그 다음 질문에 반복적으로 답변하면서도 사고의 흐름을 놓치지 않고(보통 수분이 아닌 수초 이내에 답변하는 것을 의미합니다) 정확한 이슈의 원인을 찾아낼 수 있습니까?
- 이전에 전혀 발생하지 않았던 특정한 이슈에 관해서도 앞의 질문에 대한 답변을 할 수 있습니까?
- 문제에 대한 디버깅 결과가 전혀 예상하지 못했던 당황스럽고 희한한 경우가 많습니까? 아니면 의심했던 원인이 결과로 확인되는 경우가 많습니까?
- 아무리 복잡하고 해결하기 어려운 어딘가에 숨어 있는 문제가 발생하더라도 수분 이내에 해당 결함을 격리시킬 수 있습니까?

많은 소프트웨어 엔지니어링 조직이 앞서 나열된 기준을 모두 만족시키는 것은 무척 어려운 일입니다. 하지만 여러분이 이런 조건들을 만족시킬 수 있다면, 여러분은 관찰 가능성이 왜 그토록 많은 소프트웨어 엔지니어링팀들이 열광하는 주제가 되었는지를 분명하게 이해한 것입니다.

간단히 말하자면 소프트웨어 시스템에 대한 '관찰 가능성' 정의는 시스템의 상태가 얼마나 새롭고 이상한지와 관계없이 그 상태를 얼마나 잘 이해하고 설명할 수 있는지를 측정하는 척도입니다. 즉, 시스템 상태의 여러 디멘션^{dimensions}이나 조합, 혹은 일반적이지 않은 반복적인 조사 과정에서 발견되는 이상하고 새로운 상태는 사전에 정의되거나 예측한 디버깅 준비 없이도 상호 비교하면서 디버깅할 수 있어야 합니다. 만약 새로운 코드를 추가로 작성하지 않고도 새로운 상태를 이해할 수 있다면, 여러분은 이미 관찰 가능성을 확보한 것입니다.

이러한 방식으로 소프트웨어 시스템에 대해 기존의 관찰 가능성 개념을 적용하는 것은 충분히 해볼 만한 가치가 있는 독특한 접근 방법입니다. 현대적인 소프트웨어 시스템에서의 관찰 가능성은 단순히 데이터 형식이나 입력 값, 혹은 수학적인 방정식에 대한 것이 아니라 사람들이 어떻게 상호작용하는지와 동시에 복잡한 시스템을 이해하는 것입니다. 따라서, 관찰 가능성은 사람과 기술 사이의 상호작용을 식별하고 어떻게 복잡한 시스템이 함께 동작하는지를 이해할 수 있어야 합니다.

관찰 가능성 정의를 납득했다면, 다음과 같은 새로운 질문에 대해 답변해 봅시다.

- 조사를 위한 데이터를 어떻게 수집하고 조합할 것입니까?
- 데이터를 처리하기 위한 기술적 요구사항은 무엇입니까?
- 데이터를 활용하려면 필요한 팀의 역량은 무엇입니까?

이 책에서는 이러한 질문뿐만 아니라 더 많은 의문점도 살펴볼 것입니다. 일단 지금은 관찰 가능성을 소프트웨어에 적용할 때 필요한 배경지식을 더 살펴봅시다.

소프트웨어 시스템에 관찰 가능성을 적용하는 것은 제어 이론에 뿌리를 두고 있다는 점에서 공통점이 많습니다. 하지만 제어 이론에 비해 덜 수학적이면서도 훨씬 더 실용적이라는 차이점도 있습니다. 그 이유는 여러 가지가 있겠지만 소프트웨어 엔지니어링은 성숙한 기계 공학에 비해 얼마 되지 않았고 훨씬 빠르게 진화하는 학문이기 때문입니다. 프로덕션 소프트웨어 시스템은 증명해야 하는 것이 많지 않습니다. 이는 소프트웨어 산업이 개발된 소프트웨어를 프로덕션 환경에서 운영하면서 경험한 상처를 보여주는 것입니다.

엔지니어는 임상 시험으로 만들어진 이론과 대규모 시스템에서 코드가 실행될 때 발생하는 영향 사이의 간극을 어떻게 메꿀 수 있을지 이해하려 노력했습니다. 하지만, 어떻게 그런 일을 하게 되었는지를 나타낼 수 있는 새로운 용어나 정의, 혹은 기능성에 대해서는 생각해 보지 않았습니다. 다만 분명한 것은 모니터링처럼 더 이상 작동하지 않는 개념에서 벗어나 우리의 사례를 진화시키도록 해준 시스템과 팀을 관리하는 환경이었다는 것입니다. 하나의 산업으로써 장애와 사전 예방적인 솔루션의 부족으로 인해 발생하는 고통과 그 고통을 극복하기 위해 도구의 개발과 용어에 대한 현재의 간극을 뛰어넘어야만 합니다.

관찰 가능성이 그러한 간극에 대한 해결책입니다. 복잡한 프로덕션 소프트웨어 시스템은 여러 가지 기술적, 사회적인 이유로 인해 엉망진창입니다. 이 구렁텅이에서 빠져나오기 위해서는 사회적 해결책과 기술적 해결책 모두가 필요합니다. 관찰 가능성만으로는 소프트웨어 엔지니어링의 모든 문제를 해결할 수 없습니다. 그렇지만 여러분의 소프트웨어 구석구석에서 일어나고 있는 일들을 명확하게 볼 수 있도록 도와줌으로써, 더 이상 어둠 속에서 일어나고 있는 일을 파악하고 이해하기 위한 시행착오를 겪지 않도록 해줄 것입니다.

토요일 아침에 일어나 가족과 친지들에게 브런치를 만들어 주겠다는 원대한 계획을 했다고 상상해 봅시다. 복잡한 레시피가 필요한 치즈 수플레 같은 음식과 가족들의 알레르기 혹은 예민함 때문에 먹을 수 없는 음식은 물론이고 정오까지 공항에 모셔다드려야 하는 할머니의 빡빡한 일정을 감안하여 준비할 수 있는 여러 가지 음식을 염두에 둬야만 합니다. 여기까지는 특별히 어려워 보이는 부분이 없습니다. 자, 이제 여러분의 안경이 어디 있는지 찾을 수가 없는 상황을 생각해 봅시다. 상황이 급격히 변할 거라는 게 느껴지시나요? 소프트웨어 엔지니어링에서 실제적이면서도 시간이 촉박한 문제를 해결해야 할 때, 관찰 가능성은 정말 좋은 출발점입니다.

1.3 소프트웨어를 위한 관찰 가능성에 대한 잘못된 특성화

진도를 더 나가기 전에 관찰 가능성의 또 다른 정의를 살펴봅시다. 관찰 가능성은 서비스로서의 소프트웨어SaaS[5] 개발 도구 공급 업체들로부터 시작되었습니다. 공급 업체들은 '관찰 가능성'이 특별한 것이 아니라 단순히 '원격 측정telemetry'의 동의어이며 '모니터링'과 다르지 않다고 주장합니다. 이러한 정의를 지지하는 사람들은 관찰 가능성을 단지 소프트웨어의 동작 방식을 이해하는 데 도움을 주는 또 다른 용어로 치부합니다. 여러분은 공급 업체들이 메트릭, 로그, 추적이라는 '세 가지 기둥'으로 관찰 가능성에 대한 설명을 늘어놓는 것을 듣게 될 것입니다.[6]

이 정의가 중복되기 때문에 나쁜 것인지('원격 측정'에 대한 동의어가 또 필요한지?) 아니면 인식론적인 혼란 때문에 나쁜 것인지(한 가지 데이터 타입의 목록과 다른 타입의 데이터, 엉망진창이 된 문자열을 시간순으로 나열해 시각화해야 하는지?) 등을 판단하기는 어렵습니다. 그럼에도 불구하고, 이러한 정의의 논리적 결함은 이미 존재하는 메트릭, 로깅, 추적 도구를 활용하여 격리된 데이터 수집과 스토리지를 지원하는 도구와 마음가짐을 가진 사람들의 특권을 더욱 명확하게 보여줍니다. 다시 말하자면, 이 정의를 지지하는 사람들은 그들의 비즈니스 모델을 이용해 어떻게 미래의 가능성 생각할지를 제한하고 있습니다.

공정성 관점에서 보자면, 필자들도 관찰 가능성 분야의 공급 업체에서 일하고 있습니다. 그렇지만 관찰 가능성 도구를 홍보하기 위해 이 책을 집필하지는 않았습니다. 이 책은 현대적인 소프트웨어 시스템을 관리하기 위해 원래의 관찰 가능성 개념을 어떻게, 왜 채택했는지를 설명합니다. 어떤 도구를 선택하고 이용하든 간에 관찰 가능성이 적용된 프로덕션 소프트웨어 시스템을 만들기 위해 책에서 소개하는 개념들을 적용할 수 있습니다. 서로 다른 도구를 마케팅과 결합한다고 해서 관찰 가능성이 얻어지는 것은 아닙니다. 여러분의 소프트웨어 시스템이 관찰 가능성을 갖도록 하기 위해 특정한 도구를 채택할 필요는 없습니다. 다만, 관찰 가능성을 향상하기 위해 데이터를 효율적으로 수집하여 문제점을 효과적으로 디버그하는 방법을 발전시켜야 한다는 점은 분명합니다. 소프트웨어 산업 관점에서 현대적인 소프트웨어 시스템을 효과적으로 관리하기 위한 방법을 개선할 시점입니다.

---

5 옮긴이_ Software as a Service의 약어입니다.

6 간혹 이러한 주장들은 '변화의 이산적 발생을 나타내기 위해 시간 범위를 '원격 측정'의 일반적인 동의어로 간주하여 네 번째 기둥으로 포함하는 경향이 있습니다.

1.4 왜 지금 관찰 가능성인가?

현대적인 소프트웨어 시스템 관점에서 관찰 가능성이 할 수 있는 것과 할 수 없는 것에 대한 공감대가 형성되었으니, 왜 이러한 전환이 지금 필요한 것인지에 대해 이야기 해봅시다. 짧게 요약하자면, 메트릭을 사용하여 소프트웨어를 모니터링하는 기존의 접근 방법은 상당히 많이 부족합니다. 이러한 접근 방법은 상당히 사후 대응적reactive입니다. 과거에는 소프트웨어 산업에서 꽤 잘 동작했던 방식이지만 현대적인 시스템은 더 나은 방법론을 요구하고 있습니다.

지난 2~30년 동안, 하드웨어와 운영자 사이의 영역은 '모니터링'이라 불리는 일련의 도구와 규약에 의해 통제되어 왔습니다. 실무자들은 대체로 이러한 도구와 규약을 물려받았고, 물리적인 하드웨어와 소프트웨어 코드 사이의 간극을 이해하기 위한 최선의 방식으로 받아들였습니다. 또한 이 방식이 갖고 있는 근본적인 제약사항들로 인해 트러블슈팅으로 밤잠을 설치는 경우가 많다는 사실을 알면서도 특별히 바꾸려는 노력도 하지 않았습니다. 그럼에도 불구하고 실무자들은 여전히 이 방식이 그들이 알고 있는 최고의 방법이라 여기며 무한한 신뢰와 애정을 보내고 있습니다.

모니터링만으로는 소프트웨어 개발자들의 시스템을 완전히 살펴볼 수 없습니다. 개발자들은 시스템을 매의 눈으로 바라봅니다. 시스템을 확장하기 위해 무수한 가능성에 대해 예측하려고 노력하지만 허사입니다. 이후 개발자들은 알려진 실패 상황을 살펴보는 작업, 즉 모니터링을 수행합니다. 성능 임계치를 설정하고 임의로 '좋음' 혹은 '나쁨'으로 구분합니다. 그들을 대신할 조그만 로봇 병사를 배포해 임계치를 계속 체크합니다. 그렇게 발견된 것들을 대시보드에 보여줍니다. 그런 다음 개발자들은 그 로봇들을 중심으로 팀을 만들고 모니터링 로테이션을 구성하고 필요할 때 에스컬레이션할 수 있도록 준비합니다. 시간이 지나면 임계치에 다가가 불필요한 수치를 없애고 임계치를 조정하고 그들이 키운 쓸데없는 신호들에 대해 호들갑을 떱니다.

1.4.1 이것이 정말 최선의 방법인가?

수십 년 동안 개발자들과 운영자들은 이런 방식으로 모니터링을 수행했습니다. 모니터링은 사실상의 표준이 되어 왔기 때문에 사람들은 모니터링이 시스템을 이해하는 여러 가지 방법 중 하나가 아니라, 유일한 방법이라 생각해 왔습니다. 모니터링이 기본이 되다 보니 거의 눈에 잘 띄지 않았습니다. 업계에서는 모니터링해야 하는지보다 단지 어떻게 할 것인지에만 관심이 쏠려 있었습니다.

모니터링 관행은 시스템에 대한 많은 암묵적 가정을 기반으로 수행되었습니다(자세한 내용은 나중에 설명합니다). 하지만 시스템이 더 추상적이고 복잡해지면서 기반이 되는 컴포넌트는 점점 덜 중요해지는 방향으로 계속 진화했고 모니터링이 시스템을 이해하는 유일한 방법이라는 가정은 깨지기 시작했습니다. 개발자와 운영자들이 소프트웨어 시스템을 배포하기 위해 SaaS와 컨테이너 오케스트레이션 플랫폼, 분산 시스템과 같은 현대적인 접근 방법들을 채택하기 시작함에 따라 가정이 깨지고 있다는 것은 점점 분명해졌습니다.

이에 따라 점점 많은 사람들이 내재된 한계에 부딪히며, 모니터링의 접근 방법론은 새로운 현대 세계에서는 더 이상 동작하기 어렵다는 것을 깨달았습니다. 기존의 모니터링 방법은 시스템을 이해하는 데 너무나도 비효율적이었습니다. 메트릭과 모니터링의 가정만으로는 시스템을 이해하기 어려웠습니다. 메트릭과 모니터링이 실패할 수밖에 없었던 이유를 이해하기 위해서는 그 역사와 의도된 문맥을 조사해 볼 필요가 있습니다.

1.4.2 메트릭과 모니터링이 충분하지 않은 이유

1988년, RFC 1157에 정의된 SNMP^{Simple Network Management Protocol}를 통해 모니터링의 기본적인 기반이 탄생했고, 이것이 바로 메트릭입니다. 메트릭은 단일 숫자로 표현되며 그룹화하거나 숫자를 검색하기 위해 태그^{tags}를 추가할 수 있습니다. 본질적으로 메트릭은 일회성이었으며 투입 비용이 저렴했습니다. 메트릭은 스토리지 소요량을 예측할 수 있었고, 규칙적인 시계열 버킷을 통해 쉽게 집계할 수 있었습니다. 따라서 메트릭은 한, 두 세대 동안 원격지 엔드포인트를 통해 자동으로 모니터링 시스템으로 수집된 원격 측정 데이터를 위한 기본 단위가 되었습니다.

많고 복잡한 부가 요소들은 메트릭을 기반으로 만들어졌습니다. 대표적으로 시계열 데이터베이스^{TSDB}[7]와 통계 분석, 그래프 라이브러리와 매혹적인 대시보드, 온콜 로테이션 체계, 운영팀, 에스컬레이션 정책, 그리고 조그만 로봇 군단이 알려주는 정보를 이해하고 대응하기 위한 많은 방법 등이 있습니다.

하지만 메트릭과 모니터링 도구로 이해할 수 있는 시스템의 복잡도에는 상한선이 존재했습니다. 이 경계를 넘어가는 순간 모든 상황은 급변했습니다. 지난달에 아주 잘 동작하던 것들이 이

---

7 time-series databases

번 달에는 제대로 동작하지 않았습니다. 다시 `strace`, `tcpdump`와 같은 저수준 명령어로 돌아가야만 했고 시스템이 어떻게 동작하고 있는지를 매일 살펴보기 위해 수많은 `print` 구문을 이용해야만 했습니다.

언제 변곡점에 도달하게 될지 정확하게 예측하기는 어렵습니다. 결국 시스템이 가질 수 있는 상태의 수는 이전에 발생한 장애를 기반으로 한 패턴 매칭 방식의 추적 범위를 벗어날 것입니다. 너무나 새롭고 참신한 상태 값들에 대해 계속해서 이해하기 위해 노력해야만 합니다. 곧 여러분의 팀은 수많은 장애 모드를 보여주기 위해 어떤 대시보드를 만들어야 하는지도 생각하기 어려워질 것입니다.

모니터링과 메트릭 기반의 도구들은 아키텍처와 조직 구조에 대한 특정한 가정과 실제 상황에서 복잡도에 대한 한계를 기반으로 구축되었습니다. 이러한 가정은 보통 내재된 한계를 넘어설 때까지는 눈에 띄지 않지만, 그 시점을 넘어선 순간 갑자기 튀어나와 무슨 일이 일어나고 있는지 이해하기 어렵게 만들 수 있습니다. 대표적인 가정은 다음과 같습니다.

- 여러분의 애플리케이션은 모놀리식 방식입니다.
- 상태를 저장하는 데이터 저장소, 즉 데이터베이스는 하나만 있습니다.
- 상주 메모리resident memory, CPU 평균 부하CPU load average와 같은 많은 저수준 시스템 메트릭을 사용할 수 있습니다.
- 애플리케이션은 여러분의 통제하에 있는 컨테이너, 가상 머신(VM), 베어메탈 서버에서 동작합니다.
- 시스템 메트릭과 계측된 메트릭은 코드를 디버깅하기 위한 주요 정보의 원천입니다.
- 어느 정도 정적이면서 오랫동안 실행되는 노드nodes, 컨테이너, 호스트를 모니터링합니다.
- 엔지니어는 문제가 발생한 이후에만 시스템 분석을 수행합니다.
- 운영자 필요에 의해 제공될 대시보드와 원격 측정 정보가 존재합니다.
- 모니터링은 '블랙박스blackbox' 애플리케이션을 로컬 애플리케이션과 매우 비슷한 방식으로 검사합니다.
- 모니터링의 주안점은 가동시간uptime과 실패 예방입니다.
- 상관관계 검사는 매우 제한적이거나 매우 적은 수의 디멘션 사이에서만 이루어집니다.

현대적 시스템의 현실을 생각해보면, 기존의 모니터링은 여러 가지 면에서 부족합니다. 현대적 시스템의 실제 상황은 다음과 같습니다.

- 애플리케이션은 많은 서비스로 구성됩니다.

- 폴리글랏 퍼시스턴스polyglot persistence방식[8]을 사용합니다.

- 인프라스트럭처는 아주 역동적이며 용량이 탄력적으로 늘어나거나 줄어듭니다.

- 광범위하면서도 느슨하게 연결된 서비스들이 관리되고 있지만, 대부분은 통제 범위 밖에 있습니다.

- 엔지니어는 아주 작은 이슈라도 가능한 한 빨리 발견하여 사용자에게 영향을 주지 않도록 프로덕션 환경에 배포된 코드가 만드는 변화를 지속해서 관찰합니다.

- 자동 계측automatic instrumentation만으로는 복잡한 시스템 내에서 발생하는 일을 완전히 이해하기에 충분하지 않습니다.

- 소프트웨어 엔지니어들은 프로덕션 환경에서 운영 중인 자신의 코드를 갖고 있으며, 미리 코드를 계측하고 배포 시 발생할 수 있는 성능의 변화를 면밀히 살펴봅니다.

- 신뢰성reliability의 초점은 오류 예산error budget, 서비스 품질quality of service, 사용자 경험user experience과 같은 요소를 활용하여 사용자에게 영향을 줄 수 있는 실패를 줄이도록 탄력성resiliency을 구축하는 동시에 일정하면서도 지속적인 성능 저하를 허용하는 데 있습니다.

- 상관관계 분석은 수많은 디멘션에 대해 일어납니다.

위의 내용 중 마지막이 중요합니다. 이는 사람이 합리적으로 생각할 수 있을 거라 예상되는 연관 지식의 한계와 현대적인 시스템 아키텍처의 현실 사이의 절망을 설명합니다. 성능 문제 이면에 숨겨진 근원적인 상관관계를 찾아내기 위해서는 사람의 두뇌나 어떤 스키마로도 담을 수 없는 많은 디멘션이 관련될 수밖에 없습니다.

관찰 가능성이 없었다면 복잡한 시스템 아키텍처에 묻혀 숨겨진 이슈가 되었을 높은 디멘셔널리티high-dimensionality 데이터와 높은 카디널리티high-cardinality 데이터의 비교는 관찰 가능성이 찾을 수 있게 해준 중요한 컴포넌트가 되었습니다.

1.5 메트릭을 이용한 디버깅과 관찰 가능성을 이용한 디버깅

이렇듯 시스템 복잡도가 한계를 넘어서면 시스템 모델을 여러분의 머릿속에 집어넣는 것이 불가능해집니다. 다양한 컴포넌트 동작을 통해 추론하려는 동안 여러분 머릿속에 만들어 둔 모델은 이미 구식이 되어 있을지도 모릅니다.

---

8   옮긴이_ 필요에 따라 적합한 데이터베이스나 스토리지를 선택해서 사용하는 방식을 말합니다.

엔지니어로서 수행하는 디버깅은 직관에 의존하는 경우가 많습니다. 문제의 원인을 파악하기 위해 직감을 따르거나 조사를 도와줄 수 있는 오래전의 장애 상황들을 떠올리기도 할 것입니다. 그렇지만 과거에 유용했던 많은 기술들은 더 이상 적용되기 어려운 경우가 많습니다. 직관적인 접근 방법은 문제가 이전에 겪었던 문제의 변형이거나 연장선에 있는 것과 같이 예측 가능한 때에만 적용할 수 있습니다.[9]

마찬가지로 모니터링을 이용한 메트릭 기반의 접근 방법은 과거의 실패 사례에 의존합니다. 모니터링은 이전에 발생했던 시스템 예외 상황을 바탕으로 만들어진 임계치를 기준으로, 이를 넘거나 밑도는 상황을 감지하도록 해줍니다. 하지만 그런 형태의 비정상적인 예외 상황이 발생할 수 있다는 사실조차 모른다면 무슨 일이 일어날까요?

역사적으로 소프트웨어 엔지니어가 직면하는 대부분의 문제는 예측 가능한 장애 모드의 변형입니다. 아마도 소프트웨어가 이전과 동일한 방식으로 고장 날 것이라고 단언할 수는 없겠지만, 어떤 컴포넌트에서 무슨 상황이 일어날지 추론해 두었다면, 적어도 새로운 버그나 고장 상황을 찾아내는 데 있어서 어려움을 겪지는 않을 것입니다. 대부분의 소프트웨어 개발자는 복잡한 형태의 문제를 다루는 경우가 많지 않기 때문에, 완전히 예측 불가능하면서도 논리적으로 설명하기 어려운 상황에 직면하지 않을 것입니다(오늘날 개발자들이 겪는 대부분의 복잡성은 모놀리식monolithic 앱에 포함되어 있습니다).

> 모든 애플리케이션에는 본질적으로 축소하기 어려운 복잡성이 있습니다. 문제는 사용자, 애플리케이션 개발자, 플랫폼 개발자 중 누가 이 문제를 처리해야 하는가 입니다.
>
> — 래리 테슬러

현대적인 분산 시스템 아키텍처는 그 누구도 예측할 수 없고 이전에 경험해 보지도 못했던 새로운 방식으로 실패하는 것으로 악명 높습니다. 이러한 실패는 분산 컴퓨팅 환경에 익숙하지 못한 프로그래머들이 자주 하는 잘못된 가정에 대한 일련의 주장이 생겼을 정도로 빈번하게 일어납니다. 또한, 현대의 분산 시스템은 개발자들이 추상화된 인프라스트럭처 플랫폼처럼 접근할 수 있도록 만들어졌습니다. 이러한 플랫폼을 사용하는 애플리케이션 개발자들은 플랫폼이 갖고 있는 고유의 축소 불가능한 복잡성을 다뤄야만 합니다.

---

9 심층 분석에 관해서는 피트 허드슨(Pete Hudgson)이 작성한 블로그 포스트 'Why Intuitive Troubleshooting Has Stopped Working for You'를 참고하기 바랍니다. https://oreil.ly/JXx0c

이전에는 겉으로 드러나지 않았던, 물리 서버의 숨겨진 메모리에서 상호 작용하고 있던 애플리케이션 코드의 서브루틴 복잡성은 호스트 간의 서비스 요청을 통해 드러나게 됩니다. 이렇게 드러난 복잡성은 단일 기능을 수행하는 경우라도 여러 서비스를 넘나들며 예측하기 힘든 여러 네트워크 구간을 통과하게 합니다. 현대적인 아키텍처가 모놀리식 구조를 마이크로서비스 방식으로 쪼개기 시작한 이래, 소프트웨어 엔지니어는 더이상 일반적으로 쓰이던 디버거를 통해 코드를 살펴보는 것이 어려워졌습니다. 그뿐만 아니라 그들이 사용하던 도구 역시 이러한 큰 변화에 제대로 대처하지 못했습니다.

요약하자면, 모놀리식은 사라졌습니다.[10] 이제 모든 요청은 네트워크 구간을 여러 번 거쳐야만 하고 모든 소프트웨어 개발자는 일상의 작업 수행을 위해 시스템과 운영에 대해 더 많은 지식을 갖추어야 할 필요가 생겼습니다.

이러한 큰 변화의 물결은 컨테이너화에 대한 트렌드에서 확인할 수 있습니다. 컨테이너 오케스트레이션 플랫폼의 부상, 마이크로서비스로의 전환, 폴리글랏 퍼시스턴스, 서비스 메시의 도입, 일시적으로 사용 가능한 인스턴스 오토스케일링의 인기, 서버리스 컴퓨팅, 람다 함수, 그리고 소프트웨어 개발자가 일상적으로 사용하는 수많은 SaaS 기반 애플리케이션 도구 등이 바로 그것입니다. 이러한 도구들을 현대적인 시스템 아키텍처에 도입하면 하나의 요청이 20~30번의 네트워크 구간을 거쳐야만 마침내 목적지에 도착할 수 있게 되었다는 것을 의미합니다. 물론 데이터베이스 쿼리와 같은 요소들이 추가되면 그 숫자는 배가 될 것입니다.

현대의 클라우드 네이티브 시스템에서 디버깅을 수행할 때 가장 어려운 부분은 더 이상 코드가 어떻게 실행되는지가 아니라 시스템의 어느 부분이 코드 실행 시 문제가 되는지를 이해하는 것입니다. 시스템에서 분산된 요청은 종종 자체적으로 반복되기 때문에 대시보드 또는 서비스 맵에서 어떤 노드나 서비스가 느린지를 찾는 것은 만만한 일이 아닙니다. 즉, 시스템에서 성능 병목이 발생하는 지점을 찾는 것은 굉장히 어려운 일입니다. 무언가가 느려지면 모든 것이 느려집니다. 더 어려운 것은 클라우드 네이티브 시스템은 보통 플랫폼으로 운영되기 때문에 코드가 개발팀이 제어할 수 없는 시스템의 어딘가에서 동작하고 있다는 것입니다.

현실 세계에서 메트릭을 이용한 디버깅은 서로 연결되어 있지 않으면서도 여러 서비스와 서버를 거쳐 실행되는 특정 요청의 전반적인 실행 과정을 기록하고 다양한 메트릭에 연결해야 합니

---

10 옮긴이_ 실제로 현장에서는 여전히 모놀리식 아키텍처가 많이 사용되며, 오히려 마이크로서비스 아키텍처가 적절하지 않은 사례들에 대한 이야기도 많이 나옵니다. 다만 이 문장은 저자가 분산 컴퓨팅, 마이크로서비스 아키텍처 환경이 메인스트림이 된 상황에 대해 재미를 위해 과장한 것으로 보는 게 좋겠습니다.

다. 여러 구간을 지나는 동안 어떤 일이 일어났을지를 추론해야 합니다. 이러한 수많은 단서가 도움이 되려면 측정값measurement이 임계치를 초과하거나 밑돌 것을 예측했는지 여부에 달려 있으며, 이것은 이 요청이 이전에 발생하지 않았던 비정상적인 장애 모드를 만드는 데 관여되었음을 의미합니다.

반대로, 관찰 가능성을 이용한 디버깅은 작업이 수행되었을 때 무슨 일이 일어났는가에 대한 깊은 문맥에서부터 시작됩니다. 이 방식은 새로운 실패 상황을 만들어 낸 버그를 촉발한 환경이나 여건을 재조립할 수 있도록 주어진 요청에 대해 가능한 많은 문맥을 보존하는 것에 대한 것입니다. 모니터링이 알려진 불확실성known-unknowns에 대한 것이라면, 관찰 가능성은 알려지지 않은 불확실성unknown-unknown에 대한 것입니다.

1.5.1 카디널리티의 역할

데이터베이스에서 카디널리티cardinality는 한 집합에 포함된 데이터 값의 고유성을 말합니다. 낮은 카디널리티는 열의 데이터 값 집합에 중복된 값이 많다는 것을 의미합니다. 높은 카디널리티는 완전히 고유한 값들이 열에 많이 포함되어 있다는 것을 의미합니다. 그렇기 때문에 단일 값만 가지고 있는 열은 언제나 가장 낮은 카디널리티를 갖게 되고, 고유 ID를 갖는 열은 언제나 가장 높은 카디널리티를 갖습니다.

예를 들어, 1억 개의 사용자 레코드를 가진 컬렉션에서는 UUIDuniversally unique identifier가 가장 높은 카디널리티를 갖게 될 것입니다. 높은 카디널리티의 또 다른 예시는 퍼블릭 키 시그니처public-key signature입니다. 이름과 성은 높은 카디널리티를 갖긴 하지만 같은 이름을 가진 사람이 있기 때문에 UUID보다는 낮은 카디널리티를 갖습니다. 성별 필드의 스키마가 50년 전에 만들어졌다면 낮은 카디널리티를 갖고 있을 것이고, 성별에 대한 변화를 감안하더라도 크게 늘어나지는 않을 것입니다. 마지막으로 모든 사용자는 사람일테니 종species에 대한 대한 필드가 가장 낮은 카디널리티를 갖게 됩니다.

높은 카디널리티를 갖는 정보는 디버깅에 필요한 데이터를 식별하거나 시스템을 이해하고자 할 때 가장 유용하기 때문에 관찰 가능성 관점에서 카디널리티는 상당히 중요합니다. 사용자 ID나 장바구니의 ID, 요청 ID 혹은 인스턴스, 컨테이너, 호스트네임, 빌드번호, 스팬 등 다양한 ID 정보를 담고 있는 필드를 정렬하는 것이 얼마나 유용한지 생각해 봅시다. 고유 ID에 대해 쿼리할 수 있는 것은 주어진 건초 더미 사이에서 바늘을 정확히 찾아내는 가장 좋은 방법입니다. 언제든지 성last name의 앞부분을 이용해 분류하는 것과 같은 방법으로 필요에 따라 높은 카디널리티의 값을 어느 정도 낮은 카디널리티로 다운 샘플링할 수 있습니다.

안타깝게도 메트릭 기반의 도구들은 주어진 합리적인 스케일에서 낮은 카디널리티를 갖는 디멘션만 다룰 수 있습니다. 비교할 호스트가 수백 개에 불과하더라도 메트릭 기반의 시스템으로는 카디널리티에 대한 키 공간의 한계에 다다르지 않고서는 호스트명을 식별을 위한 태그로 사용하기 어렵습니다.

이처럼 근본적인 한계는 데이터를 조사하는 방식을 의도치 않게 제한합니다. 메트릭을 이용한 디버깅은 데이터 확인이 필요할 수 있는 모든 질문에 대해 메트릭이 기록되는 시점에 미리, 버그 발생 전 확인하고 싶은 값 역시 함께 기록될 수 있도록 결정해야만 합니다.

이는 두 가지 큰 의미를 갖습니다. 첫째, 조사하는 동안 잠재적인 문제의 근원을 파악하기 위해 반드시 확인되어야만 하는 추가 질문을 결정합니다. 먼저, 이러한 질문에 답을 줄 수 있는 메트릭을 설정하고 문제 재발을 기다려야만 합니다. 둘째, 추가 질문을 대답하기 위해서는 또 다른 메트릭들이 필요하므로 대부분의 메트릭 기반 도구 공급 업체들은 데이터가 처음 기록되었을 때 과금을 시작할 것입니다. 사전에 예측할 수 없었던 숨겨진 문제를 찾기 위해 데이터를 조사하는 모든 새로운 방식에 따라 비용은 선형적으로 증가합니다.

1.5.2 디멘셔널리티의 역할

카디널리티가 데이터 값의 고유성을 의미한다면, 디멘셔널리티는 데이터의 키 개수에 관한 것입니다. 관찰 가능한 시스템에서 원격 측정 데이터telemetry data는 임의로 생성된 광범위하게 구조화된 이벤트입니다(8장에서 자세히 다룹니다). 이런 이벤트는 수백 혹은 수천 개의 키-값 쌍의 데이터(즉, 디멘션)를 가질 수 있기 때문에 '광범위'하다고 합니다. 이벤트 범위가 넓을수록 이벤트가 발생 시 더 풍부한 문맥을 포착할 수 있기 때문에 디버깅할 때 더 많은 것들을 발견할 수 있습니다.

이벤트당 여섯 개의 높은 카디널리티 디멘션(시간time, 앱app, 호스트host, 사용자user, 엔드포인트endpoint, 상태status)이 정의된 이벤트 스키마가 있다고 생각해 봅시다. 여섯 개의 디멘션을 이용하면 예외 상황을 만든 여러 디멘션 조합을 분석할 수 있는 쿼리를 만들 수 있습니다. 예를 들어, 'A 호스트에서 지난 30분 동안 발생한 모든 502 에러'라던가 '사용자 B가 /export 경로로 보낸 요청 중 403 응답 코드를 받은 요청들', 혹은 'C 애플리케이션이 /payments 경로로 보낸 요청 중 타임아웃이 발생한 요청들과 해당 요청에 대한 호스트'와 같은 정보를 추출할 수 있을 것입니다.

고작 여섯 개의 디멘션만으로도 애플리케이션 시스템에서 무슨 일이 일어났는지 파악하는 데 도움이 되는 조건들을 분석할 수 있습니다. 이제 디멘션이 여섯 개가 아니라 더 많은 세부 정보, 값, 카운터counter, 언젠가 디버깅에 도움이 될지도 모르는 문자열을 갖고 있는 수백, 수천 개의 디멘션을 분석한다고 생각해 봅시다. 가령 다음과 같은 디멘션들이 여기에 포함될 수 있을 것입니다.

```
app.api_key
app.batch
app.batch_num_data_sets
app.batch_total_data_points
app.dataset.id
app.dataset.name
app.dataset.partitions
app.dataset.slug
app.event_handler
app.raw_size_bytes
app.sample_rate
app.team.id
…
response.content_encoding
response.content_type
response.status_code
service_name
trace.span_id
trace.trace_id
```

활용할 수 있는 디멘션이 많으면 이벤트를 조사하고 서비스 요청 그룹 간의 아주 복잡한 상관관계를 정리할 수 있습니다(자세한 내용은 8장에서 다룹니다). 데이터가 많은 디멘션을 갖고 있을수록 애플리케이션 동작에 숨겨져 있거나 파악하기 어려운 패턴을 찾을 수 있는 가능성이 높아집니다. 발생 가능한 실패의 종류가 사실상 무한대인 현대적인 시스템에서 몇 가지 원격 측정 데이터만을 포착하는 것 만으로는 충분치 않습니다.

여러분은 사용자, 코드, 시스템이 만나는 접점에서 일어나는 모든 일들에 대한 세부 사항을 가능한 한 많이 수집해야만 합니다. 높은 디멘션을 가진 데이터는 이러한 교차점이 어떻게 전개되는지에 대한 더 많은 배경지식을 제공합니다. 이후에는 시스템 이슈가 어떻게 발생하고 왜 발생하는지를 보여줄 수 있도록 높은 디멘셔널리티를 가진 데이터를 분석해 봅니다.

1.6 관찰 가능성을 이용한 디버깅

관찰 가능성 도구를 이용해 원격 측정 데이터의 카디널리티와 디멘셔널리티를 제한하는 대신 발생할 수 있는 모든 이벤트에 대해 개발자들이 더 많은 원격 측정 데이터를 수집하고, 해당 요청에 대한 전체 문맥을 전달하여 필요한 시점에 활용할 수 있도록 저장할 것을 권장하고 있습니다. 관찰 가능성 도구들은 높은 카디널리티와 높은 디멘셔널리티에 대해 쿼리할 수 있도록 특별히 설계되어 있습니다.

이런 도구를 통해 다양한 방법으로 이벤트 데이터를 조회하여 디버깅에 사용할 수 있습니다. 즉, 관찰 가능성을 이용하면 시스템의 상태에 대해 무엇을 알아낼 수 있는지를 확인함으로써 신경 쓰고 있는 조건을 반복적으로 조사할 수 있습니다. 다음 질문, 또 다음 질문으로 이어지는 답변이나 단서를 찾기 위해 예측할 필요는 없지 않냐고 질문하는 대신, 여러분이 찾고 있는 바늘을 건초 더미 속에서 찾을 때까지 이러한 패턴을 계속 반복합니다. 관찰 가능한 시스템의 핵심은 여러분의 시스템을 개방형 방식으로 탐색할 수 있는가입니다.

시스템의 탐색 가능성exploration은 얼마나 쉽게 시스템에 대한 질문을 할 수 있고 연관된 내부 상태를 조사할 수 있는가를 통해 측정됩니다. 탐색 가능성은 시스템이 어떤 상태일지 예측하지 않더라도 시스템의 상태를 조사할 수 있고 궁극적으로는 해당 실패를 본 적 없어도 이해할 수 있는 것을 말합니다. 다시 한번 말하지만, 관찰 가능성을 확보하는 것은 추가적인 코드 작성 없이도 시스템이 가질 수 있는 상태에 대해 이해하고 설명할 수 있게 된다는 것을 의미합니다.

모니터링이 그렇게 오랫동안 잘 동작할 수 있었던 이유는 시스템이 상대적으로 단순했기 때문입니다. 엔지니어들은 문제를 찾기 위해 어디를 살펴봐야 하는지, 이러한 문제가 어떻게 나타날 수 있는지 추정할 수 있었습니다. 예를 들어 소켓 사용량이 증가하고 CPU에 과부하가 걸리기 시작하면 해결책으로 애플리케이션이 동작하는 노드 인스턴스의 수를 늘리거나 데이터베이스 튜닝 등을 통해 더 많은 가용량을 확보하면 충분했습니다. 엔지니어들은 발생할 수 있는 대부분의 오류 상태를 예측할 수 있었고, 나머지 오류들은 프로덕션 환경에서 애플리케이션이 운용 중인 상태에서 어렵게 찾아내야만 했습니다.

그러나, 모니터링은 기본적으로 시스템 관리에 대해 사후 대응적으로 접근했습니다. 즉, 예측하고 확인할 수 있을 때만 고장 조건을 파악할 수 있습니다. 고장을 예측할 수만 있다면 고장이 어디서, 왜 발생했는지를 확인할 수 있습니다. 찾을 수 없는 모든 조건에 대해서는 일단 상태를 봐야 하고, 불쾌한 놀라움에 대처해야 합니다. 또한 가능한 한 전력을 다해 조사하고 적절히 진단하면서 확인할 수 있는 방법을 찾아내기 전까지는 동일한 상태를 여러 번 볼 수밖에 없는 막다른 골목에 다다를 수도 있습니다. 이러한 모델을 통해 엔지니어는 예측할 수 없는 실패 상황에 대해 강한 반감을 갖도록 동기부여가 되기도 합니다. 이는 일부 팀들이 새로운 코드 배포를 두려워하는 데에 어느 정도 영향을 끼치고 있습니다(더 자세한 내용은 나중에 다룹니다).

한 가지 미묘한 것은 하드웨어, 인프라의 문제는 여러분이 만든 코드나 사용자로 인해 발생한 문제와 비교했을 때 상대적으로 간단하다는 점입니다. '내가 겪고 있는 문제의 대부분은 컴포넌트 고장으로 인한 것이야'라는 생각이 '내가 갖고 있는 질문의 대부분은 사용자 행동이나 오묘한 코드상의 버그, 그리고 그 두 가지의 상호작용과 관련이 있어'로 바뀌는 것은 모놀리식 환경이나 더 간단한 아키텍처를 다루는 사람들조차 왜 모니터링에서 관찰 가능성으로 이동하려고 하는지를 이야기해 줍니다.

1.7 현대적인 시스템을 위한 관찰 가능성

프로덕션 소프트웨어 시스템은 임의로 내부 시스템 상태를 추정하거나 장애 모드를 예측하지 않습니다. 상태를 이해하기 위해 새로운 코드를 배포하는 일 없이도 시스템의 상태를 이해할 수 있을 때 관찰 가능하다고 여겨집니다. 이러한 방식으로 제어 이론의 관찰 가능성 개념을 소프트웨어 엔지니어링 분야로 확장할 수 있습니다.

소프트웨어 엔지니어링의 문맥에서 봤을 때, 관찰 가능성은 전통적인 아키텍처 시스템이나 모놀리식 시스템에서 더 많은 이점을 제공합니다. 관찰 가능성은 코드를 추적하거나 많은 처리 시간이 소요되는 지점을 알려주고, 사용자 관점에서 이슈를 만드는 동작을 재현할 수 있도록 도와줍니다. 이러한 능력은 프로덕션 환경이 어떤 아키텍처를 채용했는지에 관계없이 예측할수 없는 장애 모드를 찾아내지 않아도 되도록 해줍니다. 그러나 관찰 가능성 도구로부터 메스scalpel나 서치라이트searchlight와 같은 도구를 제공받은 현대적인 분산 시스템은 협상의 여지가 없습니다.

분산 시스템에서는 어느 정도 예측 가능한 장애 모드와 그렇지 않은 장애 모드를 생각할 때, 예상치 못한 장애 모드에 중점을 둡니다. 이러한 예측 불가한 장애 모드는 종종 발생하지만 거의 반복되지 않는다는 특징이 있습니다. 때문에 프로덕션 애플리케이션의 동작 시간과 신뢰성을 보장하고, 용납할 수 있는 성능 범위 내에서 동작하게 할 책임이 있는 엔지니어링팀이 시스템의 상태를 쉽게 볼 수 있도록 해주는 모니터링 대시보드를 만들기 어렵습니다.

필자들은 이러한 형태의 현대적인 시스템을 염두에 두면서 이 책을 썼습니다. 느슨하게 결합되어 있고, 태생적으로 동적이면서, 추론하기 어려운 많은 구성 요소로 구성된 모든 시스템은 기존의 관리 접근 방법과 비교했을 때 관찰 가능성이 주는 이점을 누리기에 적합합니다. 만일 이러한 설명에 부합하는 프로덕션 소프트웨어 시스템을 관리하고 있다면, 이 책을 통해 관찰 가능성이 팀과 고객, 그리고 사업에 어떤 의미를 갖는지를 이해하게 될 것입니다. 그외에도 이 책은 엔지니어링 프로세스의 주요 영역에서 관찰 가능성을 개발할 때 요구되는 인적 요소에 초점을 맞추고 있습니다.

요약

관찰 가능성이라는 용어가 정의된 지도 수십 년이 지나긴 했습니다만, 관찰 가능성을 소프트웨어 시스템에 적용하는 것은 여전히 여러 가지 고려 사항과 특성이 수반되는 새로운 적응 과정입니다. 상대적으로 단순했던 초기의 시스템에 비해, 현대의 시스템은 고장을 예측, 감지, 해결하기 어렵다는 복잡성을 갖고 있습니다.

엔지니어링팀은 복잡성을 낮추기 위해, 어떻게 고장이 발생하는지 먼저 예측하지 않고도 이슈에 대해 디버깅할 수 있도록 유연한 방식으로 원격 측정 정보를 지속적으로 수집할 수 있어야 합니다. 관찰 가능성은 엔지니어가 원격 측정 데이터를 유연한 방법을 통해 자유자재로 다루도록 해줌으로써, 예상치 못한 방식으로 발생한 모든 이슈의 근본적인 원인을 찾을 수 있습니다.

관찰 가능성이 종종 서로 다른 원격 측정 데이터 타입의 '세 가지 기둥'을 통해 확보되는 것처럼 잘못 알려져 있어서 이와 같은 방식으로 생각하지 않기로 했습니다. 하지만 관찰 가능성의 '세 가지 기둥'을 갖고 있어야만 한다면, 높은 카디널리티, 높은 디멘셔널리티dimensionality, 그리고 탐색 가능성explorability을 지원할 수 있도록 도구화되어야만 합니다. 다음 장에서는 전통적인 시스템 모니터링 접근 방법과 비교했을 때, 관찰 가능성은 어떤 차이를 가졌는지 알아보겠습니다.

CHAPTER 2

관찰 가능성과 모니터링의 디버깅은 어떻게 다를까?

1장에서는 디버깅의 유래와 일반적인 메트릭 데이터 타입의 이용 방법 살펴봤습니다. 2장에서는 기존 모니터링 도구를 이용한 디버깅 방법을 살펴보고, 관찰 가능성 도구를 이용한 디버깅과 무엇이 다른지 알아볼 것입니다.

기존 모니터링 도구는 이전에 발견되었던 오류 조건이 발생했는지를 나타내는 임계치와 비교하여 시스템 상태가 괜찮은지를 확인하는 방식으로 동작합니다. 이것은 이전에 겪었던 장애 모드를 식별할 때만 효과적이기 때문에 기본적으로 사후 대응적인 접근 방법입니다.

이와 반대로, 관찰 가능성 도구들은 반복적인 탐색 조사를 통해 성능 문제가 왜, 어디서 발생했는지를 시스템적으로 찾아낼 수 있도록 해줍니다. 관찰 가능성은 이전에 발생했던 문제 여부와 관계없이 장애 모드failure mode를 적극적으로 식별할 수 있도록 해줍니다.

이번 장에서는 모니터링 기반 트러블슈팅 방법의 한계를 이해하는 데 집중합니다. 우선, 프로덕션 환경에서 소프트웨어 성능 문제를 해결하기 위해 모니터링 도구가 어떻게 사용되는지를 낱낱이 살펴봅니다. 그런 다음 모니터링 기반 접근 방법에서 관행적으로 사용되는 방법을 조사합니다. 마지막으로 관찰 가능성이 어떻게 이전에 알려진 문제뿐만 아니라 알려진 적이 없는 문제까지 모두 식별할 수 있는지를 알아봅니다.

2.1 모니터링 데이터를 활용한 디버깅

옥스퍼드 영어 사전에서는 모니터링을 어떤 대상에 대해 일정 기간 진행 상황이나 품질을 확인하고 관찰함으로써 체계적으로 검토하는 것이라고 정의하고 있습니다. 기존 모니터링 시스템은 메트릭을 이용하여 정확한 용어의 사전적 의미만큼만 일을 하고 있습니다. 즉, 일정 기간 애플리케이션의 성능을 확인하고 지정된 주기에 맞추어 성능 정보를 취합하여 보고합니다. 모니터링 시스템은 메트릭을 수집, 집계, 분석하여 문제가 되는 트렌드가 발생했는지 여부를 나타내는 알려진 패턴을 선별합니다.

모니터링 데이터의 주요 고객은 기계[1]와 사람입니다. 기계는 모니터링 데이터를 이용해 감지된 상태가 알람을 발생시킬 것인지 복구 상황을 선언할 것인지를 결정합니다. 메트릭은 기록된 시점 전후 일정 주기 동안의 시스템 상태를 나타내는 수치적 표현입니다. 물리적인 게이지^{gauge}를 보는 것과 마찬가지로 특정 시점에 어떤 리소스를 과도하게 사용했는지, 혹은 충분히 사용하지 않았는지를 나타내는 메트릭을 통해 볼 수 있을 것입니다. '현재 CPU 사용률은 90% 수준이다'가 대표적인 예입니다.

그런데 동작에 변화가 생겼다면 어떨까요? 게이지에 표시된 값이 올라가거나 내려가면 어떻게 해야 할까요? 메트릭은 보통 집계된 값에 사용하기 좋습니다. 일정 기간 기록된 메트릭 값의 트렌드를 이해하면 소프트웨어 성능에 영향을 줄 수 있는 시스템 동작에 대한 통찰력을 얻을 수 있습니다. 모니터링 시스템은 메트릭을 수집, 집계, 분석하여 사람이 알고 싶어하는 트렌드를 나타내는 알려진 패턴을 선별합니다.

만약 CPU 사용률이 2분 이상 지속해서 90%를 넘는다면 누군가는 알람을 받아야 하는 상황이라고 판단할 수 있습니다. 분명한 것은 컴퓨터 입장에서 메트릭은 단지 숫자라는 점에 주목할 필요가 있습니다. 메트릭 세상에서 시스템 상태는 극히 이분법^{binary}적입니다. 일정 수치와 주기에 미달되면 컴퓨터는 알람을 보내지 않습니다. 하지만 일정 수치와 주기를 넘으면 컴퓨터는 알람을 보낼 것입니다. 이러한 임계치가 어느 정도여야 하는가는 사람의 결정 영역입니다.

모니터링 시스템은 사람이 중요하다고 생각한 트렌드를 감지하면 알람을 발송합니다. 마찬가지로 사전에 정의된 시간 동안 CPU 사용률이 90% 아래로 떨어지면 모니터링 시스템은 알람 발송 조건을 더 이상 적용하지 않고 시스템이 복구되었다고 선언할 것입니다. 초보적인 수준의

---

[1] 옮긴이_ 이 책에서는 보통 컴퓨터를 이야기합니다.

시스템 흐름이지만 여전히 많은 문제 해결 방법들이 이러한 알람 체계에 의존하고 있습니다.

사람이 동일한 데이터를 사용하여 디버깅하는 방식은 조금 더 흥미롭습니다. 이러한 수치 측정은 TSDB$^{time\ series\ database}$에 저장되고, GUI는 이를 이용해 데이터 트렌드를 그래픽으로 표현합니다. 이 그래프들은 대시보드라는 점진적이면서도 더 복잡한 조합으로 수집되고 합쳐집니다.

정적인 대시보드는 보통 서비스당 하나씩 만들어지며 엔지니어가 시스템을 특정 관점에서 이해하고자 할 때 좋은 출발점이 됩니다. 이것이 바로 대시보드를 구성하는 근본적인 이유입니다. 대시보드는 일련의 메트릭이 어떻게 추적되는지에 대한 개요를 제공하고, 주목할 만한 트렌드를 보여줍니다. 그렇지만 디버깅할 때 새로운 문제를 찾아내는 방법으로는 그다지 좋은 선택이 아니기도 합니다.

대시보드가 처음 만들어지면, 걱정할 만한 시스템 메트릭이 별로 없습니다. 따라서 어떤 서비스의 중요한 데이터를 보여주는 대시보드를 만들기가 상대적으로 쉽습니다. 근래에는 스토리지 비용이 저렴하고 처리 능력이 뛰어날 뿐만 아니라, 시스템에 대해 수집할 수 있는 데이터가 사실상 무제한인 것처럼 보입니다. 현대적인 서비스들은 일반적으로 동일한 대시보드에 모두 표시할 수 없을 정도로 많은 메트릭을 수집합니다. 그렇다고 해서 많은 엔지니어링팀이 이 모든 것을 하나의 시각에 맞추기 위해 노력하는 것을 막을 수는 없습니다.

모든 데이터를 대시보드에 보여주기 위해, 메트릭 값을 집계하고 평균값으로 계산하는 경우가 많습니다. 이렇게 집계된 값은 클러스터 전체의 CPU 사용률이 90%를 초과하는 것과 같이 특별한 조건을 수반합니다. 그러나 이렇게 집계된 측정치는 더 이상 관련 시스템에서 일어나는 일에 대한 의미 있는 정보를 제공하지 못합니다. 즉, 어떤 프로세스가 CPU를 과다하게 사용하고 있는지 알아내기 어렵습니다. 이러한 문제를 해결하기 위해 일부 공급 업체들은 대시보드 인터페이스에 필터와 드릴다운$^{drill-down}$ 기능을 추가함으로써 더 깊고 세밀하게 시각화를 활용할 수 있도록 해 디버깅 도구의 기능을 향상시키고자 합니다.

그렇지만 대시보드를 이용하여 트러블슈팅을 효과적으로 수행하는 것은 아마도 문제가 생겼을 때 찾아보게 될 조건을 어떻게 선언했느냐에 따라 제한적일 수밖에 없습니다. 즉, 미리 어느 정도 나누고자 하는 값을 일련의 디멘션에 맞도록 지정할 필요가 있습니다. 이 작업은 대시보드 도구가 여러분이 수행하고자 하는 분석의 형식에 필요한 인덱스를 만들 수 있도록 미리 진행되어야만 합니다. 인덱싱은 높은 카디널리티를 가진 데이터 그룹을 바탕으로 엄격하게 진행됩니다. 메트릭 기반의 도구를 사용할 때, 여러 그래프에 표시하는 높은 카디널리티의 데이터를 대시보드에 그냥 불러올 수는 없습니다.

필요한 조건을 정의하기 위해 선견지명을 가져야 한다는 것은 사용자에게 데이터 검색에 대한 부담을 줍니다. 디버깅 과정을 통해 새로운 시스템에 대한 통찰력을 찾고자 하는 노력은 조사를 시작하기 전에 예측해 둔 조건의 영향을 받을 수밖에 없습니다. 예를 들어 조사를 진행하는 동안 인스턴스 타입별로 CPU 사용률을 그룹화할 필요가 있다는 것을 발견할 수 있습니다. 하지만 적절한 라벨label을 미리 추가해 두지 않았기 때문에 이 작업을 수행할 수 없습니다.

그런 점에서 메트릭을 이용해 새로운 시스템에 관한 통찰력을 갖는 것은 태생적으로 사후 대응적인 접근이 될 수밖에 없습니다. 그러나 이러한 한계에도 불구하고 소프트웨어 산업은 전반적으로 디버깅을 위해 대시보드에 의존해야 하는 구조가 되어 왔습니다. 즉, 이러한 반응성은 수십 년 동안 소프트웨어 산업에서 메트릭이 최고의 트러블슈팅 도구였기 때문에 귀결되는 당연한 논리적 결과logical consequence입니다. 이러한 제약사항을 바탕으로 트러블슈팅을 하는 것에 너무 익숙해져 있어서 제약사항이 트러블슈팅을 하는 과정에 미치는 영향을 한눈에 명확하게 파악하기는 어렵습니다.

2.1.1 대시보드를 이용한 문제 해결

이번 절에서 소개할 시나리오는 프로덕션 서비스를 관리해야 하는 엔지니어들에게는 굉장히 익숙할 것입니다. 시나리오에서 소개한 여러 가지 가정들이 실제 업무 환경에서도 얼마든지 발생할 수 있다는 관점에서 분석해보기 바랍니다. 프로덕션 환경의 서비스를 관리하는 엔지니어가 아니라면 앞선 절에서 설명했던 제약사항의 유형들에 대해 가정들을 생각해 보기 바랍니다.

상쾌한 아침이 밝았습니다. 또 새로운 하루가 시작되었습니다. 여러분이 사무실로 이동한 뒤 가장 먼저 하는 것은 미리 준비된 여러 대시보드를 살펴보는 것입니다. 이 대시보드 시스템은 애플리케이션 시스템과 이를 구성하는 다양한 컴포넌트, 그리고 상태 확인까지 다양한 관점의 정보를 빠르게 볼 수 있는 '유일한 창'이 되고 싶어 합니다. 그뿐만 아니라 비즈니스적으로 중요한 핵심 메트릭을 가져와 보여주는 상위 레벨의 대시보드를 구성해 두었고, 이를 통해 앱 트래픽 사용량이 기록을 경신했는지, 앱스토어에서 앱이 사라졌는지와 같이 즉시 확인하고 대응해야만 하는 아주 중요한 상황들을 확인할 수 있습니다.

대시보드상에서 익숙한 조건들을 확인하며 프로덕션에서 발생한 긴급 상황을 챙겨볼 필요 없이 하루 업무를 시작해도 되는지 스스로 확신하는 시간을 갖습니다. 각 대시보드는 2~30개 이상의 그래프로 구성되어 있습니다. 사실 얼마나 많은 그래프가 표시되고 있는지 잘 모릅니다. 다만 이러한 그래프가 제공하는 예지력에 대한 신뢰가 생겼습니다. 예를 들어, 화면 하단에 있는 그래프가 빨간색으로 변하면, 하던 일을 중단하고 즉시 상황이 더 악화되지 않도록 조사를 시작해야 합니다.

아마도 그래프가 무엇을 측정하고 있는지 자세히 모를 겁니다. 하지만, 분명한 것은 프로덕션 서비스의 문제 발생 위치를 정확하게 예측할 수 있도록 도와준다는 것입니다. 이처럼 대시보드 그래프에 변화가 발생하면, 거의 신의 수준에 가까운 예지력을 획득할 수 있게 됩니다. 화면 상단 좌측 구석에 있는 그래프의 값이 빠지고 우측 하단에 있는 그래프가 계속 증가하는 패턴을 보인다면 메시지 큐 시스템에 문제가 발생한 것입니다. 화면 중앙 박스의 차트가 5분마다 스파이크를 형성하고 배경색이 점점 빨간색으로 물든다면, 데이터베이스 쿼리문이 수행되고 있을 것입니다.

바로 그때, 그래프를 바라보고 있던 그 순간에 캐싱 레이어에 문제가 발생한 것을 알아차렸습니다. 대시보드에 있는 그 어떤 그래프도 분명하게 "메인 캐싱 서버들로 요청이 몰리고 있어요"라고 말하지 않습니다. 하지만 시스템을 아주 잘 이해하고 있기 때문에 화면의 패턴을 해석한 즉시 데이터가 절대로 확실히 이야기 한 적이 없는 문제를 처리하기 시작합니다. 이전에도 비슷한 문제를 본 적이 있고 과거의 경험으로 미루어 봤을 때, 분명 몇 가지 특정한 측정 값의 조합이 캐싱 문제를 나타내고 있다는 것을 알고 있기 때문입니다.

패턴을 확인함과 동시에 빠르게 시스템의 캐싱 컴포넌트에 대한 대시보드를 띄우고 의심이 맞았는지 확인합니다. 의심이 맞았다면 바로 문제 해결을 위해 뛰어듭니다. 비슷한 방식으로 몇 가지 이상의 패턴을 통해 이 작업을 수행할 수 있습니다. 시간이 흐르면서 프로덕션 서비스의 작은 특징 하나만 가지고도 문제의 원인을 간파하는 법을 배우게 됩니다.

2.1.2 직관을 통한 문제 해결의 한계

많은 엔지니어가 이런 식의 트러블슈팅 접근 방법에 익숙합니다. 문제를 조사하는 과정에 시스템의 다양한 구성 요소를 탐색하면서 얼마나 많은 직관에 의존하고 있는지를 자문해 봅시다. 일반적으로 소프트웨어 산업에서는 직관에 큰 가치를 두고 있으며, 오랫동안 아주 많은 효용을 제공하고 있는 것은 분명합니다. 이제 자신에게 물어봅시다. 똑같은 대시보드 도구를 사용해서 기존과 다른 프로그래밍 언어로 개발되었으며 익숙하지 않은 아키텍처를 가진 생소한 애플리케이션의 문제에 대응해야 한다고 했을 때 동일한 트러블슈팅을 할 수 있을까요? 대시보드의 좌측 하단 차트가 파란색으로 바뀌면 무슨 행동을 할 것인가요? 아니, 뭔가 해야 하는 상황이 맞는 것이긴 할까요?

당연하게도 이 질문의 대답은 '아니오'입니다. 대시보드를 통해 볼 수 있는 다양한 시스템 문제의 표현 방식은 애플리케이션을 구성하는 스택^{stack}이나 개발 방식에 따라 크게 달라집니다. 그러나 소프트웨어 산업 관점에서 봤을 때, 대시보드를 이용하는 것은 시스템과 상호 작용하는 주된 방법입니다. 역사적으로 엔지니어는 문제가 발생했을 때 적절한 진단을 하기 위해 필요한 데이터로부터 한, 두 계층 떨어진 해석 계층$^{interpretive\ layer}$[2]의 데이터로 채워진 정적인 대시보드에 의존해 왔습니다. 하지만 이러한 정적인 대시보드는 새로운 문제가 발견되었을 때 그다지 유용하지 않다는 것을 깨닫기 시작했습니다. 몇 가지 예를 살펴봅시다.

예제#1 충분하지 않은 상관관계

한 엔지니어가 데이터베이스에 인덱스를 추가하고 쿼리 시간 단축이라는 목표를 달성했는지 알고 싶어 합니다. 또한 인덱스 추가로 인해 예상치 못한 다른 문제가 발생하지 않았는지도 궁금해 합니다. 이를 위해 다음과 같은 질문을 해봅시다.

- 인덱스 추가 전과 비교했을 때, 느린 응답 속도로 문제가 되었던 쿼리가 더 적은 행을 스캔하고 있는가?
- 쿼리 플래너가 얼마나 자주 새로 추가한 인덱스를 선택하는가 또 어떤 쿼리 수행 시에 사용하는가?
- 평균적으로 봤을 때, 쓰기 지연$^{write\ latency}$은 전반적인 현상인가 아니면 95 혹은 99퍼센타일에서만 보이는 현상인가?
- 이전의 쿼리 실행 계획$^{query\ plan}$과 비교했을 때, 쿼리 수행 시간이 빨라지거나 느려졌는가?
- 인덱스 간의 교집합이 있다고 가정했을 때, 새로 추가한 인덱스와 함께 사용 가능한 인덱스가 있는가?
- 새로 추가한 인덱스로 인해 불필요한 기존 인덱스를 정리하고 일부 쓰기 용량을 회수할 수 있게 되었는가?

물론 이 질문들은 일부 예시일 뿐이며, 더 많은 질문이 있을 수 있습니다. 그러나 엔지니어가

---

2 옮긴이_ 동일한 데이터로 표현된 그래프나 정보를 보더라도 이를 받아들이는 사람에 따라 서로 다른 이해나 해석을 할 수 있습니다.

활용할 수 있는 것은 CPU 평균 부하, 메모리 사용량, 인덱스 카운터, 그리고 호스트와 실행 중인 데이터베이스에 대한 많은 내부 통계뿐입니다. 이것들은 사용자, 쿼리, 목적지 IP나 소스 IP와 같은 정보를 기준으로 나눌 수 없습니다. 할 수 있는 것이라고는 타임스탬프를 기반으로 하는 광범위한 변화를 날카롭게 바라보면서 복잡한 추측을 하는 것뿐입니다.

[예제#2] 드릴다운[3] 되지 않음

한 엔지니어가 데이터를 만료시키는 버그를 찾았고, 이 버그가 모든 사용자에게 영향을 주는 것인지, 아니면 일부 사용자에게만 영향을 주는지를 알고 싶습니다. 하지만, 대시보드에서 알 수 있는 정보는 디스크 여유 공간이 특정 샤드에서만 의심스러울 정도로 빠르게 줄어든다는 것뿐입니다. 이들은 동시에 쓰기 작업이 진행되기 때문에 다른 샤드에서는 디스크 공간이 일정하게 유지된다는 것을 알아차리지 못한 채, 특정 샤드에서만 문제가 발생한다고 가정하고 계속 조사를 진행할 수도 있습니다.

[예제#3] 도구의 춘추 전국 시대

한 엔지니어가 특정 시간에 발생하는 에러 스파이크를 발견합니다. 대시보드의 여러 화면을 이동하면서 동시간대에 발생한 또 다른 메트릭의 스파이크는 없는지 찾아봅니다. 비슷한 스파이크를 다른 메트릭에서 발견했지만, 어떤 것이 증상의 원인이고 영향받은 메트릭이 무엇인지 알 수는 없습니다. 이를 식별하기 위해 로깅 도구^{logging tool}로 이동하여 에러 로그를 찾아보기 시작합니다. 에러의 요청 ID를 발견하면 추적 도구^{tracing tool}를 열어 발견한 요청 ID를 복사해 붙여넣습니다. 해당 요청이 제대로 추적되지 않았다면 추적 정보가 존재하는 요청 ID를 발견할 때까지 이 작업을 반복합니다.

이러한 모니터링 도구들은 시간이 지남에 따라 세분화된 문제를 더 잘 감지하게 됩니다. 장애 발생 후 언제나 회고하고, 가능하다면 장애에 대한 대응으로 사용자 정의 메트릭을 추가하는 강력한 전통을 가지고 있다면 더욱 그렇습니다. 보통 온콜^{on call} 엔지니어가 장애 원인을 파악했거나 발생 이유에 대한 그럴듯한 가설을 가지고 있을 때, 혹은 어떤 메트릭이 이러한 상황에 대한 답이 될 수 있는지 정확히 알고 있을 때 이러한 대응이 가능합니다. 조건을 만족했다면 엔지니어는 메트릭을 만들고 수집을 시작할 수 있습니다. 물론 지금은 최근 변경 사항이 영향을 미

---

3 옮긴이_ 필요에 따라 분석에 필요한 데이터의 요약 수준을 변경하는 것을 의미합니다.

쳤는지를 판단하기에는 너무 늦었습니다. 정확히 동일한 시나리오로 문제 상황을 재현할 수 없다면 시간을 거슬러 올라가 다시 한번 사용자 정의 메트릭을 포착할 수 없습니다. 하지만 동일한 문제가 다시 발생한다면 이야기는 달라집니다. 이번에는 확실히 문제 발생을 알 수 있게 될 겁니다.

앞선 예제의 경우라면 엔지니어들이 과거로 돌아가 각 쿼리에 대해 사용자 정의 메트릭을 추가하고, 데이터 컬렉션별로 만료 비율을 사용자 정의 메트릭으로 추가할 수 있을 것이고, 샤드당 발생하는 에러 비율을 메트릭에 추가할 수 있을 것입니다(아마도 모든 개별 쿼리 단위로 락lock 사용률, 인덱스 히트율, 쿼리 실행 시간 등에 대해 사용자 정의 메트릭을 추가하느라 미쳐버릴지도 모릅니다. 다음 요금 청구 기간에 모니터링 관련 예산 사용이 두 배 이상으로 늘어난 것을 발견하게 되는 것은 덤입니다).

2.1.3 사후 대응적일 수밖에 없는 기존 모니터링

앞서 설명한 접근 방법들은 모두 사후 대응적이지만, 많은 팀들은 여전히 이를 정상적인 운영 방법으로 받아들이고 있습니다. 간단히 말해 트러블슈팅을 수행하는 방법이기도 합니다. 하지만 이는 기껏 해 봐야 중요한 원격 측정 정보를 이용해 두더지 잡기 놀이를 하는 것이고, 일이 터진 후에 무슨 일이 일어났는지 따라잡는 것에 불과합니다. 뿐만 아니라 메트릭 도구들은 사용자 정의 메트릭이 추가되면 각각에 대해 선형적으로 비용을 추가 부과하는 경우가 많기 때문에 상당히 비싼 방식의 접근이기도 합니다. 많은 팀들이 열정적으로 사용자 정의 메트릭을 온 사방에 사용하곤 하지만 청구서 앞에서 무릎을 꿇을 수밖에 없고, 추가한 메트릭 대부분을 삭제하는 결말을 맞이하곤 합니다.

혹시 여러분의 팀도 그런 팀 중 하나일까요? 판단이 서지 않는다면 프로덕션 서비스를 관리하고 운영하는 업무에 대해 다음의 질문들을 던져보기 바랍니다.

- 프로덕션 환경에서 문제가 발생했을 때, 실제 눈에 보이는 시스템 정보의 조각들로부터 어디를 조사해야 할지를 결정하고 있는가? 아니면 문제점을 찾기 위해 직감을 따르고 있는가? 혹은 지난번에 문제를 찾아냈던 곳을 들여다보고 있는가?
- 시스템에 대한 전문성과 이전에 발생했던 문제들에 의존하고 있는가? 문제 분석을 위해 트러블슈팅 도구를 이용할 때 탐색적으로 증거를 찾고 있는가? 아니면 가설을 증명하기 위해 노력하고 있는가? 예를 들어, 전반적으로 지연 시간이 증가했고 수십 개의 데이터베이스와 지연 시간의 증가를 일으킬 수 있

는 큐가 있을 때, 어떤 곳으로부터 지연 시간의 증가가 촉발된 것인지 결정하기 위해 데이터를 사용할 수 있는가? 아니면, 당연히 MySQL 데이터베이스가 문제일 거라 생각하고, 그 직감을 확인하기 위해 MySQL 데이터베이스의 차트를 확인하러 가는가?

- 종종 직감에 따라 해결책을 정하고, 그 해결책이 맞는 답인지 확인하기 위해 적용해 보는 경우가 얼마나 많은가? 확인된 가정이 문제의 원인이 아니고 증상 혹은 결과라서 실제 문제는 해결하지 못하는 경우가 있는가?

- 트러블슈팅 도구가 여러분의 의문점에 대해 정확한 답변을 주고 올바른 해결책으로 이끌어 주는가? 아니면 실제로 필요한 답을 얻기 위해 도구가 제시한 해결책을 시스템에 대한 전문성을 바탕으로 원하는 답을 얻기 위해 한 번 더 해석하는가?

- 관찰된 내용 간의 관계를 연결 짓고, 서로 다른 데이터 소스들 사이에 문맥을 전달하기 위해 자신이 의존한 트러블슈팅 도구에서 다른 도구로 전환하는 횟수가 얼마나 되는가?

- 무엇보다도 팀 내의 최고 디버거는 가장 오래 근무한 사람인가? 이는 시스템에 대한 지식 대부분은 도구와 같이 대중적인 방법에 의한 것이 아니라 개인적인 실무 경험을 바탕으로 얻은 것이라는 걸 알려주는 결정적인 증거이지 않을까?

추측만으로는 충분치 않습니다. 상관관계가 있다고 하여 반드시 인과관계가 있는 것도 아닙니다. 알고 싶어하는 어떤 질문과 답을 제공해 줄 것으로 생각되는 대시보드 사이에는 아주 큰 간극이 있습니다. 원인과 결과를 연결하고 싶은 마음에 이런 간극을 무시한 채 무작정 믿음을 가져서는 안 됩니다.

확증편향이 줄 수 있는 사실의 왜곡을 감안하면 상황은 더욱 안 좋아집니다. 이러한 시스템 환경에서는 알지 못하는 것을 찾을 수 없습니다. 확인해 봐야 한다고 생각하지 못했던 질문을 애초에 할 수도 없습니다.

역사적으로 봤을 때, 엔지니어는 문제를 분석하기 위해 다양한 데이터 소스로부터 얻은 답변과 시스템에 대한 직관을 조합해서 생각해야만 했습니다. 소프트웨어 산업은 이것을 일반적인 운영 방식으로 인정했습니다. 하지만 단일팀이나 소수의 사람이 직관적으로 파악하기 어려울 정도로 시스템은 점차 복잡해지고 있습니다. 때문에 사후 대응적이고 제한적인 접근 방법을 벗어나야 한다는 것은 명확해졌습니다.

2.2 관찰 가능성을 통한 더 나은 디버깅

이전 절에서 살펴본 것처럼 모니터링은 알려진 문제나 이전에 식별된 패턴을 찾아내는 데 최적화된 사후 대응적 접근 방법이며, 알람과 장애에 초점이 맞춰져 있습니다. 이와 반대로 관찰 가능성은 어떤 디멘션 혹은 디멘션의 조합에 대해서 어디서, 어떻게 문제가 발생할지를 예측할 필요 없이 문제의 근본적 원인을 명시적으로 찾을 수 있도록 해줍니다. 즉, 관찰 가능성은 질문하고 이해하는 데 방점을 찍고 있습니다.

이제 제도적 지식institutional knowledge에[4] 의존하고 있는지, 숨겨진 문제를 찾을 수 있는지, 그리고 프로덕션 환경에서 발생한 문제 진단을 할 수 있는지의 세 가지 관점에서 모니터링과 관찰 가능성의 차이를 살펴보겠습니다. 어떻게, 왜 이런 차이점들이 생기는 것인지보다 심도 있는 예시들을 이어지는 장에서 살펴볼 것입니다. 지금은 상위 수준에서의 차이점만 비교하도록 합시다.

제도적 지식이란 문서화되지 않은 정보로 조직 내에서 일부 인원들에게 알려졌지만, 대부분은 잘 알지 못하는 지식을 말합니다. 모니터링 기반의 접근 방법을 사용하는 팀은 종종 연공서열[5]이 지식의 핵심이라는 생각을 갖곤 합니다. 팀에서 가장 오래 근무한 엔지니어가 문제 해결을 위한 최고의 디버거이자 최후의 디버거가 됩니다. 디버깅 과정이 이전에 알려진 패턴을 해석한 어느 한 개인의 경험으로부터 시작되고 있다면, 그러한 선입견은 전혀 놀랄만한 일이 아닙니다.

반대로 관찰 가능성을 활용하는 팀은 근본적으로 다른 방향을 향합니다. 관찰 가능성 도구를 사용하는 팀 내의 최고 디버거는 가장 호기심이 많은 엔지니어입니다. 관찰 가능성을 연습하는 엔지니어는 탐색적 질문을 통해 시스템을 조사할 수 있고, 찾아낸 답변을 이용해 추가로 개방적인 질문을 할 수 있습니다(8장에서 자세히 다룹니다). 관찰 가능성은 탐색적 직감 제공을 위한 특정 시스템에 대한 머릿속의 지식을 가치 있게 여기기보다는 시스템 전반에 걸쳐 일어나는 현상을 해석할 수 있는 숙련된 탐색 능력을 제공합니다.

이러한 변화의 영향은 복잡한 시스템의 깊은 곳에 숨겨진 문제를 찾으려고 할 때 가장 분명하게 나타납니다. 직관에 의존하는 사후 대응적 모니터링 기반의 접근 방법은 확증편향으로 인해 문제의 진짜 원인 파악을 어렵게 만드는 경향이 있습니다. 감지된 이슈는 이전에 발생했던 알려진 문제 동작 패턴과 얼마나 유사한지를 바탕으로 진단되기 때문에 실제 문제 발생 원인을

---

4 옮긴이_ 선배나 사수가 사석에서 구두로 전해준 정보나 지식, 혹은 경험이나 시행착오 같은 것들이 제도적 지식의 대표적인 예입니다.

5 옮긴이_ 오래 근무한 사람이 승진에 우선 순위가 있다는 말로, 능력주의의 반대말입니다. 여기에서는 오래 근무해 더 높은 자리에 사람이 더 많은 지식을 알고 있을 것이라는 믿음을 은유적으로 표현하기 위해 사용했습니다.

알지 못한 채 문제의 증상만 치료하는 것에 그칠 수 있습니다. 엔지니어는 무슨 일이 일어났는지를 추정하고 그 추정이 맞는지 확인하기 위해 문제에 뛰어들지만, 애당초 왜 그런 일이 일어났는지 완전히 조사하지 않은 채 증상을 완화합니다. 더 안 좋은 것은 원인을 해결하는 것이 아니라 증상에 대한 해결책을 적용하는 것이기 때문에, 이제 팀은 하나의 문제가 아니라 두 가지 문제를 해결해야 하는 상황에 놓이게 될 것입니다.

관찰 가능성은 전문가적인 통찰력에 기대기보다는 엔지니어가 모든 조사를 새로운 것으로 다루게 합니다. 문제가 발견되면 이전에 발생했던 문제와 비슷한 이유로 일어난 것처럼 보이더라도 엔지니어는 단편적인 시스템 정보가 제공하는 단서를 따라가기 위해 발걸음을 내디뎌야 합니다. 즉, 여러분은 정확한 답을 찾아내기 위해 매번 단계적으로 데이터를 따라가야 합니다. 엔지니어들은 이러한 접근 방법을 통해 시스템에 대한 전문 식견이나 다른 시스템의 도움 없이도 충분히 문제를 분석할 수 있습니다. 그뿐만 아니라, 이 방법론의 객관성이 의미하는 것은 단순히 엔지니어가 과거에 일어났던 문제와 비슷한 증상을 없애는 것이 아니라 해결하고자 하는 어떤 문제의 근원에 다가갈 수 있다는 것입니다.

객관적이고 방법론적인 조사로의 전환은 프로덕션 이슈를 분석하는 데 있어 팀 전체의 자신감을 높여주는 역할도 합니다. 모니터링 기반의 시스템에서는 데이터가 미리 집계되고 유연한 탐색을 지원하지 않기 때문에 도구 간 이동과 그 사이의 관계성을 찾는 것에 대한 책임을 사람이 지게 됩니다. 만약 문제를 더 자세히 살펴보거나 새로운 질문을 하고 싶다면, 대시보드에서 로그를 읽는 것으로 넘어갈 때 머릿속에 필요한 문맥을 가지고 가야만 하고, 로그를 읽는 것에서 추적trace을 보는 것으로 이동하거나 다시 돌아올 때도 한 번 더 그렇게 해야만 합니다. 이러한 문맥 전환context switching은 사람의 실수를 불러일으킬 수 있고, 소모적이며 다수의 데이터 소스와 출처를 다루는 경우 정보나 문맥이 서로 호환되지 않거나 불일치가 발생하여 상호 연관지어 분석하는 것이 불가능한 경우도 많습니다. 예를 들어, 앱에서 발생하는 에러와 TCP/IP 패킷 사이의 상관관계나 리소스 부족 에러와 높은 수준의 메모리 회수 비율 사이의 상관관계를 그려야 하는 경우, 매우 높은 확률로 변환 오류를 겪을 가능성이 크므로 어림짐작과 별 차이가 없을 것입니다.

관찰 가능성 도구는 원격 측정 데이터로부터 높은 카디널리티, 높은 디멘셔널리티의 문맥을 추출해 조사하는 사람들이 쉽게 데이터를 가공하거나 확실한 답을 찾기 위해 단서를 따라갈 수 있도록 한곳에 모아둡니다. 엔지니어는 끊임없이 문맥 전환해야 하는 번거로움 없이 꾸준하면서도 자신감 있게 조사를 진행할 수 있어야 합니다. 또한 그러한 문맥을 하나의 도구 내에 유지함으로써 시스템에 대해 경험과 직관적 지식으로 연결되었던 암묵적 이해 대신 명확한 데이터 기반의 조사를 할 수 있게 됩니다. 관찰 가능성은 가장 숙련된 엔지니어의 머릿속에 있는 중요한 지식을 꺼내어 어떤 엔지니어든 필요에 따라 탐색할 수 있는 공유된 현실로 이동시킬 수 있습니다. 이 책을 통해 관찰 가능성 도구의 세밀한 기능을 살펴봄으로써 이러한 이점을 어떻게 누릴 수 있는지 알게 될 것입니다.

요약

프로덕션에서 발생한 이슈의 근본적인 원인을 식별하기 위해 전문 지식을 바탕으로 메트릭과 대시보드를 함께 사용하는 모니터링 기반의 디버깅 방법은 소프트웨어 산업에서 일반적으로 통용되는 방식입니다. 데이터 수집이 제한적이었던 이전 세대의 기본 애플리케이션 아키텍처에서는 레거시 시스템의 단순함을 고려하면, 경험과 직관에 의존하는 탐색적 조사 방법이 나쁘지 않았습니다. 하지만 현대적인 애플리케이션의 기반이 되는 시스템의 복잡도와 규모는 빠르게 이러한 접근 방법을 의미 없게 만들었습니다.

관찰 가능성 기반의 디버깅은 조금 다른 접근 방법을 제안합니다. 이 방식은 시스템의 복잡도와 관계없이 경험이나 직관에 의존한 시스템 지식에 기대지 않고 엔지니어가 어떤 시스템이라도 조사할 수 있도록 설계되었습니다. 관찰 가능성 도구를 이용하면 엔지니어는 모든 문제의 조사에 대해 체계적이면서도 객관적인 관점으로 접근할 수 있습니다. 관찰 가능성을 실천하는 엔지니어는 시스템을 개방적인 관점에서 조사함으로써 깊숙이 숨겨진 문제의 근원을 찾을 수 있고 대상 시스템에 대한 사전 노출 여부와 관계없이 프로덕션 환경에서의 이슈를 자신 있게 진단할 수 있습니다.

이어서 관찰 가능성의 도움 없이 애플리케이션을 확장하면서 얻은 과거의 교훈을 살펴봄으로써 이러한 개념을 하나로 묶는 구체적인 경험을 살펴봅시다.

CHAPTER 3

관찰 가능성 없이
확장하며 배운 교훈

지금까지 관찰 가능성의 의미를 정의하고 관찰 가능성이 기존 모니터링과 어떻게 다른지 살펴 봤습니다. 또한 기존 모니터링 도구를 이용해 현대적인 분산 시스템을 관리할 때 생기는 한계 점과 관찰 가능성이 어떻게 이러한 한계를 극복할 수 있는지 알아봤습니다. 하지만 여전히 기 존 시스템 환경과 현대적인 시스템 사이의 진화적 격차는 남아 있습니다. 관찰 가능성의 도움 없이 현대적인 시스템을 확장할 때 무슨 일이 일어날까요?

3장에서는 기존 모니터링과 아키텍처 한계를 극복한 실제 사례를 살펴보면서 애플리케이션을 확장할 때 다른 접근 방법이 필요한 이유를 알아봅니다. 공저자인 채리티 메이저^{Charity Majors}는 그녀의 전 직장이었던 Parse에서 관찰 가능성 없이 애플리케이션을 확장하면서 배운 교훈을 직접 공유합니다. 이 이야기는 전적으로 그녀의 관점에서 쓰였다는 것을 염두에 두시길 바랍니 다.

3.1 메타가 인수한 MBaaS 기업 Parse

독자 여러분 안녕하세요? 저는 채리티입니다. 17살 때부터 현업에서 일을 해왔습니다. 당시 저는 아이다호 대학교[1]에서 주로 서버를 서버 랙^{rack}에 설치하거나 쉘 스크립트를 작성하는 일

----

1 University of Idaho

을 했습니다. 일을 해오면서 빅브라더Big Brother, 나기오스Nagios, RRDtool, 칵티cacti, 강글리아Ganglia, 자빅스Zabbix, 프로메테우스Prometheus와 같은 많은 훌륭한 모니터링 시스템들의 탄생과 확산을 볼 수 있었습니다. 이 도구들을 전부 사용해 본 것은 아니었지만 꽤 여러 가지를 다뤄 보았습니다. 각 도구들은 그 당시에 분명 아주 유용했습니다. 하지만 TSDB와 TSDB의 인터페이스를 사용하기 시작하자 시계열 데이터라는 강력한 무기를 이용해 어떤 시스템 문제라도 쉽게 해결할 수 있었습니다. 단지 임계치를 설정하고 설정된 임계치 기반으로 모니터링을 수행하다 문제가 감지되면 시계열 데이터 기반으로 해결하는 작업을 반복하는 것만으로 충분했습니다.

경력을 쌓아가던 중, 기존 소프트웨어 엔지니어팀에 합류하게 되었고, 팀의 인프라 엔지니어로서 새로운 제품 출시 준비 과정에 참여할 수 있었습니다. 이곳에서 저는 프로덕션 환경의 시스템에서 일어나는 일을 가장 잘 이해할 방법이 무엇인가에 대해 여러 번 의사결정을 했습니다.

이것이 제가 Parse에서 하던 일입니다. Parse는 모바일 앱 개발자들이 만든 애플리케이션을 백엔드의 클라우드 스토리지 시스템과 연결하고 백엔드 시스템으로 API 통신을 할 수 있게 해주는 MBaaSmobile-backend-as-a-service 플랫폼을 제공하는 기업입니다. 플랫폼은 사용자 관리, 푸시 알림, 소셜 네트워킹 서비스와의 통합과 같은 기능을 사용하도록 해줍니다. 팀에 처음 합류했던 2012년 당시, Parse는 베타 단계에 머물러 있었습니다. 그 당시 회사는 아마존 클라우드 워치Amazon Cloud Watch 를 사용하고 있었으며, 이유는 잘 모르겠지만 5개 정도의 서로 다른 시스템으로부터 알람을 받고 있었습니다. 저는 제가 알고 있던 최고의 도구였던 아이신가Icinga, 나기오스Nagios, 강글리아Ganglia로 모니터링 시스템을 전환했습니다.

Parse는 여러 방면에서 시대를 앞서 나갔기 때문에 무척 흥미로운 직장이었습니다(2013년 페이스북이 Parse를 인수하게 됩니다). Parse는 '마이크로서비스'라는 이름이 등장하기 전부터 마이크로서비스 아키텍처를 채택했습니다. 몽고DBMongoDB를 데이터 저장소로 사용했고 몽고DB와 함께 빠르게 성장했습니다. Parse가 처음 몽고DB를 사용하기 시작했을 때, 몽고DB 버전은 2.0에 불과했고 레플리카 세트당 단일 락single lock정도만 제공하고 있었습니다.[2] Parse는 루비 온 레일즈Ruby on Rails로 개발되고 있었기 때문에 여러 개의 데이터베이스 샤드를 사용할 수

---

2 옮긴이_ 데이터베이스에서 락은 데이터의 무결성을 보장하기 위한 중요 기능입니다. 가령 누군가가 데이터베이스의 정보를 수정하는 작업을 하고 있다면, 이 작업이 완료될 때까지 또 다른 사용자가 데이터를 수정하지 못하도록 제한됩니다. 몽고DB는 2.0에서 처음으로 락이 도입되었지만 제약사항이 많았습니다. 최근의 몽고DB는 RDB처럼 다양한 락 메커니즘을 제공하고 있습니다.

있도록 레일즈를 몽키패치[3]해서 사용해야만 했습니다.

Parse는 공유 테넌트 풀을 이용하는 복잡한 멀티테넌트 아키텍처로 만들어져 있었습니다. 초기에는 개발 속도를 높이는 데만 전념했습니다.

여기서 잠시 하던 이야기를 멈추고, 개발 속도 향상을 선택했던 것이 옳은 결정이었다는 것을 강조하고 싶습니다. 시간이 지난 다음 취소하거나 다시 수행해야 하는 일도 생기긴 했지만, Parse는 이 결정을 통해 초기의 많은 선택을 쉽게 할 수 있었습니다. 잘못된 도구를 선택했다고 하여 스타트업이 실패하는 것은 아닙니다. 하지만 대부분의 스타트업이 실패한다는 것은 분명한 사실입니다. 그들이 만든 제품에 대한 수요가 없거나 시장에 적합한 제품을 찾지 못했을 때, 혹은 고객이 그들의 제품을 좋아하지 않았거나 시점, 타이밍이 뒷받침되어야 하는 어떤 이유로 인해서든 실패합니다. 몽고DB와 루비 온 레일즈를 이용하는 기술 스택을 선택한 것은 Parse가 고객들을 만족시킴으로써 시장에 빨리 진입할 수 있게 해주었으며, 고객들은 우리가 판매하는 제품에 대해 더 많은 것들을 요구하기 시작했습니다.

그즈음 페이스북이 Parse를 인수했고, 이미 6만 개가 넘는 모바일 애플리케이션이 Parse를 이용하고 있었습니다. 그리고 2년 후 필자가 페이스북을 그만둘 즈음에는 백만 개가 넘는 애플리케이션이 Parse를 쓰고 있었습니다. 물론 Parse에 처음 합류했던 2012년에도 Parse는 이미 시장을 뒤흔들 조짐이 보였습니다.

합류한 지 몇 달 지나지 않았을 때 Parse가 공식 발표되었습니다. 트래픽은 금세 두 배가 되었고, 또 두 배가 되었고, 다시 또 두 배가 되었습니다. 해커뉴스[4]에 Parse 관련 포스팅이 등록될 때마다 새로운 가입자가 폭증했습니다.

2012년 8월, Parse를 이용하던 앱 중 하나가 애플 아이튠즈 스토어 상위 10위권에 처음으로 진입했습니다. 이 앱은 노르웨이의 데스메탈 밴드를 홍보할 목적으로 만들어졌습니다. 밴드는 앱을 통해 라이브 방송을 진행했습니다. 노르웨이에선 저녁 방송이었지만, 미국 기업인 Parse 입장에서는 새벽을 깨우는 방송이었습니다. 밴드가 라이브 방송을 진행할 때마다 Parse는 몇 초 만에 다운되었습니다. 이러한 현상을 봤을 때 Parse는 분명 확장성에 문제가 있었습니다.

---

3 옮긴이_ 런타임 시 프로그램을 임시로 수정하거나 확장하여 제공되지 않던 기능을 구현할 때 사용하는 방법을 이야기합니다.

4 https://news.ycombinator.com/news

3.2 Parse에서 경험했던 확장성

처음에는 서비스에 무슨 일이 일어났는지 알아내는 것조차 어려웠습니다. 문제 원인과 관계없이 무언가 느려질 때마다 모든 것이 느려졌기 때문에 상황 파악조차 쉽지 않았습니다.

문제를 해결하기 위해 많은 시행착오를 겪어야만 했습니다. 우리는 몽고DB에 대한 관리 기술 역량을 높이기 위해 많은 시간과 노력을 기울인 후에야 겨우 문제 원인을 알아낼 수 있었습니다. 동일한 문제가 이후에도 발생하지 않도록 하기 위해 특정 앱에 대해 선택적으로 사용량을 제한하거나 엉망으로 작성된 데이터베이스 쿼리 구문을 즉시 재작성하거나 제한할 수 있는 도구를 만들었습니다. 뿐만 아니라 노르웨이 데스메탈 밴드의 사용자ID만을 위한 사용자 정의 강글리아 대시보드를 만들어 향후 발생할 수 있는 장애의 책임 여부를 빠르게 확인할 수 있도록 만반의 준비를 했습니다.

여기까지 오는 길은 정말 험난했지만 결국 해냈습니다. 우리는 모두 안도의 한숨을 내쉬었지만, 이것은 앞으로 이어질 일들에 대한 서막에 불과했습니다.

Parse는 모바일 앱 개발자가 개발한 앱을 앱 스토어에 쉽고 빠르게 출시할 수 있도록 해줍니다. 덕분에 Parse 플랫폼은 개발자들의 엄청난 지지를 받았습니다. 개발자들은 Parse가 제공하는 경험에 열광했습니다. 그래서 많은 개발자들이 Parse를 이용해 매일 앱을 개발하고 출시했습니다. 얼마 지나지 않아 Parse가 호스팅하는 새로운 앱들이 셀 수 없이 아이튠즈 스토어나 안드로이드 마켓의 상위권에 랭크되는 장면을 보게 되었습니다. 이러한 앱들은 푸시 알림 발송, 게임 상태 저장, 복잡한 지리 기반 쿼리문을 수행했는데, 작업량을 예측하기 어려웠습니다. 밤낮을 가리지 않고, 아무런 사전 경고도 없이 Parse 플랫폼을 통해 수백만 대의 기기로 푸시 알림이 발송되었습니다.

그때부터 우리가 선택한 아키텍처, 사용 중인 언어, 그리고 이러한 선택을 이해하기 위해 사용하던 도구들이 갖고 있는 근본적인 결함을 맞닥뜨리기 시작했습니다. 다시 한번 강조하지만, 우리가 선택한 각 항목은 나쁜 선택이 아니었습니다. 시장에 빠르게 진입했고 틈새시장을 찾아냈으며 서비스를 제공할 수 있었습니다. 다만, 이제는 다음 단계로 진화하기 위해 어떻게 해야 하는지를 알아내야만 했습니다.

여기서 잠시 우리가 했던 의사결정과 그 결정이 현재의 사용자 규모에 미친 영향을 설명해보겠습니다. API 요청이 들어오면 요청은 부하 분산기를 통해 유니콘Unicorns으로 알려진 루비 온

레일즈 HTTP 워커 풀pool로 전달됩니다. Parse의 인프라는 모두 아마존 웹 서비스Amazon Web Services에 구축되어 있었고, 유니콘[5] 마스터 프로세스를 호스팅하는 아마존 EC2 인스턴스에는 API 요청을 직접 처리할 수십 개의 유니콘 워커 프로세스가 실행되었습니다. 유니콘은 내부 사용자 데이터를 위한 MySQL, 푸시 알림을 위한 레디스Redis 서버, 사용자 정의 애플리케이션 데이터를 갖고 있는 몽고DB, 사용자 제공 코드를 서버사이드 컨테이너에서 실행하는 클라우 드 코드Cloud Code, Parse 분석 도구를 위한 아파치 카산드라Cassandra와 같은 여러 백엔드 시스템 에 대해 소켓을 열고 유지하도록 설정되어 있었습니다.

루비가 스레드 기반의 언어가 아니라는 점에 주목합시다. Parse의 API 요청 처리를 위한 워커 풀은 고정된 크기를 가진 풀이었습니다. 요청 처리 도중 어느 백엔드 시스템 하나라도 느려지 게 되면 워커 풀은 백엔드 시스템의 응답을 기다리는 요청으로 금세 가득 차게 됩니다. 백엔드 시스템의 응답이 아주 느려지거나 완전히 응답 불능 상태에 빠지면, 워커 풀은 수초 이내에 대 기 요청으로 가득 차게 되고 Parse 서비스는 완전히 멈춰버립니다.

처음에는 이 문제를 해결하기 위해 인스턴스를 오버프로비저닝overprovisioning[6]했습니다. 유니콘 은 정상적인 안정 상태에서 약 20%의 사용률로 동작했으며, 이러한 접근 방법을 통해 완만한 속도 저하 현상을 어느 정도 극복할 수 있었습니다. 하지만 동시에 루비 온 레일즈 코드를 Go 언어로 재작성하는 뼈아픈 결정을 내렸습니다. 우리는 이 지옥에서 빠져나올 수 있는 유일한 방법이 스레드 기반으로 작성된 언어를 채택하는 것뿐이라는 것을 깨달았습니다. 작성하는 데 1년 정도 걸렸던 코드를 재작성하는 데에는 2년이 넘는 시간이 걸렸습니다. 그러는 동안 기존 의 운영 방식이 현대의 아키텍처 문제와 근본적으로 잘 맞지 않다는 것을 몸소 느꼈습니다.

이 시기는 Parse에게 특히 잔인했습니다. Parse에는 모든 '올바른 일'을 수행하는 숙련된 운영 엔지니어링팀이 있었습니다. 하지만 팀은 기존의 접근 방법을 통해 탄생한 모범 사례들이 현 대적인 분산 마이크로시스템 시대에서는 더 이상 문제 해결을 위한 방법이 되지 못한다는 것을 알게 되었습니다.

Parse는 코드로 관리하는 인프라스트럭처infrastructure as code에 사활을 걸고 있었습니다. 우리는 나기오스Nagios 조사, 페이저듀티PagerDuty 알람, 강글리아Ganglia 메트릭 수집으로 이루어진 정교한 시스템을 보유하고 있었습니다. 적어도 수천 개의 강글리아 그래프와 메트릭을 갖고 있지만 이

---

5   https://w.wiki/56wc
6   옮긴이_ 요구되는 수량이나 사양보다 크고 많은 수의 리소스를 투입하는 것을 말합니다.

도구들은 정상적인 임계치를 알고 있으면서 정해진 문제 발생 가능 지점을 조사하는 것처럼, 무슨 문제가 일어날지를 알고 있을 때만 의미가 있었기 때문에 도움이 되지 못했습니다.

가령, TSDB 그래프는 문제점 진단을 위해 어떤 맞춤형 메트릭이 필요한지 예측할 수 있는 상황에서 대시보드를 통해 보여줄 정보를 신중하게 선별 및 선정하여 정교한 내용을 제공할 수 있을 때 의미가 있었습니다. 로깅 도구들도 무엇을 기록해야 하는지 미리 알고 있거나 검색에 사용할 적절한 정규 표현식을 알고 있는 것처럼, 찾고자 하는 것이 무엇인지에 대한 명확한 기준이 있을 때 유용했습니다. 애플리케이션 성능 관리 도구Application Performance Management는 찾아낸 문제점이 상위 10개의 불량 쿼리, 불량 사용자, 불량 엔드포인트에 속할 때 특히나 유용했습니다.

그러나 우리가 직면한 문제는 모든 호스트에서 발생하고 있었기 때문에 이러한 솔루션들이 근본적으로 문제 해결에 도움이 되지 않았습니다. 이러한 이전 세대의 도구들은 다음과 같은 상황에서 적절히 활용되지 못했습니다.

- 이틀에 한 번꼴로 새로운 앱이 모바일 앱 스토어의 상위 10위권에 진입했습니다.
- Parse 서비스 이용량 상위 10위권에 있던 앱의 부하는 서비스 다운의 원인이 아니었습니다. 슬로우 쿼리 목록은 문제의 증상일 뿐, 원인이 아니었습니다. 가령 읽기 쿼리 작업은 수많은 소규모 쓰기 쿼리 작업으로 인해 발생했고, 개별 쓰기 쿼리 작업은 거의 즉시 응답을 받는 것처럼 보였지만 데이터베이스 락은 포화상태였습니다.
- 서비스의 전반적인 신뢰성이 99.9%였음에도 불구하고 나머지 0.1%가 모든 앱에 공평하게 분배되지 않았다는 사실을 확인해 줄 수 있는 도움이 필요했습니다. 이 0.1%는 어떤 한 샤드가 완전히 다운되었다는 것을 의미했고, 단지 쥐 모양의 마스코트를 가진 수십억 달러 가치의 유명 엔터테인먼트 회사의 모든 자료가 저장된 샤드에서 발생했을 뿐이었습니다.
- 매일 새로운 봇 계정이 등장했고 MySQL 서버의 락을 포화상태로 빠뜨렸습니다.

이러한 유형의 문제들은 일련의 도구 탄생의 배경이 되었던 이전 세대의 문제들과는 완전히 달랐습니다. 이러한 도구들은 예측 가능성predictability이 지배하는 세상을 위해 만들어졌습니다. 그 시기의 프로덕션 소프트웨어 시스템은 모든 기능과 복잡한 로직들이 집약된 '앱'과 '데이터베이스'로 구성되어 있었습니다. 하지만 오늘날 확장성은 이러한 모놀리식monolithic 앱을 다양한 테넌트가 사용할 수 있는 여러 서비스로 분리되었고, 데이터베이스는 여러 가지 스토리지 시스템으로 다양화되었습니다.

Parse를 비롯한 많은 회사들은 제품을 플랫폼화하는 비즈니스 모델을 갖고 있습니다. Parse는 호스팅 중인 서비스에 적합해 보이는 어떤 코드든지 상관없이 사용자들이 실행할 수 있게 허용했습니다. 또한 호스팅 중인 데이터베이스에 대해서도 아무 쿼리나 실행할 수 있도록 해주었습니다. 결과적으로 미래에 벌어들일 돈 앞에서 시스템에 대한 모든 통제권이 갑자기 사라져 버렸습니다.

플랫폼으로서의 서비스services as platforms 시대 고객들은 플랫폼을 이용해 그들의 서비스를 강하게 만드는 것을 좋아했고, 이는 소프트웨어 산업에 혁명을 일으켰습니다. 동시에 그런 플랫폼이 잘 동작하도록 기저 시스템을 운영하는 우리와 같은 사람들에게는 단순히 운영이나 관리가 아닌, 전반적인 시스템의 이해를 포함한 모든 것이 엄청나게, 기하급수적으로 힘들어진다는 것을 의미했습니다.

우리가 여기까지 오게 된 계기는 무엇이고, 산업이 하루아침에 바뀐 것처럼 보이게 된 것은 언제일까요? 지금부터 이러한 큰 변화를 일으킨, 작지만 반복적으로 일어난 일들에 대해 살펴보겠습니다.

3.3 현대적 시스템으로의 진화

닷컴 시대 초기에는 '앱'과 '데이터베이스'라는 개념이 있었고 이해하기 쉬웠습니다. 앱과 데이터베이스는 보통 잘 동작했지만, 간혹 다운되기도 했습니다. 응답 속도는 느리기도 하고 빠르기도 했습니다. 우리는 앱과 데이터베이스가 잘 동작하고 있는지, 이해할 만한 응답성 임계치 내에서 동작하고 있는지를 모니터링해야 했습니다.

이러한 모니터링이 단순한 것은 아닙니다만, 운영 관점에서 봤을 때는 상당히 직관적이었습니다. 심지어 꽤 오랫동안 우리는 아키텍처의 단순함에 집중했습니다. 가장 인기 있던 아키텍처 패턴은 LAMP 스택으로 리눅스, 아파치, MySQL, PHP 혹은 Python으로 구성되어 있었습니다. 아마도 이전에 LAMP 스택에 대해 들어본 적이 있을 겁니다. 너무 많이 들어서 귀에 딱지가 앉았을지 모르겠습니다만, 한 번만 더 이야기해 보자면 LAMP 혹은 상응하는 스택으로 문제를 해결할 수 있다면, 아마 그렇게 해야만 할 것입니다.

서비스를 설계할 때 지켜야 할 첫 번째 원칙은 불필요한 복잡성을 갖지 않도록 하는 것입니다.

해결해야 하는 문제를 조심스레 식별하고, 그 문제를 해결하기만 하면 됩니다. 열어두어야 하는 옵션이 무엇인지 신중하게 생각하고 옵션을 열어두어야 합니다. 이렇게 하면 대부분의 경우 조금은 식상할 수 있는 기술을 선택하게 될 것입니다. 식상하다는 것을 나쁘다는 것과 헷갈리지는 맙시다. 식상한 기술이란 단지 많은 사람들이 엣지 케이스edge cases[7]와 실패 시나리오에 대해 잘 이해하고 있다는 것을 의미할 뿐입니다.

그렇지만 최근에는 사용자의 요구가 다양해짐에 따라 해결해야 할 많은 문제들이 강력하지만 다소 투박한 LAMP 스택만으로는 해결하기 어렵다는 것을 알게 되었습니다. 여기에는 여러 가지 이유가 있을 겁니다. 어쩌면 LAMP 스택이 제공할 수 없는 수준의 탄력성을 보장해야 하는 높은 수준의 신뢰성이 필요한 상황에 놓였기 때문일 수 있습니다. LAMP 스택이 제대로 처리할 수 없을 정도로 데이터가 많거나, 복잡한 경우가 대표적입니다. 우리는 보통 서비스의 규모, 신뢰성, 속도 관점에서 단순한 아키텍처 모델의 한계에 도달하게 되며, 이는 스택을 샤드shard, 파티셔닝partition, 복제replicate하게 합니다.

코드를 관리하는 방법도 중요합니다. 규모가 크거나 복잡한 환경에서 모노레포monorepo는 기술적인 변화를 요구하는 조직적인 압력을 일으킬 수도 있습니다.[8] 코드 기반을 분할함으로써 모든 사람이 하나의 큰 앱 개발에 기여하는 대신 더 신속하고 자율적으로 움직일 수 있게 되어, 코드에 대한 소유권을 보다 명확하게 구분할 수 있습니다.

이러한 형태의 요구사항들은 시스템 아키텍처가 명확하고 뚜렷한 현대적인 아키텍처로 변화하도록 이끈 주역 중 하나입니다. 기술적인 관점에서 이러한 변화가 이끌어낸 주요 효과는 다음과 같습니다.

- 하나에서 열까지 모든 것들이 분해되어 작은 시스템으로 나뉘어졌습니다.
- 단일 데이터베이스를 쓰는 구조에서 많은 스토리지 시스템을 사용하는 다양한 데이터 저장소로 바뀌었습니다.
- 모놀리식 애플리케이션은 다수의 소규모 마이크로서비스로 바뀌었습니다.
- 거대한 서버가 아닌 컨테이너, 함수, 서버리스 및 일시적이고 탄력적인 리소스와 같은 다양한 인프라 유형이 도입되었습니다.

---

7 옮긴이_ 극단적인 조건하에서만 발생하는 문제나 상황을 이야기합니다.

8 옮긴이_ 모노레포는 구글, 메타, 마이크로소프트처럼 세계적인 빅테크 뿐만 아니라 국내외의 많은 스타트업에서도 채택하고 있는 코드 관리 전략입니다. 다만 모노레포와 멀티레포는 갖고 있는 장단점이 분명합니다. 서비스의 규모나 복잡도, 조직의 성향에 따라 적합한 전략이 달라질 수 있다는 전제로 글을 읽는 것을 권합니다.

이러한 기술적인 변화는 우리의 시스템이 사회 기술적인 시스템이기 때문에 사람과 조직 관점에서 큰 파급 효과를 가져왔습니다. 사회적 수준의 변화와 관련된 피드백 루프가 일으킨 사회적 수준의 복잡성으로 인해 시스템 및 시스템에 대한 사고방식에 더 많은 변화가 생겼습니다.

우리가 생각할 수 있는 일부 사회적 자질을 LAMP 스택의 인기가 하늘을 찔렀던 컴퓨팅 시대적 배경을 염두에 두고 생각해 봅시다. 당시 운영팀과 개발팀 사이에는 높은 조직적인 장벽이 존재했으며, 간혹 코드만이 그 벽을 넘을 수 있었습니다. 운영팀은 프로덕션 시스템을 변경하는 것에 병적인 거부감이 있었습니다. 변경 사항을 배포하는 것은 종종 예상치 못한 동작을 일으켰고 시스템의 중단으로 이어졌기 때문입니다. 그로 인해 운영팀은 가동시간 유지를 위해 개발자들이 프로덕션 시스템을 직접 손대지 못하도록 했습니다. 이러한 '유리성' 접근 방법은 일반적으로 프로덕션 시스템의 안정성 유지를 위해 배포 동결deployment freezes을 사용했습니다.

LAMP 스택 시대에는 프로덕션 시스템에 대한 이런 방어적 접근 방법이 완전히 잘못된 것은 아니었습니다. 당시에는 실제로 잘못된 코드 때문에 프로덕션 시스템에 많은 혼란이 발생했습니다. 새로운 코드가 배포되었을 때 그 효과는 모 아니면 도였습니다. 즉, 서비스는 계속 잘 동작하거나 다운되었고 물론 가끔은 시스템이 아주 느리게 동작하는 것과 같은 제3의 동작이 존재하기도 했습니다.

오늘날에는 당연하게 여겨지는 잘못된 코드로 인한 부작용 제어 아키텍처 구조가 당시에는 많지 않았습니다. 즉, 점진적인 서비스 품질 저하와 같은 것은 존재하지 않았습니다. 개발자가 출력 함수처럼 작고 사소해 보이는 시스템 컴포넌트에 버그를 일으키면, 누군가 이와 관련된 기능을 쓸 때마다 전체 시스템이 다운되는 일이 발생했습니다. 그리고 사소해 보이는 서브 컴포넌트를 임시로 비활성화할 수 있는 메커니즘도 존재하지 않았습니다. 전체 시스템이 영향을 받지 않도록 하면서 문제가 된 서브 시스템만 수정하는 것은 불가능했습니다. 어떤 팀들은 그러한 모놀리식 시스템을 세분화하여 통제할 수 있는 장치를 만들려고 시도해 봤을지도 모릅니다. 하지만 너무 어렵고 힘든 길이라 대부분은 시도조차 해보지 않았습니다.

그럼에도 불구하고 이러한 모놀리식 시스템 대부분은 규모가 점차 더 커졌습니다. 점점 더 많은 사람들이 같은 방식으로 일을 처리함에 따라 락 경합lock contention, 비용 제한cost ceiling 및 동적 리소스 할당에 대한 요구 증대와 같은 문제가 발생하기 시작했습니다. 많은 팀들에게 급격한 변화는 필수 요소가 되었습니다. 모놀리식 시스템은 빠르게 분산 시스템으로 쪼개지기 시작했고 이는 다음과 같은 2차 영향을 일으켰습니다.

- '정상 동작 중이다, 다운되었다' 이 두 가지로 나뉘어졌던 서비스 가용성의 단순함이 시스템의 부분적인 실패나 가용성 감소와 같이 여러 가지 상황을 나타낼 수 있도록 복잡한 가용성 추론heuristics 형태로 바뀌었습니다.

- 단순했던 프로덕션 환경에서의 코드 배포 과정은 점진적 배포progressive delivery로 바뀌었습니다.

- 코드 변경을 즉시 반영하고 실서비스에 투입하던 배포 방식은 코드 배포와 기능의 출시를 피처 플래그feature flag를 통해 활성화하는 방식으로 바뀌었습니다.

- 단일한 버전의 애플리케이션만 프로덕션 환경에서 운영되던 환경에서 언제든 다양한 버전의 애플리케이션이 프로덕션 환경에서 동작 가능한 형태로 바뀌었습니다.

- 인프라를 전담하는 사내 운영팀 대신, 중요한 인프라 구성 요소를 추상화된 API를 통해 외부 조직이 운영하도록 바뀌어 사내 개발자들이 접근이 근본적으로 차단되었습니다.

- 과거에 발생한 적이 있는 실패의 감지와 알람에 최적화된 기존 모니터링 시스템은 새로운 유형의 실패가 언제든 발생할 수 있는 분산 서비스 환경에는 더이상 적합하지 않게 되었습니다.

> **NOTE** RedMonk[9]를 공동 창립한 제임스 가버너James Governor가 만든 용어인 점진적 배포progressive delivery는 제어 가능하고 코드의 변경 사항을 프로덕션 환경으로 부분적인 배포를 할 수 있는 일련의 기능과 기술을 의미합니다. 카나리 배포canarying, 피처 플래그feature flags, 블루 그린 배포blue/green deploys, 순차적 배포rolling deploys가 대표적입니다.

LAMP 스택과 같은 모놀리식 시스템을 관리하기 위해 필요한 도구와 기술들은 최신 시스템을 운영하는 데에는 태생적으로 효과적이지 못합니다. 거대한 애플리케이션을 배포하는 시스템은 마이크로서비스와는 다른 방식으로 관리됩니다. 마이크로서비스에서는 애플리케이션이 작은 기능 단위로 출시되며, 피처 플래그를 이용해 코드를 활성화 또는 비활성할 수 있기 때문에 코드 배포를 통해 기능 출시를 할 필요가 없어졌습니다.

뿐만 아니라 분산 컴퓨터 세계에서는 스테이징staging 시스템의 유용성이나 신뢰성이 이전보다 상대적으로 낮아졌습니다. 모놀리식 환경에서도 프로덕션 환경을 스테이징 환경으로 복제하는 것은 쉬운 일이 아니었습니다. 하지만, 분산 컴퓨팅 환경에서는 그런 작업이 사실상 불가능해졌습니다. 이것은 스테이징 환경에서 디버깅하거나 이슈를 조사하는 것은 비효율적인 방식이 되었고, 프로덕션 환경에서 이런 작업을 직접 수행해야 하는 모델로 전환되었다는 것을 의미합니다.

---

9 옮긴이_ https://redmonk.com/

3.4 현대적 관행으로의 진화

우리 시스템의 기술적, 사회적 측면은 서로 밀접하게 연관되어 있습니다. 이러한 사회 기술적 시스템을 고려할 때, 다양한 성과 모델로 기술을 전환하는 데에 중점을 둔다는 것은 팀의 업무 방식을 정의하는 모델 또한 변화해야 한다는 것을 의미합니다.

게다가 이러한 변화는 서로 매우 밀접하게 연관되어 있어, 명확하게 경계를 나누는 것이 불가능합니다. 이전 절에서 이야기했던 많은 기술적인 변화는 그런 변화에 발맞추기 위해 어떻게 팀을 재구성하고 일하는 방식을 바꿀 것인가에 대한 고민에 많은 영향을 주었습니다.

어떤 분야에서는 사회적 행동의 급격한 변화가 분명합니다. 현대적인 분산 시스템으로의 진화는 엔지니어가 프로덕션 환경과 가져야 할 관계를 변화시키는 다음과 같은 3차 효과를 가져옵니다.

- 더 이상 모든 서비스 사용자에게 동일한 사용자 경험을 제공할 수 없습니다. 새로운 모델에서는 서비스 사용자마다 시스템 내의 다른 경로를 통해 광범위하고 다양한 경험을 제공해 주는 서로 다른 컴포넌트를 이용하도록 라우팅 될 것입니다.
- 알려진 임계치를 넘어서는 엣지 케이스를 찾기 위해 프로덕션 환경에 설정한 모니터링 알람은 엄청난 양의 오탐false positives과 미탐false negatives 그리고 도움이 되지 않는 잡음noise를 발생시킵니다. 현대적인 분산 시스템에서는 직접적으로 사용자 경험에 영향을 주는 증상에만 집중함으로써 알람이 더 적게 발생되는 모델로 변화되었습니다.
- 디버거는 더 이상 특정한 런타임에 연결할 수 없습니다. 이제는 개별 서비스 요청을 이행하기 위해서 네트워크의 여러 구성 요소와 다수의 런타임을 거쳐야 하기 때문입니다.
- 런북runbook에 정의된 수동 업데이트를 해야 하는 반복적 실패들은 더 이상 허용되지 않습니다. 서비스 실패는 그러한 모델에서 반복적 실패를 자동으로 복구할 수 있는 모델로 바뀌었습니다. 자동으로 복구할 수 없어 알람이 발생한 실패는 담당 엔지니어가 새로운 문제를 맞닥뜨렸다는 것을 의미할 가능성이 높습니다.

이러한 3차 신호들은 우리가 집중해야 하는 대상이 프로덕션 이전 단계의 중요성에서 프로덕션 자체에 익숙해지는 것으로 크게 이동하고 있다는 것을 의미합니다. 코드를 탄탄하게 만들고 프로덕션에 배포하기 전에 안전성을 보장하기 위해 했던 기존의 노력은 한계에 도달했고 더 이상 유용하지 않은 것으로 여겨집니다. 테스트 주도 개발test-driven development과 스테이징 환경에 대해 시험을 수행하는 것은 여전히 유용합니다. 하지만 프로덕션 환경에서 코드가 어떻게 사용될 것인지와 같이 예측하기 어려운 특성을 재현할 수는 없습니다.

작업을 수행하기 위해 개발자가 투입할 수 있는 공수는 정해져 있습니다. 기존 접근 방법의 한계는 프로덕션 이전 단계에서 견고함을 먼저 확보하는 것에 초점을 맞추고 있다는 점이었습니다. 그리고 남아있는 여력 정도만이 프로덕션 시스템에 사용되었습니다. 신뢰할 수 있는 프로덕션 시스템을 만들고자 한다면, 이 순서는 바뀌어야만 합니다.

현대적인 시스템 환경에서는 엔지니어링의 관심과 도구 개발의 대상이 프로덕션 시스템이 되어야 합니다. 그리고 남은 여력을 스테이징 환경이나 프로덕션 이전의 시스템에 할애해야 합니다. 물론 스테이징 시스템은 나름의 가치가 있습니다. 그러나 본질적으로 두 번째의 순위를 갖는 게 맞습니다.

스테이징 시스템은 프로덕션 시스템이 아닙니다. 스테이징 시스템에서는 프로덕션 환경에서 발생하는 모든 일들을 재현할 수 없습니다. 프로덕션 이전 단계 시스템의 무균실 환경은 결코 유료 사용자들이 실제 세계에서 코드를 사용하는 것과 같은 조건을 모방해 낼 수 없습니다. 하지만 여전히 많은 팀이 프로덕션 시스템을 구석구석까지 투명하게 볼 수 있는 유리성처럼 생각하고 있습니다.

엔지니어링팀은 프로덕션 환경의 가치를 우선순위에 두고 그에 맞추어 업무 방식을 바꿔야 합니다. 만약 프로덕션 시스템에 집중하지 않으면 수준 이하의 도구와 가시성, 그리고 관찰 가능성만 제공되는 프로덕션 시스템에서 힘들게 일하게 될 것입니다. 팀은 익숙한 문제에 대응하기 위한 시스템의 조정이나 설정 튜닝, 혹은 서비스 수준을 낮추거나 점진적으로 변경 사항을 배포할 수 있는 통제권이 부족하기 때문에 프로덕션 시스템을 작업하기 어렵고 망가지기 쉬운 환경으로 계속 취급하게 될 것입니다.

현대적인 시스템을 향한 기술적인 진화는 사회적인 진화도 가져왔으며, 이는 엔지니어링팀이 프로덕션 환경과의 관계를 바꿔야만 한다는 것을 의미합니다. 이런 관계 변화를 하지 않는 조직은 더 극심한 고통을 겪게 될 것입니다. 현대적인 시스템에서 프로덕션 환경이 더 빨리 유리성에서 벗어나게 하면 할수록, 시스템을 담당하는 팀의 업무 경험과 사용자들의 경험도 더 빨리 개선될 것입니다.

3.5 Parse의 전환 사례

Parse는 급성장하고 있었기 때문에 이러한 변화를 다소 힘겹게 겪어야만 했습니다. 변화는 하루아침에 이루어지는 것이 아닙니다. 기존의 업무 관행은 우리가 알고 있는 모든 것이었습니다. 개인적으로는 다른 여러 회사에서 해왔었던, 널리 알려진 프로덕션 시스템 관리 방법을 따르고 있었습니다.

노르웨이의 데스메탈 밴드 사례처럼 새로운 문제에 직면했을 때, 문제를 해결하기 위해 원인이 밝혀질 때까지 수많은 조사를 해야만 했습니다. 팀은 이슈를 분석하기 위해 회고를 진행하고 앞으로 이슈를 어떻게 대응해야 하는지 알려주기 위해 런북을 작성하고, 두어 개의 사용자 정의 대시보드를 만들어 다음에 문제가 발생했을 때 이슈를 즉각 볼 수 있도록 했습니다. 이후 다음 단계로 넘어가 문제가 해결되었다고 간주했습니다.

이 패턴은 새로운 문제가 드문 모놀리식 환경에서 잘 동작합니다. 초기의 Parse에서는 이러한 패턴이 잘 동작했습니다. 그러나 이 패턴은 완전히 비효율적이었습니다. 발생하는 문제의 대부분이 새로운 경우가 많았기 때문에 비효율적일 수밖에 없었습니다. 매일 다른 문제들을 마주하면서 이 접근 방법이 더 이상 도움이 되지 않는 사실을 부인하기 어려워졌습니다. 해당 접근 방법에서는 항상 회고하고 런북을 만들고 대시보드를 만드는 데 시간을 써야만 했고, 이것은 단순히 시간 낭비 그 이상이었습니다.

기존 접근 방법의 실상은 대부분 추측이었습니다. 다른 시스템을 다루면서 무엇이 잘못되었는지 추측하는 것에는 전문가가 된 지 오래였기 때문에 특별한 노력 없이도 추측하기 어렵지 않았습니다. 필자는 직관적으로 시스템의 상황을 이해할 수 있었습니다. 화면 어디에도 레디스가 표시되지 않았는데도 복잡한 대시보드를 살펴본 뒤 팀원들에게 "문제는 레디스야"라고 말할 수 있었습니다. 필자는 이런 식의 기술적인 직감에 자부심을 느꼈습니다. 정말 재미있었고 마치 영웅이 된 것 같은 기분이었습니다.

필자는 소프트웨어 산업에 널리 퍼져있는 이러한 영웅 문화의 관점을 강조하고 싶습니다. LAMP 스택 스타일의 운영으로 운영되던 모놀리식 시스템에서 디버깅의 최종병기는 가장 오래 일했고 시스템을 만드는 과정을 처음부터 참여했던 사람입니다. 가장 고참인 엔지니어는 이슈 에스컬레이션의 최종 도착지입니다. 그들은 가장 많은 상처와 장애 목록을 머릿속에 담고 있는 사람인 동시에 시스템을 구하기 위해 필연적으로 뛰어드는 사람입니다.

그 결과, 이러한 영웅들은 절대 제대로 된 휴가를 갈 수 없습니다. 필자가 하와이로 신혼여행을 갔을 때, 몽고DB가 무슨 이유에서인지 Parse의 API 서비스를 다운시킨 탓에 새벽 3시에 연락을 받았던 적이 있습니다. CTO였던 저의 상사는 엄청나게 미안해했지만, 사이트는 여전히 다운되어 있었고, 한 시간 넘게 아무도 장애 원인을 찾지 못해 저에게 연락할 수밖에 없었습니다. 겉으로는 불평했지만 동시에 마음속으로는 '내가 필요하구나! 내가 꼭 있어야 하는구나!'라는 생각이 들어 기분이 아주 좋았습니다.

프로덕션 시스템을 관리하는 온콜 업무를 수행해 봤다면, 이러한 패턴이 익숙할 것입니다. 영웅 문화는 문제가 있습니다. 영웅에게도 번아웃burnout이 올 수 있으며 회사를 위해서도 좋지 않은 문화입니다. 영웅 문화는 나중에는 조직에 합류한 모든 엔지니어를 끔찍할 정도로 낙담에 빠지게 만들고 영웅이 퇴사하기 전까지는 절대 '최고의' 디버거가 될 기회가 없다고 느끼게 만듭니다. 이 패턴은 정말 아무짝에 도움이 되지 않으며 그 무엇보다 이 패턴의 큰 문제점은 확장성이 전혀 없다는 것입니다.

확장성에 대한 문제를 해결하기 위해 Parse에서는 새로운 문제에 대해 기존 접근 방법을 사용하느라 낭비하고 있던 소중한 시간을 재투자해야 했습니다. 당시 우리가 사용하던 많은 도구들은(이들 중 상당수는 여전히 소프트웨어 산업에서 크게 의존하고 있는 도구들입니다) 패턴 매칭에 맞추어 설계되어 있었습니다. 특히, 전문가 수준의 숙련된 엔지니어에게 이전에 경험한 문제를 패턴 매칭으로 동일한 주제의 새로운 문제를 해결할 수 있도록 지원하는 데 초점을 맞추고 있었습니다. 이것은 우리가 가진 최고의 기술이자 과정이었기 때문에 한순간도 그것에 대해 의심을 품거나 의문을 제기한 적이 없었습니다.

2013년 페이스북이 Parse를 인수한 후, 페이스북의 실시간 데이터 분석에 사용되던 데이터 관리 시스템인 스쿠버Scuba를 발견했습니다. 빠르고 확장성 있는 분산형 인메모리 데이터베이스인 스쿠버는 초당 수백만 행 혹은 이벤트를 처리합니다. 스쿠버는 쿼리 처리를 위해 수백 대의 서버 메모리상에 라이브 데이터를 온전히 저장하고 집계했습니다. 스쿠버에 대한 개인적인 경험은 그렇게 훌륭하진 않았습니다. 스쿠버는 지나치게 불쾌하고 적대적이기까지 한 사용자 경험을 제공한다고 생각했습니다. 하지만 시스템에서 발생한 문제를 트러블슈팅하는 접근 방법을 완전히 바꿔놓을 정도로 딱 한 가지만은 정말 확실하게 수행했습니다. 스쿠버는 거의 실시간으로 무한히 높은 차원의 카디널리티를 갖는 데이터에 대해서도 적절히 데이터를 나누고 다룰 수 있게 해주었습니다.

일부 애플리케이션의 원격 측정 데이터를 스쿠버로 전송하여 스쿠버의 분석 능력을 시험해보기 시작했습니다. 스쿠버는 새로운 문제의 원인을 발견하는 데 소요되는 시간을 드라마틱하게 줄여주었습니다. 이전에 사용하던 패턴 매칭 방식은 무슨 일이 일어났는지 알아내기까지 며칠 걸리거나 가끔은 결과가 나오지 않는 경우도 있었습니다. 반면 높은 차원의 카디널리티를 가진 데이터를 임의로 자르고 쪼개어 분석하는 실시간 분석 시스템에서는 단 몇 분, 심지어 몇 초 이내에 얻을 수 있었습니다.

스쿠버를 이용하면 발생한 문제의 증상으로부터 시작하여 어디로 이어지는지, 처음 발생한 문제인지에 상관없이 해결책에 대한 단서를 따라가면서 새로운 문제를 조사할 수 있었습니다. 문제 해결을 위해 해당 문제에 익숙해질 필요도 없었습니다. 그 대신 질문을 하고 답변을 받은 다음, 다시 그 답변을 이용해 문제 원인을 찾을 때까지 다음 질문을 이어갈 수 있는 분석적이면서도 반복적인 방법을 갖게 되었습니다. 프로덕션 환경에서 문제를 해결한다는 것은 데이터로부터 시작하여 해결책을 찾을 때까지 끊임없이 한 단계씩 체계적인 절차를 밟아 나가는 것을 의미합니다.

새롭게 알게 된 이러한 분석 방법은 우리의 문제 해결 방식에 큰 변화를 불러왔습니다. 개별 엔지니어의 머릿속에 복잡하게 얽혀있는 지식이나 장애 목록에 의존하는 대신, 공유 도구를 통해 모두가 볼 수 있고 활용할 수 있는 데이터와 방법론을 갖게 되었습니다. 이것은 팀 관점에서 봤을 때 다른 사람의 족적을 따라가거나 다른 사람이 갔던 길을 되짚어 보면서, 다른 엔지니어는 어떤 생각을 하고 있는지를 이해할 수 있게 되었다는 것을 의미했습니다. 이러한 능력은 패턴 매칭 기반 도구에 의존해야만 했던 제약을 넘어설 수 있게 해주었습니다.

기존의 모니터링 도구와 메트릭을 이용하여 성능 지표의 스파이크를 쉽게 볼 수 있었고 문제가 발생할 수 있다는 것을 알 수 있었습니다. 하지만 이러한 도구들은 문제 원인을 파악하거나 다른 방법으로는 발견할 수 없는 에러들 사이의 상관관계를 파악할 수 있도록 서비스 스택을 깊게 파고들거나 임의로 나눌 수 없었습니다.

또한 기존 도구들은 새로운 문제 분석 전에 어떤 데이터가 의미 있는지 예측해야 했습니다. 마찬가지로 로깅 도구를 사용할 때도 유용한 데이터를 사전에 기록해 두고, 문제 분석과 관련하여 정확히 무엇을 검색해야 하는지도 알아야만 했습니다. APM 도구들 역시 공급 업체가 알아두면 좋을 것이라고 예상한 문제를 빠르게 살펴볼 수 있긴 했지만, 새로운 문제가 자주 발생하는 상황에서는 그다지 도움이 되지 않았습니다.

새로운 분석 방식으로 패러다임을 전환하고 나니, 더 이상 가장 오래 근무한 사람이 최고의 디버거가 아니었습니다. 최고의 디버거는 가장 호기심이 많고 끈질기면서도 새로운 분석 도구를 잘 사용하는 사람이 되었습니다. 이러한 변화는 시스템과 시스템 담당 엔지니어가 공유한 지식에 접근하는 것을 대중화했습니다.

단순한 패턴 매칭으로 발생한 문제와 가장 유사한 사례를 찾는 대신 모든 문제를 새로운 것으로 생각하고 접근함으로써 프로덕션 시스템에서 이슈가 발생할 때마다 실제로 일어난 일이 무엇인지를 판단할 수 있게 되었습니다. 이를 통해 기존의 접근 방법에서 가장 큰 숙제로 대두되었던 시스템에 대한 트러블슈팅을 효과적으로 수행할 수 있게 되었습니다.

이제 우리는 다음과 같은 환경에서 문제점을 빠르고 효과적으로 분석할 수 있게 되었습니다.

- 여러 런타임에 걸쳐 처리되는 마이크로서비스 및 요청
- 각 시스템에 대한 전문 지식이 필요하지 않은 폴리글랏 스토리지 시스템
- 멀티테넌시 혹은 서버사이드 코드와 쿼리를 동시에 실행하는 환경[10]

새로운 분석 방법은 발생 가능한 모든 문제가 잘 파악된 오래된 기술 기반의 모놀리식 시스템에 대해서도 일부 도움을 주었습니다. 뭔가 새로운 것을 발견한 것은 아니었지만 모놀리식 기반의 소프트웨어도 신속하고 자신 있게 배포할 수 있습니다.

Parse에서 이러한 접근 방법을 확대해 나갈 수 있었던 것은 어떻게 관찰 가능한observable 시스템으로 작동시키느냐를 배우면서부터였습니다. 애플리케이션의 원격 측정 정보를 적절한 수준으로 추상화하고 사용자 경험 관점에서의 집계한 다음, 실시간으로 분석할 수 있게 되면서 통찰력을 얻을 수 있었습니다. 애플리케이션의 출력을 관찰하는 것만으로 어떤 질문이든 할 수 있게 되고, 처리 단계를 추적뿐 아니라 시스템의 내부 상태까지 이해하게 되면서 기존 모니터링 도구의 제약이 사라졌습니다. 이렇듯 관찰 가능성observability을 확보하게 되면서 우리의 업무 방식을 현대화할 수 있었습니다.

---

10 정확히 무슨 일이 일어났는지를 파악하기 위해 개별 사용자 단위의 경험을 쉽게 분석할 수 있게 되었습니다.

요약

Parse에서 겪었던 이 이야기를 통해 조직들은 어떻게, 무슨 이유로 기존 도구와 모니터링 접근 방법에서 현대적인 분산 시스템과 관찰 가능성을 이용한 방식으로 변화해야만 하는지를 설명했습니다. 필자는 2015년에 페이스북이 Parse 호스팅 서비스 종료 임박을 공지하기 직전에 페이스북을 떠났습니다. 그때 이후로 현대적인 분산 시스템을 관리하면서 겪었던 많은 문제는 소프트웨어 산업이 비슷한 기술들을 채택하는 방향으로 움직임에 따라 더욱 일반화되었습니다.

관찰 가능성에 대한 열정과 인기 상승의 이면에는 변화의 영향이 있다고 생각합니다. 관찰 가능성은 현대적인 시스템을 확장할 때 누구나 겪게 되는 문제점들에 대한 솔루션입니다. 4장부터는 관찰 가능성이 제공하는 다양한 측면과 영향, 그리고 이점에 대해 알아보겠습니다.

CHAPTER 4

관찰 가능성은 어떻게 데브옵스, SRE, 클라우드 네이티브를 연결하는가

지금까지는 현대적인 소프트웨어 시스템의 관점에서의 관찰 가능성을 알아보았습니다. 이제는 데브옵스, 사이트 신뢰성 엔지니어링(SRE), 클라우드 네이티브의 변화와 같은 현대적인 사례에서 관찰 가능성이 어떻게 적합한지를 살펴볼 필요가 있습니다. 이번 장에서는 어떻게 이러한 변화가 관찰 가능성의 필요성을 증대시키고 실무에 적용하도록 했는지를 알아봅니다.

관찰 가능성은 아무것도 없는 상태에서 단독으로 존재할 수 없으며, 데브옵스, SRE, 클라우드 네이티브 변화의 일부이자 결과로 봐야 합니다. 시험 가능성testability과 마찬가지로 관찰 가능성은 시스템을 더 잘 이해할 수 있게 해주는 시스템의 속성입니다. 관찰 가능성과 시험 가능성을 일회성으로 도입하는 것으로 끝나는 것이 아닌, 지속적인 투자가 필요합니다. 관찰 가능성과 시험 가능성이 커질수록 개발자뿐만 아니라 시스템의 최종 사용자에게도 이점이 발생합니다. 이러한 변화가 어떻게 관찰 가능성을 필요하게 만들고 통합하게 했는지를 분석함으로써, 관찰 가능성이 주류가 된 이유와 많은 팀들이 왜 실무 사례에 관찰 가능성을 채택하는지를 이해할 수 있게 될 것입니다.

4.1 클라우드 네이티브, 데브옵스, SRE에 대한 간단한 소개

1990년대부터 2000년대 초반까지 많은 소프트웨어 개발팀이 채택했던 모놀리식, 워터폴water-fall 개발 접근 방식과는 반대로 근래의 소프트웨어 개발팀 및 운영팀은 클라우드 네이티브와 애자일^{agile} 방법론을 더 많이 사용하고 있습니다. 이러한 방법론들은 다른 팀에 영향을 주지 않으면서도 새로운 기능들을 자율적으로 출시하도록 해줍니다. 뿐만 아니라 느슨한 결합^{loose coupling}은 생산성 향상과 수익성 개선처럼 여러 가지 주요한 비즈니스적인 이점을 얻도록 해줍니다. 예를 들어 요청량에 따라 개별 서비스 컴포넌트의 크기를 조정하거나 다수의 가상 및 물리 서버에 대해 리소스를 풀링할 수 있다는 건 비용 관리와 개선을 통해 비즈니스적인 이점을 얻을 수 있다는 걸 의미합니다.

<blockquote>
NOTE 애자일과 클라우드 네이티브 방법론이 주는 효용에 대해 살펴보고 싶다면 DORA^{DevOps Research and Assessment}를 이끄는 니콜 포스그렌^{Nicole Forsgren}이 2019년에 작성한 「2019 State of DevOps Report」[1]를 참고하기 바랍니다.
</blockquote>

그러나 클라우드 네이티브는 복잡성 관점에서 상당한 트레이드오프^{trade-off}가 있습니다. 이러한 기능을 도입할 때 종종 간과하는 것이 관리 비용입니다. 동적 제어 기능을 갖춘 추상화된 시스템들은 급작스러운 복잡성이나 계층적이지 않은 통신 패턴을 발생시킬 수 있습니다. 오래된 모놀리식 시스템은 예상치 못한 복잡성이 발생하는 경우가 상대적으로 적기 때문에 단순한 모니터링만으로도 충분합니다. 또한 시스템에서 무슨 일이 일어나고 있는지, 보이지 않는 문제가 발생할 수 있는 지점에 대해 쉽게 판단할 수 있습니다. 오늘날 클라우드 네이티브 시스템을 규모에 맞게 실행하기 위해서는 지속적인 배포^{continuous delivery}와 관찰 가능성처럼 더 진보된 사회기술적 작업이 필요합니다.

클라우드 네이티브 컴퓨팅 재단^{Cloud Native Computing Foundation}(CNCF)은 클라우드 네이티브를 다음과 같이 정의하고 있습니다.

> '클라우드 네이티브 기술은 퍼블릭 클라우드, 프라이빗 클라우드, 하이브리드 클라우드와 같은 현대적이고 동적인 환경에서 확장 가능한 애플리케이션을 만들고 실행할 수 있도록 해줍니다. 클라우드 네이티브 기술은 탄력적^{resilient}이고 관리 가능^{manageable}하며, 관찰 가능한^{observable} 느슨하게 연결된 시스템을 가능하게 해줍니다. 견고한 자동화 기능과 함께 사용하면, 엔지니어는 최소한의 노력만으로도 영향이 큰 변경을 자주 그리고 예측 가능하게 수행할 수

---

1 https://cloud.google.com/blog/products/devops-sre/the-2019-accelerate-state-of-devops-elite-performance-productivity-and-scaling

있게 됩니다.'[2]

이 정의에 따르면 클라우드 네이티브 시스템은 반복적인 수작업 등을 최소화하고 관찰 가능성에 집중함으로써 개발자들이 창의력을 발휘할 수 있도록 도와줍니다. 클라우드 네이티브의 정의는 확장성뿐만 아니라 개발 속도와 운영 가능성operability도 목표로 삼고 있습니다.

> **NOTE** 불필요한 노력을 줄이는 방법은 『사이트 신뢰성 엔지니어링』(제이펍, 2018) 5장에서 더 자세히 다룹니다.

클라우드 네이티브로 전환하기 위해서는 새로운 기술들을 채택하는 것뿐만 아니라 사람들의 업무 방식도 바꿔야 합니다. 즉, 이러한 변화는 본질적으로 사회 기술적인 것입니다. 사회 기술적으로 봤을 때 마이크로서비스 도구를 사용하는 것 자체가 필수는 아닙니다. 하지만 새로운 기술로부터 효용을 얻으려면 분명 일하는 습관도 바뀌어야 합니다. 일하는 습관을 바꿔야 한다는 것을 머릿속으로는 이해하기 쉽습니다. 그렇지만 실제로 현업에서 새로운 기술을 도입하면서 일하는 방식을 바꾸지 않았을 때 발생하는 숨은 관리 비용의 증가를 알아차리기까지는 꽤 시간이 걸리곤 합니다. 이러한 이유로 클라우드 네이티브 디자인 패턴의 성공적인 채택은 관찰 가능한 시스템과 데브옵스, 그리고 SRE 관행이 연관되어 있는 이유이기도 합니다.

마찬가지로 데브옵스와 SRE는 모두 피드백 루프feedback loops를 단축하고 정의 및 실행 과정에서의 작업 부담을 줄이려고 합니다. 데브옵스는 개발 그룹과 운영 그룹 간의 업무 문화와 협업을 통해 '더 좋게, 더 빠르게, 더 안전하게, 그리고 더 행복하게'[3]를 추구합니다. SRE는 시스템 엔지니어링과 소프트웨어 기술 세트를 결합하여 수작업 대신 소프트웨어 시스템을 개발함으로써 복잡한 운영상의 문제점을 해결합니다. 이번 장에서 살펴보겠지만 클라우드 네이티브 기술과 데브옵스, SRE 방법론과 관찰 가능성을 조합해서 사용하면 각각 독립적으로 사용했을 때보다 훨씬 강력한 힘을 발휘합니다.

---

2 https://github.com/cncf/toc/blob/main/DEFINITION.md

3 Jonathan Smart, "Want to Do an Agile Transformation? Don't. Focus on Flow, Quality, Happiness, Safety, and Value", July 21, 2018. (https://oreil.ly/KQEy9)

4.2 관찰 가능성: 디버깅의 과거와 오늘

관찰 가능성의 목표는 사람들이 시스템과 애플리케이션의 내부 상태를 추론하는 데 도움이 되는 일종의 자기 성찰을 제공하는 것입니다. 내부 상태는 다양한 방법을 통해 얻을 수 있습니다. 예를 들면, 로그^{logs}, 메트릭^{metrics}, 추적^{traces}을 디버깅 시그널^{signal}로 사용할 수 있습니다. 하지만 관찰 가능성의 목표 자체가 어떻게 달성되었는지는 크게 중요하지 않습니다.

모놀리식 시스템에서는 잠재적인 실패 가능 영역을 예상할 수 있기 때문에 직접 시스템을 디버깅하거나, 상세한 애플리케이션 로그나, CPU/디스크 사용률 같은 시스템 수준의 메트릭을 조합하여 적절한 관찰 가능성을 획득할 수 있습니다. 그렇지만 기존 도구와 직관적인 기술들은 클라우드 네이티브 시스템의 도입으로 인해 생긴 관리 과제에는 더 이상 사용할 수 없습니다.

클라우드 네이티브 정의에서 언급된 새로운 기술로는 컨테이너^{containers}, 서비스 메시^{service meshes}, 마이크로서비스^{microservices}, 불변 인프라^{immutable infrastructure} 등이 있습니다. 가상 머신, 모놀리식 아키텍처와 같은 기존 기술과 비교했을 때, 컨테이너화된 마이크로서비스는 컴포넌트 간의 상호 의존성으로 인한 인지 복잡성, 컨테이너 재시작 이후 폐기된 일시적 상태 정보, 그리고 개별적으로 출시된 컴포넌트들 사이의 버전 비호환성과 같은 본질적으로 새로운 문제들을 만들어 냈습니다. 불변 인프라는 디버깅을 위해 호스트에 SSH로 접근하는 것을 더 이상 허용하지 않습니다. 서비스 메시는 서비스 호출이 어떻게 이루어지는지에 대한 정보를 수집할 수 있는 강력한 방법을 제공하는 추가적인 라우팅 레이어지만, 추후 데이터를 분석할 수 있기 전까지는 사용이 제한적입니다.

비정상적인 이슈를 디버깅하기 위해서는 엔지니어가 시스템 내부로부터 문제를 감지하고 이해하도록 도와주는 새로운 능력이 필요합니다. 분산 추적^{distributed tracing}과 같은 도구는 특정한 이벤트가 발생했을 때 시스템 내부의 상태를 포착하도록 해줍니다. 각 이벤트에 대해 키-값 쌍 형태로 여러 개의 문맥^{context} 정보를 추가함으로써, 일반적으로는 숨겨져 있어 추론하기 어려웠던 시스템의 모든 부분에서 발생하는 일을 광범위하면서도 풍부하게 볼 수 있습니다.

예를 들어, 분산된 클라우드 네이티브 시스템에서는 여러 호스트 사이에서 발생한 이슈를 로그나 서로 연관성이 없는 시그널을 이용해 디버깅하기 어렵습니다. 하지만 시그널의 조합을 활용하면 시스템적으로 비정상적인 동작을 서비스 메트릭의 상위 레벨에서부터 파고들어 가면서 어떤 호스트가 가장 밀접하게 관계되어 있는지 발견할 때까지 반복할 수 있습니다. 호스트 단위로 로그를 나눈다는 것은 모놀리식 환경처럼 모든 로그를 중앙에 모으고 인덱싱할 필요가 없다는 것을 의미합니다. 예전에는 모놀리식이나 분산 시스템의 서브 컴포넌트와 서비스 사이의 관계를 이해하기 위해 모든 시스템 컴포넌트의 관계를 머릿속에 기억해 두고 있어야 했습니다.

지금은 분산 트레이싱을 이용해 개별 요청의 처리 단계를 나누고 시각화할 수 있기 때문에 특정 요청의 실행에 영향을 미치는 복잡한 종속 관계만 이해하면 됩니다. 호출하고 수신하는 코드 경로를 이해하는 것은 각 서비스의 어떤 버전이 호환성을 저해하는지 혹은 어떤 변경 사항이 호환성을 깨트리는지를 찾을 수 있게 해줍니다.

관찰 가능성은 특정한 사람의 마음속에 전체 시스템의 상태를 저장해 두는 대신, 시스템의 복잡도와 관계 없이 일관되고 합리적인 방식으로 문제를 디버깅할 수 있도록 공유 문맥shared context을 제공합니다.

4.3 관찰 가능성을 통한 데브옵스와 SRE 프랙티스의 강화

프로덕션 시스템을 이해하고 복잡성을 길들이는 것은 데브옵스와 SRE팀이 해야 할 일입니다. 따라서 데브옵스와 SRE팀이 만들어 사용하는 시스템의 관찰 가능성을 챙기는 것은 자연스러운 일입니다. SRE는 SLOservice level objectives와 오류 예산error budgets에 따라 서비스를 관리하는 데 중점을 둡니다(12장과 13장에서 자세히 다룹니다). 개발자가 프로덕션 환경에서 동작 중인 코드를 책임진다면 데브옵스는 여러 기능에 걸친 사례를 바탕으로 서비스를 관리하는 데 중점을 둡니다. 데브옵스와 SRE팀 모두 잠재적인 장애 원인을 나열하는 수많은 알림으로부터 장애 원인 파악을 시작하기보다는 눈에 보이는 사용자 불편 증상을 측정하고 관찰 가능성 도구를 이용하여 장애 원인을 파악합니다.

원인 중심의 모니터링에서 증상 중심의 모니터링으로 변화한다는 것은 알려진 장애 모드를 나열하는 기존의 접근 방법 대신에 실제 사례에서 경험한 실패를 설명할 수 있는 능력이 필요하다는 것을 의미합니다. 데브옵스와 SRE팀은 대부분의 업무 시간을 사용자의 가시적인 성능과 아무 상관 없는 잘못된 알람 답변에 낭비하는 대신, 체계적으로 가설을 세우고 실제 시스템 실패 상황에 대한 완화 조치를 고안하는 데 집중할 수 있습니다. 이 내용은 12장에서 보다 자세히 살펴봅니다.

미래 지향적인 데브옵스와 SRE팀은 장애 및 복구 사례를 위해 관찰 가능성 채택뿐만 아니라 피처 플래깅feature flagging, 지속적인 검증continuous verification, 그리고 사고 분석incident analysis과 같은 엔지니어링 기술도 이용합니다. 관찰 가능성은 이러한 사용 사례가 효과적으로 실행되고 더 강력해질 수 있도록 데이터를 제공합니다. 이제부터는 관찰 가능성이 어떻게 각 항목들을 강화하는지 살펴봅시다.

카오스 엔지니어링과 지속적인 검증

카오스 엔지니어링과 지속적인 검증을 위해서는 '실험이 진행됨에 따라 시스템이 정상인지와 그 안정된 상태에서 어떻게 벗어나는지를 감지하는'[4] 관찰 가능성이 필요합니다. 시스템의 기본 상태를 이해하고 시험을 수행하는 동안 동작을 예측하고, 예상을 벗어난 동작에 대해 설명할 능력이 없으면 카오스 실험을 제대로 수행하기 어렵습니다. 혼란 상황을 주입하기 전에 현재 상태에서 시스템이 어떻게 동작하는지 모른다면 카오스 엔지니어링을 수행하는 것은 의미가 없습니다.[5]

피처 플래깅

피처 플래깅feature flagging을 이용하면 프로덕션 이전 단계 환경에서 꼼꼼하게 시험할 수 없었던 기능 조합을 프로덕션 환경에서 시험할 수 있습니다. 따라서 사용자별로 각각의 피처 플래그가 어떤 영향을 주는지 수집하고 이해할 수 있는 관찰 가능성이 필요합니다. 엔드포인트를 호출하는 사용자와 활성화된 피처 플래그에 따라 다양한 방식으로 동작하는 경우, 컴포넌트별로 동작을 모니터링한다던 기존 개념은 더 이상 유효하지 않습니다.

점진적인 출시 패턴

카나리 배포나 블루/그린 배포와 같은 패턴들은 출시 중단 시점을 효과적으로 결정하고 예상과 다른 시스템 동작의 변화가 새로운 코드 출시의 결과인지 분석하기 위해 관찰 가능성이 필요합니다.

사고 분석과 비난하지 않는 회고

이 항목을 위해서는 단순히 장애가 발생했을 때 기술적으로 시스템 내에서 무슨 일이 일어

---

4 Russ Miles, Chaos Engineering Observability (Sebastopol, CA: O'Reilly, 2019) (https://oreil.ly/4uYoR)

5 Ana Medina, "Chaos Engineering with Ana Medina of Gremlin", o11ycast podcast, August 15, 2019.(https://oreil.ly/KdUW9)

났는지뿐만 아니라, 운영자 입장에서 봤을 때 장애 시간 동안 발생했을 것이라고 추정한 일을 포함하여 사회 기술적 시스템에 대한 명확한 모델을 만들어야 합니다. 강력한 관찰 가능성 도구는 회고록을 작성하는 사람들에게 과거의 기록과 세부 내용에 대한 사후 정보를 제공함으로써 훌륭한 회고를 할 수 있도록 해줍니다.

요약

데브옵스와 SRE의 업무 사례가 계속 진화하고 플랫폼 엔지니어링이 포괄적인 기초 규율로 성장함에 따라 더 혁신적인 엔지니어링 방식이 점차 도입되고 있습니다. 하지만 이러한 모든 혁신은 현대적이면서도 복잡한 시스템을 이해하는 데 필수적인 관찰 가능성을 전제로 하고 있습니다. 즉, 데브옵스, SRE, 클라우드 네이티브 방식으로 전환하기 위해서는 관찰 가능성과 같은 솔루션이 필수적입니다. 결과적으로 관찰 가능성은 이를 채택한 팀의 능력을 향상시켰습니다.

Part 2

관찰 가능성 기초

1부에서는 '관찰 가능성'의 정의와 현대적인 시스템에서의 필요성, 그리고 기존 방법과 비교했을 때 어떤 진보가 있었는지와 실무에서 사용되는 방식에 대해 살펴보았습니다. 2부에서는 기술적인 측면에서 관찰 가능성을 깊이 살펴보고 관찰 가능한 시스템에서 특정 요구사항이 필요한 이유를 세부적으로 알아봅니다.

5장에서는 관찰 가능한 시스템을 만들 때 사용할 데이터 형식, 즉 임의로 넓은 범위의 정형화된 이벤트를 소개합니다. 이 데이터 형식은 나중에 설명할 분석을 가능하게 해주는 원격 측정 정보를 위한 기본 데이터 형식입니다.

6장에서는 분산 추적distributed tracing의 개념을 소개합니다. 분산 추적은 추적 데이터가 단순히 상호 연관되어 있으면서 임의로 광범위하게 정형화된 일련의 이벤트라는 것을 보여주기 위해 추적 시스템의 동작을 세부적으로 나눕니다. 이 장에서는 예제 코드를 직접 작성해 보면서 최소한의 추적을 만드는 과정을 설명합니다.

7장에서는 OpenTelemetry 프로젝트를 소개합니다. 6장에서 수작업으로 만든 예제를 통해 개념을 이해했다면, 계측 라이브러리instrumentation library를 이용해 더 많은 것을 수행해 볼 수 있습니다. 특정 공급 업체의 솔루션에 락인될 수 있는 공급 업체의 라이브러리나 에이전트를 선택하는 대신, 이 책은 오픈소스와 공급 업체 중립적인 계측 프레임워크를 이용하여 여러 관찰 가능성 도구를 쉽게 전환하면서 사용해 볼 것을 권장합니다.

8장에서는 핵심 분석 루프core analysis loop를 소개합니다. 원격 측정 데이터를 생성하고 수집하는 것은 첫걸음일 뿐입니다. 이렇게 수집한 데이터를 분석하는 것이 관찰 가능성을 얻는 방법입니다. 8장은 관련 패턴을 도출하고 빠르게 이슈의 원인을 확인하기 위해 원격 측정 데이터를 선별하는 데 필요한 워크플로를 소개합니다.

9장에서는 데이터 형식으로서의 메트릭의 역할과 언제, 어디서 메트릭 기반의 기존 모니터링 방법을 사용하는 것이 좋은지 다시 한번 소개합니다. 9장은 관찰 가능성을 이용한 방법과 기존 모니터링 방법이 어떻게 공존할 수 있는지를 이야기합니다.

2부에서는 관찰 가능성 기반의 디버깅 방법으로 전환할 때 필요한 워크플로와 관련된 기술적인 요구사항에 초점을 맞춥니다. 3부에서는 이러한 개별 관행이 팀 역학 관계에 어떤 영향을 미치고 채택을 저해하는 요소를 해소할 수 있는지 분석합니다.

CHAPTER 5

정형화된 이벤트
: 관찰 가능성의 기본 구성 요소

이번 장에서는 관찰 가능성의 기본 구성 요소인 정형화된 이벤트structured event를 살펴봅니다. 관찰 가능성은 새로운 것이든 그렇지 않은 것이든 관계없이 시스템의 상태를 얼마나 잘 설명하고 이해할 수 있는지에 대한 척도입니다. 그러기 위해서 어떤 질문이든 대답을 예측하거나 기대하지 않아도 해답을 얻을 수 있어야 합니다. 이를 위해서는 몇 가지 기술적인 전제조건이 충족되어야만 합니다.

책 전반에 걸쳐서 관찰 가능성을 위해 필요한 여러 기술적 전제조건을 언급합니다. 이번 장에서는 시스템이 어떤 상태인지 이해하고 설명하는 데 필요한 원격 측정 정보부터 살펴봅니다. 여러 원격 측정 정보의 세부 사항 조합에 대해 무슨 질문을 하든 간에 임의로 데이터를 여러 디멘션을 바탕으로 나누고 쪼갤 필요가 있습니다. 이때, 원격 측정 정보는 가장 낮은 논리적인 수준의 개별 정보에 이르기까지 최대한 자세하게full resolution 수집되어야 하며, 수집 당시의 문맥까지도 포함해야 합니다. 관찰 가능성 관점에서 원격 측정 정보는 '서비스별 혹은 개별 요청별 수준'으로 수집해야 한다는 것을 의미합니다.

예전 방식의 메트릭에서는 새로운 질문을 하고 답변하기 위해 새로운 원격 측정 정보를 수집하려면 미리 사용자 정의 메트릭을 정의해야만 했습니다. 메트릭 관점에서 봤을 때 가능한 모든 질문에 답변하는 방법은 모든 메트릭을 수집하고 저장하는 것이지만 이는 사실상 불가능합니다. 운 좋게 모든 메트릭을 수집, 저장하더라도 상당히 많은 비용이 발생하게 됩니다. 게다가 메트릭은 이벤트의 문맥을 담고 있지 않고 단순히 특정 시점에 발생하는 일에 대한 측정값의 집계에 지나지 않습니다. 이렇게 집계된 정보를 가지고는 새로운 질문을 하거나 현행 데이터 세트에서 발생하는 새로운 특이점을 찾아볼 수 없습니다.

관찰 가능성을 이용하면 어떤 질문이 들어올 것인지를 예상하지 않아도 수집된 원격 측정 데이터를 이용해 새로운 질문을 할 수 있습니다. 관찰 가능한 시스템에서는 상위 수준에서 집계된 성능 데이터부터 개별 요청에서 사용된 원천 데이터까지 시스템을 반복적으로 탐색할 수 있어야 합니다.

이것을 가능하게 하는 기술적인 요건은 관찰 가능성에 대한 데이터 포맷으로부터 시작되며, 이 포맷이 바로 어떤 정보든 담을 수 있도록 정형화된 이벤트입니다. 이러한 이벤트를 수집하는 것은 선택 사항이 아닙니다. 또한 구현 세부 사항도 아닙니다. 다만 넓은 시야를 바탕으로 어떤 분석이든 해낼 수 있도록 만들기 위한 필수 조건입니다.

5.1 정형화된 이벤트를 이용한 디버깅

먼저 이벤트를 정의해 보도록 합시다. 이벤트는 프로덕션 서비스에 미치는 영향을 이해하기 위해 특정 요청이 서비스와 상호작용하는 동안 일어난 모든 것에 관한 기록입니다.

기록을 생성하기 위해 요청이 처음 시스템에 인입되었을 때 빈 맵map을 생성합니다. 고유ID, 변수 값, 헤더, 요청에 포함된 모든 매개변수, 실행 시간, 호출된 원격 서비스, 원격 서비스 수행에 소요된 시간, 혹은 나중에 디버깅할 때 도움이 될 수 있는 문맥에 관한 다른 정보들과 같이 요청이 처리되는 동안 발생한 흥미로운 세부 사항들을 맵에 추가합시다. 이후 요청이 종료되거나 에러로 결정되는 시점에 요청을 처리하는 동안 일어난 일에 대한 전체 맵이 완성됩니다. 이것이 바로 정형화된 이벤트입니다.

서비스의 문제를 디버깅할 때, 정형화된 이벤트끼리 비교하면서 비정상적인 이벤트를 찾게 됩니다. 어떤 이벤트가 다른 이벤트와 현저하게 차이가 나는 경우, 이런 특이값들의 공통점을 식별해야 합니다. 특이값들을 탐색하기 위해서는 조사와 관련이 있을 수 있는 이벤트 내에 포함된 다양한 디멘션이나 디멘션의 조합을 이용하여 데이터를 필터링하고 그룹화해야 합니다.

관찰 가능성 시스템에 정형화된 이벤트 형태로 전달한 데이터는 새로운 것이든 그렇지 않은 것이든 관계없이 관찰자들이 애플리케이션의 상태를 결정할 수 있도록 적절한 추상화 수준으로 포착되어야 합니다. 조사에 도움이 되는 정보는 컨테이너 정보나 버전 정보와 같이 주어진 어떤 요청에 국한되지 않은 런타임 정보와 장바구니ID, 사용자ID, 세션 토큰처럼 서비스 전반에 걸쳐 사용되는 요청의 정보를 갖고 있습니다. 두 가지 형식의 데이터는 디버깅에 유용합니다.

요청 디버깅과 관련된 데이터의 종류는 다양하지만, 기존의 디버거를 사용할 때 유용했던 데이터 형식과 비교해 봄으로써 정형화된 이벤트의 데이터 활용에 관한 여러 가지를 생각해 볼 수 있습니다. 예를 들어, 디버깅 할 때 요청을 실행하는 동안 사용된 변수 값이 무엇인지 알고 싶을 수 있고 함수 호출이 일어났을 때 무슨 일이 생기는지 이해하고 싶을 수 있습니다. 분산 서비스 환경에서는 원격 서비스에 대한 호출이 단일 요청 내에서도 여러 번 일어날 수 있습니다. 이런 환경에서 요청이 처리되는 동안 사용된 변수의 모든 데이터는 요청에 대한 문맥이라고 생각해도 무방합니다.

이 데이터는 디버깅할 때 활용할 수 있도록 이벤트에 저장되어야 합니다. 디버깅 데이터에는 상당히 많은 필드가 포함될 수 있기 때문에 넓은 범위의 이벤트가 사용됩니다. 이벤트에 추가할 수 있는 세부 정보의 양에는 사실상 제한이 없어야 합니다. 정형화된 이벤트에 담겨야 하는 정보의 형식에 대해서도 자세히 알아봐야 하나, 우선은 정형화된 이벤트를 이용한 시스템 상태의 포착이 기존의 디버깅 방법과 무엇이 다른지 비교해 봅시다.

5.2 메트릭을 기본 구성 요소로 사용하기 어려운 이유

먼저 메트릭을 정의해 봅시다. 종종 '원격 측정^{telemetry}'과 동의어로 사용되기 때문에 안타깝게도 이 용어는 상당히 모호합니다. 명확히 하자면, 메트릭은 시스템 상태를 나타내기 위해 수집한 스칼라^{scalar} 값을 의미하며, 여기에는 그룹화와 검색을 도와줄 태그^{tags}가 추가될 수 있습니다. 무엇보다도 메트릭은 소프트웨어 시스템에 대한 기존 모니터링 체계를 기반으로 합니다(이러한 의미에서 메트릭의 기원에 대한 자세한 내용은 1장을 참조).

그러나 메트릭은 미리 집계된 측정치라는 태생적인 한계가 있습니다. 메트릭이 생성한 값은 사전에 정의된 기간동안 집계된 시스템 상태 리포트를 반영합니다. 이 숫자가 모니터링 시스템에 보고되면, 미리 집계된 측정치는 시스템 상태 검사를 위한 최소한의 정보 단위가 됩니다. 이러한 방식으로 집계된 데이터는 많은 문제들을 모호하게 만듭니다. 뿐만 아니라, 서비스로 인입된 단일 요청 하나가 수백 개의 메트릭중 일부분으로 표현될 수도 있습니다. 이러한 메트릭은 서로 단절된 측정치에 불과하기 때문에 특정 요청에 대한 메트릭이 정확히 무엇인지 재구성하기 위해 필요한 세부 내용들이 결여되어 있습니다.

예를 들어 봅시다. `page_load_time` 메트릭은 페이지 호출 후 5초 동안 모든 활성 페이지가 로딩되는 데 걸리는 평균 시간을 검사합니다. 또 다른 메트릭 `requests_per_second`는 어떤 서비스가 1초 동안 맺은 HTTP 연결의 숫자를 검사합니다. 메트릭은 특정 기간에 주어진 속성을 측정하여 도출된 수치로 표현되는 시스템 상태를 반영합니다. 해당 기간에 처리된 모든 요청의 동작은 하나의 수치로 집계됩니다. 본 예시에서는 어느 특정한 요청이 시스템을 흐르는 동안 일어난 일을 조사해, 두 가지 메트릭을 얻을 수 있는 단서를 제공할 수 있습니다. 하지만, 더 깊게 조사하기 위해 필요한 세부 정보를 얻을 수는 없습니다.

> **NOTE** TSDB에 메트릭이 어떻게 저장되는지 자세히 알아보는 것은 이번 장의 주제를 벗어납니다. 다만 16장에서 일부 관련된 내용을 다루니 참고하기 바랍니다. 이와 별개로 메트릭과 TSDB가 관찰 가능성과 호환되지 않는 이유에 대해 깊게 살펴보고 싶다면, 2021년 알렉스 본드락^{Alex Vondrak}이 쓴 블로그 포스트 「TSDB는 어떻게 동작하고 어떤 경우 동작하지 않는가」[1]를 읽어보기 바랍니다.

이벤트 기반의 접근 방법 사용 시, 웹 서버로의 요청은 요청에 포함된 매개변수나 디멘션, 서브도메인, 소요된 총 지속 시간, 연관된 하위 요청, 하위 요청 처리에 사용된 다양한 서비스, 그리고 각 하위 요청의 지속 시간 등을 남기도록 계측됩니다. 계측된 이벤트는 여러 가지 디멘션이나 시간 범위를 바탕으로 더 작은 단위로 분류되고 나뉘어져 조사와 관련된 다양한 관점을 보여줄 수 있습니다.

메트릭과는 다르게 이벤트는 특정 시점에 일어난 일에 대한 스냅숏^{snapshot}입니다. 앞선 예시에서도 직후 5초 동안 1,000개 이상의 서로 다른 이벤트가 발생했을 수 있습니다. 각 이벤트에 대한 `page_load_time`이 기록되었다면, 5초동안 발생한 나머지 999개의 이벤트와 함께 집계하여 메트릭이 보여준 것과 같은 평균값을 출력할 수 있습니다. 뿐만 아니라 이벤트가 제공한 세부 정보를 이용하면 1초 단위의 평균값도 계산할 수 있습니다. 그리고 사용자ID나 호스트네임 등의 필드를 쿼리에 사용하면 메트릭이 제공한 집계된 값으로는 불가능했던 각 필드와 `page_load_time` 간의 상관관계도 찾을 수 있습니다.

---

1 https://www.honeycomb.io/blog/time-series-database

이러한 분석에 대한 극단적인 반론으로, 충분한 메트릭이 주어진다면 개별 요청 수준으로 시스템 상태를 보는 것과 비슷한 세부 정보를 얻을 수 있다는 주장도 있습니다. 이런 접근 방법은 그 자체의 비현실성은 차치하고, 동시성을 완전히 설명할 수 없습니다. 뿐만 아니라 여전히 요청의 실행 흐름에 따라 생성된 메트릭을 서로 조합해봐야 하는 문제가 남아 있습니다. 그리고 메트릭 기반의 모니터링 시스템은 세세한 측정치를 포착하는 데 필요한 수준으로 확장성을 염두에 두어 설계된 것이 아니라는 사실 또한 변함이 없습니다. 그럼에도 불구하고 여전히 메트릭에 의존하여 디버깅하는 많은 팀들은 디버깅을 위해 점점 더 많은 메트릭을 추가해야만 하는 치열한 경쟁 상황 속에 놓여있습니다.

사전에 정의된 기간에 대하여 미리 정의한 관계를 수치화한 메트릭은 시스템의 단일 속성에 한정된 좁은 시야의 뷰만을 제공합니다. 세부 사항이 너무 방대하고 다른 뷰를 통해 시스템의 상태를 나타내기에는 너무 엄격해서 관찰 가능성을 달성하기 어렵습니다. 메트릭은 관찰 가능성에 대한 기본 구성 요소로 활용하기에는 제약사항이 너무 많습니다.

5.3 기존 로그를 기본 구성 요소로 사용하기 어려운 이유

앞의 절에서 살펴본 것처럼 정형화된 데이터는 명확한 정의가 있으며 검색도 가능합니다. 반면 비정형 데이터unstructured data는 쉽게 검색할 수 있는 방식으로 조직화되지 않고, 보통 자신만의 포맷으로 저장됩니다. 프로덕션 소프트웨어 시스템을 디버깅해야 할 때 비정형 데이터를 사용하는 가장 일반적인 예는 메트릭보다 더 오래된 로그log입니다. 따라서 먼저 로그의 사용법에 대해 살펴봅시다. 본격적으로 시작하기 전에, 현대적인 로깅 사례에서는 정형화된 로그를 사용한다는 것을 기억합시다. 다만, 정형화된 로그를 아직 사용하지 못하는 경우도 있을 테니, 비정형 로그가 무엇이고 어떻게 하면 비정형 로그를 더 유용하게 쓸 수 있는지부터 시작합시다.

5.3.1 비정형 로그

로그 파일은 기본적으로 거대한 비정형 텍스트 덩어리로 사람이 읽기에는 좋지만, 기계가 처리하기에는 어렵다는 특징이 있습니다. 로그 파일은 애플리케이션과 인프라 시스템이 어딘가에 정의되어 있는 설정 파일을 기반으로 생성한 문서로, 눈여겨봐야 하는 모든 이벤트에 대한 기록을 담고 있습니다. 수십 년 동안 모든 환경에서 로그 파일은 시스템 디버깅 애플리케이션의 필수 요소였습니다. 로그는 일반적으로 많은 유용한 정보를 포함합니다. 예를 들어 발생한 이벤트에 대한 설명이라던가 이벤트의 발생 타임스탬프 정보, 이벤트의 심각도 수준, 그리고 사용자ID나 IP 주소처럼 이벤트와 관련된 다양한 메타데이터 정보 등이 대표적입니다.

기존의 로그는 사람이 읽을 수 있도록 만들어졌기 때문에 정형화되어 있지 않았습니다. 따라서 이벤트에 대한 상세한 수식어나 여러 줄에 걸친 텍스트 정보가 로그에 포함되었습니다.

```
6:01:00 accepted connection on port 80 from 10.0.0.3:63349
6:01:03 basic authentication accepted for user foo
6:01:15 processing request for /super/slow/server
6:01:18 request succeeded, sent response code 200
6:01:19 closed connection to 10.0.0.3:63349
```

이야기의 구조를 갖고 있는 이런 구조의 로그는 개발 중인 서비스의 복잡한 사항들을 처음 배울 때는 도움이 됩니다. 하지만 프로덕션 환경에서는 불필요한 데이터가 너무 많아 서비스를 무겁고 느리게 만드는 주범이 되곤 합니다. 프로덕션 환경에서 만들어진 이런 대화형 로그는 종종 사람조차 쉽게 읽을 수 없는 많은 텍스트가 담긴 로그 파일이 되곤 합니다. 일반적으로 문제 원인이 어느 정도 윤곽이 잡혔고 조사하는 사람이 세워둔 가설 검증을 위해 로그를 활용하는 경우에는 분명 도움이 됩니다.

하지만, 현대적인 시스템은 더 이상 사람이 쉽게 이해할 수 있는 쉬운 방식으로 동작하지 않습니다. 기존의 모놀리식 시스템은 운영자가 관리해야 하는 서비스가 매우 적었습니다. 로그는 애플리케이션이 실행된 서버의 로컬 디스크에 기록되었습니다. 반면 현대적인 시스템에서는 로그를 중앙의 집계기aggregator로 전달한 뒤 대규모로 구축된 스토리지 백엔드 시스템에 저장하는 것이 일반적입니다.

몇 가지 로그 파서log file parser를 이용하면 정형화되지 않은 수백만 라인의 로그를 검색할 수 있습니다. 파서는 로그 데이터를 정보의 조각으로 나누고 의미 있는 방식으로 그룹화를 시도합니다. 하지만, 정형화되지 않은 데이터는 서로 다른 로그 파일 형식을 사용할 수 있기 때문에 정해진 규칙이 없거나 서로 다른 규칙을 사용하고 있어 파싱이 복잡해집니다. 로깅 도구들은 이런 문제를 해결하기 위해 다양한 접근 방법을 사용하고 있으며 성공 여부나 성능 및 사용성은 도구에 따라 차이가 큽니다.

5.3.2 정형화된 로그

이런 문제를 해결하기 위한 방법은 컴퓨터가 파싱하기 좋도록 설계된 정형화된 로그를 생성하는 것입니다. 앞의 예제 로그를 정형화된 로그로 바꿔보면 다음과 같습니다.

```
time="6:01:00" msg="accepted connection" port="80" authority="10.0.0.3:63349"
time="6:01:03" msg="basic authentication accepted" user="foo"
time="6:01:15" msg="processing request" path="/super/slow/server"
time="6:01:18" msg="sent response code" status="200"
time="6:01:19" msg="closed connection" authority="10.0.0.3:63349"
```

정형화된 로그인지와 관계없이 많은 로그는 발생한 이벤트의 일부일 뿐입니다. 관찰 가능성의 접근 방법을 로깅과 연결 지어 생각하자면 이벤트를 시스템에서 발생한 작업 단위라고 생각할 수 있습니다. 즉, 정형화된 이벤트는 서비스에 대한 작업 단위의 수행 정보를 갖고 있어야만 합니다. 작업 단위는 상대적인 개념으로 볼 수 있습니다. 예를 들면, 파일의 다운로드나 특정한 정보를 추출하는 것이 작업의 단위가 될 수 있습니다. 물론 수십 개의 파일로부터 특정 정보를 추출한 후 답변을 처리하는 것을 의미할 수도 있습니다. 서비스의 문맥에서 봤을 때 작업 단위는 HTTP 요청을 수신할 수 있고 응답을 내보내기 위해 무슨 일이든 하는 조직입니다. 하지만 어떤 경우에는 하나의 HTTP 요청이 실행되는 동안 많은 다른 이벤트를 생성할 수도 있습니다.

이상적으로 봤을 때 작업 단위를 수행하기 위해 필요한 모든 것을 포함하도록 정형화된 이벤트의 범위를 정해야 합니다. 이벤트에는 작업 수행에 필요한 입력값과 작업을 통해 수집된 속성들, 그리고 작업을 수행하면서 확인된 서비스의 상태와 상세한 작업 수행 결과가 기록되어야 합니다.

일반적으로 몇 줄의 로그나 수십 줄에 이르는 로그를 합쳐 단일 작업 단위로 표현합니다. 앞서 살펴본 예제로 설명하자면 하나의 연결을 처리하는 단일 작업 단위는 다섯 줄의 로그로 표현됩니다. 메시지는 쉽게 다룰 수 있는 단일 이벤트로 그룹화 되기보다는 여러 메시지로 분산되는 것이 일반적입니다. 여러 메시지를 연결 지어 볼 수 있도록 각 메시지에 요청ID와 같은 공통 필드가 포함되기도 합니다만 보통은 그렇지 않습니다.

예시의 로그는 단일 이벤트로 병합할 수 있습니다. 병합한 예시는 다음과 같습니다.

```
time="2019-08-22T11:56:11-07:00" level=info msg="Served HTTP request"
authority="10.0.0.3:63349" duration_ms=123 path="/super/slow/server" port=80 service_
name="slowsvc" status=200 trace.trace_id=eafdf3123 user=foo
```

JSON을 비롯한 여러 가지 표현 방식으로 형식을 바꿀 수 있습니다. 위의 결과를 널리 사용되는 JSON 객체로 바꿔보면 다음과 같습니다.

```
{
"authority":"10.0.0.3:63349",
"duration_ms":123,
"level":"info",
"msg":"Served HTTP request",
"path":"/super/slow/server",
"port":80,
"service_name":"slowsvc",
"status":200,
"time":"2019-08-22T11:57:03-07:00",
"trace.trace_id":"eafdf3123",
"user":"foo"
}
```

관찰 가능성의 목표는 시스템 내부 상태를 이해하기 위해 이벤트 데이터로부터 여러 가지 방법을 이용해 정보를 얻어내는 것입니다. 이렇게 활용할 데이터는 목표를 달성할 수 있도록 반드시 기계가 읽을 수 있는 형식의 데이터여야 합니다. 비정형 데이터는 그런 작업에 사용할 수 없습니다. 하지만 로그는 정형화된 이벤트처럼 보일 수 있도록 다시 디자인되면 관찰 가능성의 기본 구성 요소로 유용하게 쓰일 수 있습니다.

5.4 디버깅 시 유용한 이벤트 속성

이번 장의 초반부에서 정형화된 이벤트를 어느 특정 요청이 서비스와 상호 작용하는 동안 일어난 모든 것의 기록이라고 정의했습니다. 현대적인 분산 시스템을 디버깅하는 상황에서 이 정의는 작업의 단위를 나타내는 범위로서 나쁘지 않습니다. 관찰자가 시스템의 모든 상태를 이해할 수 있는 시스템을 만들기 위해서는 조사와 관련된 정보가 이벤트에 포함되어 있어야 합니다.

관찰 가능한 시스템을 위한 데이터 저장소는 많은 이벤트를 수용할 수 있어야 합니다. 서비스 동작을 이해하기 위해 정형화된 이벤트를 사용하는 경우, 모델을 비어 있는 블롭blob 형식으로 초기화함으로써 추후 디버깅에 관련된 어떤 정보든지 기록할 수 있도록 해야 한다는 점을 기억합시다. 이는 서비스에 요청이 처음 인입되었을 때 요청 매개변수, 환경 정보, 런타임 내부의 정보, 호스트 및 컨테이너 통계 값 같은 데이터로 블롭을 먼저 채우는 것을 의미할 수 있습니다. 요청이 실행되면 사용자ID, 장바구니ID, 그 외 결과 생성에 활용된 여러 원격 서비스들의 결과나 추후 요청을 찾고 식별할 때 도움이 될 수 있는 다양한 정보가 발견될 수 있습니다. 요청 처리가 정상적으로 완료되었거나 에러가 발생했을 때도 지속 시간, 응답 코드, 에러 메시지와 같이 여러 가지 데이터가 작업의 단위를 처리하는 동안 생성됩니다. 오랜 기간 사용한 계측기로 생성한 이벤트에는 보통 300~400개의 디멘션이 포함되는 것이 일반적입니다.

새로운 문제를 디버깅한다는 것은 보통 이전에 알려지지 않았던 장애 모드를 외부 조건으로 이용해 이벤트를 검색해 패턴을 찾거나 연관시키는 것을 의미합니다. 예를 들어, 스파이크나 에러가 발생하면 다양한 이벤트 디멘션을 나누어 공통점이 무엇인지 찾아내야 합니다. 관찰 가능성 솔루션은 이러한 관계를 만들기 위해 높은 카디널리티high cardinality를 갖는 필드를 다룰 수 있어야 합니다.

> **NOTE** 카디널리티는 1장에서 살펴봤던 것처럼 한 집합에 포함된 데이터의 고유 엘레멘트의 숫자를 이야기합니다. 이벤트의 디멘션은 매우 낮거나 매우 높은 카디널리티를 가질 수 있습니다. 고유한 식별자를 가진 모든 디멘션은 가능한 가장 높은 카디널리티를 갖게 됩니다. 자세한 내용은 1장의 '카디널리티의 역할'을 살펴보기 바랍니다.

관찰 가능성 도구는 문제를 조사하는 사람들에게 유용하게 쓰이는 높은 카디널리티의 데이터에 대한 쿼리를 지원해야 합니다. 현대적인 시스템 환경에서는 새로운 문제를 디버깅할 때 가장 유용한 많은 디멘션들이 높은 카디널리티를 갖습니다. 깊게 숨겨진 문제를 찾아내기 위해 높은 디멘셔널리티와 같은 높은 카디널리티를 동일 선상에 놓고 조사를 수행해야 하는 경우도 종종 있습니다. 문제를 디버깅하는 것은 흡사 건초더미에서 바늘을 찾는 것과 유사합니다. 높은 카디널리티와 높은 디멘셔널리티는 분산 시스템이라는 아주 복잡한 건초더미에서 조그만 바늘을 찾을 수 있게 해줍니다.

예를 들어, 이슈의 원인을 알아내기 위해 '캐나다 사용자 중, iOS11 버전 11.0.4를 이용하면서 프랑스어 언어 팩을 사용하는 사람 중에 애플리케이션을 지난주 화요일에 설치했고 펌웨어 버전 1.4.101을 쓰면서 us-west-1 리전에 위치한 shard3에 사진을 저장한 사용자'와 같은 쿼리를 사용할 수 있습니다. 쿼리에서 사용된 각각의 제약사항들이 바로 높은 카디널리티의 디멘션입니다.

앞서 언급된 것처럼 이러한 기능을 사용하기 위해서는 알려져 있거나 예상 가능한 필드뿐만 아니라 임의의 필드 값도 저장할 수 있도록 이벤트의 범위가 넓어야 합니다. 수집할 수 있는 이벤트를 알려진 필드만으로 제한하는 것은 특정 분석 도구가 사용하는 백엔드 스토리지 시스템으로 의한 인위적인 제약일 수 있습니다. 가령, 어떤 백엔드 데이터 저장소는 미리 정의된 데이터 스키마를 요구합니다. 스키마를 미리 정의하려면 도구 사용자들이 저장하고자 하는 디멘션을 예측할 수 있어야 합니다. 또한 스키마를 사용하거나 데이터 형식이나 모양에 대해 엄격한 제한을 두는 것은 관찰 가능성의 목표와 정면으로 배치되는 것입니다(16장에서 보다 자세히 다룹니다).

요약

관찰 가능성의 기본 구성 요소는 임의로 확대 가능한 정형화된 이벤트입니다. 관찰 가능성은 디버깅 절차를 반복적으로 수행하는 동안 어떤 질문에도 답할 수 있도록 데이터를 임의 개수의 디멘션으로 나눌 수 있어야 합니다. 시스템이 단일 작업 단위를 수행하는 동안 일어난 모든 일을 조사자가 이해할 수 있도록 충분한 데이터를 가져야만 하기 때문에 정형화된 이벤트는 충분한 공간을 가져야만 합니다. 이는 분산 서비스 환경에서 단일 서비스 요청의 생애주기 동안 일어난 모든 일의 기록으로 이벤트의 범위를 지정하는 것을 의미합니다.

메트릭은 미리 정의된 주기에 따라 시스템 상태를 수집합니다. 메트릭은 하나의 시스템 속성에 대한 하나의 좁은 관점만을 제공합니다. 메트릭의 세부 사항은 너무 방대하고 시스템 상태를 대체 뷰로 표시하는 기능은 너무 융통성이 없어, 특정 서비스 요청에 대한 단일 작업 단위로 나타내기엔 어렵습니다. 즉, 메트릭은 너무 제한적이어서 관찰 가능성의 기본 구성 요소로 역할을 수행하기 힘듭니다.

비정형 로그는 사람이 읽기에는 좋지만, 컴퓨터가 활용하기에는 어렵습니다. 정형화된 로그는 기계가 파싱하기 좋으며, 정형화된 이벤트처럼 재설계되었다고 가정했을 때 관찰 가능성의 목표를 달성하는 데 도움이 됩니다.

일단은 원격 측정을 위해 필요한 데이터 형식에 집중합시다. 이어지는 장에서는 높은 카디널리티와 높은 디멘셔널리티 가진 데이터를 분석하는 것이 왜 중요한지를 면밀히 살펴봅니다. 또한 관찰 가능성을 달성을 위한 도구에 요구되는 기능을 조금 더 정의할 것입니다. 이어서 정형화된 이벤트를 연결하여 추적traces을 생성하는 방법을 살펴봅시다.

CHAPTER 6

이벤트를 추적으로 연결하기

이전 장에서는 왜 이벤트가 관찰 가능한 시스템의 기본 구성 요소인지 살펴봤습니다. 이번 장에서는 여러 이벤트를 추적으로 연결하는 방법을 살펴봅니다. 지난 십여 년간 분산 추적distributed tracing은 소프트웨어 엔지니어링팀의 트러블슈팅을 위한 필수 도구가 되었습니다.

분산 추적은 서로 연관된 일련의 이벤트 집합입니다. 분산 추적 시스템은 이러한 이벤트 간의 관계를 추적하는 작업을 '자동으로' 생성 및 관리하는 패키지화된 라이브러리를 제공합니다. 개별 이벤트 간의 관계를 만들고 추적하는 데 사용되는 분산 추적의 개념은 기존 추적 적용 사례보다 훨씬 넓은 범위에 적용할 수 있습니다. 관찰 가능한 시스템으로 무엇을 할 수 있는지 더알아보기 전에, 추적 시스템의 내부 동작을 먼저 알아봅시다.

이번 장에서는 핵심 컴포넌트 분석으로 분산 추적을 이해해 보고, 분산 추적이 관찰 가능한 시스템에 유용하게 쓰이는 이유를 알아봅니다. 추적 컴포넌트에 대해 설명하고 직접 예제 코드를 구현해 보면서 추적 조합의 순서를 살펴본 뒤 컴포넌트가 동작하는 방법을 살펴봅니다. 또한 관련된 데이터를 추적 이벤트 혹은 스팬span에 추가하는 예시를 통해 왜 그런 데이터가 필요한지 살펴봅니다. 마지막으로 추적을 수작업으로 만드는 방법을 알아본 후, 관찰 가능한 시스템에 활용할 수 있는 추적 사례(여러 로그 이벤트 연결 등)에 동일한 방법을 적용해 봅니다.

6.1 분산 추적이란 무엇이고 왜 중요한가?

추적은 프로그램 실행 중 발생할 수 있는 문제를 진단하기 위해 다양한 정보를 기록하는 기초적인 소프트웨어 디버깅 기술입니다. 처음 두 대의 컴퓨터가 정보 교환을 위해 연결된 이래, 소프트웨어 엔지니어는 프로그램과 프로토콜에 숨어 있는 버그와 숨바꼭질을 해왔습니다. 버그를 잡기 위해 노력했음에도 불구하고 이슈는 계속 발생하고 있습니다. 분산 시스템이 사실상의 표준이 된 오늘날, 우리가 사용해 온 디버깅 기술들은 더 복잡한 요구사항을 따라잡을 수 있도록 바뀐 현실에 적응할 필요가 있습니다.

분산 추적은 애플리케이션을 구성하는 다양한 서비스가 처리하는 단일 요청 혹은 추적의 진행 상황을 따라가는 방법입니다. 단일 요청은 기능 수행을 위해 프로세스, 서버 및 네트워크를 넘나드는 경우가 많습니다. 따라서 그러한 관점에서 봤을 때 추적은 '분산'되었다고 볼 수 있습니다. 마이크로서비스 아키텍처의 인기는 실패 발생 위치와 발생 경로 및 성능 저하에 영향을 주는 요소가 무엇인지 찾아낼 수 있는 디버깅 기술에 대한 요구로 인해 급증했습니다. 이런 상황에서 분산 추적은 요청이 온프레미스 인프라에서 클라우드로 넘어가거나 직접 제어할 수 있는 인프라에서 SaaS 서비스처럼 전혀 손댈 수 없는 환경으로 넘어가듯이 여러 서비스 구성 요소의 경계를 넘나들 때마다 문제를 진단하거나 코드를 최적화하며 더욱 신뢰성 높은 서비스를 만드는 데 큰 도움이 될 수 있습니다.

뿐만 아니라 분산 추적의 인기가 높아짐에 따라 이를 수행하기 위한 여러 가지 접근 방법과 경쟁 표준이 등장했습니다. 분산 추적이 처음 메인스트림으로 자리 잡은 건 구글Google의 벤 시겔먼Ben Sigelman이 2010년에 Dapper에 관한 논문[1]을 발표한 이후부터입니다. 곧이어 눈에 띄는 두 가지 오픈소스 프로젝트가 발표되었습니다. 하나는 2012년에 발표된 트위터twitter의 집킨Zipkin[2]이고, 다른 하나는 우버Uber가 2017년에 공개한 예거Jaeger[3]입니다. 이외에도 허니컴Honeycomb[4]이나 라이트스텝Lightstep[5]과 같은 솔루션들도 분산 추적 시장에 출사표를 던졌습니다.

여러 분산 추적 프로젝트는 구현 방식에 차이가 있지만 핵심 방법론과 제공하려는 가치는 크게 다르지 않습니다. 1부에서 살펴본 것처럼 현대의 분산 시스템의 의존성 관계는 점차 복잡해지

---

1 https://ai.google/research/pubs/pub36356

2 https://zipkin.io/

3 https://eng.uber.com/distributed-tracing

4 https://www.honeycomb.io/

5 https://www.servicenow.com/products/observability.html

는 경우가 많습니다. 이때, 분산 추적은 분산 시스템의 다양한 서비스와 컴포넌트 간의 관계를 명확하게 보여주기 때문에 이용해 볼만한 가치가 있습니다.

추적을 이용하면 시스템 간의 의존성을 더욱 잘 이해할 수 있습니다. 상호 의존성이 있다면, 문제 원인이 모호해지는 경우가 많고, 특히 시스템 간의 관계를 명확하게 이해하기 전까지는 디버깅하기 어렵습니다. 예를 들어, 데이터베이스 서비스가 성능 병목 현상을 겪으면 응답을 거쳐 가는 구간마다 지연시간이 추가로 발생할 수 있습니다. 이 응답 지연이 최종 응답 단계보다 3~4단계 이전의 구간에서 감지되었다고 생각해 봅시다. 시스템의 여러 서비스에서 응답 지연이 발견되기 때문에 어떤 컴포넌트가 문제의 근원인지 식별하기 어렵습니다.

관찰 가능한 시스템에서 추적은 상호 연결된 일련의 이벤트 집합입니다. 추적이 어떻게 관찰 가능성의 기본 구성 요소와 연관되는지 이해하기 위해 추적이 어떻게 만들어지는지 살펴봅시다.

6.2 추적을 구성하는 컴포넌트

실제 추적 동작을 이해하기 위해 추적에 필요한 데이터를 수집하는 데 요구되는 다양한 컴포넌트를 설명하는 예제를 사용하겠습니다. 추적을 통해 얻고자 하는 결과물은 다양한 서비스 간의 명확한 관계입니다. 이 결과물을 얻기 위해 서비스 코드를 어떻게 수정해야 하는지 살펴봅시다.

병목 현상이 생기는 지점을 빠르게 파악하기 위해서는 추적 정보를 [그림 6-1]처럼 워터폴 waterfall 형식으로 추적 시각화를 해보는 것이 좋습니다. [그림 6-1]은 요청 및 세부 단계별로 시작 시점과 지속 시간을 갖는 개별 바bar 그래프로 표시하고 있습니다.

> **NOTE** 워터폴 시각화는 초기 값이 어떻게 중간 값으로부터 영향을 받아 최종 결과 값이 되는지를 보여줍니다.

service_name	name	1s 17.21s 34.43s 51.64s 68.85s 86.06s
3 saas-update	start	86.063s
67 saas-update	UpdateIntercom	20.389s
9K+ saas-update	UpdateSalesforce	64.097s
31 saas-update	UpdateStripe	1.576s

그림 6-1 단일 요청을 구성하는 4개의 추적 스팬으로 구성된 워터폴 형태의 추적 시각화

워터폴 차트에 표기된 각 세부 단계를 추적 스팬trace span 혹은 스팬span이라 부릅니다. 추적 내의 모든 스팬은 최상위 스팬인 루트 스팬root span이거나 루트 스팬에 포함된 하위 스팬입니다. 루트 스팬에 포함된 스팬은 또 다른 루트 스팬이 될 수도 있고 하위 스팬을 가질 수도 있습니다. 이러한 관계를 부모–자식parent–child 관계라고 부르기도 합니다. 예를 들어 [그림 6-2]에서 서비스 A가 서비스 B를 호출하고, 서비스 B는 서비스 C를 호출하는 경우, 스팬 A는 스팬 B의 부모이고, 스팬 B는 스팬 C의 부모가 됩니다.

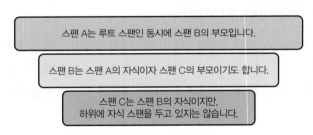

스팬 A는 루트 스팬인 동시에 스팬 B의 부모입니다.

스팬 B는 스팬 A의 자식이자 스팬 C의 부모이기도 합니다.

스팬 C는 스팬 B의 자식이지만, 하위에 자식 스팬을 두고 있지는 않습니다.

그림 6-2 두 개의 부모를 갖고 있는 추적

순환 의존성이 있거나 동일한 서비스 내에서 병렬 함수로 나눠 복잡한 계산을 수행하는 경우 서비스가 추적 내에서 서로 다른 스팬으로 여러 번 등장할 수도 있다는 점에 주목합니다. 실제 요청은 종종 분산 시스템을 통해 복잡하면서도 예측하기 어려운 경로를 통해 처리됩니다. 어떤 경로로 요청이 처리되든 간에 원하는 결과를 만들기 위해서는 시스템의 복잡도와 별개로 각 컴포넌트에 대해 다음의 다섯 가지 데이터가 필요합니다.

추적ID

만들고자 하는 추적과 특정 요청을 연관지을 때 사용할 수 있는 고유 식별자가 필요합니다.

이 ID는 루트 스팬에 의해 생성되며 각 요청 처리 단계를 통해 전파됩니다.

스팬ID

생성된 개별 스팬에 대해서도 고유 식별자가 필요합니다. 스팬은 단일 추적 내에서 작업 단위가 처리되는 동안 수집된 정보를 갖고 있습니다. 필요한 경우 고유ID를 통해 특정 스팬을 참조할 수 있습니다.

부모ID

추적의 생애주기 동안 생성되는 스팬 간의 종속 관계를 적절히 정의하기 위해 사용됩니다. 단, 루트 스팬은 최상위 스팬이기 때문에 부모ID 값을 갖지 않습니다.

타임스탬프

각 스팬은 작업을 시작한 시점에 대한 정보를 가져야 합니다.

지속 시간

각 스팬은 작업 종료까지 소요된 시간을 기록해야 합니다.

이러한 필드는 추적을 만들기 위해 필수적으로 있어야 하는 값들입니다. 그 외에 스팬을 식별하거나 시스템과의 관계를 식별할 수 있게 해주는 몇 가지 다른 필드가 존재합니다. 스팬에 추가된 모든 데이터는 기본적으로 일련의 태그(tags)입니다. 예를 들면 다음과 같습니다.

서비스 이름

분석을 진행하는 동안 해당 작업이 어디에서 일어났는지를 알려줄 수 있는 서비스 이름이 필요합니다.

스팬 이름

개별 단계 사이의 연관성을 이해할 수 있도록 수행된 작업을 식별하거나 차별화할 수 있는 이름을 붙여 두면 도움이 됩니다. 가령 동일한 서비스나 네트워크 단계 내에서 서로 다른 작업 흐름을 나타내는 스팬에 대해 `intense_computation1`이나 `intense_computation2`라는 이름을 붙일 수 있습니다.

이 데이터를 이용하면 모든 요청에 대해 워터폴 형식의 시각화를 할 수 있어, 어떤 이슈라도 빠르게 분석할 수 있습니다. 계속해서 이런 데이터를 생성하는 코드 계측 방법을 살펴봅시다.

6.3 어렵게 추적 계측하기

추적의 핵심 컴포넌트들이 어떻게 동작하는지 이해하기 위해 아주 간단한 추적 시스템을 수작업으로 만들어 봅시다. 모든 분산 추적 시스템은 데이터를 더 유용하게 사용할 수 있도록 꽤 많은 정보를 추가합니다. 예를 들어 추적에 대한 정보를 백엔드의 데이터 저장소로 보내기 전에 더 많은 메타데이터로 추가할 수 있습니다(16장에서 더 자세히 살펴봅니다).

> *아무것도 없는 상태에서 애플파이를 만들려면, 먼저 우주부터 만들어야 한다.*
>
> — 칼 세이건*Carl Sagan*

쉽게 설명하기 위해 데이터를 수집하는 백엔드 시스템은 이미 존재한다고 가정하고, 추적에 필요한 클라이언트 측 측정에만 집중하겠습니다. 또한 HTTP 프로토콜을 이용해 백엔드 시스템으로 데이터를 전송할 수 있다고 가정하겠습니다.

간단한 웹 엔드포인트가 있다고 생각합시다. 빠른 설명을 위해 Go로 코드를 작성하겠습니다. GET 요청을 보내면 요청에 포함된 페이로드를 이용해 두 개의 다른 서비스(가령 사용자가 해당 엔드포인트에 대해 접근 권한을 갖고 있는지 확인하는 서비스)를 호출하고 결과를 응답합니다.

```go
func rootHandler(r *http.Request, w http.ResponseWriter) {
  authorized := callAuthService(r)
  name := callNameService(r)

  if authorized {
    w.Write([]byte(fmt.Sprintf('{"message": "Waddup %s"}', name)))
  } else {
    w.Write([]byte('{"message": "Not cool dawg"}'))
  }
}
```

분산 추적의 주요 목적은 여러 서비스를 횡단하는 요청을 추적하는 것입니다. 이 예제에서는 요청이 두 개의 다른 서비스를 호출하고 있기 때문에, 적어도 세 개의 스팬이 있을 거로 추측할 수 있습니다.

- rootHandler에 대한 최초의 요청

- 요청 인증을 받기 위한 권한 서비스 호출

- 사용자 이름 획득을 위한 이름 서비스 호출

우선, 최초 요청에 대한 고유 추적ID를 생성하여 이어지는 요청들을 모아봅시다. 데이터 중복 이슈를 막기 위해 UUID를 사용하고 스팬에 대한 속성과 데이터를 맵^{map}에 저장하여 백엔드로 전송할 때 JSON으로 직렬화^{serialize}합니다. 또한 동일한 추적 내에서 서로 다른 스팬의 관계를 연결할 때 식별자로 사용할 수 있도록 스팬ID를 생성합시다.

```
func rootHandler(...) {
  traceData := make(map[string]interface{})
  traceData["trace_id"] = uuid.String()
  traceData["span_id"] = uuid.String()

  // ... 요청에 대한 처리 로직 ...
}
```

이제 요청을 함께 묶을 수 있는 ID를 확보했으니, 각 스팬이 언제 시작되었고 실행 시간이 얼마나 되었는지 알아봅시다. 요청의 시작과 끝 시점을 알기 위해서는 타임스탬프를 이용합니다. 두 타임스탬프의 차이에 주목하면서 요청 지속 시간을 밀리세컨드 단위로 계산합시다.

```
func rootHandler(...) {
  // ... 추적ID의 설정 ...

  startTime := time.Now()
  traceData["timestamp"] = startTime.Unix()

  // ... 요청에 대한 처리 로직 ...

  traceData["duration_ms"] = time.Now().Sub(startTime)
}
```

마지막으로 두 가지 설명 필드 service_name과 name을 추가합시다. service_name 필드는 작업이 수행된 서비스를 나타내며 name은 수행된 작업 형식을 가리킵니다. 추가 작업이 끝나면 데이터를 원격 프로시저 호출Remote procedure call(RPC)을 이용해 추적 백엔드로 보내는 코드도 추가합시다.

```
func loginHandler(...) {
  // ... 추적ID 및 지속 시간의 설정 ...

  traceData["name"] = "/oauth2/login"
  traceData["service_name"] = "authentication_svc"

  // ... 요청에 대한 처리 로직 ...

  sendSpan(traceData)
}
```

지금까지 단일 추적 스팬의 데이터를 어느 정도 확보했습니다. 하지만 추적 데이터를 요청 처리 과정에 호출한 다른 서비스에 전달하는 방법은 아직 모릅니다. 적어도 추적 내에서 어떤 스팬인지, 어떤 부모 스팬에 속해있는지 등 요청의 생애주기 동안 확보한 데이터는 다른 서비스로 전파되어야 합니다.

분산 추적 시스템에서 정보를 공유하는 가장 일반적인 방법은 다른 시스템으로 보내는 요청의 HTTP 헤더를 설정하는 방법입니다. 예제에서는 traceData 맵을 수신한 뒤 외부 서비스 호출 시 HTTP 헤더에 그 값을 설정함으로써 헬퍼 함수인 callAuthService와 callNameService 의 기능을 확장할 수 있습니다.

이렇게 보낸 헤더 값을 수신 서비스에서 처리할 수 있다면 원하는 모든 값을 헤더로 보낼 수 있습니다. 보통 HTTP 헤더는 W3C[6]나 B3[7]에서 규정한 표준을 따릅니다. 이번 장의 예제는 B3 표준을 따르고 있습니다. [그림 6-3]처럼 예제 코드는 다음 헤더를 전달하여 자식 스팬들이 스팬을 제대로 만들고 전달할 수 있도록 합니다.

---

6 https://www.w3.org/TR/trace-context/

7 https://github.com/openzipkin/b3-propagation

X–B3–TraceId

앞 예제에서 생성한 전체 추적에 대한 추적ID 값을 담고 있습니다.

X–B3–ParentSpanId

현재 스팬ID 값을 담고 있으며 자식 스팬이 생성될 때 부모 스팬ID로 사용됩니다.

위의 두 가지 헤더가 외부 서비스 호출 시에 포함되는지 확인합시다.

```go
func callAuthService(req *http.Request, traceData map[string]interface{}) {
  aReq, _ = http.NewRequest("GET", "http://authz/check_user", nil)
  aReq.Header.Set("X-B3-TraceId", traceData["trace.trace_id"])
  aReq.Header.Set("X-B3-ParentSpanId", traceData["trace.span_id"])

  // ... 외부 서비스 호출 로직 ...
}
```

callNameService 함수에도 비슷한 코드를 추가합니다. 각 서비스는 자신이 호출되었을 때 이 헤더들로부터 정보를 추출하여, 직접 생성된 traceData 맵에 trace_id와 parent_id 값으로 추가합니다. 이후 각 서비스는 생성된 스팬 정보를 추적 백엔드 시스템으로도 전송합니다. 백엔드 시스템은 추적을 연결하고 워터폴 형태로 시각화합니다.

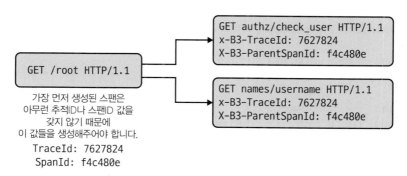

그림 6-3 추적ID와 부모ID를 자식 스팬으로 전파합니다.

지금까지 쓸만한 추적 뷰를 생성하고 계측하는 데 필요한 내용을 살펴봤습니다. 계속해서 스팬에 추가해 두면 디버깅 할 때 유용하게 쓸 수 있는 값에는 어떤 것들이 있는지 살펴봅시다.

6.4 추적 스팬에 사용자 정의 필드 추가하기

부모-자식 관계와 실행 지속 시간에 대해 자세히 이해하는 것은 좋은 출발입니다. 보통 스팬은 분산 시스템 내 깊은 곳에서 작업을 수행하는 경우가 많기 때문에 필수적인 추적 데이터 외에 각 스팬에서 무슨 일이 일어났는지 더 잘 이해하기 위해 다른 필드 값을 추가할 수도 있습니다.

예를 들어, 스팬을 쉽게 식별할 수 있도록 서비스 이름을 저장하는 것 이외에도 작업이 실행된 서버의 호스트명과 요청한 사용자 이름을 알 수 있다면 디버깅에 큰 도움이 될 수 있습니다. 이 정보들을 추적 스팬의 traceData에 키-값 쌍으로 저장하도록 예제 코드를 수정합시다.

```
hostname, _ := os.Hostname()
traceData["tags"] = make(map[string]interface{})
traceData["tags"]["hostname"] = hostname
traceData["tags"]["user_name"] = name
```

예제에서 추가한 값 이외에도 디버깅과 관계있을 수 있는 build_id, instance_type값 또는 런타임^{runtime}에 대한 정보나 5장의 예제에서 살펴봤었던 상세한 정보들을 포착하도록 변경할 수도 있습니다. 지금은 간단한 예제를 이용해 사용자 정의 필드를 추가하는 방법에 집중하도록 합시다.

지금까지 이야기한 모든 사항을 반영한 전체 예제 코드는 다음과 같습니다.

```
func rootHandler(r *http.Request, w http.ResponseWriter) {

    traceData := make(map[string]interface{})
    traceData["tags"] = make(map[string]interface{})

    hostname, _ := os.Hostname()
    traceData["tags"]["hostname"] = hostname
    traceData["tags"]["user_name"] = name

    startTime := time.Now()
    traceData["timestamp"] = startTime.Unix()
    traceData["trace_id"] = uuid.String()
    traceData["span_id"] = uuid.String()
    traceData["name"] = "/oauth2/login"
    traceData["service_name"] = "authentication_svc"
```

```go
func callAuthService(req *http.Request, traceData map[string]interface{}) {
  aReq, _ = http.NewRequest("GET", "http://authz/check_user", nil)
  aReq.Header.Set("X-B3-TraceId", traceData["trace.trace_id"])
  aReq.Header.Set("X-B3-ParentSpanId", traceData["trace.span_id"])

  // ... 인증 서비스 호출 로직 ...
}

func callNameService(req *http.Request, traceData map[string]interface{}) {
  nReq, _ = http.NewRequest("GET", "http://authz/check_user", nil)
  nReq.Header.Set("X-B3-TraceId", traceData["trace.trace_id"])
  nReq.Header.Set("X-B3-ParentSpanId", traceData["trace.span_id"])

// ... 이름 서비스 호출 로직 ...
}

authorized := callAuthService(r)
name := callNameService(r)

if authorized {
  w.Write([]byte(fmt.Sprintf('{"message": "Waddup %s"}', name)))
} else {
  w.Write([]byte('{"message": "Not cool dawg"}'))
}

traceData["duration_ms"] = time.Now().Sub(startTime)
sendSpan(traceData)
}
```

이번 절의 예제는 이벤트와 추적에 대한 여러 가지 개념을 함께 보여주기 위해 만든 다소 인위적인 코드입니다. 다행히도 실무에서는 이러한 코드를 직접 만들지 않아도 됩니다. 각 분산 추적 시스템은 반복적인 설정 작업의 상당 부분을 자동으로 처리해 주는 라이브러리를 제공합니다.

다만 이러한 라이브러리는 사용하고자 하는 추적 솔루션과 요구사항에 따라 특정 라이브러리를 써야 하는 경우가 많습니다. 아쉽게도 특정 공급 업체 종속적인 제품은 다른 추적 솔루션과 함께 쓰기 어려운 경우가 많아, 추가했던 계측용 코드를 새로운 솔루션에 맞도록 수정하거나 삭제해야만 합니다. 다음 장에서는 널리 사용되는 오픈소스 프로젝트인 OpenTelemetry를 살펴보면서, 어떻게 OpenTelemetry가 단 한 번의 계측을 통해 다양한 솔루션을 사용할 수 있도록 해주는지 알아보겠습니다.

지금까지 코드를 계측하고 쓸모 있는 추적 뷰를 만드는 데 필요한 모든 내용을 알아봤습니다. 이 내용을 5장에서 배운 내용에 적용해 보면서 추적이 관찰 가능한 시스템의 핵심 구성 요소인 이유를 이해해 봅시다.

6.5 이벤트를 추적으로 연결하기

5장에서는 관찰 가능한 시스템을 만드는 구성 요소로서 정형화된 이벤트^{structured event}에 대해 살펴봤습니다. 이벤트는 특정 요청이 서비스와 상호작용 할 때 일어나는 모든 일의 기록이라고 정의합니다. 따라서 요청에 대한 응답을 준비하는 과정에서 일어난 모든 내용은 이벤트에 추가되어야 합니다.

예제 코드의 계측 함수는 정말로 간단하게 구성되어 있습니다. 하지만 실제 애플리케이션에서는 단일 요청을 실행하는 동안 일어난 각 서비스 호출은 변수 값, 전달된 매개변수, 응답 내용, 관련 문맥 등 실행 중에 발생한 여러 가지 세부 내용을 갖게 됩니다. 각 이벤트는 traceData와 함께 이런 정보를 포착하고 저장하여, 추후 분산 시스템의 다양한 서비스와 컴포넌트 간의 관계를 확인하거나 디버깅할 수 있도록 도와줍니다.

예제뿐만 아니라 일반적인 분산 추적 시스템에서 사용하는 계측은 원격 서비스 호출^{remote-service-call} 형태로 코드에 추가되는 경우가 많습니다. 하지만 관찰 가능한 시스템에서는 동일한 방식을 이용해 서로 다른 곳에서 일어난 많은 이벤트를 하나로 엮을 수 있어야만 합니다. 예를 들면, 현재의 단순한 로깅 솔루션에 추적 개념을 구현해 시스템과 더 밀접하게 동작하는 솔루션으로 바꿈으로써 관찰 가능성을 위한 첫걸음을 내디딜 수 있습니다.

그러기 위해서는 여러 줄로 출력되는 비정형 로그^{unstructured log}를 정형화된 로그를 만들도록 변경하는 것부터 시작해야 합니다(5장 '정형화된 이벤트' 참조). 이후, traceData가 요구하는 것과 동일한 필드를 정형화된 로그에 추가할 수 있습니다. 여기까지 작업을 마쳤다면 마침내 로그 데이터를 통해 워터폴 형식의 시각화를 할 수 있게 되었을 겁니다. 물론 이렇게 하는 것은 장기적으로 권장하지는 않지만, 처음 시작하는 방법으로 그리 나쁜 선택이 아닙니다(10장에서 이와 관련된 여러 가지 팁을 살펴봅니다).

추적을 일반적이지 않은 방식으로 사용하는 경우를 살펴보면, 대부분 태생적으로 분산 환경의 작업이 아님에도 불구하고 여러 가지 이유로 인해 작업을 스팬으로 나눠야 할 필요가 있는 경우들입니다. 예를 들어, 애플리케이션이 JSON 언마샬링unmarshaling과 같이 CPU 리소스를 많이 쓰는 연산을 수행하는 동안 성능 병목 현상이 발생해서 원인을 식별해야 하는 상황이 대표적입니다.

원인을 찾는 한 가지 접근 방법은 문제 코드 블록을 하나의 개별 스팬으로 감싸서 더 자세한 워터폴 시각화를 확보하는 것입니다(7장 'OpenTelemetry를 이용한 계측' 예제 참조). 이 방법은 모놀리식 시스템처럼 분산되지 않은 환경이나 서비스 중심이 아닌 프로그램에 대한 추적 생성 시 사용할 수 있습니다. 예를 들어, 아마존 S3에 업로드한 모든 파일을 처리하는 배치 작업의 개별 동작이나 AWS 람다 기반 파이프라인의 각 단계에 대해 스팬을 만들 수 있습니다. 사실 AWS가 제공하는 SDK[8]는 기본적으로 이런 방식으로 동작합니다.

관찰 가능한 시스템에서 모든 이벤트는 추적으로 연결할 수 있습니다. 추적이 꼭 서비스 간의 호출로만 한정될 필요는 없습니다. 지금까지는 이런 이벤트에 대한 데이터 수집과 관찰 가능성 백엔드 시스템으로 송신하는 것에 집중했습니다. 지금부터는 선택한 모든 디멘션으로부터 패턴을 찾아내기 위해 데이터를 임의로 나눌 수 있는 분석 방법을 살펴볼 것입니다.

요약

이벤트는 관찰 가능성의 구성 요소이고, 추적은 서로 연관된 일련의 이벤트 집합입니다. 스팬을 하나의 추적으로 연결하는 데 사용한 개념은 서비스 간의 통신 구성 시에도 유용하게 사용됩니다. 마찬가지로 관찰 가능한 시스템에서도 단순히 RPC를 만드는 것을 넘어 상호 연관된 시스템의 모든 개별 이벤트에 동일한 개념을 적용할 수 있습니다. 동일한 배치 작업이 수행한 개별 파일 업로드와 같은 것이 대표적입니다.

이번 장에서는 추적 계측에 필요한 모든 단계를 직접 코딩해 보았습니다. 하지만 추적을 시작하기 위해서는 계측 프레임워크를 이용하는 것이 더 현실적입니다. 다음 장에서는 오픈소스이자 공급 업체 독립적인 프로젝트인 OpenTelemetry를 살펴보고, 프로덕션 애플리케이션 계측에 OpenTelemetry를 사용해야 하는 이유와 방법에 대해 알아보겠습니다.

---

8 https://oreil.ly/tQtvk

CHAPTER 7

OpenTelemetry를 이용한 계측

5장과 6장에서는 정형화된 이벤트와 추적에 대해 설명했습니다. 이벤트와 추적은 애플리케이션의 동작을 이해하기 위해 사용할 수 있는 관찰 가능성의 구성 요소^{building block}입니다. 애플리케이션이 실행될 때마다 원격 측정 데이터를 보내도록 애플리케이션에 계측 코드를 추가함으로써 이러한 구성 요소를 생성할 수 있습니다. 그리고 원격 측정 데이터를 백엔드 데이터 저장소로 보내, 애플리케이션의 상태를 이해하거나 이슈 디버깅에 도움이 필요할 때 적재된 데이터를 분석 및 활용할 수 있습니다.

이번 장에서는 원격 측정 데이터를 내보낼 수 있도록 코드를 계측하는 방법을 살펴봅니다. 어떤 방식으로 계측할 것인지는 선택한 관찰 가능성 백엔드 시스템의 지원 방법에 따라 달라집니다. 일반적으로 공급 업체들은 자사의 특정 솔루션에 대한 원격 측정 데이터 생성을 위해 공급 업체 고유의 APM, 메트릭, 추적 라이브러리를 사용합니다. 하지만 이 책은 공급 업체 중립적으로 관찰 가능성을 다루는 것이 목표이기 때문에 넓고 다양한 백엔드 원격 측정 데이터 저장소를 이용할 수 있는 오픈소스 표준을 통해 계측을 구현하는 방법을 설명합니다.

먼저 OpenTelemetry 표준을 소개하고, 애플리케이션의 원격 측정 정보를 자동으로 생성하기 위해 사용하는 접근 방법을 알아봅니다. 자동 계측을 통해 원격 측정 정보를 얻는 것은 좋은 출발점입니다. 다만, 관찰 가능성의 진정한 힘은 실제 비즈니스 로직의 동작을 디버깅할 수 있도록 사용자 정의 속성^{custom attibutes}을 활용한 문맥^{context} 정보가 추가되었을 때 발휘됩니다. 이를 위해, OpenTelemetry가 제공하는 기본 계측 기능을 강화할 수 있도록 사용자 정의 계측^{custom instrumentation}을 사용하는 방법도 알아봅니다. 이런 과정을 통해 이번 장이 끝날 때쯤이면 활용도 높은 원격 측정 데이터를 생성하기 위한 엔드 투 엔드^{end to end} 계측 전략이 수립될 것입니다. 이후 장에서는 필요한 해답을 찾을 수 있도록 원격 측정 데이터를 분석하는 방법에 대해 살펴보겠습니다.

7.1 계측이란?

애플리케이션을 계측하고 중앙 로깅이나 모니터링 솔루션으로 시스템의 상태 정보를 보내는 것은 소프트웨어 산업의 일반적인 관행입니다. 원격 측정 데이터로 알려진 시스템 상태 정보는 코드가 특정한 요청들을 처리할 때 수행한 작업에 대한 기록입니다. 수십 년 동안 소프트웨어 개발자들은 로그^{logs}, 메트릭^{metrics}, 근래에는 추적^{traces}과 프로파일^{profiles} 등 원격 측정 데이터의 여러 가지 카테고리를 정의해 왔습니다.

5장에서 논의했던 것처럼 다양한 정보를 수용할 수 있는 광범위한 이벤트^{arbitrarily wide events}는 관찰 가능성 구현을 위한 이상적인 구성 요소입니다. 하지만 이 이벤트는 전혀 새로운 것이 아닙니다. 적은 양의 정보를 가진 모호한 블롭^{blob}이 아니라 여러 정형화된 데이터 필드로 구성된 특별한 종류의 로그일 뿐입니다. 그리고 6장에서 살펴봤던 추적^{trace}은 서로 다른 이벤트를 연결하기 위한 내장 필드와 여러 개의 광범위한 이벤트로 구성됩니다.

그러나 애플리케이션 계측에 대한 접근 방법은 다분히 독점적일 수밖에 없었습니다. 보통 계측은 서비스 내에 원격 측정 데이터를 생성하는 코드를 수작업으로 추가하거나 에이전트^{agent}의 도움을 받아 데이터를 자동으로 수집하는 경우로 나뉩니다. `printf()` 구문을 이용하는 것이 아니라면, 개별 모니터링 솔루션들은 제품의 백엔드 데이터 저장소에 적합한 형식으로 원격 측정 데이터를 생성하고 전송하는 데 필요한 각자의 절차가 있습니다.

과거에는 백엔드 시스템에 특화된 계측 라이브러리나 에이전트를 애플리케이션에 설치해야 했습니다. 그리고 클라이언트 라이브러리가 제공하는 함수를 통해 사용자 지정 계측기를 추가하여 애플리케이션의 내부 상태를 파악하는 데 필요한 모든 데이터를 포착할 수 있었습니다. 하지만 제품에 특화된 계측 접근 방법은 특정 공급 업체에 대한 락인^{lock-in}을 유발합니다. 다른 공급 업체의 제품으로 원격 측정 데이터를 전송하려면 새로운 라이브러리로 이 모든 과정을 반복해야 하고, 결과적으로 중복 코드로 인한 낭비와 계측에 따른 성능 오버헤드가 늘어날 수밖에 없습니다.

7.2 오픈 계측 표준

모니터링과 관찰 가능성 커뮤니티는 이러한 공급 업체 락인 문제에서 벗어나기 위해 수년간에 걸쳐 다양한 오픈소스 프로젝트를 만들어 왔습니다. CNCF^{Cloud Native Computing Foundation}의 OpenTracing과 구글의 지원을 받은 OpenCensus도 그런 프로젝트의 일환으로 각각 2016년과 2017년에 공개되었습니다. 두 과제는 다양한 프로그래밍 언어용 라이브러리를 제공하여 실시간으로 사용자가 선택한 백엔드 시스템으로 원격 측정 데이터를 전송해주는 오픈 표준^{open standards} 자리를 놓고 경쟁했습니다. 경쟁과 더불어 협력을 위해 지속적으로 노력을 기울였던 두 프로젝트는 2019년 마침내 CNCF 재단 산하의 OpenTelemetry 프로젝트로 하나가 되었습니다.

> 표준이 좋은 이유는 선택할 수 있는 옵션이 많아지기 때문입니다.
>
> — 앤드루 스튜어트 타넨바움^{Andrew S. Tanenbaum}

OpenTelemetry(이하 OTel로 표기)는 OpenTracing과 OpenCensus의 차세대 주요 버전으로, 호환성을 유지하면서 완전히 대체할 수 있습니다. OTel은 추적, 메트릭, 로그뿐만 아니라 애플리케이션의 원격 측정 데이터를 포착하고 준비된 백엔드 시스템으로 전송합니다. OTel은 여러 관찰 가능성 솔루션 중에 애플리케이션 계측을 위한 단일 오픈소스 표준이 되었습니다. OTel을 이용하여 한번 계측한 애플리케이션 코드 데이터는 백엔드 시스템의 종류(오픈소스 혹은 특정 공급 업체의 제품)와 관계없이 전송할 수 있습니다.

이번 장에서는 OTel이 제공하는 유연함과 강력함을 바탕으로 관찰 가능성을 시작하는 방법을 설명합니다. 이를 통해 빠르게 애플리케이션을 계측하고, 수집된 데이터를 다양한 관찰 가능성 솔루션을 통해 활용해 봅시다.

7.3 코드를 이용한 계측

OTel은 Go, Python, Java, Ruby, Erlang, PHP, JavaScript, .NET, Rust, C++, Swift 등 다양한 언어로 작성된 계측 코드와 공통 메시지 표준, 컬렉터^{collector} 에이전트를 제공합니다. 살펴볼 예제는 Go로 작성되어 있습니다. Go는 쿠버네티스를 만든 언어인 동시에 분산 마이크로시스템과 클라우드 네이티브 시스템의 공용어이기도 합니다. OTel은 특별한 경우를 제외하면 지원하는 모든 언어에 대해 표준 용어와 API를 제공하므로 여러분의 취향에 따라 다른 언어를 선택할 수도 있습니다.

예제를 이해하기 위해 Go 전문가가 될 필요는 없습니다. 대신 각 코드 조각이 어떤 일을 수행하는지 상세히 설명해 보겠습니다.

> **NOTE** **OpenTelemetry 개념에 관한 요약**
>
> OpenTelemetry는 서비스에 대한 원격 측정 정보를 만들고 관리할 수 있도록 라이브러리, 에이전트, 도구, 그 외 여러 가지 컴포넌트를 제공합니다. OTel은 다양한 원격 측정 데이터에 대한 API를 한데 모아, 이들 사이에 문맥^{context}이 공통적으로 분산 전파될 수 있도록 관리합니다. OTel은 이전에 작성된 계측 코드에 대한 하위 호환성을 유지하면서 각 프로젝트의 장점을 살릴 수 있도록 두 프로젝트의 개념과 컴포넌트를 결합하였습니다. 그러기 위해서 OTel은 기능을 여러 컴포넌트로 나누고 서로 구별되는 용어를 붙여두었습니다. 다음 개념을 기억해 두면 OTel 사용 시 많은 도움이 됩니다.
>
> *API*
>
> 개발자가 계측의 세부적인 구현을 신경쓰지 않더라도, 코드를 계측 할 수 있도록 해주는 OTel 라이브러리의 규격입니다.
>
> *SDK*
>
> OTel을 구현하는 컴포넌트로 상태를 추적하고 전송할 데이터를 정리합니다.
>
> *추적기^{Tracer}*
>
> 프로세스 내의 활성^{active} 스팬을 추적하는 SDK의 컴포넌트입니다. 현재 스팬에 속성^{attributes}, 이벤트^{events}를 추가하고 추적 완료 시 스팬을 종료시킵니다.
>
> *미터^{Meter}*
>
> 프로세스에 대해 보고 가능한 메트릭^{metrics}을 추적하는 SDK의 컴포넌트입니다. 현재 메트릭에 값을 추가하거

나 주기적으로 값을 추출합니다.

문맥 전파 *Context propagation*

현재 들어오는 요청 헤더에 포함된 W3C TraceContext 혹은 B3M과 같은 문맥을 역직렬화하는 SDK의 필수적인 기능입니다. 프로세스 내에서 현재 요청의 문맥이 무엇인지 추적하고, 추적 정보를 새로운 서비스로 전달하기 위해 직렬화합니다.

익스포터 *Exporter*

메모리에 적재된 OTel 객체를 지정된 저장소로 전달 가능하도록 적절한 형식으로 변환하는 SDK 플러그인입니다. 지정된 저장소는 로그 파일이나 표준 출력 stdout 같은 로컬 환경의 무언가일 수도 있고 오픈소스 프로젝트인 예거 Jaeger 혹은 공급 업체 제품에 포함된 허니컴 Honeycomb 이나 라이트스텝 Lightstep 같은 원격지의 백엔드 시스템일 수 있습니다. OTel은 원격 저장소로 정보를 전달하기 위해 일반적으로 OpenTelemetry 컬렉터 collector 전송 시 사용하는 OTLP OpenTelemetry Protocol 라는 전송 프로토콜을 이용합니다.

컬렉터 *Collector*

원격 측정 데이터를 수신 및 처리하여 하나 이상의 지정된 목적지로 전달합니다. 일반적으로 프록시 혹은 사이드카 sidecar 로 실행되는 독립적인 바이너리 프로세스 형태입니다.

OTel의 여러 가지 컴포넌트에 대해 깊게 살펴보는 것은 이 책의 주제를 다소 벗어나는 내용입니다. 관심이 있다면 OpenTelemetry가 제공하는 공식 문서[1]를 통해 보다 자세한 내용을 살펴보기 바랍니다.

7.3.1 자동 계측 시작하기

분산 추적을 채택하는 과정에서 가장 큰 숙제는 이미 알고 있는 시스템 지식과 분산 추적을 통해 얻은 정보를 연결해줄 수 있는 유용한 데이터를 얻어야 한다는 점입니다. 운영 중인 시스템의 서비스, 엔드포인트, 종속성을 어떻게 관찰 가능성 시스템에 알려주고 통찰력을 얻을 수 있을까요? 수작업으로 각 요청에 대한 스팬 추적을 시작하고 끝낼 수도 있지만, 불필요한 마찰을 줄이면서도 단기간에 통찰력을 얻을 수 있는 더 좋은 방법이 있습니다.

이를 위해 OTel의 자동 계측 automatic instrumentation 은 사용자가 첫 번째 계측값을 얻는 데 소요되는

---

1 https://opentelemetry.io/docs/

시간을 최소화해 줍니다. OTel의 목적 중 하나가 클라우드 네이티브 에코시스템과 마이크로 서비스를 쉽게 채택할 수 있도록 하는 것이기 때문에 많은 공용 프레임워크를 지원합니다. 가령 OTel은 gRPC, HTTP 및 데이터베이스와 캐시에 대한 호출의 추적 스팬을 자동으로 생성합니다. 이렇게 생성된 추적 스팬은 최소한 마이크로서비스와 다운스트림 의존성으로 잔뜩 꼬인 웹 세계에서 누가 누구를 호출하는지에 대한 윤곽을 제공해 줄 것입니다.

자동 계측을 통해 요청의 속성과 타이밍 정보를 제공받기 위해서는 사용 중인 프레임워크가 각 요청 송신 전후에 OTel을 호출해야 합니다. 즉, 공통 프레임워크는 OTel이 호출할 수 있는 래퍼^{wrappers}, 인터셉터^{interceptors} 혹은 미들웨어를 제공해야 하며, 자동으로 문맥 전파를 위한 메타데이터를 읽어 각 요청에 대한 스팬을 생성할 수 있게 해야 합니다. Go에서는 명시적인 형식 안전성^{type safety}과 컴파일 타임 설정^{compile-time configuration}사용이 필수이기 때문에, 자동 계측을 위한 설정도 명시적이어야 합니다. 반면 자바나 닷넷과 같은 환경에서는 애플리케이션 런타임에 별도로 동작하는 OpenTelemetry 에이전트를 연결해 자동 계측을 수행할 수 있습니다. 에이전트는 어떤 프레임워크가 실행 중인지 유추하여 자동으로 런타임에 자신을 등록합니다.

Go에서 래퍼 패턴^{wrapper pattern}[2]을 구현하기 위해 `http.Request`와 `http.Response` 핸들러 함수^{HandlerFunc}를 이용합니다. 요청 처리를 위해 HTTP 서버의 기본 요청 라우터[3]로 기존의 HTTP 핸들러 함수를 전달하기 전에 `otelhttp` 패키지를 이용해 새로운 핸들러 함수를 생성한 다음 전달합니다.

```
import "go.opentelemetry.io/contrib/instrumentation/net/http/otelhttp"

mux.Handle("/route",otelhttp.NewHandler(otelhttp.WithRouteTag("/route",http.
HandlerFunc(h)), "handler_span_name"))
```

반대로 gRPC는 OTel을 통해 계측기를 등록할 수 있는 인터셉터 인터페이스^{interceptor interface}[4]를 제공합니다.

---

2 옮긴이_ 어댑터 패턴(adapter pattern)으로도 알려져 있는 프로그래밍 패턴입니다. 기존의 클래스를 그대로 사용할 수 없을 때 래퍼 클래스를 통해 필요한 기능을 추상화하여 제공하는 방식을 이야기합니다.

3 옮긴이_ Go에서는 라우터를 mux라고 부르며 mux는 멀티플렉서(multiplexer)의 약어입니다. 라우터는 여러 가지 요청 패턴에 따라 적절한 경로로 보내주는 역할을 수행합니다. 논리회로에서의 멀티플렉서가 수행하는 역할(여러 입력 신호를 하나의 출력으로 만들어 줌)과 비슷하기 때문에 이름을 차용했을 것으로 생각됩니다.

4 옮긴이_ 인터셉터는 요청을 가로채 특정한 작업을 수행하기 위해 사용됩니다.

```
import (
    "go.opentelemetry.io/contrib/instrumentation/google.golang.org/grpc/otelgrpc"
)

s := grpc.NewServer(
    grpc.UnaryInterceptor(otelgrpc.UnaryServerInterceptor()),
    grpc.StreamInterceptor(otelgrpc.StreamServerInterceptor()),
)
```

이렇게 자동으로 생성된 데이터를 이용하면, 많은 요청이 발생해도 캐시 되지 않는 데이터베이스 응답이나 일부 엔드포인트의 응답 속도를 떨어뜨리는 다운스트림 의존성과 같은 문제를 찾도록 해줍니다. 하지만 이러한 통찰력은 자동 계측을 통해 얻을 수 있는 가장 기본적인 것에 불과합니다.

7.3.2 사용자 정의 계측 추가하기

자동 계측은 특정 비즈니스 로직에 사용자 정의 계측을 적용할 수 있는 토대가 됩니다. 코드를 이용해 자동 계측된 스팬에 클라이언트ID, 샤드ID, 에러 등과 같은 추가 필드와 다양한 값을 추가할 수 있습니다. 이러한 주석annotations은 추후 시스템의 각 계층에서 무슨 일이 일어났는지를 쉽게 이해할 수 있게 해줍니다.

애플리케이션 프로세스 내부에서 수행 시간이 많이 소요되거나 처리가 복잡한 작업에 대해 사용자 정의 스팬을 추가함으로써, 단순히 외부 호출에 대해 자동 계측된 스팬을 얻는 것을 넘어 코드 전반에 대한 의존성과 가시성까지 확보할 수 있습니다. 이런 형태의 사용자 정의 계측은 관찰 가능성 주도 개발observability-driven development을 할 수 있는 여건을 만들어 줍니다. 관찰 가능성 주도 개발은 새로운 기능 개발과 동시에 해당 기능에 대한 계측 기능을 제공하여, 새로운 기능이 공개되었을 때 프로덕션 환경에서도 잘 동작하는지를 실시간으로 검증할 수 있게 해줍니다(자세한 내용은 11장에서 다룹니다). 그뿐만 아니라 코드에 사용자 정의 계측을 추가하면 특정 코드 실행 경로에 대해 비즈니스 로직을 포함한 전체 문맥context을 제공받을 수 있습니다. 이는 미래에 발생 가능한 문제를 보다 쉽게 디버깅할 수 있도록 도와줌으로써 이슈에 더욱 적극적으로 대응할 수 있게 해줍니다.

추적 스팬의 시작과 끝

6장에서 살펴본 것처럼 추적 스팬trace span은 수행된 개별 작업 단위를 나타낼 수 있어야 합니다. 일반적으로 개별 작업 단위는 단일 마이크로서비스가 처리한 개별 요청이며 HTTP 요청이나 RPC 계층에서 시작됩니다. 하지만 간혹 수행 시간을 많이 소모한 지점을 이해하거나 수행된 서브프로세싱subprocessing 정보를 기록하거나 추가 세부사항을 모두 표시할 수 있도록 세부 정보를 스팬에 추가하고 싶을 수 있습니다.

OTel 추적기tracer는 현재 활성화된 스팬이 어떤 것인지에 대한 정보를 `context.Context` 객체의 키에 저장합니다(일부 프로그래밍 언어에서는 **thread-locals**[5]에 저장하기도 합니다). OTel에서 문맥context이라는 용어를 사용할 때는 용어의 의미가 혼용되지 않도록 주의해야 합니다. 문맥은 서비스의 이벤트와 관련한 사정이나 상황을 일컫는 논리적인 용어인 동시에 추적 스팬의 문맥처럼 특정한 형식을 갖는 문맥을 뜻하기도 합니다. 따라서 새로운 스팬을 시작하기 위해서는 OTel로부터 컴포넌트에 대한 적절한 추적기를 획득해 현재의 문맥이 추적기를 참조할 수 있도록 해야 합니다.

```
import "go.opentelemetry.io/otel"

// 추적기를 쉽게 식별할 수 있도록 각 모듈내에 개별 추적기를 정의합니다
var tr = otel.Tracer("module_name")

func funcName(ctx context.Context) {
    sp := tr.Start(ctx, "span_name")
    defer sp.End()
    // ... 비즈니스 로직 ...
}
```

예를 들어 이 코드는 HTTP나 gRPC 문맥 내에 스팬이 이미 존재하는지에 관계없이 새로운 자식 스팬child span을 만들고 이름을 붙이도록 해줍니다. 또한 스팬의 타이머를 시작하고, 스팬의 지속 시간duration을 계산하며 최종적으로는 함수가 종료되는 시점에 계측된 정보를 백엔드 시스템으로 전송하고 스팬을 종료합니다.

---

5 옮긴이_ 자바와 같은 언어의 멀티스레드 환경에서 각 스레드에 할당된 상태 저장공간입니다.

이벤트에 다양한 필드 추가하기

앞선 장에서 살펴본 것처럼 각 함수의 실행으로부터 계측된 데이터는 요청별로 하나의 이벤트로 묶어 처리했을 때 관찰 가능성에 가장 부합됩니다. 이는 서비스의 정상 유무를 판단하거나 문제로부터 영향 받은 사용자를 가늠하거나 실행 중 코드의 상태를 이해하는 데 도움이 될 수 있는 많은 정보들을 사용자 정의 필드에 추가할 수 있다는 것을 뜻합니다.

OTel은 각 요청이 실행되는 동안 계측을 통해 추가된 필드를 일시적으로 버퍼링하고 대조하여 수집된 원격 측정 데이터에 사용자 정의 필드를 쉽게 추가할 수 있게 해줍니다. OTel 데이터 모델은 각 스팬이 완료 처리되기 전까지 스팬을 열어둔 채로 유지합니다. 따라서 최종적으로는 하나의 스팬으로 만들어질 원격 측정 정보에 다양한 메타데이터 필드를 연결할 수 있게됩니다. 소규모 시스템에서는 코드 내에 정의된 상수를 통해 약식으로 스키마 관리를 할 수 있습니다. 하지만, 대규모 시스템에서는 그렇게 하기 어렵습니다. 대규모 시스템을 위해 원격 측정 파이프라인의 스키마를 정규화하는 방법은 18장에서 살펴봅니다.

활성 스팬이 프로세스에 있던 스레드 문맥에 있든지에 관계없이 `sp := trace.SpanFrom Context(ctx)`와 같은 코드를 이용해 활성 문맥 객체로부터 현재 활성 스팬을 얻을 수 있습니다. 암묵적으로 `thread-local` 문맥을 이용하는 언어 환경에서는 명시적으로 문맥 매개변수를 전달하지 않아도 됩니다.

확보한 활성 스팬에는 필드나 이벤트를 추가할 수 있습니다. Go에서는 최대 성능과 형식 안정성을 보장하기 위해 형식을 지정해야 합니다.

```
import "go.opentelemetry.io/otel/attribute"
sp.SetAttributes(attribute.Int("http.code", resp.ResponseCode))
sp.SetAttributes(attribute.String("app.user", username))
```

이 코드는 키-값 쌍으로 이루어진 두 개의 속성을 지정합니다. `http.code` 속성은 HTTP 응답 코드를 나타내기 위해 정수^{interger} 값으로 선언되었고, `app.user` 속성은 실행 중인 요청의 현재 사용자 이름을 저장할 수 있도록 문자열^{string}로 선언되었습니다.

프로세스 범주의 메트릭 기록

보통 대부분의 측정^{measures}과 카운터^{counters}는 관련된 추적 스팬의 속성^{attributes}으로 기록됩니다.

예를 들어, 장바구니에 담긴 상품은 메트릭 시스템이 집계하고 처리하는 것보다는 사용자 장바구니를 담당하는 스팬에서 처리되는 것이 가장 좋습니다. 하지만 특정 디멘션으로 미리 집계되거나 특정 요청에 국한되지 않은 프로세스 범주$^{process-wide}$의 정확하고 샘플링되지 않은 카운터가 필요하다면, 태그 컬렉션을 이용해 측정이나 카운터를 업데이트할 수 있습니다.

```
import "go.opentelemetry.io/otel"
import "go.opentelemetry.io/otel/metric"

// 추적기를 초기화하는 것과 마찬가지로 패키지별로 미터(meter)를 생성합니다
var meter = otel.Meter("example_package")

// 키를 미리 정의하여 재활용 할 수 있도록 하여 불필요한 오버헤드를 줄입니다
var appKey = attribute.Key("app")
var containerKey = attribute.Key("container")

goroutines, _ := metric.Must(meter).NewInt64Measure("num_goroutines",
    metric.WithKeys(appKey, containerKey),
    metric.WithDescription("Amount of goroutines running."),
)

// 일정 주기로 실행중인 고루틴의 수를 측정합니다
meter.RecordBatch(ctx, []attribute.KeyValue{
        appKey.String(os.Getenv("PROJECT_DOMAIN")),
        containerKey.String(os.Getenv("HOSTNAME"))},
        goroutines.Measurement(int64(runtime.NumGoroutine())),
        // 측정해야 할 다른 측정값을 추가합니다
)
```

이 코드는 주기적으로 실행된 고루틴^{goroutine}[6]의 숫자를 기록하고 그 데이터를 OTel을 통해 내보냅니다.

관찰 가능성의 방식을 따를 때는 대부분의 애플리케이션 수준 메트릭이 제공하는 경직되고 유연하지 못한 측정 방식에 얽매이지 않는 것이 좋습니다. 이와 관련한 자세한 내용은 9장에서 다룰 예정이니, 지금은 일단 메트릭의 값을 꼭 기록해야 하는 상황에 대해 앞서 소개한 방법으로 메트릭을 측정하고 기록합시다.

---

6 옮긴이_ 고루틴은 Go에서 여러 코드나 로직을 병렬적으로 실행하고 싶을때 사용하는 일종의 스레드 구현체입니다.

7.3.3 백엔드 시스템으로 계측 데이터 전송하기

기본적으로 OTel은 계측된 데이터를 기본 포트에서 실행 중인 로컬 사이드카^{sidecar}로 보낸다고 가정합니다. 하지만 데이터를 어디로 보낼 것인지를 애플리케이션 초기화 코드에 명시적으로 지정할 수도 있습니다.

앞서 소개한 방법으로 원격 측정 데이터를 생성했다면, 이 데이터를 어디론가 보내고 싶을 겁니다. OTel은 프로세스가 분석용 백엔드 시스템으로 데이터를 내보내는 두 가지 주요한 방법을 지원합니다. 하나는 18장에서 소개할 OpenTelemetry 컬렉터를 프록시^{proxy}로 이용하는 방법이고, 다른 하나는 프로세스가 직접 백엔드에 접근하여 데이터를 내보내는 방법입니다.

프로세스가 직접 데이터를 내보내기 위해서는 상황에 따라 필요한 만큼 익스포터^{exporter}를 설정해 사용해야 합니다. 익스포터는 OTel이 메모리에 저장해 둔 스팬과 메트릭 객체를 다양한 원격 측정 정보 분석 도구에 적합한 포맷으로 변환해주는 라이브러리입니다.

익스포터는 프로그램이 처음 시작될 때 메인 함수 내에서 한번 초기화됩니다. 보통은 단일 백엔드 시스템으로 원격 측정 정보를 내보냅니다. 다만 OTel은 많은 익스포터를 임의로 초기화하고 설정할 수 있게 해주기 때문에, 필요한 경우 동일한 원격 측정 정보를 동시에 여러 백엔드 시스템으로 보낼 수도 있습니다. 가령 프로덕션 시스템의 주요 관찰 가능성 도구로 원격 측정 정보를 계속 전송하면서도, 새로운 관찰 가능성 도구를 시험하고 평가할 필요가 있는 경우 다수의 백엔드 시스템으로 정보를 전송하도록 구성할 수 있습니다.

OTel에서는 OTLP를 이용하는 것이 일반적입니다. 따라서, 공급 업체가 제공한 자사 제품에 특화된 코드를 이용하기보다 가장 합리적인 기본 설정인 OTLP gRPC 익스포터를 통해 공급 업체의 컬렉터나 OpenTelemetry 컬렉터(18장에서 자세히 살펴봅니다)로 정보를 전송합시다.

```
driver := otlpgrpc.NewClient(
        otlpgrpc.WithTLSCredentials(credentials.NewClientTLSFromCert(nil, "")),
        otlpgrpc.WithEndpoint("my.backend.com:443"),
)
otExporter, err := otlp.New(ctx, driver)
tp := sdktrace.NewTracerProvider(
        sdktrace.WithSampler(sdktrace.AlwaysSample()),
        sdktrace.WithResource(resource.NewWithAttributes(
                semconv.SchemaURL, semconv.ServiceNameKey.String(serviceName))),
        sdktrace.WithBatcher(otExporter))
```

하지만, OpenTelemetry 컬렉터나 OTLP 표준을 지원하지 않는 여러 백엔드 시스템에 대해 사용자 정의 익스포터를 설정해야 한다면 다음 예제처럼 애플리케이션 시작 지점에서 여러 익스포터를 초기화할 수도 있습니다.

```
import (
        x "github.com/my/backend/exporter"
        y "github.com/some/backend/exporter"
        "go.opentelemetry.io/otel"
        sdktrace "go.opentelemetry.io/otel/sdk/trace"
)

func main() {
        exporterX = x.NewExporter(...)
        exporterY = y.NewExporter(...)
        tp, err := sdktrace.NewTracerProvider(
                sdktrace.WithSampler(sdktrace.AlwaysSample()),
                sdktrace.WithSyncer(exporterX),
                sdktrace.WithBatcher(exporterY),
        )
        otel.SetTracerProvider(tp)
```

위 예제는 my/backend/exporter와 some/backend/exporter라는 두 개의 익스포터를 임포트하고 추적기 프로바이더로부터 동기적으로 혹은 일괄적으로 추적 스팬을 수신하도록 설정하고 있습니다. 이후 생성한 추적기 프로바이더 인스턴스를 기본 추적기로 사용하도록 SetTracerProvider 메서드를 호출합니다. 이렇게 구성하면 otel.Tracer() 후속 호출이 발생할 때마다 설정된 추적기를 가져올 수 있습니다.

요약

관찰 가능성을 얻기 위해 애플리케이션을 계측하는 방법은 다양합니다. 그중에서도 OTel은 오픈소스 표준으로 원격 측정 데이터를 다양한 백엔드 데이터 저장소로 전달할 수 있게 해줍니다. OTel은 새로운 공급 업체 중립적인 접근 방법으로 어떤 관찰 가능성 시스템을 이용하는지와 관계없이 애플리케이션을 계측하고 원격 측정 데이터를 내보낼 수 있게 해줍니다.

이번 장에서 소개한 모든 예제는 Go로 작성되었습니다만, OTel이 지원하는 다른 언어에서도 동일한 용어와 개념을 적용할 수 있습니다. 참고로, 컴파일 가능한 보강된 버전의 예제 코드는 온라인[7]에서 확인할 수 있습니다. 자동 계측을 제대로 활용하고, 이벤트에 사용자 정의 필드를 추가하면서 추적 스팬을 시작 및 종료하고, 익스포터를 초기화할 때도 동일한 단계를 밟을 수 있습니다. 필요하다면 추적에 메트릭을 추가하는 것도 가능합니다.

하지만 메트릭 수집을 고려할 때 어떤 이유로 주의 사항이 추가되는지 의문이 남습니다. 메트릭은 태생적인 한계를 가지고 있는 데이터 형식입니다. 8장과 9장에서는 이 문제를 좀 더 자세히 이해하기 위해 이벤트와 메트릭의 사용법을 알아보겠습니다.

---

7 https://oreil.ly/7IcWz

관찰 가능성 확보를 위한
이벤트 분석

6장과 7장에서는 관찰 가능성 도구를 이용해 디버깅할 수 있는 데이터 집합을 만들기 위해 필요한 원격 측정의 기본기를 배웠습니다. 가장 기본이 되는 것은 적합한 데이터를 확보하는 것이고, 그 데이터를 기반으로 시스템에 대해 알게 된 것을 바탕으로 관찰 가능성을 측정합니다. 이번 장은 관찰 가능성에 적용된 디버깅 기술을 살펴보고 이 기술이 기존의 프로덕션 시스템 디버깅에 사용되던 기술과 어떤 차이점이 있는지를 알아봅니다.

먼저 기존의 시스템 모니터링 도구와 애플리케이션 성능 모니터링을 이용해 이슈를 디버깅하는 일반적인 방법을 면밀히 분석합니다. 이전 장에서 강조했던 것처럼 기존의 접근 방법은 과거에 발생했던 알려진 장애 모드에 대해 상당히 익숙하다고 가정합니다. 이번 장에서는 그러한 접근 방법의 세부 내용을 꼼꼼히 살펴보면서, 이슈 파악을 위해 비슷한 수준의 익숙함을 요구하지 않는 접근 방법과는 어떤 차이가 있는지 알아봅니다.

이어서 관찰 가능성 기반의 디버깅 기술을 자동화하는 방법을 살펴보고, 효과적인 디버깅 워크플로를 만들기 위해 사람과 컴퓨터 모두가 수행해야 하는 역할에 대해 이야기합니다. 이러한 요소를 결합하였을 때 관찰 가능성 도구가 원격 측정 데이터 분석을 도와주는 방법을 살펴봄으로써, 기존의 도구로는 찾아내기 어려웠던 이슈들을 어떻게 식별하는지 이해할 수 있게 됩니다.

가설을 만들고 데이터를 통해 가설을 확인하거나 부인하는 형태의 가설 주도hypothesis-driven 디버깅은 직관과 패턴 매칭에 의존하는 기존 디버깅 방식보다 더 과학적이면서도 디버깅 행위 자체를 합리적인 절차로 만들어 줍니다. 시스템에 가장 익숙하고 경험이 많은 사람이 해답을 빠르게 찾을 수 있는 기존의 디버깅 기술과는 달리, 관찰 가능성 기반의 디버깅은 프로덕션 환경의 코드를 확인하는 데 있어 가장 호기심이 많거나 부지런한 사람이 답을 빠르게 찾을 수 있다는 특징을 갖습니다. 즉, 관찰 가능성을 이용하면 시스템에 대한 이해도가 낮은 사람이라도 문제 상황에서 충분히 이슈를 디버깅할 수 있습니다.

8.1 알려진 조건 기반의 디버깅

관찰 가능성이 등장하기 이전의 시스템과 애플리케이션 디버깅은 대부분 시스템에 대해 알고 있는 지식을 바탕으로 진행되었습니다. 이 방식은 엔지니어링팀의 시니어 멤버가 트러블슈팅을 진행하는 과정을 통해 쉽게 확인할 수 있었습니다. 어떤 질문이 적절한지 이미 파악하고 있으며, 살펴봐야 할 곳을 본능적으로 알고 있는 시니어 멤버의 모습은 아무것도 모르는 사람 입장에서 완전히 마법처럼 느껴질 겁니다. 이 놀라운 마법은 시니어 멤버가 프로그램과 시스템에 대해 오랫동안 가져온 깊은 익숙함으로부터 시작됩니다.

관리자는 다른 사람들도 이러한 마법의 힘을 빌릴 수 있도록 하기 위해 시니어 엔지니어가 실전에서 마주칠 수 있는 문제에 대해 가능한 모든 '근본 원인root cause'을 찾고 해결할 수 있는 상세한 런북runbook 작성을 독려합니다. 2장에서는 새롭게 직면한 문제를 식별할 수 있는 적절한 화면을 만들기 위해 대시보드 제작 경쟁이 벌어지는 상황을 다뤘습니다. 그러나 현대의 시스템들은 동일한 방식으로 두 번 실패하는 경우가 드물기 때문에 다시 발생할 가능성이 낮은 문제를 기준으로 런북과 대시보드를 만드는 것은 큰 낭비일 수밖에 없습니다. 또한, 그런 상황에서는 누군가 제대로 조사할 수 있을 때까지 실패를 수정할 수 있는 자동 복구 기능을 구성하는 것이 점차 일반화되고 있다는 것도 염두에 둬야 합니다.

런북을 작성하거나 사용해 본 사람이라면 누구나 자신이 얼마나 비참할 정도로 알고 있는 것이 없었는지 이야기 하곤 합니다. 아마도 그들은 일시적으로 기술 부채를 해소하기 위한 노력을 했겠지만, 그럼에도 불구하고 여전히 반복되는 문제가 남아 있습니다. 런북은 단지 다음 스프린트sprint에서 문제가 수정되기 전까지, 다른 엔지니어가 문제를 완화시킬 수 있게 해줄뿐입니다. 안타깝게도 현실의 분산 시스템 환경에서는 일어날 확률이 아주 낮아 거의 볼 수조차 없는 문제마저도 프로덕션 환경의 연쇄적인 실패 원인이 되거나, 거의 불가능해 보이는 여러 조건이 동시에 일어나 몇 년에 한번 일어날 만한 방식으로 대규모의 서비스 실패가 발생하기도 합니다.

> ### 런북의 주제
>
> 런북을 작성하는 것이 엄청난 시간 낭비라는 주장은 다소 가혹해 보일 수도 있습니다. 명확하게 하자면, 특정 서비스의 요구사항과 서비스 출발점을 빠르게 파악하기 위한 문서가 필요한 것은 분명합니다. 예를 들어, 모든 서비스는 서비스 전담 부서가 어디인지, 온콜on call 엔지니어에게 어떻게 연락하면 되는지, 에스컬레이션은 누구에게 해야 하는지, 상호 의존성이 있는 다른 서비스는 무엇인지, 서비스의 동작을 이해할 수 있는 좋은 쿼리문이나 대시보드에 대한 링크와 같이 기본적인 정보를 담고 있는 문서는 있어야 합니다.
>
> 하지만, 발생할 수 있는 모든 시스템 에러와 해결책이 담긴 살아 있는 문서를 관리하는 것은 업무에 별로 도움이 되지 않는 위험한 일입니다. 이런 형태의 문서는 금세 낡은 것이 되기 십상이고, 잘못된 내용이 담긴 문서는 차라리 문서가 없는 것만도 못할 정도로 위험합니다. 빠르게 변화하는 시스템에서는 자신을 계측하는 것이 가장 최선의 문서인 경우가 많습니다. 계측은 프로덕션 환경의 실시간, 최신 상태 정보와 이런 정보의 수집 의도가 결합한 결과물이기 때문입니다.

하지만 엔지니어들은 이러한 변화무쌍한 상황조차도 트러블슈팅의 일환으로 간주하는 경향이 있습니다. 이는 수십 년 동안 디버깅을 해온 방식이라서 그렇습니다. 이러한 디버깅 방식에서는 먼저 직접 노출과 경험, 문서 또는 런북을 통해서 시스템의 모든 부분을 상세하게 이해해야 합니다. 그리고 나서 대시보드를 살펴보고 직관적으로 답을 알아차려야 합니다. 또는 근본 원인을 추정해 보고 대시보드가 보여주는 증거를 토대로 추정이 맞는지 확인해야 합니다.

애플리케이션이 관찰 가능성 데이터를 내보내도록 계측했다 하더라도 여전히 알려진 조건을 이용해 디버깅해야 할 수도 있습니다. 가령, 지금까지 비정형 로그를 이용해 디버깅해 왔던 것처럼 이벤트 스트림을 `tail -f` 명령으로 보낸 다음 알려진 문자열을 찾기 위해 `grep` 명령을 사용할 수 있습니다. 혹은 지금까지 메트릭을 이용해 트러블슈팅해 온 것과 마찬가지로, 쿼리 결과를 취득한 다음 일련의 제한된 대시보드로 보낼 수도 있습니다. 그리고 나서 특정 대시보드에서 스파이크를 발견하게 되면, 다른 여러 대시보드를 이동하면서 시각적으로 다른 형상을 띤 패턴을 찾곤 합니다.

이것은 알려지지 않은 조건에 대한 디버깅을 목적으로 이벤트 데이터를 수집하는 것을 한참 넘어서는 것으로, 계측과 디버깅 수행에 대한 접근 방법으로 보는 게 맞습니다.

허니컴은 자사의 관찰 가능성 도구를 만든 이후에도 이러한 점을 알아차리기까지 시간이 꽤 걸렸습니다. 허니컴 엔지니어는 시스템 지식을 바탕으로 직접 접근해 문제를 해결하려는 성향을 가졌습니다. 허니컴 초창기, 알려진 조건들로부터 디버깅을 떼어놓는 방법을 배우기 전까지 관찰 가능성이 도움을 줬던 것은 단지 높은 카디널리티의 질문을 유도했다는 것뿐이었습니다.

허니컴이 단순히 새로운 프론트엔드 기능을 제공하면서 프론트엔드의 성능에 대해 신경 쓰고 있었다면 "CSS와 JS 파일의 크기가 얼마나 변했지?"정도의 질문을 했을겁니다. 하지만 계측 수행 코드를 직접 작성하면서 `css_asset_size`와 `js_asset_size`의 최대 크기 계산에 대해 알게 되었고, `build_id` 단위로 성능 변화를 세분화할 수 있었습니다. 서비스를 이제 막 쓰기 시작한 새로운 고객이 걱정된다면 아마도 "쿼리는 빠르게 수행되나요?"라고 물을 겁니다. 그리고 `team_id`로 데이터를 필터링하고, 응답시간의 95퍼센타일^{percentile} 값을 계산했을 겁니다.

하지만 무엇이 잘못되었는지, 어디서부터 시작해야 할지 모르면 무슨 일이 일어날까요? 또 무슨 일이 일어날지 아무런 생각이 없다면 어떻게 될까요? 디버깅 조건이 전혀 파악되지 않는다면 디버깅의 제1원칙를 바탕으로 디버깅해야만 합니다.

8.2 디버깅의 제1원칙

6장과 7장에서 설명했듯이 원격 측정 데이터를 이벤트로 수집하는 것이 디버깅의 첫 단계입니다. 또한 관찰 가능성을 확보하기 위해서는 이렇게 수집된 데이터를 강력하고 목적지향적인 방법으로 분석함으로써 시스템을 새롭게 이해할 수 있어야 합니다. 관찰 가능성은 디버깅의 제1원칙을 바탕으로 애플리케이션을 디버깅할 수 있게 해줍니다.

제1원칙은 시스템에 대한 기본 가정으로, 다른 가정으로부터 도출된 것이 아닙니다. 철학에서 제1원칙은 모든 것이 사물의 존재로부터 시작한다고 정의합니다.[1] 제1원칙을 바탕으로 디버깅하는 것은 기본적으로 시스템을 과학적으로 이해하는 방법입니다. 제대로 된 과학에서는 그 어떤 것도 가정하지 않습니다. 다만 증명된 것과 정말로 확신하는 것이 진실인지에 대한 의문을 가져야만 합니다. 이후 그러한 원칙을 바탕으로 가설을 만들고 시스템으로부터 관찰한 내용을 바탕으로 가설을 검증^{validate}하거나 무효화^{invalidate}해야 합니다.

제1원칙을 바탕으로 디버깅하는 것은 관찰 가능성의 핵심 역량 중 하나입니다. 직감을 바탕으

---

1 옮긴이_ 철학의 제1원칙을 보여주는 가장 유명한 문장은 데카르트의 "나는 생각한다. 고로 나는 존재한다."입니다.

로 문제 원인을 직접 찾아내는 것은 분명 훌륭한 일이지만, 시스템의 복잡도가 올라가고 가능한 해답의 수가 급증하고 있기 때문에 점차 비실용적인 일이 되어가고 있습니다(개인의 직감을 이용한 문제 해결은 확장성이 떨어지고 모두가 할 수 있는 것도 아니며, 코드를 디버깅하기 위해 시스템에 대한 해박한 지식을 갖고 있어야 한다는 한계가 있습니다).

2장과 3장에서는 진단하기 매우 어렵고 흔치 않은 이슈를 살펴봤습니다. 만약 시스템 아키텍처를 상세히 알지 못하는 경우 무슨 일이 일어날까요? 혹은 시스템에서 수집되고 있는 데이터가 무엇인지 모를 때 무슨 일이 벌어질까요? 이슈 원인이 하나가 아닌 경우는 어떻게 될까요? 가령 무엇이 잘못된 것인지 궁금한데 이슈의 원인이 13가지나 된다면 어떨까요?

관찰 가능성의 진짜 힘은 이슈를 디버깅하기 전에 많은 것을 미리 파악하지 못했어도 괜찮다는 것입니다. 즉, 시스템에 익숙하지 않더라도 체계적이고 과학적인 방법으로 한 단계씩 나아가면서 해답을 찾기 위한 단서를 체계적으로 따라갈 수 있게 해줍니다. 무언의 신호를 추론하거나 이전에 발생한 실패 사례에 의존하면서 익숙함을 뛰어넘어 즉시 정확한 결론을 내리는 것과 같은 마법은 체계적이고 반복 가능하면서도 검증 가능한 절차로 대체됩니다.

핵심 분석 루프core analysis loop를 통해 이러한 접근 방법을 실제로 적용하는 방법을 알아봅시다.

8.2.1 핵심 분석 루프 사용하기

제1원칙을 통한 디버깅은 무언가 잘못되었다는 것을 인지한 시점부터 시작됩니다(관찰 가능성에서 사용할 수 있는 알람alert 발송 접근 방법에 대해서는 12장에서 살펴봅니다). 알람 혹은 알람과 동등한 무게감을 갖는 고객의 항의(가령 "뭔가 너무 느려요" 같은)를 받았지만 무엇이 잘못되었는지 모를 수 있습니다. [그림 8-1]은 핵심 분석 루프의 네 가지 단계를 보여줍니다. 원격 측정 정보를 이용하여 가설을 만들고, 데이터를 통해 가설을 검증하거나 무효화한 뒤, 복잡한 문제에 대한 해답을 시스템적으로 찾아낼 수 있습니다.

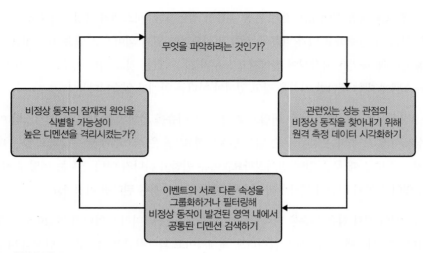

그림 8-1 핵심 분석 루프

핵심 분석 루프는 다음의 순서로 동작합니다.

1. 고객이나 알람이 이야기하고 있는 것이 무엇인가요? 등 조사를 시작하게 된 계기부터 시작합시다.

2. 지금까지 알게 된 내용들이 모두 사실인지 검증합시다. 눈에 띄는 시스템 성능 변화가 있었나요? 데이터 시각화는 그래프의 커브를 통해 동작 변화를 식별하도록 도와줍니다.

3. 성능 변화를 일으킨 디멘션을 찾아봅시다. 이를 위해 다음과 같은 접근 방법을 쓸 수 있습니다.

   a. 변화가 발생한 영역의 샘플을 분석합시다. 단서가 될 만한 눈에 띄는 관측치가 있나요?

   b. 패턴을 찾기 위해 여러 디멘션에 대해 데이터를 나누어 봅시다. 하나 이상의 디멘션에 대해 눈에 띄는 동작이 보이나요? status_code와 같이 널리 사용되는 필드 단위로 실험적인 그룹을 만들어 봅시다.

   c. 눈에 띄는 데이터를 포착하기 위해 특정한 디멘션이나 값으로 필터링합시다.

4. 이제 무슨 일이 일어나고 있는지 충분히 파악되었나요? 잘 파악되었다면 분석은 끝났습니다! 만약 그렇지 않다면 확인 중인 성능 영역이 다음 루프의 출발점이 되도록 격리하기 위해 데이터를 필터링합시다. 그런 다음 세 번째 단계로 돌아가 반복합시다.

이것이 제1원칙을 바탕으로 한 디버깅의 기본입니다. 무차별 대입^bruteforce 방식으로 모든 디멘션에 대해 핵심 분석 루프를 수행하면 사전 정보나 시스템에 대한 충분한 지식이 없더라도, 어떤 디멘션이 이슈를 잘 설명해 주는지 식별하고 이슈와 눈에 띄는 그래프 사이의 연관관계를 만들 수 있습니다.

물론 무차별 대입 방식은 상당히 많은 시간이 소요될 수 있고, 단순히 운영자의 손에만 작업을 맡기기에는 비현실적입니다. 따라서, 관찰 가능성 도구는 무차별 대입 방식 수행 시 가능한 많은 부분을 자동화해줄 수 있어야 합니다.

8.2.2 핵심 분석 루프의 무차별 대입 자동화

핵심 분석 루프는 정상적인 시스템의 잡음noise 속에서 중요한 시그널을 객관적으로 찾아내는 방법입니다. 문제의 핵심을 빠르게 파악하기 위해서 컴퓨터의 계산 능력을 활용해야 합니다.

성능이 제대로 나오지 않는 시스템을 디버깅할 때 핵심 분석 루프를 이용하면 신경써서 살펴봐야 하는 시스템의 특정 영역을 쉽게 격리할 수 있습니다. 패턴을 찾아내기 위해 로그의 행과 열에 기록된 데이터를 수작업으로 탐색하는 대신 자동화된 접근 방법을 사용하면 격리된 내부 영역뿐만 아니라 외부 영역에 대한 모든 디멘션 값을 추출하고 구분할 수 있습니다. 그뿐만 아니라, 그 차이를 기준으로 데이터를 정렬할 수 있습니다. 이를 기반으로 조사 대상이 되는 영역의 데이터와 그 외의 데이터 사이의 차이점을 아주 빠르게 확인할 수 있습니다.

예를 들어, 요청 지연 시간request latency이 급증하면 이를 분리하고 핵심 분석 루프 자동화로 정렬된 디멘션 목록을 획득해, 격리된 영역에서 얼마나 문제가 자주 발생하는지를 알 수 있습니다. 이 과정에서 다음과 같은 내용을 확인했다고 가정합시다.

- batch라는 값을 가진 request.endpoint는 격리된 영역의 모든 요청에서 확인되지만, 기본 영역에서는 20%의 요청만이 해당 값을 갖고 있습니다.
- /1/markers/라는 값을 가진 handler_route는 격리된 영역의 모든 요청에서 확인되지만, 기본 영역에서는 10%의 요청만이 해당 값을 갖고 있습니다.
- request.header.user_agent는 97% 격리된 영역 요청에서 확인되지만, 기본 영역에서는 모든 요청에서 이 값이 발견됩니다.

요약하자면 한 가지 편차이든 수십 개의 편차이든 간에 관찰하고자 하는 특정 성능 영역의 이벤트가 시스템의 나머지 부분과 비교했을 때 여러 면에서 다르다는 것을 알 수 있습니다. 허니컴이 제공하는 버블업BubbleUp 기능을 이용해서 핵심 분석 루프의 구체적인 예를 살펴봅시다.

허니컴을 이용하면 관심 있는 특정 성능 영역을 격리할 수 있도록 히트맵heatmap을 그릴 수 있습니다. 허니컴은 버블업 기능을 이용해 핵심 분석 루프를 자동화할 수 있습니다. 스파이크가 발생한 지점이나 변칙적인 동작을 보인 영역을 클릭하고, 그 주변을 드래그하여 상자를 그립니다. 버블업은 그려진 상자 안쪽(관심 있거나 설명하고자 하는 변칙적인 동작 영역)과 바깥쪽(기본 영역)에 위치한 모든 디멘션의 값을 계산합니다. 그런 다음 두 영역을 비교하고 [그림 8-2]에서와 같이 차이를 백분율로 이용해 결과 뷰를 정렬합니다.

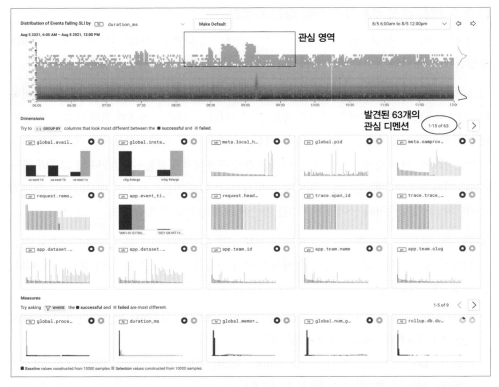

그림 8-2 실제 사고가 발생했을 때 이벤트 성능에 대한 허니컴 히트맵 그래프. 버블업은 63개의 관심 디멘션으로 결과를 출력하고 백분율로 봤을 때 가장 큰 차이를 보이는 결과순으로 순위를 매깁니다.

이 예시는 버블업이 계산하고 비교할 수 있는 많은 디멘션에 대한 계측을 수행하고 있는 애플리케이션을 다루고 있습니다. 계산 결과는 두 개의 주요 색상을 사용한 히스토그램을 통해 표현되고 있습니다. 파란색은 기본 영역에 대한 디멘션을, 오렌지색은 선택된 비정상 영역에 대한 디멘션을 나타냅니다(지면상에서는 파란색은 어두운 회색으로, 오렌지색은 밝은 회색으로 표현됩니다). 좌측 상단 구석에는 정렬 연산의 최상단 결과인 global.availability_zone이라는 그래프가 있습니다. us-east-1a 값은 기본 이벤트에서 고작 17%의 비중만 차지하고 있지만, [그림 8-3]에서 볼 수 있는 것처럼 선택된 영역의 비정상 이벤트에서는 98%의 비중을 차지하고 있습니다.

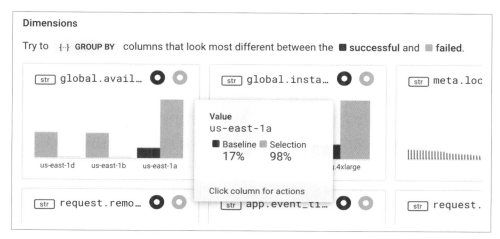

그림 8-3 [그림 8-2]의 결과를 확대한 화면입니다. 오렌지 배(지면상에서는 밝은 회색)는 선택된 영역의 이벤트의 98%가 global.availability_zone 값으로 us-east-1a를 갖고 있으며, 파란색 배(검은색)는 기본 이벤트 중 17%만이 해당 값을 갖고 있다는 것을 보여줍니다.

이 예시에서는 낮은 성능의 이벤트 대부분이 클라우드 인프라 제공업체의 특정 가용성 영역availability zone에 집중되어 있다는 것을 빠르게 파악할 수 있습니다. 자동으로 도출된 다른 정보도 특정 가상 머신 인스턴스 타입이 다른 타입에 비해 더 크게 영향을 받았다는 것을 보여줍니다. 그 외의 디멘션은 적어도 이번 예시에서만큼은 극명한 차이를 보여주지 못하고 있으며, 아마도 조사하고자 하는 내용과는 큰 관계가 없을 겁니다.

이렇게 정리된 정보는 시스템의 상태를 이해하는 데 큰 도움이 됩니다. 특히 낮은 성능이 발생하는 조건을 파악하는 데 도움이 됩니다. 특정 가용성 영역에서 확인된 문제의 인스턴스 타입은 인프라의 다른 요소들에 비해 훨씬 성능이 떨어지기 쉬운 것으로 보입니다. 이렇듯 눈에 띄는 차이점들로 미루어 볼 때, 해당 클라우드 서비스 제공 사업자의 가용성 영역 전반에 걸쳐 기저 네트워크에 문제가 있다는 것을 간접적으로 파악할 수 있습니다.

안타깝게도 모든 이슈가 예시의 기저 인프라 문제처럼 즉각적이고 확실하게 보이는 것은 아닙니다. 보통은 도출된 다른 단서들을 함께 확인하면서 코드와 관련된 이슈인지를 식별해야만 합니다. 이를 위해 핵심 분석 루프는 그대로 유지하면서 앞의 예시처럼 확실한 시그널이 나타날 때까지 디멘션을 세분화할 필요가 있습니다. 예시 사례에서는 허니컴 고객사가 동일한 가용성 영역에서 유사한 문제를 겪으면서 클라우드 서비스 제공 업체로 연락을 취했고, 결과적으로 보고되지 않았던 가용성 이슈가 있다는 것을 개별적으로 검증할 수 있었습니다. 만약 이 이슈가 인프라 문제가 아닌 코드 관련 이슈였다면, 이슈를 보고한 사용자에게 연락하거나 동일한 에러를 일으키는 UI상의 재현 경로를 파악하고 인터페이스나 기반 시스템을 수정했을 겁니다.

핵심 분석 루프는 관찰 가능성의 기본 구성 요소인 넓은 범위의 이벤트를 통해서만 획득할 수 있다는 것에 주목합시다. 메트릭에는 데이터를 세분화하거나 깊게 파고들 때 필요한 광범위한 문맥이 빠져있기 때문에 핵심 분석 루프 획득을 위해 사용하기엔 다소 부족합니다. 마찬가지로 로그도 모든 요청ID, 추적ID, 그리고 기타 여러 가지 헤더 값들을 제대로 기록해 두었거나, 로그를 이벤트로 만들 수 있는 대규모의 후처리 과정을 거치도록 집계하고 복잡한 쿼리를 수행할 수 있는 준비가 되지 않았다면 핵심 분석 루프를 이용하기 어렵습니다.

즉, 관찰 가능성 도구는 숫자 처리에 관한 작업 대부분을 자동화할 수 있어야 하지만, 수동으로 핵심 분석 루프를 수행하는 것조차도 관찰 가능성의 기본적인 구성 요소 도움 없이는 획득하기 어렵습니다. 물론 핵심 분석 루프를 수동으로 수행해 흥미로운 디멘션을 찾아낼 수도 있습니다. 그렇지만 저렴한 컴퓨팅 리소스로 가득 찬 현대화 시대에는 관찰 가능성 도구가 여러분을 대신해 이러한 조사를 자동화해야만 합니다. 제1원칙을 통한 디버깅 시에는 시스템에 미리 익숙해질 필요가 없기 때문에, 디버깅하는 애플리케이션에 대한 기초 '지식' 없이도 간단하면서도 체계적으로 자동화를 수행할 수 있습니다.

그렇다면 숫자 처리 과정에 얼마나 많은 지식을 적용해야 하는지에 의구심이 들 수 있습니다. 가령, 문제를 디버깅하는 과정에 인공지능artificial intelligence과 머신러닝machine learning을 꼭 사용해야만 하는 것일까요?

8.3 AIOps의 약속에 대한 오해

운영을 위한 인공지능(AIOps[2])은 2017년 가트너Gartner가 처음 용어를 만든 이래, 공통 운영 작업을 어떻게든 자동화하고자 하는 회사들로부터 큰 관심을 불러일으켰습니다. AIOps의 약

---

2 Artificial Intelligence for IT operations의 약어로 AI 기술을 이용하여 IT 인프라를 유지 관리하는 프로세스를 이야기합니다.

속에 대한 오해[3]를 자세히 살펴보는 것은 이 책의 주제를 벗어납니다. 하지만 AIOps는 잘못된 알람으로 인한 잡음을 줄이고 비정상 동작을 탐지하는 것과 같은 영역에서 관찰 가능성과 어느 정도 중복되고 있는 것은 분명합니다.

알람으로 인한 잡음을 줄이기 위해 알고리즘을 사용한 알람 발송보다 단순한 접근 방법은 12장에서 살펴봅니다. 또 다른 중복 영역인 비정상 동작 검출은 현재 장에서 다루고 있으므로 이번 절에서는 그에 대해 자세히 살펴보겠습니다.

8장 초반부에 봤던 것처럼, 비정상 동작 검출을 위한 알고리즘에는 '정상적' 이벤트의 기준선을 잡아, 정상 범위 안에 포함되지 않는 '변칙적인' 이벤트와 비교한다는 개념이 내포되어 있습니다. 다시 말하자면, 자동화된 알고리즘에서는 완료된 작업의 범위를 선택하기가 매우 어려울 수 있습니다.

관심 있는 영역에 대한 범위 지정을 위해 버블업을 사용했던 것과 마찬가지로, AI를 이용하는 경우에도 관심 영역에 대한 범위 지정을 어떻게 할 것인지 고민해야 합니다. 시스템이 계속 일정한 방식으로 동작해 왔다면 변칙적인 동작이 걱정될 수 있지만, 이러한 이상 상황은 어렵지 않게 탐지할 수 있습니다. 하지만 시스템의 동작이 자주 바뀌는 창의적인 환경이라면 AI가 관심 영역의 범위를 잘못 지정할 가능성이 커집니다. 관심 영역이 너무 작게 설정되면 누가 보더라도 명백히 정상인 동작조차 변칙적인 것으로 탐지될 수 있고, 너무 크게 설정되면 변칙적인 동작을 정상 동작으로 잘못 분류할 수 있습니다. 실제로 두 가지 유형의 실수가 모두 발생하며, 변칙적인 동작의 탐지도 너무 잦거나 아예 없을 수도 있습니다.

이 책은 최근의 사례를 바탕으로 현대적인 아키텍처를 채택한 프로덕션 환경의 소프트웨어 관리에 필요한 엔지니어링 원칙을 다룹니다. 오늘날 대부분의 회사에는 프로덕션 환경에 지속적으로 변경 사항을 배포하는 엔지니어링 조직이 존재합니다. 새로운 기능의 배포는 이전에 존재하지 않았던 성능 변화를 일으킬 수 있으며, 이것을 변칙적인 동작이라 부를 수 있습니다. 또한 잘못된 빌드를 수정하는 것도 변칙으로 볼 수 있으며 성능 지표의 변화를 불러올 수 있는 프로덕션 환경의 서비스 최적화 역시 변칙의 범주에 속합니다.

AI 기술은 마법이 아닙니다. AI는 명확하게 식별할 수 있는 패턴이 존재할 때 도움을 줄 수 있

---

3 옮긴이_ AI 기반의 운영이 도입되면 마법처럼 불필요한 알람이 줄어들고 고장 원인을 빠르게 식별할 수 있으며 사용자에게 영향이 발생하기 전에 고장을 감지하고 예측할 수 있을 것이라는 착각을 이야기합니다. 자세한 내용은 https://thenewstack.io/observability-and-the-misleading-promise-of-aiops/를 읽어보기 바랍니다.

습니다. 계속해서 변화하는 기준선을 이용하여 예측을 모델링하도록 훈련될 수 있다면, 이는 지금까지 AIOps 세계에서 한 번도 등장한 적이 없던 새로운 훈련 패턴이 될 수 있습니다.

한편, 새로운 문제에 대한 문맥 정보를 실시간으로 적용하여 끊임없이 변화하는 기준선을 바탕으로 패턴 인식을 안정적으로 수행하는 지능이 있었으니, 바로 사람의 지능입니다. 이러한 사람의 지능과 해결해야 하는 문제에 대한 문맥 인식은 AIOps 기술이 갖지 못한 간극을 메워줄 수 있습니다. 다만 적응력이 뛰어나고 문맥 파악을 잘하는 사람의 지성이라 할지라도, 수십억 줄이 넘는 데이터를 알고리즘으로 처리하는 AI의 속도를 따라갈 수는 없습니다.

사람과 기계의 기능이 만나 상호 간의 장점을 최대한 활용하기 위해서는 관찰 가능성과 핵심 분석 루프의 자동화에 집중해야 합니다. 대규모의 데이터를 나누어 관심 있는 패턴을 식별해 내는 것과 같이 컴퓨터가 가장 잘하는 것은 컴퓨터에게 맡기는 게 좋습니다. 대신 사람은 잡음 속에 묻혀 있어 자칫 놓칠 수 있는 중요한 신호를 확실하게 찾아낼 수 있도록 잠재적 관심 대상 패턴에 대해 컴퓨터가 할 수 없는 인지적 문맥을 더해 주는 것과 같은 일을 하도록 합시다.

이렇게 생각해 봅시다. 모든 컴퓨터는 대량의 수치 작업을 통해 스파이크를 감지해 낼 수 있지만, 그 스파이크에 의미를 부여할 수 있는 것은 오직 사람뿐입니다. 괜찮나요? 너무 작위적인가요? 그럼에도 불구하고 명확한 것은 현재의 기술을 바탕으로 생각했을 때, AIOps가 이러한 신뢰할 수 있는 판단을 내려주기는 어렵고 아직은 시기상조입니다.

복잡한 소프트웨어 성능 이슈의 대부분은 사람의 힘만으로는 해결할 수 없습니다. 하지만 컴퓨터와 공급 업체가 AIOps를 마법의 은탄환*silver bullet*[4]으로 선전하는 것 또한 적절하지는 않습니다. 사람과 기계의 강점을 결합해 문제 분석 및 해결에 활용하는 것이 현시점에서 가장 훌륭하면서도 실용적인 해결책입니다. 핵심 분석 루프를 자동화하는 것이 이런 접근 방법의 가장 대표적인 예입니다.

요약

적절한 원격 측정 데이터를 수집하는 것은 관찰 가능성으로 가는 여정의 첫 단계일 뿐입니다. 이 데이터는 복잡한 환경에서 발생한 애플리케이션 이슈를 객관적이고도 정확하게 식별할 수

---

4   옮긴이_ 은탄환은 일종의 만병통치약처럼 한번에 모든 문제를 해결할 수 있는 방법을 일컫는 은유적 표현입니다.

있도록 제1원칙에 따라 분석해야 합니다. 핵심 분석 루프는 빠른 결함 위치추정$_{\text{fault localization}}$을 위해 사용할 수 있는 효과적인 방법입니다. 하지만 시스템이 점점 복잡해지고 이 작업을 사람이 체계적으로 수행하기에는 시간이 부족합니다.

아주 큰 데이터 집합 내에서 변칙적인 동작 패턴을 빠르게 찾고자 할 때는 컴퓨팅 리소스를 활용해야 합니다. 발견된 동작 패턴에 대한 문맥을 파악하고 추가 조사 진행 방향을 결정할 수 있는 것은 운영자입니다. 따라서 발견한 패턴을 운영자에게 제공하고, 사람과 기계가 가진 장점을 잘 활용할 수 있는 효과적인 균형점을 찾아야 빠르게 시스템을 디버깅할 수 있습니다. 관찰 가능성 시스템은 이러한 분석 패턴을 이전 장에서 살펴본 이벤트 데이터 수집 방법에 적용하기 위해 만들어졌습니다.

이제 관찰 가능성을 위해 필요한 데이터의 형식과 데이터 분석의 사례를 이해했으니, 관찰 가능성과 모니터링 사례가 어떻게 공존할 수 있는지 다시 한번 살펴보도록 합시다.

CHAPTER 9

관찰 가능성과
모니터링의 공존

지금까지 관찰 가능성 시스템이 기존 모니터링과 차별화되는 점이 무엇이고 관찰 가능성 구현을 위해 필요한 컴포넌트는 무엇이 있는지 알아보면서 관찰 가능성이 기술적 변화에 부합하는 방법에 대해 살펴봤습니다. 근본적으로 관찰 가능성은 모니터링과 전혀 다르며, 서로 다른 목적을 위해 사용됩니다. 이번 장에서는 관찰 가능성과 모니터링이 조직 내에서 어떻게 조화를 이룰 수 있는지와 상호 공존하는 방법을 위한 고려 사항에 대해 알아보겠습니다.

많은 조직들은 프로덕션 환경의 소프트웨어 시스템에 대해 적어도 수년 동안 메트릭 데이터를 쌓아왔고 이를 바탕으로 모니터링의 전문성을 구축해 왔습니다. 앞서 이야기했던 것처럼 기존의 모니터링 접근 방법은 기존 시스템에 적합합니다. 그런데 현대적인 시스템을 관리해야 하는 상황이라고 해서, 기존의 모니터링 체계를 없애고 새롭게 관찰 가능성 도구를 이용해 관리를 시작하는 게 옳은 접근 방법일까요? 아닙니다. 그렇게 하는 것은 무모하고도 무책임한 방법입니다. 대부분의 조직이 처한 현실은 그들이 갖고 있는 책임에 따라 모니터링과 관찰 가능성이 공존할 방법을 선택해야만 한다는 것입니다.

이번 장에서는 관찰 가능성과 모니터링의 강점과 적합한 영역, 그리고 상호 보완적으로 활용될 수 있는 방법을 분석함으로써 어떤 식으로 둘이 공존할 수 있을지 알아봅니다. 모든 조직마다 처한 상황이 다르기 때문에 관찰 가능성과 모니터링이 공존하기 위한 방식도 다를 수밖에 없습니다. 하지만 관찰 가능성은 애플리케이션 수준application level에서 이슈를 이해하는 가장 좋은 방법이고, 모니터링은 시스템 수준system level에서 이슈를 이해하는 가장 좋은 방법이 된다는 것은 공존 방법을 선택하는 데 있어 유용한 지침guideline이 될 수 있습니다. 조직의 업무 부하를 고려하여 가장 적합한 관찰 가능성과 모니터링의 공존 방법을 찾아봅시다.

9.1 모니터링이 적합한 사례

2장에서 관찰 가능성과 모니터링의 차이점에 대해 알아봤습니다. 특히 모니터링의 단점과 그 단점을 관찰 가능성이 어떻게 메우는지에 집중했습니다. 하지만 모니터링은 여전히 가치 있는 통찰력을 제공합니다. 먼저, 기존 모니터링이 여전히 적합한 도구로 쓰일 수 있는 업무 영역에 대해 알아봅시다.

기존 모니터링이 시스템 상태를 이해하기 위해 사용하는 접근 방법은 오랜 기간 성숙되고 잘 개발된 절차입니다. 단순한 메트릭이나 라운드 로빈 데이터베이스round-robin databases(RRD) 정도로 소소했던 모니터링 도구는 수십 년 동안 반복적인 개선 과정을 거치면서 시계열 데이터베이스time-series databases(TSDB)와 정교한 태깅tagging 시스템으로 진화했습니다. 또한 오픈소스 소프트웨어 솔루션부터 스타트업이나 상장기업이 개발해 공급하는 솔루션까지 모니터링 업무를 도와주는 다양하고 정교한 선택지가 존재합니다.

이러한 도구를 이용한 모니터링 사례들은 각 도구에 대한 전문가 커뮤니티를 통해 널리 전파되었습니다. 소프트웨어 업계 전반에 걸쳐 프로덕션 환경에서 소프트웨어를 운영 중인 사람이라면 누구나 동의할 수 있는 모니터링 모범 사례도 존재합니다.

예를 들어, 널리 통용되는 모니터링 핵심 원칙 중 하나는 사람이 하루 종일 앞에서 그래프를 볼 필요가 없어야 한다는 것입니다. 시스템에 문제가 발생하면 사용자에게 적극적으로 정보를 알려주어야 합니다. 이러한 측면에서 모니터링 시스템은 사후 대응적reactive입니다. 시스템은 문제가 발생했다는 것을 알림으로써 알려진 고장 상태에 대해 대응합니다.

모니터링과 메트릭은 그러한 목적에 맞춰 최적화하도록 진화해 왔습니다. 이들은 알려진 고장 조건이 발생했는지 혹은 발생하려고 하는지를 자동으로 보고합니다. 또한 알려진 장애 모드에 대한 새로운 조건을 보고하도록 최적화되어 있습니다. 다시 말하자면, 알려진 무지known-unknowns[1]를 찾아내도록 설계되어 있습니다.

---

1   옮긴이_ 2002년 미국 국방장관이었던 도널드 럼즈펠드가 사용하면서 유명해진 말입니다. 보통 영향력을 예측할 수는 있지만 현실에서 일어날지 알기 어렵다는 의미로 사용됩니다.

알려진 무지를 찾기 위해 모니터링 시스템이 최적화되었다는 것은 모니터링이 시스템 상태를 이해하는 데 가장 적합한 도구라는 것을 의미합니다. 일반적으로 시스템은 애플리케이션 코드에 비해 훨씬 짧은 주기로 쉽게 예측 가능한 방식으로 변화합니다. 여기서 시스템은 인프라일 수도 있고 런타임 혹은 운영상의 제약에 직면했는지를 알려주는 카운터를 의미할 수도 있습니다.

1장에서 살펴봤던 것처럼, 메트릭과 모니터링은 하드웨어 수준의 성능 조사를 위해 만들어졌습니다. 시간이 흐르면서 메트릭과 모니터링은 인프라와 시스템 수준의 광범위한 문제를 포함할 수 있도록 진화했습니다. 이 책을 읽고 있을 대부분의 기술 기업 근무자들은 기저 시스템이 기업에 중요한 것이 아니라는 것을 인식해야 합니다. 중요한 것은 개발된 애플리케이션이 사용자 입장에서 어떻게 동작하느냐입니다. 기업이 기저 시스템에 대해 관심을 가져야 하는 유일한 이유는 기저 시스템이 애플리케이션의 성능에 안 좋은 영향을 미칠 수 있다는 점뿐입니다.

가령, 애플리케이션의 응답 시간 지연이 코드의 문제 때문이 아니라 가상 머신의 시끄러운 이웃noisy neighbor[2] 때문인 경우가 있습니다. 이때는 가상 머신의 CPU 활용률utilization을 확인해야 합니다. 만약 전체 서버군의 물리 메모리가 완전 소진 직전에 처해있는 것을 발견했다면, 곧 발생할지도 모르는 서비스 중단이 애플리케이션 코드로부터 시작되었을 수 있다는 의심을 해봐야 합니다. 시스템 제약조건을 애플리케이션 성능과 연관 지어보는 것은 분명 중요한 일입니다. 하지만, 시스템 성능 문제는 주로 경고 신호로서 의미가 있거나 코드 기반의 문제를 제외하는 방법으로서의 의미가 더 큽니다.

시간이 지나면서 메트릭은 애플리케이션 수준의 문제도 모니터링하도록 확대되었습니다. 하지만 1부에서 본 것처럼 이렇게 수집된 종합적인 측정 데이터는 너무 조악해서 서비스에 대한 개별 요청의 성능을 볼 수 있도록 분해하기 어렵습니다. 물론 경고 신호의 역할로서 메트릭과 같은 종합적인 측정은 잘 동작합니다. 하지만 메트릭은 단 한 번도 작성된 애플리케이션 코드가 개별 사용자 관점에서 어떻게 동작하는지를 나타내기 위한 좋은 방법이었던 적은 없습니다.

---

2 옮긴이_ 물리적인 서버 하드웨어를 공유하는 가상 환경에서는 동일한 물리 서버에서 동작 중인 특정 가상 머신의 동작으로 인해 나머지 가상 머신의 성능이 영향 받을 수 있는 상황을 말합니다.

9.2 관찰 가능성이 적합한 사례

모니터링과는 달리 관찰 가능성은 다른 원칙과 사용 사례를 바탕으로 합니다. 2장에서 살펴본 것처럼 관찰 가능성은 모니터링보다 더 적극적입니다. 관찰 가능성 사례는 엔지니어들이 코드 배포할 때마다 항상 코드를 살펴보고, 프로덕션 환경에서 동작하고 있는 코드를 매일 탐색할 것을 권장합니다. 또한 코드를 이용하는 사용자들을 관찰하면서 눈에 띄는 특이점이나 호기심을 유발하는 흔적이 있는지 살펴보기 위해 시간을 할애할 것을 요구합니다.

8장에서 살펴본 것처럼 핵심 분석 루프core analysis loop는 제1원칙을 바탕으로 디버깅할 수 있도록 도와주고 이전에 알려지지 않았던 실패 상황을 발견할 수 있게 해줍니다. 다시 말하자면 알려진 무지를 찾아내도록 설계되어 있습니다. 알려진 무지를 찾을 수 있도록 관찰 가능성을 최적화하는 것은 작성한 코드 상태를 이해하는 데 최적화되어 있다는 것을 의미하며, 시스템보다 훨씬 더 자주(보통은 매일) 예측하기 어려운 방식으로 변화합니다.

모니터링과 관찰 가능성 도구는 서로 다른 모범 사례와 구현을 하고 있을 뿐만 아니라 사용하는 목적도 다릅니다.

9.3 대상 시스템, 소프트웨어에 따른 고려 사항

기존 환경에서는 시스템과 소프트웨어의 구분이 명확했습니다. 베어메탈bare-metal[3] 인프라는 시스템이었고 시스템 내에서 동작하는 모든 것은 소프트웨어였습니다. 반면 현대적인 시스템과 높은 수준으로 추상화된 시스템에서는 시스템과 소프트웨어의 구분이 명확하지 않습니다. 자세한 이야기를 하기 전에 시스템과 소프트웨어를 정의해 봅시다.

소프트웨어는 프로덕션 환경에서 실행되어 고객이 원하는 가치를 전달해 주기 위해 개발된 코드입니다. 다시 말하자면, 시장의 문제를 해결하기 위해 기업들이 사용하는 코드를 소프트웨어라 부릅니다. 그리고 시스템은 서비스를 실행하는 데 필요한 기저 인프라와 런타임에 관한 모든 것을 포괄하는 용어입니다. 즉, 시스템은 이용하고자 하는 소프트웨어가 잘 동작할 수 있게

---

3 옮긴이_ 어떤 소프트웨어도 설치되어 있지 않은 하드웨어를 일컫습니다. 최근에는 가상화되어 있지 않은 물리적인 서버를 이야기하는 용어로 사용되기도 합니다.

해주는 환경입니다. 이러한 관점에서 정의된 시스템은[4] MySQL이나 몽고DB와 같은 데이터베이스에서부터 컨테이너나 가상 머신 같은 컴퓨팅 리소스과 스토리지에 이르기까지 소프트웨어가 배포되어 실행되기 전에 준비하고 설정해야 하는 모든 것을 이야기합니다.

클라우드 컴퓨팅은 이런 정의로 세분화하기 어렵기 때문에 조금 더 깊게 살펴볼 필요가 있습니다. 소프트웨어를 실행하기 전에 Apache kafka, Postfix, HAProxy, Memcached, 혹은 Jira와 같은 기저 컴포넌트를 실행해야 한다고 가정합시다. 이 컴포넌트들을 서비스로 구매해서 사용하는 경우에는 누군가가 비용을 받고 여러분을 대신해서 실행해 주는 것이기 때문에, 앞서 정의했던 인프라의 의미로 보기 어렵습니다. 하지만 여러분의 팀이 이러한 컴포넌트를 설치 및 설정하고 업그레이드할 뿐만 아니라, 성능 이슈에 대해 트러블슈팅을 해야 한다면, 이러한 컴포넌트는 신경 써야 하는 인프라로 봐야 합니다.

소프트웨어와 비교해 봤을 때 시스템 계층의 모든 컴포넌트는 자주 바뀌지 않는 공공재의 성격을 띱니다. 또한 소프트웨어와는 다르게 사용자들에게 가치를 제공하는 것에 초점을 맞추고 있습니다. 사용자를 위해 작성된 코드인 소프트웨어는 기업이 존재하는 이유이고, 기업이 영위하는 사업에 대한 핵심적인 차별화 요소입니다. 따라서 소프트웨어는 시스템과는 사뭇 다른 관리 관점에서의 고려 사항을 갖고 있습니다. [표 9-1]은 이러한 차이점을 항목별로 비교하고 있습니다.

표 9-1 시스템과 소프트웨어의 차이점

항목	시스템	소프트웨어
변경 빈도	패키지 업데이트 (월간)	리포지토리 커밋 (일간)
예측 가능성	높음 (안정적)	낮음 (새로운 기능이 많음)
비즈니스 가치	낮음 (비용 주체)	높음 (매출 주체)
사용자 수	적음 (내부 조직)	많음 (외부 고객)
핵심 고려 사항	시스템 혹은 서비스가 잘 동작하고 있는가?	시스템과 사용자 사이의 요청은 제때, 신뢰할 수 있는 방법으로 실행될 수 있도록 필요한 리소스를 획득하고 있는가?
평가 관점	시스템	실사용자
평가 기준	저수준의 커널과 하드웨어 장치 드라이버	변수와 API 종단점

---

4   옮긴이_ 여기에서는 인프라로 바꿔도 무방합니다.

기능적인 책임 범위	인프라 운영	소프트웨어 개발
이해 방법	모니터링	관찰 가능성

인프라에서 중요한 것은 단 하나의 관점으로 인프라 관리를 책임지는 것입니다. 인프라에 대한 가장 중요한 질문은 인프라가 제공하는 서비스가 정상적으로 동작하고 있는가입니다. 정상 동작을 하지 않는 경우 인프라가 정상적으로 동작하도록 빠른 조치를 해야만 합니다. 시스템 용량이 고갈되어 갈 수도 있고, 기저 인프라에 문제가 발생했을 수도 있습니다. 사람은 관련된 알람을 받고 적절한 조치를 취해야 합니다.

인프라 동작에 미치는 조건들은 자주 바뀌지 않기 때문에 상대적으로 예측하기 쉽습니다. 사실 이러한 이슈를 예측하고(예: 용량 산정) 자동으로 고치는(예: 오토스케일링) 잘 준비된 사례들이 이미 존재합니다. 이렇듯 상대적으로 예측 가능하고 느리게 변화하는 특성 때문에 집계된 메트릭은 시스템 수준의 문제를 모니터링하고 알람을 보내는 데 아주 적합합니다.

애플리케이션 코드 관점에서 가장 신경 써야 하는 것은 실사용자입니다. 기저 시스템이 기본적으로 정상인 것처럼 보이더라도 사용자 요청은 다양한 이유로 인해 실패할 수 있습니다. 앞서 다뤘던 것처럼 분산 시스템 환경에서는 이러한 문제를 탐지하고 이해하는 것이 쉽지 않습니다. 갑자기 특정 사용자의 경험을 관찰하기 위해 사용자ID나 장바구니ID처럼 높은 카디널리티의 필드를 사용할 필요가 생겼다고 가정해 봅시다. 특히 현대의 지속적인 배포continuous delivery 환경에서는 새로운 버전의 코드가 꾸준히 배포되기 때문에 소프트웨어 관련 문제는 늘 변화할 수밖에 없습니다. 관찰 가능성은 그러한 문제에 대한 적절한 질문을 실시간으로 할 수 있는 방법을 제공합니다.

모니터링과 관찰 가능성이라는 두 가지 접근 방법은 상호 배타적이지 않습니다. 각 조직에는 특정한 방식을 더 선호할 수밖에 없게 만드는 고려 사항들이 존재합니다. 다음 절에서는 조직의 요구사항에 따라 두 가지 접근 방법이 어떻게 공존할 수 있는지 살펴보겠습니다.

9.4 조직의 요구사항 평가

시스템과 소프트웨어가 상호 보완적인 것처럼 각각의 동작을 이해하는 방법도 마찬가지입니다. 모니터링은 엔지니어가 시스템 수준의 문제를 이해하고자 할 때 가장 효과적이고, 관찰 가능성은 엔지니어가 애플리케이션 수준의 문제를 이해하고자 할 때 가장 효과적입니다. 조직의 요구사항을 평가한다는 것은 어떤 문제가 사업에 가장 중요한지 이해하는 것을 의미합니다.

관찰 가능성은 소프트웨어가 사용자에게 제공될 때 어떻게 동작하는지를 자세히 이해하도록 도와줍니다. 관찰 가능성을 위해 잘 정비된 코드는 사용자가 체감하는 성능에 대한 복잡한 질문에 답을 해줄 뿐만 아니라, 프로덕션 환경의 소프트웨어 내부 동작을 확인하고 집계된 성능 정보를 검사할 때 놓치기 쉬운 문제를 신속하게 식별하고 해결하도록 도와줍니다.

기업에서 핵심 비즈니스 전략의 일환으로 소프트웨어를 만들고 판매하는 경우 관찰 가능성 솔루션이 필요합니다. 수용할 만한 성능 측정치의 전반적인 수준을 제공하는 것을 넘어, 비즈니스 전략의 일환으로 최상위의 일부 고객만을 위해 차별화된 서비스를 제공해야 한다면 관찰 가능성에 대한 필요성은 더욱 커집니다.

모니터링은 소프트웨어를 지원하기 위해 운영 중인 시스템이 얼마나 잘 동작하고 있는지를 이해하도록 도와줍니다. 메트릭 기반의 모니터링 도구와 관련된 알람은 용량의 제한에 도달했거나 기저 시스템의 알려진 에러 조건이 발생한 것을 알 수 있게 해줍니다.

기업이 핵심 비즈니스의 일부로 인프라를 고객에게 제공한다면(가령 서비스로서의 인프라 (IaaS) 업체인 경우) 저수준의 DNS 카운터나 디스크 통계 등과 같은 상당한 양의 모니터링 정보를 제공해야 합니다. 이러한 비즈니스를 수행하는 기업 입장에서는 기저 시스템이 아주 중요하며, 고객에게 제공되어야 하는 저수준 시스템에 대한 전문가가 필요합니다. 하지만 인프라의 제공이 사업상 차별화 요소가 아니라면 모니터링의 중요성은 상대적으로 줄어듭니다. 대부분의 경우 고수준의 서비스와 종단 간 확인이 필요한 경우에만 모니터링이 제공되면 됩니다. 비즈니스 관점에서 모니터링의 중요도를 판단하기 위해서는 고려할 사항이 많습니다.

자사의 인프라를 운영하는 기업의 경우 더 많은 모니터링이 필요합니다. 시스템을 온프레미스 on premises에서 운영하든 클라우드 서비스 업체를 통해 운영하든지에 관계없이 인프라의 가동여부보다는 운영상의 책임을 더 고려해야 합니다. 다시 말하자면, 중요한 것은 클라우드 환경에서 가상 머신을 배포하던 온프레미스 환경에서 자체 데이터베이스를 관리하든지에 관계없이 누가 인프라의 가용성과 성능을 보장하는지에 대한 부담을 갖느냐입니다.

자체적으로 운영 중인 베어메탈 시스템을 담당하는 조직은 저수준의 하드웨어 성능을 조사해줄 수 있는 모니터링이 필요합니다. 예를 들면 이더넷 포트, 하드디스크의 성능 통계, 시스템

펌웨어 버전에 대한 카운터^{counter}를 점검할 수 있게 해주는 모니터링이 필요합니다. 반면 서비스로서의 인프라 업체에 하드웨어 수준의 운영을 위탁한 조직은 저수준에서 측정된 메트릭이나 집계된 정보가 필요하지 않습니다.

이러한 경향은 상위 스택에도 이어집니다. 더 많은 운영 책임이 서드파티^{third party}로 이동함에 따라 인프라 모니터링 역시 서드파티로 이동하고 있습니다.

대부분의 인프라를 고수준의 서비스로서의 플랫폼^{platform-as-a-service}(PaaS) 업체에게 위탁한 조직들은 상대적으로 기존 모니터링 솔루션을 거의 혹은 전혀 필요로 하지 않는 경향이 있습니다. Heroku, AWS 람다^{lambda} 등 여러 서비스로서의 플랫폼을 통해 비즈니스가 요구하는 인프라의 성능과 가용성 보장을 위한 작업을 대행하고 비용을 지불함으로써, 이러한 환경에서 실행해야 하는 소프트웨어 개발에만 집중할 수 있습니다.

오늘날 클라우드 서비스에 대한 생각은 이용 중인 클라우드 서비스 업체의 견고함에 따라 달라질 수 있습니다. 각 업체들은 서비스로서의 플랫폼을 통해 추상화된 인프라에 대해 기존의 인프라 모니터링 방식을 이용하지 않더라도 충분히 모니터링 할 수 있는 사용자 경험을 제공해줍니다. 이론적으로 봤을 때 모든 클라우드 서비스 업체가 고객이 기존 모니터링을 신경 쓰지 않을 수 있는 방향으로 사업 모델을 전환하고 있다는 것은 명백해 보입니다.

9.4.1 예외 무시할 수 없는 인프라 모니터링

이처럼 시스템 모니터링과 소프트웨어 관찰 가능성을 구분 짓는 데는 몇 가지 예외가 있습니다. 앞서 언급한 것처럼 소프트웨어 성능을 결정하는 데 있어 핵심 평가 관점은 고객의 경험입니다. 소프트웨어가 느리게 동작한다면 고객은 안 좋은 경험을 하게 됩니다. 따라서 고객 경험을 평가할 때 가장 중요한 것은 성능 병목 현상을 유발할 수 있는 모든 것을 이해하는 것입니다. 이렇게 단순해 보이는 구분 과정에 예외로 두어야 하는 것은 소프트웨어와 기저 인프라가 어떻게 상호 작용하고 있는지를 보여주는 모든 메트릭입니다.

소프트웨어 관점에서 생각해보면 일반적인 모니터링 도구가 /proc 파일 시스템에서 발견된 변수에 대해 생성한 수천 개의 그래프를 보는 것은 큰 의미가 없습니다. 전원 관리와 커널 드라이버에 대한 메트릭은 저수준 인프라의 세부적인 사항을 이해하는 데 도움이 됩니다. 다만, 소프트웨어 성능에 미치는 영향에 대해서는 제공 가능한 정보가 거의 없기 때문에 소프트웨어 개발자들은 거의 신경을 쓰지 않습니다.

하지만 CPU 사용률, 메모리 점유율, 디스크 사용량과 같은 고수준의 인프라 메트릭은 물리적인 성능 한계를 나타내는 지표입니다. 이러한 지표들은 애플리케이션 코드가 일으킬 수 있는 문제에 대한 조기 경보 신호early warning signals 역할을 할 수 있기 때문에 소프트웨어 엔지니어라면 이러한 지표를 면밀히 관찰해야 합니다. 예를 들어 지금 막 배포한 코드가 몇 분 만에 메모리 점유율을 세 배로 늘린 범인인지를 알고 싶을 수 있습니다. 새로운 기능을 배포한 직후 CPU 사용률이 두 배로 늘어나거나 디스크 쓰기 작업 급증과 같은 갑작스러운 변화를 감지할 수 있다면, 문제가 될 만한 코드 변경에 대한 알람을 빠르게 받을 수 있습니다.

고수준 인프라 메트릭은 기저 인프라가 어떻게 추상화되었는지에 따라 사용할 수도 있고 그렇지 않을 수도 있습니다. 만약 사용할 수 있다면 관찰 가능성으로 접근하는 방법의 일환으로 메트릭을 포착하고 싶을 겁니다.

모니터링과 관찰 가능성 사이의 연결은 둘 사이에 존재하는 여러 가지 상호 연관 관계 중 하나입니다. 성능 문제가 발생하면 모니터링을 이용해 시스템 수준의 이슈를 빠르게 배제하거나 확인할 수 있습니다. 따라서, 시스템 수준의 메트릭 데이터를 애플리케이션 수준의 관찰 가능성 데이터와 함께 보는 것은 도움이 됩니다. 허니컴이나 라이트스텝과 같은 관찰 가능성 도구는 공유 문맥 내에 이런 데이터를 저장합니다. 반면 다른 모니터링 도구들은 그러한 관계를 만들기 위해 다른 도구나 뷰를 사용합니다.

9.4.2 실전 예시

관찰 가능성은 여전히 새로운 영역이지만, 모니터링과 관찰 가능성이 공존하는 몇 가지 패턴이 있습니다. 이번 절에서 설명하는 예제들은 고객의 사례나 대형 관찰 가능성 커뮤니티에서 흔히 볼 수 있는 패턴입니다. 다만, 이는 모니터링과 관찰 가능성 공존의 절대적인 사례나 기준은 아닙니다. 이번 장에서 설명한 개념이 실제 환경에서 어떻게 적용되는지를 보여주는 예제를 살펴봅시다.

첫 번째 고객 사례는 프로덕션 시스템의 동작을 이해하기 위해 도입한 여러 가지 도구를 보유하고 있었습니다. 관찰 가능성으로 전환하기 전까지 모니터링을 위해 프로메테우스Prometheus를 사용했고 분산 추적distributed tracing을 위해서 예거Jaeger를 사용했으며 기존의 APM 도구도 함께 이용하고 있습니다. 그들은 세 개의 개별 시스템에서 포착된 데이터 사이의 상관관계를 만들기 위해 여러 가지 도구를 사용하는 현행 방식을 단순화하여 장애 대응 시간을 줄이고자 했습니다.

관찰 가능성 기반의 접근 방법으로 전환했다는 것은 요구사항을 통합하고 모니터링과 관찰 가능성 시스템이 공존하는 데 필요한 시스템 규모를 줄일 수 있었다는 것을 의미합니다. 이러한 조직의 소프트웨어 엔지니어링팀은 프로덕션 환경의 시스템을 이해하고 디버깅하기 위해 관찰 가능성을 주로 사용합니다. 반면 조직 중앙의 운영팀은 인프라 모니터링을 위해 프로메테우스를 사용합니다. 소프트웨어 엔지니어는 코드가 리소스 사용량에 어떤 영향을 끼치는지 파악하려면 여전히 프로메테우스를 사용해야만 한다고 보고했습니다. 다만 이러한 작업이 자주 있는 것은 아니기 때문에 애플리케이션의 병목 현상을 해결하기 위해 프로메테우스를 사용하는 경우는 극히 드물다고 했습니다.

두 번째 고객 사례는 상대적으로 신생 기업으로 새로운 애플리케이션 스택을 만드는 회사입니다. 그들의 프로덕션 서비스 환경은 애플리케이션 기능 강화를 위해 주로 서버리스 함수와 서비스로서의 소프트웨어Software as a Service (SaaS) 플랫폼을 이용하며, 소유한 인프라가 거의 없습니다. 애초에 아무런 인프라가 없었기 때문에 프로덕션 환경을 위한 모니터링 솔루션을 만들려는 노력조차 할 필요가 없었습니다. 대신 프로덕션 환경의 소프트웨어를 이해하고 디버깅하기 위해 애플리케이션 계측과 관찰 가능성을 사용했습니다. 그리고 장기적인 집계와 보관을 위해 일부 데이터를 추출하기도 했습니다.

마지막 고객 사례는 오래된 금융 서비스 기업으로 디지털 전환을 위해 새로운 과제를 계획하고 추진 중인 곳입니다. 이들은 여러 사업 부서와 엔지니어링팀이 관리하는 다양한 기존 인프라와 애플리케이션뿐만 아니라 새롭게 개발된 애플리케이션이 혼재된 환경을 갖고 있었습니다. 오래된 여러 가지 애플리케이션들은 여전히 잘 동작했지만, 애플리케이션을 처음 만들고 유지보수했던 팀들은 이미 해체되었거나 조직 내의 다른 부문으로 재배치된 지 오래였습니다. 많은 애플리케이션들이 업체로부터 제공받은 메트릭 기반의 모니터링과 대시보드를 통해 관리되고 있었고 비정형 로그 검색을 위한 다양한 로깅 도구들을 사용하고 있었습니다.

이 고객은 서비스 모니터링에 큰 불편이 없었기 때문에 기존 모니터링 접근 방법의 일부를 제거하거나 재설계하고 교체해야 할 필요성을 느끼지 못했습니다. 그러나 새로운 애플리케이션은 기존의 여러 가지 모니터링 도구와 대시보드, 로깅 도구를 사용하는 대신 관찰 가능성 적용을 전제로 개발되고 있었습니다. 새로운 애플리케이션이 기업의 인프라를 사용하기 시작하면서, 소프트웨어 엔지니어링팀은 리소스 사용량이 소프트웨어에 미치는 영향도를 모니터링 하기 위해 인프라 메트릭에 접근해야 했습니다. 하지만 일부 소프트웨어 엔지니어링팀은 인프라 리소스 사용량과 애플리케이션 이슈의 상관 관계를 찾기 위해 여러 가지 도구를 이용해야만 하는 것에 불편함을 느꼈습니다. 이런 불편함을 줄이기 위해 인프라 메트릭을 포착해 이벤트에 포함하기 시작했습니다.

요약

조직 내에서 관찰 가능성과 모니터링이 어떻게 공존할 것인지를 결정하는 지침은 조직이 내부적으로 채택한 소프트웨어와 인프라 책임에 기반하여 결정해야 합니다. 모니터링은 시스템의 상태를 평가하는 최고의 방법이고, 관찰 가능성은 소프트웨어의 상태를 가늠하는 최고의 방법입니다. 각 솔루션이 기업이나 조직에 얼마나 필요한지는 기저 인프라 관리가 서드파티에게 얼마나 위탁되었는가에 따라 달라집니다.

하지만 이처럼 단순한 구분이 적용되지 않는 경우가 존재합니다. 소프트웨어 성능에 직접적으로 영향을 줄 수 있는 CPU나 메모리, 디스크 같은 물리적인 장치에 대한 높은 수준의 인프라 메트릭이 대표적입니다. 물리 인프라의 한정된 리소스를 얼마나 소모하고 있는지에 관한 메트릭은 기저 인프라가 갖고 있는 한계를 이해하는 데 아주 중요합니다. 따라서, 이런 메트릭이 클라우드 서비스 사업자로부터 제공되고 있다면, 관찰 가능성을 도입하는 과정의 일부로 포함해야 합니다.

모니터링과 관찰 가능성의 균형을 상호 보완적으로 맞추는 일반적인 접근 방법을 알아봄으로써, 이번 장 전반에 걸쳐 설명한 고려 사항들이 실제 환경에서 어떤 식으로 구현되는지 확인할 수 있었습니다. 지금까지 관찰 가능성의 기본에 대해 깊게 살펴보았으니, 이후에는 기술적인 고려 사항을 벗어나 관찰 가능성을 조직에 성공적으로 적용하고 전파하기 위해 필요한 문화적인 변화에 대해 알아보겠습니다.

Part 3

팀을 위한
관찰 가능성

2부에서는 관찰 가능성의 여러 가지 기술적 측면을 살펴보았습니다. 이러한 개념들이 어떻게 핵심 분석 루프와 제1원칙을 바탕으로 이슈를 디버깅할 수 있게 해주는지 알아보며 기존 모니터링 체계와의 공존 방법도 이야기했습니다. 3부에서는 여러 조직의 관찰 가능성 도입을 촉진시킬 수 있는 사회적, 문화적 변화에 초점을 맞춥니다.

10장에서는 관찰 가능성을 처음 도입할 때 팀이 직면하는 여러 가지 공통적인 어려움에 대해 이야기합니다. 어디서부터 어떻게 시작해야 하는지는 상황에 따라 달라질 수 있지만, 효율적으로 일하기 위해 필요한 기술은 달라지지 않습니다. 10장에서는 이러한 기술에 대해 살펴봅니다.

11장에서는 관찰 가능성을 이용했을 때 개발자의 일하는 방식이 어떻게 변화하는지 이야기합니다. 앞에서 다뤘던 주제지만 이번 장에서는 보다 면밀하게 그 과정을 살펴봅니다. 개발 초기 단계에 사용자 정의 계측custom instrumentation을 코드에 추가함으로써 개발자가 얻게 되는 이점과 이를 통해 사용자 정의 계측이 시험 과정을 디버깅하고 프로덕션 환경에서 코드가 제대로 동작하는지 확인하는 방법에 대해 배웁니다.

12장에서는 더욱 정교한 방법을 이용해 프로덕션 환경의 서비스 상태를 모니터링했을 때 얻을 수 있는 관찰 가능성의 잠재력에 대해 알아봅니다. 이 장에서는 서비스 수준 목표^{service-level objectives}(SLOs)의 개념과 더욱 효과적인 알람 발송을 위한 사용 방법을 살펴봅니다.

13장에서는 이전 장을 바탕으로 왜 이벤트 데이터가 메트릭 데이터를 기반으로 한 서비스 수준 목표보다 더 정확하게 동작할 수 있으면서 디버깅 가능한 알람을 만드는 핵심 요소인지를 보여줍니다.

14장에서는 CI/CD 빌드 파이프라인과 같은 서비스 스택의 다른 부분을 더 잘 이해하고 디버깅할 수 있도록 관찰 가능성을 활용하는 방법을 알아봅니다. 14장은 슬랙에서 시니어 스태프 소프트웨어 엔지니어로 일하고 있는 프랭크 챈^{Frank Chen}이 기고했습니다.

정리하면 3부는 다양한 규모의 현대적인 소프트웨어 시스템을 관리하는 엔지니어링 팀이 일반적으로 겪는 문제점에 관한 다양한 시나리오와 사례를 바탕으로, 관찰 가능성 사례를 통해 변화시키거나 효용을 얻을 수 있는 팀의 워크플로에 집중합니다. 이어서 4부에서는 대규모로 관찰 가능성을 사용할 때 발생할 수 있는 특이하고 독특한 문제들을 살펴봅니다.

CHAPTER 10

관찰 가능성 사례 적용하기

이제 기술이 아닌 사회적, 문화적 사례 관점에서 관찰 가능성의 기본에 초점을 맞춰봅시다. 이번 장에서는 관찰 가능성 사례들을 실무에 적용할 수 있도록 여러 가지 팁을 제공합니다. 엔지니어링팀을 이끄는 직책을 수행하고 있다면(조직의 리드나 관리자 역할이던, 관찰 가능성에 대한 열혈 지지자든 간에) 아마도 관찰 가능성 구현 전략을 수립하는 데 있어 가장 어려운 것은 어디서부터 시작해야 하는지 파악하는 것일 겁니다.

이번 장의 집필 과정은 다른 장에 비해 유독 까다로웠습니다. 많은 팀의 관찰 가능성 구현 작업을 도와주면서 알게 된 것은 성공을 위한 보편적인 비결은 없다는 것이었습니다. "어디서부터 어떻게 시작할 것인가?"라는 질문은 언제나 많은 요인으로부터 영향을 받습니다. "영향을 받는다"는 것이 만족스러운 답변은 아닐 수 있습니다. 하지만 현실 세계에서 관찰 가능성으로 가는 여정은 여러분과 여러분의 팀이 겪고 있는 문제, 기대하는 것과 사용 중인 도구의 간극, 조직의 다른 구성원들로부터의 도움이나 지원 수준, 그리고 팀의 크기와 같은 여러 가지 고려 사항을 포함한 세부적인 조건에 따라 달라질 수밖에 없습니다.

어떤 접근 방법이 가장 적합한가에 대한 정답은 없습니다. 이번 장의 조언들은 절대로 관찰 가능성을 시작하는 "단 하나의 제대로 된 방법은 이것이다"를 제안하려는 것이 아닙니다. 그렇지만 관찰 가능성을 적용하는 몇 가지 새로운 패턴이 있기 때문에 어디서부터 관찰 가능성을 시작할지 결정하는 데 어려움을 겪고 있다면 이런 제안들이 분명 도움이 될 것입니다. 이번 장에서 소개하는 여러 팁을 살펴보고 자유롭게 선택해 관찰 가능성 도입 시 적용해 보기 바랍니다.

10.1 커뮤니티 그룹 참여하기

관찰 가능성은 새로운 분야이며, 이에 대한 접근 방법은 초기 단계라 탐구해야 할 것들이 많습니다. 사회공학적 시스템의 근간이 되는 관행이나 기술이 빠르게 진화하고 있기 때문에 새로운 것을 배우고 능력을 향상시키는 가장 좋은 방법은 비슷한 주제에 대해 다양한 어려움을 겪고 있는 사람들이 모인 커뮤니티에 참여하는 것입니다. 커뮤니티 그룹은 전문가들과의 연결고리를 만들어 줌으로써 도움이 될 수 있는 네트워크를 형성할 수 있도록 해줍니다.

커뮤니티에서는 비슷한 문제를 겪는 사람들을 쉽게 볼 수 있습니다. 따라서 슬랙 그룹에 참여하는 것만으로도 많은 것을 배울 수 있습니다. 같은 유형의 문제와 씨름하고 있는 사람들과 의견을 나눌 수 있는 기회를 갖게 됩니다. 커뮤니티 그룹은 흔히 만나게 되는 인간관계를 넘어, 다양한 백그라운드를 가진 사람들과 소통할 수 있게 해줍니다. 같은 문제를 겪고 있는 다른 사람들은 문제에 어떻게 대응하는지 이해하고 그 과정에 적극 참여함으로써, 대응 방법을 비교 관찰하면서 다른 사람의 경험으로부터 많은 것을 배울 수 있습니다.

시간이 지나면서 기술 스택이나 팀 규모, 조직의 활력 등 공통점을 갖고 있는 다른 커뮤니티 구성원을 발견하게 될 것입니다. 이러한 네트워크는 도입을 고려 중인 솔루션이나 접근 방법에 대한 배경과 개인적 경험에 대해 이야기 나눌 수 있는 누군가를 만날 수 있도록 해줄 수 있습니다. 새로운 실험을 시작하기 전에 이런 형태의 공유된 문맥을 갖는 것은 분명 가치 있는 일입니다. 커뮤니티 그룹에 적극적으로 참여함으로써 관찰 가능성 도입에 필요한 시간을 많이 아낄 수 있게 되고, 시행착오로 인한 시련도 줄어들 것입니다.

뿐만 아니라 커뮤니티에 참여하면 최신 동향을 놓치지 않고 따라갈 수 있습니다. 관찰 가능성 도구를 제공하는 업체나 기업들은 사용자가 겪고 있는 문제를 더 잘 이해하기 위해 혹은 새로운 아이디어에 대한 피드백을 수집하거나 시장 동향을 파악하기 위해 다양한 커뮤니티에 참여하고 있습니다. 채택한 관찰 가능성 도구에 관한 커뮤니티에 참여함으로써 실시간으로 일어나는 일에 대한 최신 정보를 얻을 수도 있습니다.

커뮤니티 내에서의 관계는 언제나 양방향이라는 것을 기억해야 합니다. 내가 알고 있는 지식과 정보를 먼저 보여주고 다른 사람을 돕는 것부터 시작해야 한다는 것을 잊지 마세요. 좋은 커뮤니티의 일원이 된다는 것은 어렵고 복잡한 질문을 하기 전에 커뮤니티에 참여하고 구성원을 돕는다는 것을 의미합니다. 즉, 필요할 때 다른 사람으로부터 도움만 받는 체리피커가 되면 안 됩니다. 커뮤니티는 참여하는 만큼 강해집니다.

어디서부터 시작해야 할지 잘 모르겠다면 관찰 가능성에 관한 CNCF 기술 자문 그룹[Technical Advisory Group][1] (TAG)을 살펴보기 바랍니다. 슬랙 채팅 그룹뿐만 아니라 정기적으로 열리는 온라인상의 미팅도 있습니다. OpenTelemetry 커뮤니티 페이지[2]에서도 유용한 리소스를 찾을 수 있습니다. 더 일반적으로 관찰 가능성에 대한 많은 이야기들은 트위터[3]에서도 오가기도 합니다. 관찰 가능성 키워드로 검색을 해보면 팔로우해야 할 많은 사람과 주제를 찾을 수 있을 겁니다. 구체적으로 추천을 해보자면, 허니컴의 폴리네이터[Pollinators][4]라는 그룹이 있고, 여기에서 특정 업체에 종속되지 않는 관찰 가능성에 대한 많은 정보를 찾을 수 있습니다. 마이클 하우젠블라스[Michael Hausenblas]의 o11y 뉴스[5]도 추천합니다.

10.2 가장 큰 고민거리에서 시작하기

새로운 기술을 도입하는 것은 위험 부담이 큽니다. 따라서 소규모의 부담 없는 서비스부터 새로운 기술을 도입하는 경우가 많습니다. 하지만 관찰 가능성 적용 시 소규모 서비스를 먼저 대상으로 하는 것은 사람들이 흔히 저지르는 큰 실수 중 하나입니다.

관찰 가능성 도구는 어려운 문제의 빠른 탐색을 위해 설계되었습니다. 따라서 관찰 가능성을 눈에 띄지 않거나 상대적으로 중요도가 낮은 서비스부터 적용하는 것은 관찰 가능성의 가치를 증명하는 것과 정반대의 효과를 가져옵니다. 이미 잘 동작하는 서비스부터 관찰 가능성을 도입한다면, 도입에 필요한 모든 작업을 수행해 볼 수는 있겠지만 효용을 얻기는 힘들 것입니다.

새로운 이니셔티브의 선봉에 설 때는 점수판에 점수를 빠르게 올리는 것이 중요합니다. 어렵고 힘든 문제를 바로 해결함으로써 가치를 입증하고 호기심을 불러일으키는 동시에 흥미를 유발할 수 있기 때문입니다. 지난 몇 주 동안 불안정한 서비스로 인해 새벽 시간에 깨어있어야 했지만, 아직도 해결책을 찾지 못했다면 관찰 가능성을 적용해 볼만한 좋은 출발점이 될 수 있습니다. 지속해서 데이터베이스에 혼잡이 발생하고 있지만 아무도 원인을 찾지 못했나요? 이것 역시 훌륭한 출발점입니다. 제대로 식별되지 않은 사용자가 유발한 설명하기 힘든 부하로 인해

---

1 https://github.com/cncf/tag-observability

2 https://opentelemetry.io/community/

3 옮긴이_ 서비스명이 X로 바뀐 지 오래되었지만, 여전히 대부분의 사람들에게는 트위터가 더 익숙합니다.

4 https://www.honeycomb.io/blog/spread-the-love-appreciating-our-pollinators-community

5 https://o11y.news/

운영 중인 서비스에 문제가 발생했나요? 이때가 관찰 가능성을 도입하기 위한 최적의 지점입니다.

관찰 가능성의 가치를 빠르게 보여줌으로써 도입을 반대하는 사람들을 제압하고, 추가 지원을 받을 수 있게 될 것이며, 더 나아가 관찰 가능성 적용에 탄력을 받을 수 있게 됩니다. 절대 쉬운 문제부터 시작하지 맙시다. 관찰 가능성이 해결할 수 있는 어려운 문제를 선택하고 그 서비스부터 관찰 가능성 적용을 시작합시다. 코드를 계측하고 프로덕션에 배포하고 궁금한 것들을 탐색하면서 해답을 찾아가는 방법을 익히고 성공 사례를 사람들과 공유합니다. 팀 주간 미팅에서 찾아낸 해결책을 소개하고 더 나아가 전사에 관찰 가능성을 통해 알아낸 것들과 방법론을 발표합니다. 서비스 온콜 업무를 누가 맡든지 간에 해결책을 찾는 방법을 알 수 있게 합니다.

관찰 가능성 도입을 추진하는 가장 **빠른** 방법은 프로덕션 서비스에 대한 관리 책임을 맡고 있는 팀의 가장 큰 고민거리를 해결하는 것입니다. 그런 고민을 목표로 설정합시다. 절대 작게 시작하면 안 됩니다.

10.3 구축보다 구매

가장 큰 고민거리의 해결부터 시작하는 것과 마찬가지로 관찰 가능성 도구를 직접 구축할 것인지 상업적으로 판매되고 있는 솔루션을 구매할 것인지 결정해야 합니다. 이 과정은 투자 대비 효과_{return on investment}(ROI)를 얼마나 빠르게 증명할 수 있는가에 달려있습니다. 15장에서는 이 내용을 자세히 다룹니다. 지금 당장은 최소한의 노력으로 최대의 가치를 증명할 수 있는 방식을 선택하도록 하겠습니다. 전체 솔루션을 먼저 구축하는 것은 큰 노력과 시간이 필요합니다.

1장에서 제시한 기능 요구사항을 만족하는지 알아보기 위해 다양한 관찰 가능성 솔루션을 시도해 볼 수 있도록 준비해야 합니다. 관찰 가능성은 얼마나 독특하고 이례적인가에 관계없이 시스템이 가질 수 있는 모든 상태를 설명하고 이해할 수 있게 해준다는 것을 기억합시다. 독특하거나 이례적인 상태를 시스템 상태 데이터의 모든 단일 디멘션 및 디멘션 조합에 대해 디버깅할 수 있어야 합니다. 이 과정은 사전에 디버깅 요구사항을 정의하거나 예측하지 않고 즉석에서 수행 가능해야 합니다.

안타깝게도 이 책을 집필하고 있는 시점 기준으로 이런 요구사항을 만족하는 도구는 거의 없습니다. 관찰 가능성 도구를 공급하는 여러 업체의 마케팅 부서는 판매 중인 제품에 '관찰 가능성'이란 라벨을 즐거운 마음으로 붙이고 있을지 모르지만, 이 책에서 이야기하는 워크플로나 효용을 제공하고 있진 못합니다. 따라서, 시장에 출시된 관찰 가능성 제품 중 어떤 것이 정말로 필요한 기능을 제공해 주고, 어떤 것이 단순히 기존 제품에 관찰 가능성이라는 라벨만 붙인 것인지 판단할 수 있도록 많은 도구를 이용해 볼 준비가 되어 있어야 합니다.

이렇게 해보는 가장 좋은 방법은 OpenTelemetry(이하 OTel)를 이용해 여러분의 애플리케이션을 계측하는 것입니다(7장 참조). OTel을 사용하는 것은 다른 업체의 에이전트나 라이브러리를 사용하는 것만큼 쉽고 빠르지는 않습니다. 그렇다고 느리거나 사용하기 어려운 것도 아닙니다. OTel을 처음으로 사용하기 위해 들이는 작은 노력은 나중에 어떤 솔루션이 요구사항에 가장 적합한지 파악하고자 할 때 제대로 된 보상으로 돌아올 것입니다.

이렇듯 업체들이 만든 잘못된 정보와 불확실성은 오늘날 관찰 가능성 생태계의 안타까운 현실입니다. 그 결과, 자체 솔루션을 구축하여 문제를 회피하고 싶은 유혹이 생기기도 합니다. 하지만 자체 구축이라는 선택 또한 15장에서 소개할 안타까운 현실로 가득 차있습니다.

먼저, 직접 인프라를 구축해 이용할 수 있는 잘 만들어진 오픈소스 관찰 가능성 도구가 별로 없습니다. 여러분의 머릿속에 프로메테우스, ELK 스택[6], 예거Jaeger 등이 후보로 떠올랐을 것입니다. 이러한 오픈소스들이 특정한 가치를 제공해 주는 솔루션인 것은 분명하지만, 책에서 이야기하고 있는 관찰 가능성을 위한 기능적 요구사항을 모두 제공해 주는 완전한 솔루션은 아닙니다.

프로메테우스는 메트릭 모니터링을 위한 TSDB입니다. 프로메테우스는 활발한 커뮤니티의 지원을 받는 가장 진보된 메트릭 모니터링 시스템 중 하나이지만, 여전히 메트릭 기반의 모니터링 솔루션 세계에서만 홀로 고군분투하고 있습니다. 프로메테우스는 문제의 세세한 부분을 찾아내기 위해 다소 거친 측정 방법을 사용한다는 근본적인 한계가 있습니다(2장 참조).

ELK 스택은 로그 저장소와 쿼리 솔루션을 제공에 중점을 두고 있습니다. 로그 저장소의 백엔드 시스템은 다른 형태의 검색이나 집계 기능을 제공하는 대신 평문 검색에 최적화되어 있습니다. 평문 검색은 알려진 에러를 찾는 경우 유용하지만, "누가 이 에러를 확인하고 있으며, 언제 확인했습니까?"와 같은 복합 질문에 대해서는 제대로 된 답을 얻기 어렵습니다. 관찰 가능성을

---

6 옮긴이_ 엘라스틱서치(Elasticsearch), 로그스태시(Logstash), 키바나(Kibana)의 앞글자를 딴 약어로, 로그 수집 및 처리를 위해 사용되는 소프트웨어 스택 중 하나입니다.

얻기 위해 엄청난 양의 평문 로그 기반으로 이슈와 관련 있는 패턴을 분석하고 식별해 내는 것은 온전히 로그 기반으로만 동작하는 솔루션 입장에서는 부담스러운 일입니다(8장 참조).

예거^{Jaeger}는 이벤트 기반의 분산 추적 도구이자 오늘날 명실상부 가장 진보된 오픈소스 분산 추적 도구입니다. 6장에서 이야기했던 것처럼 추적 이벤트는 관찰 가능성 시스템의 기본 구성 요소입니다. 하지만 동시에 조사를 진행하는 동안 어떤 추적 이벤트가 중요한지 결정할 수 있게 해주는 분석 능력 또한 필수적인 컴포넌트입니다. 예거는 데이터를 필터링할 수 있는 기능을 어느 정도 지원하지만 모든 추적 데이터를 분석하고 세분화하기 위해 필요한 정교한 기능이 부족합니다(8장 참조).

이러한 도구들은 관찰 가능성의 구현을 위해 사용될 수 있는 시스템의 여러 부분에 대한 뷰를 제공합니다. 도구를 사용하면서 겪는 어려움은 서로 다른 시스템에서 실행되는 도구들 사이에 문맥 정보를 전달하거나, 개별 컴포넌트를 서로 연결하기 위해 직접 솔루션을 만들어야 한다는 것입니다. 오늘날 하나의 완성된 솔루션으로 관찰 가능성을 제공하는 오픈소스 도구는 존재하지 않습니다. 영원히 그러지는 않겠습니다만 일단 현시점에는 그렇습니다.

마지막으로 어떤 방향을 선택하든지 간에 관찰 가능성이 최종 결과가 되어야만 합니다. 솔루션에 대해 스트레스 시험[7]을 수행합니다. 다시 한번 말하지만, 작게 시작하고픈 유혹을 이겨내야 합니다. 크고 어려운 문제에 직면합시다. 관찰 가능성은 높은 디멘셔널리티^{dimensionality}를 갖는 높은 카디널리티^{cardinality} 필드[8]를 통해 시스템 상태를 디버깅할 수 있는 능력이 필요합니다. 또한 상호작용할 수 있으면서도 높은 성능이 보장되는 실시간 탐색도 제공할 수 있어야 합니다. 이정도 솔루션을 이용하면 앞선 장에서 다루었던 분석 형식과 반복 조사를 수행할 수 있을까요? "네"라고 답했다면 축하합니다. 훌륭한 관찰 가능성 솔루션을 찾은 것입니다! 만약 "아니오"로 답했다면 사용 중인 솔루션은 관찰 가능성을 위한 것이 아님에도 불구하고 업체가 그렇게 포장했을 가능성이 있습니다.

관찰 가능성 도입 과정에서 가장 중요한 것은 빠르게 의사 결정을 하고 프로세스 초기에 관찰 가능성의 가치를 보여주는 것입니다. 솔루션을 구매하기로 했다면 팀은 관찰 가능성 도구를 만드는 대신 관찰 가능성 도구를 이용해 문제를 해결하는 데 집중할 수 있게 됩니다. OTel을 이

---

7   옮긴이_ 대상 시스템의 안정성을 검증하기 위해 진행되는 시험으로 수용할 수 있는 한계까지 시험을 수행하여 높은 부하에 잘 견딜 수 있는지를 확인하는 시험입니다.

8   옮긴이_ 수집된 디멘션이 많아지면 정보 탐색에 부하가 많이 생깁니다. 게다가 디멘션의 카디널리티가 높다면 탐색에 대한 부하는 급격히 증가합니다. 제대로 준비되지 않은채 관찰 가능성을 표방하는 솔루션은 이런 상황에서 성능을 담보하기 어렵습니다.

용해 애플리케이션을 계측하면 특정 업체에 락인^{lock-in}되지 않으면서 자유롭게 선택한 어떤 도구로든지 원격 측정 데이터를 전송할 수 있습니다.

10.4 반복을 통한 계측 구체화

애플리케이션을 제대로 계측하려면 시간이 필요합니다. 따라서 OTel과 같은 프로젝트에 포함된 자동 계측은 좋은 시작 지점입니다. 하지만 무엇이 가장 가치 있는 계측인지는 개별 애플리케이션의 요구사항에 따라 달라질 수 있습니다. 사용할 수 있는 계측 중 가장 유용한 계측으로 시작하되, 점진적으로 필요한 계측을 개발할 계획을 세우기 바랍니다.

> **NOTE** 자동 계측과 수동 계측의 사례는 마이크 골드스미스^{Mike Goldsmith}가 쓴 블로그 포스팅 '자동 계측이란 무엇인가'[9]를 참고하기 바랍니다.

조직 전반에 걸쳐 관찰 가능성을 적용하는 가장 좋은 전략은 고민거리가 되는 한두 가지 서비스를 대상으로 시작해 보는 것입니다. 이 계측 연습을 레퍼런스로 활용하여 파일럿팀의 나머지 구성원들이 관찰 가능성 적용을 학습하도록 합니다. 파일럿팀이 새로운 도구에 익숙해졌다면 더욱 유용한 계측을 도입하는 방법의 일환으로 디버깅이 필요한 새로운 상황들을 이용합시다.

온콜 엔지니어가 프로덕션 서비스에서 발생한 문제에 대해 연락받았을 때, 가장 먼저 해야 하는 작업은 새로운 도구를 사용해 문제가 발생한 애플리케이션 영역을 계측하는 것입니다. 새로운 계측을 이용해 어디서 이슈가 발생하고 있는지 알아냅시다. 이 과정을 두세 차례 거치고 나면 계측을 먼저 하는 것이 디버깅을 얼마나 쉽고 짧은 시간 내에 끝낼 수 있게 해주는지 알 수 있게 됩니다. 계측을 먼저 수행한 뒤 디버깅함으로써 실제로 발생한 일을 확인할 수 있습니다.

파일럿팀 구성원들이 계측을 이용한 디버깅에 속도가 붙으면 다른 팀의 계측 기반 디버깅 작업을 도와줄 수 있습니다. 파일럿팀은 도움이 되는 계측을 생성하는 것을 도와줄 수 있고, 유용한 쿼리문을 제안하거나 다양한 트러블슈팅 패턴을 예시로 알려줄 수도 있을 것입니다. 각각의 새로운 이슈 디버깅 사례는 필요한 계측을 만들 때 사용될 수 있습니다. 관찰 가능성의 효용을 바

---

9 https://hny.co/blog/what-is-auto-instrumentation

로 얻기 위해 완전히 개발된 계측 집합을 만들 필요는 없습니다.

계측 컨벤션에 관한 참고 사항

계측을 시작할 때 초점을 맞춰야 하는 것은 선택한 관찰 가능성 도구로 최대한 많은 가치를 증명하는 것입니다. 반복을 통해 계측을 구체화하는 것은 계측을 어떻게 하는가보다 더 중요합니다.

하지만, 계측이 늘어나고 계측을 적용한 조직이 늘어나면 생성한 원격 측정 데이터의 계측 이름에 대한 컨벤션을 도입해야 한다는 것을 기억해야 합니다. 조직 전반에 걸친 표준에 대해서는 14장을 참고하기를 바랍니다.

10.5 기존의 노력을 최대한 활용하기

새로운 기술의 도입을 막는 큰 장벽 중 하나는 매몰 비용sunk-cost에 대한 잘못된 인식 혹은 오류 fallacy입니다. 개인과 조직은 이전에 투자한 시간, 비용, 노력 때문에 하고 있는 행동이나 노력이 의미 없거나 효율적이지 않다고 판단되었더라도 그 행위를 멈추지 않고 지속함으로써 매몰 비용의 오류를 저지르곤 합니다. 여러분의 조직에서 더 이상 필요하지 않은 기존 접근 방법에 대해 투자한 시간과 비용, 그리고 노력은 얼마나 되나요?

근본적인 변화에 대한 거부는 그동안 낭비한 리소스가 확인되고 나면 그 명분을 잃곤 합니다. 그렇다면 오래된 솔루션을 이해하고 계측하기 위해 투자했던 수많은 시간은 어떻게 생각해야 할까요? 매몰 비용의 오류는 분명 논리적이지 않습니다. 하지만, 그런 행동의 이면에는 사람이 있고 나름의 이유가 있습니다. 따라서, 이런 상황을 충분히 이해하고 배려해야 합니다. 그렇지 않으면 변화에 대한 거부는 계속될지도 모릅니다.

관찰 가능성 이니셔티브를 강화할 수 있는 다른 작업에도 관심을 기울여야 합니다. 예를 들어 다른 목적지로 전송하고 있는 데이터 스트림이나 중요한 데이터가 있다면 관찰 가능성 솔루션이 이 데이터를 받아볼 수 있도록 해야 합니다. 이런 작업의 대표적인 예는 다음과 같습니다.

- ELK 스택 전체 혹은 로그스태시Logstash를 단독으로 사용하고 있다면 입력 스트림source stream을 두 번째 목적지로도 보내도록 코드 조각을 추가하는 것은 어려운 작업이 아닙니다. 입력 스트림을 관찰 가능성 도구로 전송합시다. 그리고 사용자들이 차이점을 비교해 보도록 합니다.

- 정형화된 로그structured logs를 이용하고 있다면 로그 이벤트에 고유IDunique ID를 추가하여 이벤트가 전체 스

택에 전파되는 동안 고유ID를 유지하도록 합시다. 관찰 가능성 도구로 추적^{trace} 이벤트를 보내더라도 현재 사용 중인 로그 분석 도구에 이전과 마찬가지로 로그를 보관할 수 있습니다.

- 기존의 APM 솔루션과 함께 허니컴의 비라인^{Beelines}나 OTel과 같은 관찰 가능성 도구를 이용해 봅시다. 그리고 사용자 경험을 비교하고 차별점을 느끼도록 해봅시다.

- 강글리아^{Ganglia}를 사용 중이라면 /var/tmp 경로에 저장되는 XML 형식의 데이터를 활용할 수 있습니다. 매분마다 실행되는 크론잡^{cronjob}을 이용해 데이터를 파싱하여 관찰 가능성 도구에 이벤트로 전송합시다. 관찰 가능성을 이용하는 것보다는 다소 부실하겠지만, 강글리아 사용자들은 확실히 익숙함과 편안함을 느낄 것입니다.

- 기존 모니터링 대시보드에서 가장 유용했던 쿼리를 참고하여 새로운 관찰 가능성 도구의 대시보드를 다시 만들어 봅니다. 2장에서 살펴본 것처럼 대시보드는 확실한 장단점이 있습니다. 사용자들이 담당하는 시스템 성능을 이해할 수 있는 좋은 출발점이자 새로운 관찰 가능성 도구를 탐색하고 알아가는 좋은 기회를 제공해 줍니다.

기존 접근 방법과 새로운 접근 방법을 함께 쓸 수 있도록 하기 위한 모든 시도들은 관찰 가능성 도입에 대한 진입 장벽을 낮춰줍니다. 기존 방식에 익숙한 사람들은 그들이 걱정하는 것들이 새로운 솔루션의 어떤 기능에 매핑되는지 이해해야 합니다. 구축 중인 새로운 방식을 통해 기존에 익숙하게 보던 정보들을 계속 볼 수 있도록 도와야 합니다. 언뜻 봤을 때 완벽해 보이지 않아도 괜찮습니다. 다소 부족한 느낌이 드는 것은 익숙함을 지향하고 있기 때문입니다. 물론 기존에 익숙했던 정보를 보여주는 방식으로 새로운 도구를 접하는 것은 아주 좋은 방법은 아닙니다. 하지만 사용자들은 익숙한 이름과 데이터가 보이는 것만으로도, 새로운 도구에서 생소한 데이터를 이용하는 것보다 더 많이 상호작용할 수 있는 계기가 될 것입니다.

10.6 관찰 가능성 적용의 최종 관문

가장 큰 고민거리를 해소를 위해 앞서 소개한 전략을 이용해 반복적으로 접근하는 것은 관찰 가능성 적용이 빠르게 진행되도록 해줍니다. 하지만 이러한 전략도 관찰 가능성 솔루션을 구현하는 데 있어 가장 어려운 과제이자 최종 목표인 '적용 완료'까지 책임지는 것은 아닙니다. 이제 어느 정도 추진력이 생겼다면, 남은 작업을 잘 마무리하는 전략에 대해서도 고민해 봅시다.

담당하는 작업 범위와 크기에 따라 새로운 계측을 반복적으로 배포하면, 대부분의 팀은 목표한 모든 스택에 대해 관찰 가능성을 도입할 때 필요한 작업의 절반 또는 2/3 정도까지 완료할 수 있습니다. 대부분의 팀은 불가피하게도 스택의 일부가 다른 부분에 비해 상대적으로 덜 활발하게 개발되고 있다는 것을 발견하게 됩니다. 이러한 부분에 대해서는 확실한 완료 계획이 필요합니다. 그렇지 않으면 구현 작업은 지연될 가능성이 커집니다.

프로젝트 관리를 최대한 하더라도 관찰 가능성 도입을 주도했던 문제점들이 완화되기 시작하면, 관찰 가능성 구현을 마무리하는 것의 시급도 역시 낮아질 수밖에 없습니다. 대부분의 팀은 엔지니어링 주기는 너무 짧고 요구사항은 언제나 많으며, 앞선 문제가 해결되면 처리해야 할 또 다른 문제점들이 기다렸단 듯이 등장하는 현실에 놓여 있습니다.

완벽한 관찰 가능성 구현의 목표는 프로덕션 애플리케이션에서 무언가 이상한 일이 발생했을 때, 시스템 상태를 완전히 이해하기 위해 사용할 수 있는 신뢰할 수 있으면서도 언제나 사용 가능한 디버깅 솔루션을 만드는 것입니다. 이 구현이 완료될 때까지는 다양한 문제 해결에 적합해 보이는 여러 가지 도구를 사용할 수밖에 없습니다. 그 과정에서 발생하는 불가피한 정보와 흐름의 단절은 더 탄탄한 체계를 만들기 위한 과정으로 여기고 어느 정도 용인해야 합니다. 하지만 오랫동안 구현이 완료되지 않으면 팀 구성원의 시간과 인지능력, 그리고 주의력을 낭비하는 결과가 초래될 것입니다.

이때는 남은 일들을 신속하게 처리하기 위한 일정을 수립을 해야 하는 시점입니다. 설정할 목표 마일스톤은 프로덕션 환경에서 이슈가 발생할 때마다 관찰 가능성 도구를 사용할 수 있도록 하기 위해 필요한 잔여 계측 작업 달성을 위한 것이어야 합니다. 프로젝트 완료를 위해 상금이 걸려 있는 해커톤 같은 특별 행사를 준비하는 것도 고려해 보기 바랍니다.

일정을 수립하는 동안 계측 도구를 일반화해 다른 애플리케이션이나 다른 조직에서도 재활용할 수 있도록 노력해야 합니다. 여기서 사용할 수 있는 공통 전략으로는 표준화된 관찰 가능성 라이브러리를 적극 이용함으로써 초기 구현 작업의 반복을 피하는 것입니다. 표준화된 관찰 가능성 라이브러리는 내부 코드에 개입하지 않으면서도 기저의 솔루션을 교체할 수 있게 해주며, 이는 7장에서 살펴본 OTel의 접근 전략과 유사합니다.

요약

관찰 가능성 여정을 정확히 어디서 어떻게 시작할 것인지는 팀이 처한 상황과 도입 목적에 따라 달라집니다. 바라건대 이번 장에서 이야기한 일반적인 권장 사항들이 관찰 가능성 도입의 시작 지점을 찾는 데 도움이 되길 바랍니다. 동료들과 활발하게 커뮤니티 활동을 하는 것은 가치 있는 일입니다. 관찰 가능성 도입 여정을 시작했다면 이미 충분히 문제없이 운영되는 지점부터 적용을 시작하는 것보다 가장 큰 고민거리를 대상으로 하여 문제를 해결하는 데 집중합시다. 관찰 가능성을 구현하는 동안 조직의 관심과 지원을 받기 위해 빠르게 움직이고 높은 가치와 ROI를 보여주면서 점진적으로 문제를 해결해 나가는 모습을 보여줘야 한다는 것을 기억합시다. 많은 팀의 고민거리를 찾아내 관찰 가능성 구현 대상에 포함하고 구현 프로젝트가 완료될 수 있도록 끝까지 노력해야 한다는 것을 잊지 말아야 합니다.

이번 장에서 소개한 팁들은 관찰 가능성을 시작하고 구현을 완료하는 데 도움이 될 것입니다. 작업이 완료된 후에는 관찰 가능성을 매일 이용하면서 새로운 작업 방식이 기본이 되도록 합니다. 이 책의 후반부에서 이러한 내용에 대해 자세히 이야기합니다. 다음 장에서는 어떻게 관찰 가능성 주도 개발이 프로덕션 환경에서 새로운 코드가 동작하는 방식을 이해하는 과정을 혁신적으로 바꾸는지를 살펴봅시다.

CHAPTER **11**

관찰 가능성 주도 개발

관찰 가능성은 기본적으로 프로덕션 환경에서 동작 중인 코드가 사용자들에게 어떤 경험을 주는지 이해할 수 있게 해줍니다. 하지만 이것이 반드시 소프트웨어가 프로덕션 환경에 배포된 이후에만 관찰 가능성을 적용할 수 있다는 걸 의미하는 것은 아닙니다. 관찰 가능성은 소프트웨어 개발 생애주기의 초반에 적용할 수도 있습니다. 이번 장에서는 관찰 가능성 주도 개발observability-driven development 사례를 다룹니다.

먼저 테스트 주도 개발test-driven development(TDD)이 개발 생애주기에서 어떻게 사용되고 어떠한 한계점을 갖고 있는지 살펴보겠습니다. 그리고 나서 관찰 가능성을 TDD와 유사한 방식으로 사용하는 방법을 알아봅니다. 이런 방식으로 관찰 가능성을 이용했을 때의 파급효과와 함께 코드를 디버깅하는 여러 가지 방법을 살펴보고 계측이 관찰 가능성을 돕는다는 의미에 대해 이해해 보겠습니다. 마지막으로 어떻게 관찰 가능성 주도 개발이 소프트웨어의 프로덕션 배포 속도를 높일 수 있는지 살펴봅니다.

11.1 테스트 주도 개발

오늘날 프로덕션 환경에 소프트웨어 배포하기 전, 시험을 수행하는 기본 방법은 TDD입니다. TDD는 지난 20여 년간 명실상부하게 소프트웨어 산업에서 가장 성공적인 사례 중 하나입니다. TDD는 소프트웨어가 프로덕션 환경으로 배포되기 이전부터 잠재적인 문제를 찾아내고 예방할 수 있도록 시프트 레프트 시험shift-left testing[1] 프레임워크를 제공합니다. 소프트웨어 산업 전반에 걸쳐 채택된 TDD는 프로덕션 환경에서 동작하는 코드의 품질을 높이는 데 기여한 공로를 인정받아야 합니다.

TDD는 엔지니어가 소프트웨어 운영성software operability에 대해 생각할 수 있는 분명한 방법을 제공하는 강력한 방법론입니다. 애플리케이션은 하루에도 수백 번씩 실행 가능한 결정론적이고[2] 반복 가능한 시험 집합을 통해 정의됩니다. 이러한 반복 시험을 통과했다면 애플리케이션은 설계한 대로 동작해야만 합니다. 애플리케이션의 변경 사항이 배포되기 전에 변경 사항이 제대로 동작하는지 검증할 수 있는 새로운 시험 집합을 만들어야 합니다. 시험이 준비되었다면 개발자는 준비된 시험을 통과할 수 있는 새로운 코드 작성을 시작할 수 있습니다.

TDD가 강력한 이유는 매번 동일한 방식으로 시험을 실행하기 때문입니다. 데이터는 시험을 수행하는 동안 바뀔 수 있습니다. 데이터가 제외되거나 삭제될 수 있고 다시 생성되기도 합니다. 따라서 원격지나 기저에 위치한 시스템 응답을 스텁stub이나 목mock을 통해 처리합니다.[3] 개발자는 TDD를 이용하기 위해 특정 상태에 있는 애플리케이션의 예상 동작을 정확하게 정의한 사양specification을 작성합니다. 시험의 역할은 특정 상태에서 발생하는 예상치 못한 동작을 식별해서 엔지니어가 즉시 대응하도록 하는 것입니다. 그렇게 함으로써 TDD는 추측을 없애고 일관성을 유지할 수 있게 해줍니다.

하지만 그러한 일관성과 격리는 오히려 프로덕션 환경에서 동작 중인 소프트웨어에서 발생할 수 있는 기회를 제한하기도 합니다. 격리된 시험 수행은 고객이 서비스에 대해 좋은 경험을 하고 있는지를 보여주지 못합니다. 또한 변경된 코드가 프로덕션 환경에 배포되기 전에 이러한 시험을 통과했다고 해서 발생한 에러를 빠르게 격리하고 수정할 수 있는 것도 아닙니다.

프로덕션에서 실행 중인 소프트웨어에 대한 관리 책임이 있는 합리적이고 숙련된 엔지니어는 프로덕션 환경은 일관성을 가져야 한다고 말합니다. 프로덕션은 코드에서 발생할 수 있는 흥미로운 예외들로 가득 차 있지만, 이런 예외들은 재현 가능하지도 않고 사양에 들어맞지도 않을

---

1 옮긴이_ 시프트 레프트 시험은 결함을 가능한 한 빨리 찾아내기 위해 개발 초기부터 수행하는 시험 방식입니다. 소프트웨어 개발 과정을 X, Y 좌표 평면에 표시한다고 생각해 보면, 그래프의 왼쪽으로 갈수록 생애주기의 초기에 해당합니다. 즉, 왼쪽(레프트)으로 시험을 옮겨 수행한다는 의미로 시프트 레프트라는 표현을 사용했다고 이해하면 됩니다.

2 옮긴이_ 시험은 시스템과 환경이 동일하다면 이전 시험과 같은 결과가 나와야 합니다. 동일한 결과가 나오는 시험을 신뢰할 수 있는 시험이라 이야기하며 결정론적이라고 표현합니다.

3 옮긴이_ 스텁과 목은 소프트웨어 시험의 중요한 개념으로 가짜 객체를 생성해 실제 소프트웨어의 동작을 흉내내기 위해 사용됩니다. 자세한 내용은 https://en.wikipedia.org/wiki/Method_stub와 https://en.wikipedia.org/wiki/Mock_object를 참고하기 바랍니다.

뿐더러, 계획대로 진행되는 것도 아니기 때문에 시험에 포함되어 있지 않습니다. TDD의 일관성과 격리는 코드를 다루기 쉽게 만들어주지만 밖으로 드러나 감시되고 시험되어야 하는 흥미로운 이상 현상에 대해 코드가 대비할 수 있게 해주진 못합니다. 왜냐하면 소프트웨어의 동작은 실제 사용자들이 소프트웨어와 상호작용하기 시작했을 때 만들어지기 때문입니다.

관찰 가능성은 코드상에서 버그를 빠르게 찾도록 해주는 도구이자 프로세스이면서 문화의 일부입니다. 따라서 관찰 가능성을 통해 코드가 소스 제어 시스템에 등록되기 전에 더 나은 코드를 작성하고 배포될 수 있는 여건을 만들 수 있습니다.

11.2 개발 생애주기 내에서의 관찰 가능성

버그가 개발 프로세스의 속도를 떨어뜨리는 기술 부채가 되지 않도록 하기 위해 깔끔하게 해결하는 것은 버그를 빨리 찾아내는 팀의 역량에 달려있습니다. 하지만 소프트웨어 개발팀은 여러 가지 이유로 그렇지 못한 경우가 많습니다.

어떤 조직에서는 소프트웨어 엔지니어가 프로덕션 환경에서 운영 중인 소프트웨어에 대한 책임이 없습니다. 엔지니어들은 코드를 메인 브랜치에 머지한 뒤 새로운 코드가 프로덕션 환경을 망가뜨리지 않기를 기도할 수밖에 없으며, 만에 하나 문제가 생겼을 때 오게 될 연락을 기다리는 것이 할 수 있는 일의 전부입니다. 간혹 새로운 코드를 배포하자마자 연락이 오는 경우도 있습니다. 이때는 진행한 배포를 롤백하고 버그를 일으킨 변경 사항을 찾아보는 게 어렵지 않습니다. 하지만 짧게는 몇 시간, 길게는 몇 개월동안 문제가 감지되지 않는 경우가 더 많습니다. 이런 경우 버그의 근본 원인이나 변경의 배경 혹은 최초 작성되었던 코드의 의도가 무엇이었고 왜 배포되었는지를 알아내는 것이 거의 불가능합니다.

빠르게 버그를 고칠 수 있는지 여부는 코드 작성자의 의도가 아직 머릿속에 남아있는 동안 문제를 검토할 수 있느냐에 달려있습니다. 코드가 작성되고 배포된 직후 바로 문제를 디버깅하는 것만큼 쉬운 것은 없습니다. 하지만 시간이 지나면서 문제 해결은 어려워질 수밖에 없으므로 빠르게 문제를 해결하는 것이 핵심입니다.[4] 우연히 버그가 배포된 시점과 문제의 코드를 분석

---

4 오래된 배포 모델에서는 변경을 머지한 뒤 출시 담당 엔지니어(release engineer)가 미리 공유되지 않은 시점에 배포하는 것을 기다려야 했습니다. 배포한 후에 최전방의 운영 담당자 가 문제를 인지하고 개발자에게 수정 요청하는 것을 기다렸습니다. 심지어 연락 받은 '개발자'가 해당 코드를 처음 작성한 사람이 아닌 경우도 많았습니다.

하기까지 경과되는 시간이 길어질수록 그만큼 많은 사람들이 몇 배나 더 많은 시간을 낭비하게 됩니다.

요약하자면 관찰 가능성과 더 좋은 소프트웨어 코드를 작성하는 것이 어떻게 연관되어 있는지는 명확하지 않습니다. 다만, 신속한 디버깅을 위해서는 이 두 가지를 긴밀하게 연결할 수 있어야만 합니다.

11.3 디버그 지점의 결정

관찰 가능성을 처음 접하는 사람들은 매우 상세한 로그를 활용해 디버깅하는 것처럼 관찰 가능성을 이용해 코드를 디버깅할 수 있다고 생각합니다. 이는 크나큰 착각입니다. 물론 관찰 가능성 도구를 이용해 코드를 어느 정도 디버깅할 수 있긴 하지만, 이것은 관찰 가능성을 이용하는 주된 목표가 아닙니다. 관찰 가능성은 기능의 순서가 아니라 시스템의 순서에 따라 동작합니다. 코드를 안정적으로 디버깅하기 위해 충분한 세부 정보를 내보내면 너무 많은 출력이 나와 대부분의 관찰 가능성 시스템 관점에서 봤을 때 터무니없이 많은 스토리지를 소모하게 되고 인프라를 확장해야만 합니다. 이런 식으로 시스템을 구축하면 시스템 관련 비용 지출이 많게는 열 배 이상으로 늘어날 수 있어 비현실적입니다.

관찰 가능성은 코드의 로직을 디버깅하기 위한 것이 아닙니다. 관찰 가능성은 시스템 내에서 디버깅해야 하는 코드를 찾아내는 것을 도와줍니다. 관찰 가능성 도구는 문제가 발생한 지점을 신속하게 좁힐 수 있게 해 줍니다. 어떤 컴포넌트에서 에러가 발생했는지, 지연latency이 발생하는 곳은 어디인지, 데이터 일부에 문제가 생긴 지점은 어디인지 파악하는 것을 도와줍니다. 또한 어느 구간에서 가장 많은 처리 시간이 소요되는지, 대기 시간은 모든 사용자에게 균등하게 발생하고 있는지, 아니면 특정한 사용자 그룹만 문제를 겪고 있는지 확인해 줍니다. 즉, 관찰 가능성은 문제 조사를 통해 가능한 발생 원인을 찾아내는 데 도움이 됩니다.

뿐만 아니라 관찰 가능성은 작성한 코드, 플랫폼의 코드, 높은 수준의 아키텍처 객체의 관점에서 영향을 받은 컴포넌트 안팎에서 무슨 일이 일어나고 있는지에 대한 좋은 아이디어를 제공해 줍니다. 또한 버그의 가능성을 나타내거나 어느 지점에서 버그가 발생하는지에 대한 힌트도 제공합니다.

버그가 발생하는 지점을 확인했고 발생 방식에 대한 몇 가지 특성을 찾아냈다면 관찰 가능성의
임무는 끝났습니다. 코드를 더 깊게 살펴보고 GNU 디버거나 GDB처럼 오래됐지만 쓸만한 디
버거나 새롭게 등장한 프로파일러profiler를 사용해야 합니다. 문제를 재현하는 방법이 의심된다
면, 로컬 환경에서 코드를 실행하고 서비스로부터 전체 문맥을 복제한 다음 조사를 이어갈 수
있습니다. 관찰 가능성 도구와 디버거는 서로 관련성이 있긴 하지만 망원경과 현미경처럼 규모
의 차이가 있습니다. 상황에 따라 일부 중첩되는 영역도 있지만 기본적으로 서로 다른 목적을
위해 설계되었습니다.

다음 예시는 디버깅이나 관찰 가능성을 선택했을 때 취할 수 있는 서로 다른 접근 방법을 보여
줍니다.

- 급격한 지연이 발생했습니다. 특정 사용자 접점에서 시작해 엔드포인트를 그룹화하고, 평균, 90퍼센
  타일, 99퍼센타일의 지연을 계산한 뒤, 특별히 더 느린 요청들을 식별하고 이들을 추적합니다. 그리고
  "service3"에서 타임아웃이 시작되었다는 결과를 보여줍니다. 추적한 요청의 문맥을 로컬 환경에서
  실행한 "service3" 바이너리에 복제하고 디버거나 프로파일러를 이용해 문제점을 재현합니다.
- 급격한 지연이 발생했습니다. 특정 사용자 접점에서 시작해 엔드포인트를 그룹화하고, 평균, 90퍼센타
  일, 99퍼센타일의 지연을 계산한 뒤, 쓰기 작업을 담당하는 엔드포인트가 갑자기 느려진 것을 확인했습
  니다. 데이터베이스 호스트 그룹별로 느린 쿼리 발생을 확인했을 때, 어느 정도 분산되어 있긴 했지만 모
  든 프라이머리 데이터베이스에서 발생하고 있지는 않았습니다. 느린 쿼리가 발생하는 프라이머리 데이
  터베이스들은 특정 가용성 영역에 배치된 일부 인스턴스 타입으로 한정되었습니다. 이를 바탕으로 코드
  의 문제가 아닌 인프라의 문제라는 결론을 내렸습니다.

11.4 마이크로서비스 시대의 디버깅

이러한 관점에서 봤을 때 마이크로서비스의 부상이 관찰 가능성의 부상과 밀접하게 관련된 이
유는 명확해 보입니다. 그동안 소프트웨어 시스템은 소수의 컴포넌트만으로 구성되어 있었고
어떤 일이 발생했을 때 이유를 찾기 어렵지 않았습니다. 엔지니어는 낮은 카디널리티의 몇 가
지 태깅만을 이용하더라도 대부분의 문제 발생 지점을 유추할 수 있었습니다. 그리고 나서 코
드 로직을 이해하기 위해 디버거나 IDE를 사용했습니다. 하지만 모놀리식 시스템이 많은 분산
마이크로서비스로 분해되기 시작하면서 디버거는 이전만큼 제대로 기능을 수행할 수 없었습니

다. 왜냐하면 디버거는 네트워크라는 서비스 사이의 강을 뛰어넘을 수 없기 때문입니다.

> **NOTE** 역사적으로 봤을 때, '마이크로서비스를 위한 스택트레이스'라는 문장은 '관찰 가능성'이라는 용어가 마이크로서비스 기반의 프로덕션 소프트웨어 시스템 관찰에 적용되기 전에 시스템 내부를 이해하기 위한 사용했던 초기 시도를 설명하기 위해 사용되었습니다.

서비스 요청이 기능 수행을 위해 네트워크상의 여러 서비스로 전달되기 시작하면 요청 처리에 필요한 운영, 아키텍처, 인프라 및 다른 여러 가지 복잡함과 만나게 됩니다. 이러한 복잡함이 의도치 않게 배포된 코드의 논리적인 버그와 되돌릴 수 없는 방식으로 얽힐 수 있습니다.

모놀리식 시스템에서는 기능을 수정한 새로운 코드 배포 직후 기능 동작이 느려진 경우 디버거 debugger를 이용해 문제를 쉽게 찾을 수 있었습니다. 마이크로서비스 환경에서는 변경으로 인한 영향이 여러 가지 방식으로 나타날 수 있습니다. 특정 서비스가 느려지거나, 의존성을 가진 여러 서비스가 느려질 수 있으며 타임아웃의 급증이 확인될 수도 있습니다. 최악의 경우에는 아무런 증상 없이 사용자의 불평만 늘어나기도 합니다. 말 그대로 어디서 무슨 증상이 나타날지 예측하기 어렵습니다.

어떤 증상이 나타나는지에 관계없이 기존 모니터링 도구를 이용해서는 어떤 이유로 성능 저하가 발생한 것인지 알아내기 정말 어렵습니다.

- 코드의 버그
- 특정 사용자의 이용 패턴 변화
- 데이터베이스 용량 초과
- 네트워크 연결 수 초과
- 잘못 설정된 로드밸런서
- 서비스 등록service registration이나 서비스 디스커버리service discovery 과정의 이슈[5]
- 복합적인 이유로 인해 발생

관찰 가능성이 없다면 모든 성능 그래프가 급증하거나 급감하는 것만 보게 될 것입니다.

---

5 옮긴이_ 마이크로서비스 환경에서 각 서비스는 동적으로 변화합니다. 호출해야 하는 서비스를 찾기 위해 서비스의 리스트와 정보(IP주소 등)를 갖고 있는 서비스 레지스트리가 필요합니다. 서비스 레지스트리에 필요한 서비스 정보를 찾는 과정을 '서비스 디스커버리'라고 합니다.

11.5 계측이 관찰 가능성 도입을 촉진하는 방법

관찰 가능성은 문제의 원인, 일반적인 이상값 조건, 에러가 발생하기 위해 필요한 여러 조건 등을 정확하게 찾아내도록 도와줍니다. 또한 관찰 가능성은 발생한 문제가 특정한 빌드ID, 호스트 그룹, 인스턴스 타입, 컨테이너 버전, 커널 패치 버전, 세컨더리 데이터베이스, 혹은 아키텍처적인 세부조건에 따라 발생하는지를 빠르게 식별하는 데 이상적입니다.

하지만, 관찰 가능성을 이렇게 활용하기 위해서는 먼저 쓸모 있는 계측을 만들어야 합니다. 잘 만들어진 계측은 관찰 가능성 도입을 촉진할 수 있습니다. 계측이 유용한지 판단하기 위해 소스 제어 시스템의 풀 리퀘스트^{pull requests} 문맥에서 생각해 봅시다. "이 변경사항이 의도한 대로 동작하는지 어떻게 확인할 수 있지?"라는 질문에 답을 할 수 없다면 풀 리퀘스트를 요청하거나 승인하면 안 됩니다.

계측 개발 시 결과를 보강할 수 있는 메커니즘과 짧은 피드백 루프를 만드는 것을 목표로 하면 많은 도움이 됩니다. 쉽게 설명하자면 코드를 배포하는 것과 에러를 감지하는 것 사이의 간극을 줄여야 합니다. 이 과정은 소프트웨어 엔지니어를 온콜^{on call} 업무에 투입하는 것으로도 알려져 있습니다.

이렇게 하는 방법 중 하나는 배포 중인 코드를 머지^{merge}한 엔지니어를 호출하는 것입니다. 그리고 배포 후 30분에서 1시간 이내에 알람이 발생하면 해당 엔지니어에게 알람을 보냅니다. 엔지니어가 프로덕션 환경에서 코드가 어떻게 동작하고 있는지를 경험하고 나면 이슈의 빠른 격리와 해결을 위해 자신이 작성한 코드를 계측하는 능력과 동기^{motivation}가 자연스럽게 늘어나게 됩니다.

이러한 피드백 루프는 에러가 발생한 코드 작성자에 대한 처벌이 아니라 코드 오너십^{ownership}에 대해 필수적입니다. 에러 피드백으로부터 격리되어 있으면 품질이 좋은 코드를 배포하고자 하는 의지를 불러일으키기 어렵습니다. 모든 엔지니어는 작성한 코드의 배포시점부터 발생하는 현상에 대해 답변할 수 있도록 코드를 계측할 필요가 있습니다.

- 작성한 코드는 예상한 동작을 수행하고 있나요?
- 이전 버전과 비교해 봤을 때 달라진 점은 없나요?
- 사용자들이 코드가 제공하는 기능을 잘 사용하고 있나요?
- 혹시 비정상적인 상태가 발생하고 있나요?

더 진보된 접근 방법은 엔지니어들이 프로덕션 트래픽의 일부를 이용해 코드를 시험할 수 있도록 하는 것입니다. 충분한 계측이 준비되었다면, 프로덕션 환경으로 코드를 배포하여 직접 측정하는 것이 프로덕션 환경에서 예정된 변경이 어떻게 동작하는지 이해하는 가장 좋은 방법입니다. 몇 가지 통제된 방법을 통해 이를 수행할 수 있습니다. 예를 들어 새로운 기능을 배포할 때 플래그^{flag}를 이용해 일부 사용자에 한정해서 기능을 사용하도록 할 수 있습니다. 다른 방법으로는 기능을 프로덕션 환경으로 직접 배포하고 특정 사용자의 일부 요청에 대해서만 새로운 기능을 이용하도록 할 수도 있습니다. 이러한 접근 방법은 코드 작성 후 릴리스 시점까지 꽤 오랫동안 기다려야만 했던 피드백 루프를 수초 내지는 수분 이내로 줄여줍니다.

요청의 문맥으로부터 상세한 계측 정보를 충분히 포착했다면, 모든 문제의 주변부부터 체계적으로 조사를 시작하여 추측이나 직관, 혹은 사전 지식 없이도 정확한 답을 찾아나갈 수 있습니다. 이는 관찰 가능성이 갖고 있는 혁신적 진보 중 하나로, 운영 엔지니어링$^{operations\ engineering}$을 마술이나 직관이 아닌 과학의 영역으로 되돌리는 데 많은 역할을 하고 있습니다.

11.6 관찰 가능성의 조기 투입

TDD가 개발된 소프트웨어의 격리된 사양 준수를 보장해 준다면, 관찰 가능성 주도 개발은 소프트웨어가 프로덕션 환경이라는 엉망진창의 현실 속에서 동작하도록 보장해 줍니다. 오늘날 소프트웨어는 복잡한 인프라 곳곳에 흩어져있고 특정한 시점에 예상치 못한 사용자 동작으로 인해 급격하게 출렁이는 부하를 견뎌내고 있습니다.

소프트웨어 개발 생애주기 초반에 계측 기능을 구축하면 작은 변경사항이 실제로 프로덕션 환경에 미칠 영향을 쉽게 고려할 수 있으며, 문제를 보다 빠르게 파악할 수 있습니다. 소프트웨어가 격리된 사양을 준수하는 것에 집중하면, 현실의 혼란한 상황 속에서 발생하는 지저분하고 예측하기 힘든 사용자 문제를 접하지 않도록 할 수 있습니다. 이전 장에서 살펴봤던 것처럼 기존의 모니터링 접근 방법은 알려진 이슈에 대한 집계된 측정치 기반으로만 알람을 발생시킵니다. 즉, 기존 도구는 복잡한 현대의 소프트웨어 시스템에서 일어난 사건의 극히 일부에 대해서만 정확한 원인을 찾아낼 수 있다는 한계가 있습니다.

프로덕션 환경이 어떻게 운영되는지 정확히 추론하는 것이 어렵기 때문에 프로덕션 환경을 망

가지기 쉬운 유리성glass castle으로 바라보는 경우가 많습니다. 유리성은 시간이 흐르더라도 그 자태를 잃지 않는 아름다운 조형물이지만, 예상치 못한 동작으로 인해 전체 구조가 깨져버릴 수도 있기 때문에 선뜻 손을 대기가 어렵습니다. 프로덕션 환경에서의 동작을 이해할 수 있는 원격 측정 정보와 관찰 가능성을 작성하고, 배포하고, 사용할 수 있는 엔지니어링 기술을 개발하면 프로덕션에서 일어나는 일의 진짜 원인이 무엇인지 알 수 있습니다. 결과적으로 유리성 주변을 배회하고 있을지도 모르는 예측하지 못한 비정상 동작을 감지할 수 있도록 개발 생애주기에 더 깊이 접근할 수 있는 권한을 갖게 됩니다.

관찰 가능성 주도 개발은 유리성을 엔지니어링팀과 프로덕션 환경이 상호 작용할 수 있는 공간으로 바꿔줍니다. 프로덕션 환경은 불변하는 환경이 아닌 활동이 가득한 곳이며 엔지니어는 어떤 게임에든 뛰어들어 점수를 올릴 수 있는 자신감을 가져야만 합니다. 하지만 그런 자신감은 관찰 가능성이 단지 SRE, 인프라 엔지니어, 운영팀만이 신경 쓰는 영역이 아닌 경우에만 얻을 수 있습니다. 소프트웨어 엔지니어는 프로덕션 환경에 변화를 일으킬 수 있는 개발 코드 배포가 주는 두려움의 굴레를 벗어날 수 있도록 관찰 가능성을 채택하고 개발 과정에 적용해야 합니다.

11.7 소프트웨어 배포 가속화를 위한 관찰 가능성 활용

원격 측정을 새로운 기능과 함께 묶어 프로덕션 환경으로 배포하면 변경 사항의 커밋commit 시점과 사용자에게 기능이 제공되는 시점 사이의 시간을 단축할 수 있습니다. 피처 플래그feature flag나 4장에서 살펴봤던 점진적인 배포progressive delivery처럼 배포와 릴리스를 분리해주는 패턴은 새로운 기능이 천천히 프로덕션 환경에 제공되도록 해줌으로써 엔지니어가 새로운 기능의 성능을 관찰하고 이해할 수 있게 해 줍니다.

소프트웨어 산업에서 통용되는 인식 중 하나는 속도와 품질 사이에는 트레이드오프trade-off가 있다는 것입니다. 소프트웨어를 빠르게 릴리스하거나 높은 품질의 소프트웨어를 릴리스할 수 있긴 하지만, 높은 품질의 소프트웨어를 빠른 시간 안에 릴리스한다는 것은 쉬운 일이 아닙니다. 『디지털 트랜스포메이션 엔진: 고성과 기술 조직 구축 및 성과』(에이콘, 2020)[6]에서 말하는 핵

---

6 Nicole Forsgren et al., Accelerate: Building and Scaling High Performing Technology Organizations (Portland, OR: IT Revolution Press, 2018).

심 중 하나는 이러한 상충관계가 미신myth일 수도 있다는 것입니다. 고성과자는 업무의 속도와 품질이 동시에 높아질 뿐만 아니라 서로를 강화하기도 합니다. 속도가 빨라지면 실패는 더 소규모로 더 적게 일어납니다. 그리고 실패가 발생하더라도 쉽게 복구할 수 있습니다. 반면 느리게 움직이는 팀에서는 실패가 더 잦아지는 경향이 있고 복구하는 데 필요한 실질적인 시간도 더 길어집니다.

엔지니어가 프로덕션 환경을 손대고 싶지 않은 유리성으로 대하게 되면 아주 작은 잠재적 이슈 가능성만 발견 되더라도 너무 쉽게 배포를 롤백하게 됩니다. 그들이 잘 이해하고 있는 문제에 대한 대응으로 미세조정, 설정 조율, 인위적인 서비스 품질 하향 또는 점진적인 변경 사항 배포를 할 수 있는 제어권이 없기 때문에, 완전히 이해하지 못한 추가 배포와 변경을 중지하게 되는 것입니다. 이것은 이러한 상황에 도움이 될 수 있는 행동과는 정반대의 행동입니다.

엔지니어링팀이 건강하고 효율적으로 운영되는지를 나타내는 핵심 메트릭은 코드 작성 후 프로덕션 환경까지 배포되는 데 얼마나 시간이 걸리는가에 대한 메트릭입니다. 모든 팀은 이 메트릭을 추적하고 개선하기 위해 노력해야 합니다.

엔지니어링팀은 피처 플래그, 점진적인 배포 패턴과 함께 관찰 가능성 주도 개발을 통해 직관적으로 배포를 중지하는 대신 새로운 기능 릴리스 과정에 문제가 발생할 때마다 실제로 무슨 일이 일어났는지를 자세히 조사할 수 있습니다.

다만 이 모든 것은 빠른 템포로 코드를 프로덕션 환경에 릴리스할 수 있는 능력을 갖고 있는가에 달려있습니다. 만약 그렇지 못하다면, 프로덕션 배포 속도를 높일 수 있는 몇 가지 방법을 살펴봅시다.

- 한 명의 엔지니어가 연관된 변경들을 하나의 머지로 만들어 하나씩 배포합시다. 한번에 너무 많은 것들을 배포하면 '무언가' 문제가 생겼을 때 원인을 파악하는 데 몇 시간 또는 며칠이 걸릴 수도 있으며, 롤백 역시 많은 사람들이 많은 변경사항에 대해 확인하며 몇 일에 걸쳐 수행해야 할 수도 있습니다.
- 경력이 많은 엔지니어를 할당하여 배포 프로세스와 코드에 실질적인 엔지니어링 역량을 쏟아야 합니다. 만들어진 배포 파이프라인은 모두가 이해할 수 있어야 지속적인 개선이 가능합니다. 절대 일부 엔지니어나 특정 팀의 소유물이 되도록 해서는 안됩니다. 대신 모든 엔지니어의 배포 파이프라인 사용량과 기여도를 확인합니다. 이 내용은 14장에서 보다 자세히 다룹니다.

요약

관찰 가능성은 소프트웨어 개발 생애주기의 초반부에 사용할 수 있으며 꼭 그래야만 합니다. TDD는 정의된 사양을 바탕으로 코드가 어떻게 동작하는지를 검토해 주는 좋은 도구입니다. 관찰 가능성 주도 개발은 혼란스럽고 정신없는 프로덕션 환경에서 코드가 어떻게 동작하는지 검토해 주는 좋은 도구입니다.

프로덕션 환경이 실제로 어떻게 동작하도록 만들어졌는지에 대한 역사적인 이해 부족은 소프트웨어 엔지니어가 프로덕션 환경을 유리성처럼 다룰 수밖에 없게 만듭니다. 새로운 기능이 프로덕션 환경에 릴리스될 때 그 기능 동작을 제대로 관찰함으로써 이러한 사고방식을 바꿀 수 있습니다. 이를 통해 사용자가 작성한 소프트웨어를 경험하는 것처럼 프로덕션 환경을 상호 작용할 수 있는 공간으로 만듭니다.

관찰 가능성 주도 개발은 높은 성과를 내는 소프트웨어 엔지니어링팀을 만드는 초석입니다. 모든 소프트웨어 엔지니어는 관찰 가능성이 SRE, 인프라 엔지니어, 운영팀만의 도메인이라 가정하지 말고, 기본적인 일상 업무의 일부분이라고 생각해야만 합니다.

CHAPTER 12

신뢰성을 위한 SLO의 활용

관찰 가능성과 기존의 모니터링은 공존할 수 있습니다. 다만, 관찰 가능성을 이용해야 모니터링을 보다 정교하고 상호 보완적인 접근 방법을 사용할 수 있는 가능성이 열립니다. 12장과 13장에서는 관찰 가능성과 서비스 수준 목표^{service-level objectives}(SLO)를 함께 사용했을 때 어떻게 신뢰성이 개선되는지 알아봅니다.

이번 장에서는 기존의 임계치^{threshold} 기반 모니터링 접근 방법에서 발생하는 일반적인 문제와 분산 시스템에서 이러한 문제가 악화되는 과정을 살펴보고, 이 문제를 SLO 기반의 모니터링 접근 방법으로 해결할 수 있는지 알아봅니다. 그리고 기존의 임계치 기반 알람을 SLO로 대체한 실제 사례를 살펴보면서 12장을 마무리하겠습니다. 13장에서는 관찰 가능성을 이용해 어떻게 SLO 기반의 알람을 실행 가능하고 디버깅 가능한 알람으로 만드는지 알아보겠습니다.

SLO 기반의 모니터링 접근 방법을 살펴보기 전에 기존 모니터링 및 알람의 역할과 접근 방법을 이해해 봅시다.

12.1 전통적 모니터링 접근 방법이 낳은 알람에 대한 피로감

모니터링 기반의 접근 방법에서 알람은 측정하기 쉬운 것만 측정하는 경우가 많았습니다. 메트릭은 기저 프로세스가 제대로 실행되지 않거나 발생 가능성이 있는 문제의 주요 지표와 같은 단순한 시스템 상태를 추적하는 데 주로 사용되었습니다. 예를 들어 CPU 사용률이 80% 이상이거나 가용 메모리가 10% 이하일 때, 혹은 디스크 공간이 거의 차있거나 너무 많은 스레드가 동작할 때처럼 기저 시스템의 특정한 조건에 대한 단순 측정값이 임계치를 초과했을 때 알람이 발생됩니다.

'발생 가능성이 있는' 대상에 대한 측정치를 수집하는 것은 어렵지 않습니다. 하지만, 대응이 필요하다는 것을 알려주는 의미 있는 알람을 만들지는 못합니다. 가령 CPU 사용률의 급증은 백업 프로세스가 실행 중이거나 가비지 콜렉터garbage collector가 동작 중일 때처럼 시스템이 바쁘게 동작하고 있다는 것을 알려주는 지표 중 하나입니다. 다시 말하자면 유심히 살펴봐야 하는 문제 상황뿐만 아니라 여러 시스템 요소로 인해 변화할 수 있는 지표입니다. 즉, 이러한 하드웨어 동작 기반의 측정값을 바탕으로 생성된 알람은 오탐false positive일 가능성이 높습니다.

프로덕션 환경에서 소프트웨어 운영을 담당하는 숙련된 엔지니어링팀은 이러한 형태의 알람이 신뢰하기 어렵다는 것을 잘 알고 있기 때문에 알람 자체를 조정하거나 무시하는 경우도 많습니다. 이런 작업을 주기적으로 수행하는 팀은 "알람은 신경 쓰지 마세요. 간혹 프로세스가 사용할 메모리가 부족하기도 하니까요" 같은 문구를 채택하기도 합니다.

오탐으로 인해 발생하기 쉬운 알람에 익숙해지는 것은 널리 알려진 문제인 동시에 위험한 관행입니다. 다른 산업에서 이러한 문제는 '일탈의 정상화'[1]라고 합니다. 알람이 발생했을 때 조직 구성원 중 누군가가 습관적으로 알람을 끄거나 대응하지 않는다면, 알람에 둔감해져 무언가 잘못되었다고 생각하지 않게 됩니다. 반복적으로 무시되거나 '정상적'인 것으로 치부되는 실패는 배경 소음에 불과합니다. 하지만 최악의 경우, 무시된 고장이 연쇄적인 시스템 실패로 이어져 재앙이 될 수도 있습니다.

소프트웨어 산업에서 모니터링 기반 알람의 낮은 신호대 소음비signal-to-noise ratio는 종종 대부분의 알람이 잘못된 알람이고 행동을 취하기 어려운 것처럼 보이게 합니다. 그뿐만 아니라 이를 유용하지 않다고 느끼게 만들어 점차 모든 알람에 관심을 갖지 않게 되는 알람 피로감alert fatigue으로 이어지곤 합니다. 안타깝게도 모니터링 기반의 알람 체계에서는 장애가 발생했을 때 문제가 더 복잡해지는 경우가 많습니다. 장애 리뷰 미팅에서는 문제 예방을 위해 적시에 알람을 생성할 수 있는 새롭고 더 중요한 알람 생성이라는 작업 항목action item을 만드는 경우가 종종 있습니다. 하지만 이런 작업 항목은 다음 장애 발생 시 더 많은 알람을 만들어낼 뿐입니다. 이러한

---

1   옮긴이_ 처음에는 잘못된 것으로 여겨졌지만 시간이 지나면서 일어날 수도 있는 일로 간주하는 것을 의미합니다. 이 용어는 미국의 우주 왕복선 챌린저호 참사 조사 과정에서 유래되었습니다.

알람 증가 패턴은 지속적으로 증가하는 알람의 홍수를 만들고 대응해야 하는 엔지니어가 어떤 알람이 중요하고 어떤 것이 중요하지 않은지를 판단해야 하는 부담을 지속적으로 증가시킵니다.

이러한 유형의 기능 장애는 소프트웨어 산업에서 매우 흔합니다. 따라서 많은 모니터링 및 사고 대응 도구를 공급하는 업체들은 알람을 그룹화하거나 줄여주고 처리해 주는 'AIOps' 딱지가 붙은 다양한 솔루션을 제공합니다(8장 'AIOps의 약속에 대한 오해' 참조). 엔지니어링팀은 알람으로 인한 소음에 너무 익숙해진 나머지, 이러한 패턴을 정상적인 것으로 생각할 수 있습니다. 프로덕션 환경에서 운영 중인 소프트웨어의 미래가 인위적으로 처리해야 할 만큼 많은 불필요한 소음을 발생시킬 운명이라면, 상황 자체가 '일탈의 정상화'를 훨씬 넘어섰다고 말해도 무방할 것입니다. 업체들은 이러한 상황을 관리할 수 있는 다양한 제품을 만들었고 여러분에게 판매하고자 할 것입니다.

다시 한번 말하지만, 이런 유형의 기능 장애는 프로덕션 시스템의 상태를 이해하기 위한 최선의 선택이던 메트릭과 모니터링 도구 사용으로 인해 생긴 제약으로 인해 발생합니다. 소프트웨어 산업 관점에서 생각해 보면 오늘날 겪는 많은 문제와 비교했을 때 빙산의 일각에 불과한 기능 장애로 집단적인 스톡홀름 신드롬Stockholm Syndrome을 겪고 있는 것이라 볼 수 있습니다. 탄력성resilience에 대한 높은 요구와 함께 현대적인 시스템 아키텍처의 복잡성은 이러한 기능 장애 문제를 더 이상 허용할 수 없게 되었습니다.

오늘날 분산 시스템은 기존과는 다른 접근 방법을 요구하고 있습니다. 모놀리식 시스템을 모니터링하는 접근 방법이 왜 대규모의 시스템에서는 잘 동작하지 않는지, 그리고 해볼 수 있는 다른 접근 방법은 무엇이 있는지 알아봅시다.

12.2 알려진 무지만을 위한 임계치 기반의 알람

자체 시스템에서 장애 모드를 예측하는 것은 분산 시스템에서 예측하는 것보다 훨씬 쉽습니다. 따라서 각각의 예측 가능한 알려진 장애 모드에 대해 모니터링을 추가하는 것은 합리적인 것처럼 보입니다. 자체 프로덕션 시스템을 지원하는 운영팀은 각각의 정확한 상태에 대한 모니터링 검사를 작성할 수 있습니다.

하지만, 시스템이 점점 복잡해지면서 잠재적인 장애 모드는 폭발적으로 늘어났습니다. 덜 복잡한 시스템에 익숙해진 운영팀은 발생 가능한 시스템 장애 모드를 예측하기 위해 직관과 최선의 추론, 그리고 이전에 발생했던 장애에 의존해야만 했습니다. 기존 모니터링을 이용한 이런 접근 방법은 소규모 시스템에서는 효과적일 수 있지만, 폭발적인 복잡도를 갖는 현대적인 시스템에서는 발생할 수 있는 모든 시나리오를 찾아내기 위해 수백 혹은 수천 개의 정확한 상태 체크 검사를 작성하고 관리해야만 합니다.

이러한 방식은 지속 가능하지 않습니다. 검사 과정은 관리하기 어렵고, 배경 지식이 전달되지 않을 뿐 아니라, 과거에 발생했던 동작이 미래에 일어날 실패를 예측해 줄 수도 없습니다. 기존 모니터링은 실패 예방에 중점을 두고 있습니다. 하지만 수백, 수천 개의 컴포넌트가 프로덕션 트래픽을 제공하는 분산 시스템에서의 실패는 발생할 수밖에 없는 것으로 봐야 합니다.

오늘날 엔지니어링팀은 주기적으로 서로 다른 여러 시스템으로 부하를 분산시킵니다. 지리적으로 분산되어 있는 시스템에 데이터를 나누고, 샤딩shard하고, 수평적으로 파티션을 나누고 복제합니다. 이러한 구조적 결정은 성능과 탄력성, 확장성을 최적화해 주지만 동시에 시스템적으로 실패를 감지하거나 예측하기 어렵게 만듭니다. 즉, 긴급한 실패 상황이 발생하면 기존에 지표로 사용하던 조악한 신세틱 프로브synthetic probe[2]가 상황을 알려주기도 전에 사용자들은 영향을 받게 됩니다. 서비스 상태에 대한 기존 측정 방식은 분산 시스템의 전체 동작과 무관한 것이 되어버려 하루아침에 그 가치가 바닥으로 떨어져 버렸습니다.

기존 시스템 메트릭으로는 분산 시스템 환경의 예상치 못한 실패 상황을 놓치기 쉽습니다. 특정 단일 컴포넌트에서 비정상적으로 증가한 스레드는 가비지 콜렉션garbage collection이 실행 중임을 나타낼 수도 있고, 업스트림 서비스의 응답시간이 느려지고 있다는 것을 알려주는 것일 수도 있습니다. 또한 시스템 메트릭을 통해 감지된 상태는 서비스 품질 저하와 전혀 관계가 없을지도 모릅니다. 그럼에도 불구하고 여전히 시스템 운영자는 한밤중에 비정상적인 스레드 수의 증가에 대한 알람을 받고 있으며, 어떤 상태로 인해 알람이 발송된 것인지 알 수 없기 때문에 상관관계를 찾아내는 것은 온전히 운영자의 몫이 됩니다.

더 어려운 것은 느슨하게 연결된 여러 컴포넌트의 탄력성을 보장하기 위해 만들어진 분산 시스템 디자인 자체입니다. 현대적인 인프라 도구는 엔지니어의 새벽 잠을 깨우던 많은 공통 이

---

2 옮긴이_ 구현이 쉬워 널리 사용되는 실패 감지 방식이 신세틱 모니터링(synthetic monitoring)입니다. 보통 시험 대상의 외부에 시험을 담당하는 프로브를 운영하면서 반복적으로 블랙박스 시험을 수행하여 응답 코드의 변화, 지연 시간의 증감을 감지하는 것이 일반적입니다.

슈를 자동으로 수리하는 방법을 제공합니다. 아마도 오토스케일링autoscaling이나 로드 밸런싱load balancing, 페일오버failover와 같이 탄력성을 만들어 주는 여러 가지 방법들을 이미 사용해 봤을 겁니다. 이러한 자동화는 문제가 발생한 출시를 중지하거나 롤백할 때 유용합니다. 컴포넌트를 액티브-액티브 구성으로 실행하거나 가용성 영역availability zone 전환 절차를 자동화하면 고장으로 인한 손상을 최소화 할 수 있습니다. 자동으로 수정된 고장은 알람을 보내지 않아야 합니다 (물론 어떤 팀들은 서비스 내부 작동에 대한 의미 있는 '직관intuition' 제공이라는 명목으로 자동 복구된 고장에 대해서도 알람을 보내는 경우가 있습니다. 하지만, 발송되는 알람이 소음처럼 느껴지기 시작하면, 자동 복구 적용이 어려운 서비스 컴포넌트의 내부 동작에 대한 직관을 키우는 데 활용해야 하는 팀 구성원들의 시간을 낭비할 수 있습니다).

자동으로 복구된 고장을 디버깅하지 말라는 이야기가 아닙니다. 평일 업무 시간 중에 이러한 고장을 디버깅 해야 합니다. 하지만 알람의 가장 중요한 점은 기다릴 수 없는 긴급한 상황에 대해 관심을 갖도록 유도해야 한다는 것입니다. 영향이 적은 고장이나 자동 복구된 고장에 대한 알람으로 엔지니어를 한밤중에 깨우는 것은 단지 소음일 뿐이고 사람에게 번아웃burnout을 가져다줄 뿐입니다. 따라서 문제의 시급도를 적절히 정의할 수 있는 전략이 필요합니다.

복잡하고 상호 의존적인 시스템으로 가득한 오늘날에는 서비스 이용에 문제가 생겼음을 고객에게 분명히 알려줘야 합니다. 하지만 실제로 문제와 관계없는 알람의 홍수로 인해 쉽게 피로감을 느끼게 되는 경우가 많습니다. 사용자 경험에 직접적으로 연관되어 있지 않은 상태에 대한 알람은 단지 배경 소음일 뿐입니다. 이러한 알람은 애초의 목적을 달성하지도 못할뿐더러, 정반대의 효과를 낸다는 점에서 말 그대로 최악입니다. 주의가 분산되어 정말 중요한 알람에는 관심을 기울일 수 없기 때문입니다.

신뢰할 수 있는 시스템을 운영하기 위해서는 신뢰할 수 없는 소음성 알람을 제거해야 합니다. 하지만 많은 팀들은 불필요한 방해 요소의 제거를 어려워합니다. 어려움의 주된 이유는 알람의 삭제로 인해 중요한 서비스 품질 저하를 감지할 방법이 없어진다고 생각하기 때문입니다. 하지만 기존의 알람은 발생할 수 있는 문제는 맞지만 정말로 문제가 일어나고 있는지는 확신할 수 없는 알려진 무지known-unknowns를 감지할 때만 도움이 된다는 것을 깨달아야 합니다. 즉, 이러한 알람은 안전하다는 느낌을 줄 수는 있지만 새로운 고장이나 이전에 발견되지 않았던 고장을 대비하는 데에는 아무런 도움이 되지 않습니다.

관찰 가능성 실무자들은 시스템으로부터 정해진 일련의 고장만 찾아내는 것을 넘어, 알려지지 않은 문제unknown-unknown를 찾아내고자 노력합니다. 몇 가지 컴포넌트로만 구성된 기존의 자체 구축 소프트웨어 시스템에서는 알려진 무지만 남겨두는 것이 가능했을지 모르지만, 현대적인 시스템에서는 그렇지 않습니다. 하지만 여전히 많은 조직은 기존 모니터링 시스템의 오래된 알람을 제거하기 어려워합니다.

도움이 되지 않는 알람을 자신 있게 삭제하는 방법은 이번 장 후반부에서 살펴볼 것입니다. 지금은 도움이 될 만한 알람을 만들기 위한 조건을 먼저 정의해 봅시다. 『사이트 신뢰성 엔지니어링』(제이펍, 2018)에서는 좋은 알람이란 긴급한 사용자 영향을 반영해야 하고, 행동을 취할 수 있어야 하며, 기존에 발견되지 않은 새로운 것인 동시에, 기계적인 대응보다는 조사를 통해 원인을 밝혀내야 하는 것이어야만 한다고 정의하고 있습니다.[3]

알람에 대한 조건은 두 가지로 정의합니다. 첫째, 서비스에 대한 사용자 경험이 낮아진 상태임을 알려주는 신뢰할 수 있는 지표 기반이어야 합니다. 둘째, 해결할 수 있는 알람이어야 합니다. 기계적인 자동화는 아니지만 알람에 대응하기 위해 어떤 행동을 취해야 할지 고민하지 않고도 체계적으로 디버깅할 방법이 있어야 합니다. 두 가지 조건을 모두 만족하지 않으면 구성한 알람은 의도한 목적을 달성할 수 없습니다.

12.3 중요한 것은 사용자 경험이다

『사이트 신뢰성 엔지니어링』(제이펍, 2018)에는 잠재적 원인potential-cause 알람은 실제 문제와의 상관관계가 떨어지는 반면 사용자 고통 증상symptom-of-user-pain 알람은 사용자 영향도와 사용자가 경험한 시스템 상태를 더 잘 이해할 수 있게 해준다고 설명합니다.

그렇다면 사용자 경험에 영향을 주는 고장을 감지하기 위한 알람 설정에 집중하려면 어떻게 해야 할까요? 바로 여기가 기존 모니터링 접근 방법으로부터 벗어나야만 하는 지점입니다. 기존 메트릭 기반 모니터링 접근 방법은 최적의 시스템 상태를 정의하는 정적인 임계치static threshold에 의존합니다. 하지만 현대적인 시스템의 성능은 서로 다른 인프라 레벨의 워크로드로 인해 동적으로 바뀝니다. 단적으로 말하자면 정적인 임계치는 사용자 경험의 영향도를 모니터링하는 작

3　Betsy Beyer et al., "Tying These Principles Together", in Site Reliability Engineering (Sebastopol, CA: O'Reilly, 2016), 63-64. https://oreil.ly/vRbQf

업과 아무런 관계가 없습니다.

사용자 경험을 모니터링하기 위해 기존의 알람 메커니즘을 사용하는 것은 시스템 엔지니어가 사용자 경험이 나빠질 지점을 예측해 임의로 수준을 정한다는 것을 의미합니다. 예를 들어, '10명의 사용자가 페이지 로딩 시간이 느려진 것을 경험했다' 혹은 '요청 응답 시간의 95퍼센타일 지점 수치가 특정 밀리세컨드 이상을 기록했다'와 같은 조건이 발생했을 때 알람을 발송하도록 설정하는 것입니다. 메트릭 기반의 접근 방법에서 시스템 엔지니어는 허용할 수 없는 문제가 일어나고 있음을 나타낼 수 있도록 정확한 정적 측정을 수행할 필요가 있습니다.

하지만 시간대에 따라 사용자들이 서로 다른 방식으로 서비스와 상호 작용하기 때문에 시스템 성능은 측정 시점에 따라 크게 달라질 수 있습니다. 수백 개의 동시 세션이 맺어져 있는 트래픽이 적은 시간대에 10명의 사용자가 페이지 로딩 시간이 느려진 것을 경험했다면 이것은 중요한 지표가 될 수 있습니다. 하지만 수만 개의 세션이 동시에 실행되는 최대 부하 시간대에 10명 정도의 사용자가 겪은 이슈는 중요성이 급격히 떨어집니다.

분산 시스템 환경에서 고장은 불가피한 것임을 잊지 마세요. 자잘한 일시적 고장은 언제나 발생하며 주목할 필요도 없습니다. 단적으로 요청이 실패했지만 재시도 로직을 통해 성공할 수 있었다면 굳이 알람을 받지 않아도 될 것입니다.

또 중요한 프로세스의 실행이 실패했을 때, 다소 지연이 생기더라도 새로 호스트를 준비하여 프로세스 재시작에 성공하는 경우도 있습니다. 그 외에도 서비스가 응답 불능에 빠졌을 때 백업 서비스로 절체하여 요청을 처리하는 상황도 생길 수 있습니다. 이러한 형태의 일시적 고장으로 인해 생기는 추가적인 지연 시간은 최대 부하 시간 동안은 정상적인 것으로 간주되지만, 95퍼센타일 기준 개별 응답시간 데이터는 트래픽이 낮은 시간대에는 상당히 도드라져 보일 수 있습니다.

비슷한 문맥에서 다음의 예는 시간 기반 메트릭의 조악함을 보여줍니다. 95퍼센타일의 응답시간을 5분 간격으로 측정한다고 가정해 봅시다. 5분마다 최근 5분간의 성능 값을 보고하며 정해진 임계치를 초과하면 알람이 발생합니다. 값이 임계치를 넘은 경우 측정된 5분 내내 안 좋은 성능을 보인 것으로 간주합니다. 반대의 경우도 마찬가지로 임계치를 넘지 않았다면 측정된 5분 동안 응답시간이 양호했다고 간주합니다. 이러한 형태로 메트릭에 대해 알람을 발효하면 오탐false positive과 미탐false negatives의 비율이 높아집니다. 뿐만 아니라 측정값이 세분화 되어 있지 않아 정확히 언제, 어디서 문제가 발생했는지 진단하기 어렵습니다.

정적인 임계치는 동적인 환경에서 저하된 사용자 경험을 나타내기에는 너무 경직되어 있고 조악합니다. 문맥 또한 누락되어 있습니다. 신뢰할 수 있는 알람이 되기 위해서는 더 나은 신뢰성과 세분화가 필요합니다. 이것이 바로 SLO가 필요한 이유입니다.

12.4 SLO란 무엇인가?

서비스 수준 목표service-level objectives(SLO)는 서비스 상태 측정값에 대한 내부적인 목표입니다. 『사이트 신뢰성 엔지니어링』(제이펍, 2018)에 소개되면서 유명해진 SLO는 서비스 업체와 고객 간의 서비스 수준 계약service-level agreement(SLA) 설정 시 필요한 핵심 지표입니다. 이러한 내부 측정은 보통 외부용 계약이나 가용성에 대한 약속보다 더 엄격한 목표와 규칙을 갖습니다. 이러한 엄격함으로 인해 SLO는 외부 사용자 경험이 받아들이기 힘든 수준까지 떨어지기 전에 문제를 식별하고 고칠 수 있도록 도와주는 안전망 역할을 할 수 있습니다.

> **NOTE** SLO에 대해 보다 많은 정보는 알렉스 히달고(Alex Hidalgo)가 쓴 『Implementing Service Level Objective』[4]를 참고하기 바랍니다.

많은 사람이 서비스 신뢰성을 위해 SLO를 사용하는 것에 대한 이야기를 하고 있으며, 이는 관찰 가능성의 세계에만 국한된 것은 아닙니다. 하지만 서비스 상태 모니터링을 위해 SLO 기반의 접근 방법을 사용하기 위해서는 애플리케이션에 관찰 가능성이 구현되어 있어야만 합니다. 물론 관찰 가능성 없이도 SLO를 시스템에 구현할 수 있으며 실제 구현 사례도 많습니다. 하지만 이렇게 구현하는 것은 예상치 못한 심각한 결과로 이어질 수 있습니다.

12.4.1 SLO 기반의 신뢰성 있는 알람

SLO는 시스템 메트릭이 아닌 핵심 사용자 여정critical enduser journey을 바탕으로 서비스 가용성에 대하여 합의된 목표를 계량합니다. 이 목표는 서비스 시스템 상태를 좋다, 나쁘다로 구분 짓는

---

4 https://www.oreilly.com/library/view/implementing-service-level/9781492076803

서비스 수준 지표^{service-level indicators}(SLI)를 이용해서 측정됩니다. SLI는 두 가지 종류가 있습니다. 하나는 '5분 동안 99퍼센타일의 지연 시간이 300밀리세컨드 이하'와 같은 시간 기반의 측정^{time-based measures}이고, 다른 하나는 '주어진 롤링 윈도 시간 동안 300밀리세컨드 이내에 처리된 이벤트의 비중'과 같은 이벤트 기반의 측정^{event-based measures}입니다.

두 가지 방법 모두 실제 사용자에 대한 영향도를 나타내지만, 사용자 트래픽이 시간 버킷을 이용해 미리 집계되었는지 여부에 따른 차이가 있습니다. 이 책에서는 시간 기반의 측정보다 이벤트 기반의 측정을 권장합니다. 이벤트 기반의 측정이 서비스 상태를 계량할 때 더 신뢰할 수 있으면서도 세부적인 내용을 제공해 주기 때문입니다. 이 내용에 대해서는 다음 장에서 설명합니다.

이제 이벤트 기반의 SLI를 정의하는 방법을 살펴봅시다. 가령 '사용자가 홈페이지에 문제없이 접속할 수 있었고 결과를 빠르게 확인할 수 있었습니다.'를 좋은 사용자 경험으로 정의할 수 있을 겁니다. 이것을 SLI로 표현한다는 것은 이벤트를 계량한 뒤 조건을 만족하는지 여부를 결정하는 것을 의미합니다. 이 예제는 다음과 같은 판단을 통해 SLI를 결정합니다.

- 요청 경로가 /home인 이벤트를 찾습니다.
- 지속 시간이 100밀리세컨드 이하인 이벤트를 성공한 이벤트로 필터링합니다.
- 이벤트 지속 시간이 100밀리세컨드 미만이고 사용자에게 정상적으로 제공되었다면 성공입니다.
- 이벤트 지속 시간이 100밀리세컨드 초과이면 사용자에게 정상적으로 제공되었다고 하더라도 에러입니다.

에러로 판단된 이벤트는 SLO에 정의된 오류 예산^{error budget}을 사용합니다. SLO 오류 예산을 선제적으로 관리하기 위한 면밀한 패턴 분석과 알람 발송에 대해서는 다음 장에서 살펴봅니다. 일단 지금은 많은 에러가 발생하면 잠재적인 SLO 위반 알람을 시스템이 발송할 수 있다 정도로 정리합시다.

SLO는 서비스를 이용하는 사용자들의 경험에 영향을 주는 증상만 고려하기 위해 알람의 범위를 좁힙니다. 기저의 조건이 '사용자는 홈페이지를 로딩하고 빠르게 본다'에 영향을 주고 있다면, 왜 그런 현상이 발생하는지 조사해야 하기 위해 알람을 발송해야 합니다. 하지만, 서비스 품질이 어떻게 저하되는지는 알 수 없습니다. 다만 뭔가 잘못되었다는 것만 인식할 수 있을 뿐입니다.

이와 반대로 기존 모니터링은 원인 기반^{cause-based}의 접근 방법을 사용합니다. 이전에 확인된 원인이 감지되면(예: 비정상적으로 증가한 스레드 숫자) 사용자가 의도치 않은 경험을 할 수 있다고 알려줍니다(예: 느린 페이지 로딩 시간). 이러한 접근 방법은 발생한 상황에 대해 '무엇'과 '왜'를 연결해 주어 조사의 시작지점을 정확히 파악하는 데 도움이 됩니다. 하지만 앞서 살펴봤던 것처럼 서비스에는 단순히 동작 중이다, 동작을 멈췄다 혹은 느려졌다 이외에도 더 많은 상황이 있을 수 있습니다. 예상치 못한 실패 상황은 조악한 신세틱 프로브가 감지해 알려주기 전부터 사용자에게 영향을 줄 수 있습니다. '무엇'과 '왜'를 분리하는 것은 가장 확실한 신호와 최소한의 소음을 바탕으로 잘 정의된 모니터링을 작성할 수 있게 해주는 가장 중요한 차이점입니다.

알람이 도움이 되기 위한 두 번째 기준은 실행 가능해야 한다는 것입니다. CPU 사용률이 높다는 시스템 수준의 잠재적 원인 알람은 사용자가 영향을 받고 있는지, 조치해야 하는지에 대해 아무것도 알려주지 않습니다. 반면 SLO 기반 알람은 증상 기반 알람으로 뭔가 잘못되었다는 것을 알려줍니다. 이러한 알람이 발생하면 대응 인력은 사용자들이 영향을 받는 이유를 파악하고 증상을 완화해야 하므로 실행 가능하다고 볼 수 있습니다. 하지만 시스템을 충분히 디버깅할 수 있는 여건이 되지 않는다면 문제 해결은 무척 어렵습니다. 이것이 바로 모니터링에서 관찰 가능성으로 변화해야 하는 이유입니다. 프로덕션 환경에서의 디버깅은 안전하고 자연스러워야 합니다.

SLO 기반의 세계는 관찰 가능성이 필요합니다. 새로운 계측을 추가하지 않고 시스템에 대한 새로운 질문을 할 수 있어야 합니다. 이 책 전반에 걸쳐 살펴보고 있는 것처럼, 관찰 가능성은 제1원칙을 바탕으로 디버깅할 수 있습니다. 풍부한 원격 측정 정보를 바탕으로 넓은 범위로부터 필터링하여 검색 공간을 줄일 수 있습니다. 이러한 접근 방법은 얼마나 새로운 문제인지, 혹은 긴급한 장애인지와 관계없이 모든 문제의 원인 파악을 위한 대응이 가능하다는 것을 의미합니다.

좀처럼 바뀌지 않으면서도 오래 지속되는 알람이 많은 자체 구축 시스템은 알려진 모든 장애에 대한 알람을 가진 경우가 많습니다. 이론적으로는 주어진 리소스와 시간 내에 모든 알려진 장애를 방지하고 경감시킬 수 있습니다(그런데 왜 모든 팀들이 그렇게 하지 않는 걸까요?). 하지만 얼마나 많은 장애를 자동으로 복구하는지와 관계없이 현대적인 분산 시스템에서 발생하는 긴급한 장애 모드는 예측할 수 없습니다. 시간을 되돌려 예상치 못한 장애가 발생한 시스템에 대한 메트릭을 추가할 수도 없습니다. 모든 것이 언제든 고장 날 수 있다면, 이들에 대한 모든 데이터가 필요합니다. 다만 여기서 우리가 이야기 하는 것이 모든 것을 위한 데이터이지 모든 것을 위한 알람이 아니라는 것에 주목합니다. 모든 것에 대해 알람을 제공하는 것은 실현 불가능합니다. 이미 살펴봤던 것처럼 소프트웨어 산업은 이미 소음 속에 잠겨 있습니다.

새롭고 긴급한 장애 상황에 대응하기 위해서는 관찰 가능성이 필요합니다. 관찰 가능성을 통해한 단계씩 차례로 시스템을 조사할 수 있습니다. 질문을 하고 결과를 분석하고, 이어서 다음 질문을 하고 또 결과를 분석합니다. 기존의 모니터링 알람과 대시보드에 얽매일 필요가 없습니다. 대신 시스템에서 발생한 문제를 찾기 위해 즉흥적으로 솔루션을 적용할 수 있습니다.

풍부하면서도 의미 있는 원격 측정 데이터를 제공해 주는 계측은 이러한 접근 방법의 기본입니다. 원격 측정 데이터를 빠르게 분석하고 검증하거나 가설을 고칠 수 있게 되면 도움이 되지 않는 알람을 제거하는 데 자신감이 생깁니다. SLO 기반의 알람을 관찰 가능성과 함께 사용하면 알람에서 '무엇'과 '왜'를 분리할 수 있게 됩니다.

대부분의 알람이 단순히 무언가를 알려주는 것에 그치고 실행 가능한 내용이 없는 경우에는 알람 피로감에 빠지기 쉽습니다. 이런 문제를 해결하기 위해 실행 가능하지 않은 모든 알람을 삭제해 봅시다.

도움이 되지 않는 알람을 지우자고 팀을 설득하는 것이 아직도 어렵다면, 그런 종류의 문화 변화를 이끌기 위해 필요한 것이 무엇인지 다음 사례를 통해 알아봅시다.

12.4.2 사례 연구: SLO 기반의 알람 문화 변화

풍부한 문맥 정보를 가진 원격 측정 정보를 쿼리할 수 있게 되었다 할지라도, 여전히 쓸모 없는 알람을 모두 삭제하겠다는 자신감을 얻기에는 충분치 못할 수도 있습니다. 허니컴에 근무하는 동안에도 그런 경험을 했습니다. SLO를 이미 구현했음에도 불구하고 이에 대해 완전한 신뢰를 보내는 사람이 없었습니다. SLO 기반 알람은 덜 중요한 메일로 분류되었고, 팀은 여전히 기존 모니터링 알람에 의존하고 있었습니다. 기존 알람이 유용한 신호를 보내기 한참 전에 SLO 기반 알람이 문제를 식별한 몇 번의 사고 발생 전까지는 SLO 기반 알람에 대한 신뢰가 없었습니다.

이러한 변화가 어떻게 일어났는지 설명하기 위해 2019년 말에 발생했던 사고를 검토해보겠습니다. SLO 기능을 개발한 리즈[112]는 다른 팀원들이 기존 알람에 집중하는 동안 SLO 알람을 예의주시하고 있었습니다. 인입되는 사용자 데이터를 수집하는 셰퍼드^{Shepherd} 서비스의 SLO에 이상이 감지되기 시작했고 SLO 시험 채널로 알람이 발송되기 시작했습니다. 서비스는 상당히 빠르게 복구되었고 약 20분 동안 사용자 요청의 1.5% 정도만 영향받은 것으로 마무리되었습니다. 다만 이 문제로 이로 인해 30일 정도 사용할 수 있는 오류 예산이 모두 소진되고 말았습니다. 하지만 이슈는 저절로 해결된 것처럼 보였습니다.

온콜 엔지니어는 새벽 1시 29분에 SLO 알람을 받고 깨어났습니다. 서비스가 잘 동작하는 것을 확인한 온콜 엔지니어는 알람은 일시적이었다고 결론지었습니다. SLO 기반으로는 알람이 발효되었지만 연속적인 프로브 시험 실패로 고장을 감지하는 기존 모니터링에서는 이 상황이 감지되지 않았습니다. SLO 알람이 오전 9시 55분에 네 번째로 발생했을 때, 이것은 우연이 아니라는 것이 명백해졌습니다. 엔지니어링팀은 기존 모니터링에서는 여전히 문제가 감지되지 않았음에도 불구하고 장애를 선언하기로 했습니다.

장애를 조사하는 동안 다른 엔지니어는 프로세스의 가동시간을 확인하고자 했습니다(그림 12-1). 가동시간을 확인하는 과정에 프로세스에 메모리 누수가 있다는 것을 발견했습니다. 클러스터의 각 서버는 메모리가 소진되고 동기화에 실패하면서 재시작이 발생하고 있었습니다. 식별된 문제는 새롭게 개발된 코드와 연관되어 있다는 것이 빠르게 확인되었고 관련 코드를 롤백할 수 있었습니다. 장애는 오전 10시 32분에 해소되었습니다.

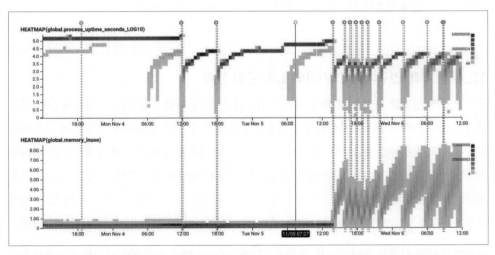

그림 12-1 문제가 생긴 서버 클러스터의 가동시간 히트맵은 오후 6시 30분경에 서버들이 동시에 재시작되었고 메모리 프로파일은 누수와 아웃 오브 메모리 상황이 되었다는 것을 보여줍니다.

아마도 이 이야기를 읽고 있는 많은 엔지니어들이 기존의 원인 기반 알람을 이용하더라도 사례의 경우라면 충분히 잘 동작했을 거라고 의문을 제기할 것입니다. 그럼에도 불구하고 왜 메모리 사용률 증가에 대해 알람이 오지 않아 아웃 오브 메모리 상황에 대한 알람까지 오게 된 것일까요? 이런 질문을 이야기할 때 생각해야 할 두 가지가 있습니다.

첫째, 허니컴의 엔지니어들은 오랫동안 아웃 오브 메모리out of memory(OOM)를 추적하지 않도록 훈련받았습니다. 캐싱caching, 가비지 컬렉션garbage collection, 백업 프로세스backup process는 모두 필요할 때 사용되는 정상적인 동작이지만 간혹 시스템의 메모리를 전부 소진할 수도 있기 때문입니다. '메모리 소진'은 허니컴 애플리케이션에서 흔하게 발생했습니다. 아키텍처 관점에서 봤을 때 프로세스가 갑자기 중지되더라도 클러스터의 모든 프로세스가 한번에 다 같이 중지된 것이 아닌 이상 치명적이지 않았습니다. 즉, OOM과 같은 고장을 추적하는 것은 크게 의미가 없었습니다. 오히려 클러스터 전체의 가용성에만 집중하고 있었습니다.

시나리오상으로 봤을 때 기존의 모니터링 알람은 이러한 점진적인 품질 저하를 전혀 알아차릴 수 없었습니다. 이렇듯 단순하고 조악하게 구성된 신세틱 프로브는 완전한 장애만 감지할 수 있었고 50개의 프로브 중 하나가 실패했다 복구된 상황과 같은 문제는 감지할 수 없었습니다. 이러한 상태에도 여전히 가용한 서버들이 있었기 때문에 서비스는 동작했고 대부분의 데이터는 잘 처리되었습니다.

둘째, 충분히 복잡한 로직을 이용하면 특정한 종류의 OOM이 감지되었을 때 어떻게든 알람을 발송할 수는 있습니다. 다만 의미 있는 알람 발송 조건을 만들기 위해서는 이슈 발생 전에 정확한 장애 모드를 예측해야만 합니다. 이러한 이론적 방법을 이용해 한번 정도는 이슈를 감지할 수도 있을 겁니다. 하지만 대부분의 경우에는 도움이 되지 않는 알람 소음을 만들거나 알람 피로감만 전파하는 것에 머물 것입니다.

기존 모니터링에서 점진적인 품질 저하가 전혀 보이지 않았다고 하여, SLO가 알려준 '사용자들이 실제 영향을 받았다'가 거짓말인 것은 아니었습니다. SLO가 알려준 것처럼 실제로 일부 사용자 데이터가 소실되었습니다. 증상이 처음 시작된 직후 SLO 오류 예산은 완전히 소진되었습니다(그림 12-2).

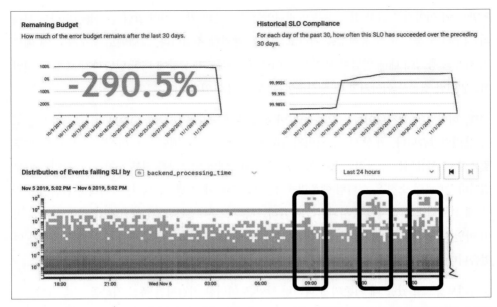

그림 12-2 SLO 오류 예산은 장애가 끝난 시점 기준으로 −566%를 기록했습니다. SLO 준수율은 목표 수준인 99.995%보다 낮은 99.97%로 떨어졌습니다. 그림 속 네모 박스는 좋지 않은 이벤트가 발생한 영역을 표시한 것으로 수정될 때까지 상당히 균일하게 일정한 간격으로 발생한 것을 알 수 있습니다.

이때, SLO 기반 알람을 주요 알람으로 생각하기 시작했다면 외부의 원인이나 일시적인 현상을 설명하기 위한 노력을 하지 않았을 것입니다. 하지만 이슈를 직접 수정하겠다는 결정을 했고 적어도 가장 최근의 배포를 롤백할 수 있었습니다. SLO는 문제를 찾아내고 적절한 대응을 이끌어내는 능력을 입증받았습니다.

이 사고로 인해 허니컴의 문화가 바뀌었습니다. SLO 오류 예산 소진 알람은 가치를 인정받았고 엔지니어링팀은 기존 알람에 대한 신뢰만큼 SLO 기반의 알람도 신뢰하게 되었습니다. SLO 기반 알람에 익숙해지는 시간을 조금 더 가진 후에는 온전히 SLO 데이터만으로 만들어진 알람도 신뢰할 수 있게 되었습니다.

이정도까지 경험한 지난 5분 동안의 트래픽에서 발생한 에러 비율, 절대적인 에러 갯수, 혹은 저수준 시스템의 동작을 기반으로 만든 모든 기존 모니터링 알람을 삭제할 수 있었습니다. 지금은 SLO 기반의 알람을 장애 방어를 위한 최전선에 배치하고 의지하고 있습니다.

요약

이번 장에서는 기존의 임계치 모니터링보다 더 효과적인 알람 전략인 SLO 기반 알람 개요를 살펴봤습니다. 소프트웨어 산업에 만연해 있는 알람에 대한 피로감은 기존 모니터링 솔루션이 채택한 잠재적 원인 기반의 접근 방법 때문에 발생합니다.

두 가지 조건을 만족하는 알람을 만드는 데 집중하면 알람 피로감은 쉽게 해소할 수 있습니다. 먼저, 서비스에 대한 사용자 경험이 저하된 상태임을 알려주는 신뢰할 수 있는 지표를 활용해야 합니다. 둘째, 실행 가능한 것이어야 합니다. 실행 가능하지 않은 모든 알람은 존재 이유가 없기 때문에 삭제하는 것이 맞습니다.

SLO는 알람 뒤에 숨겨진 '무엇'과 '왜'를 나눌 수 있게 해줍니다. 고통 증상 기반 알람에 집중한다는 것은 SLO가 사용자 경험의 신뢰할 수 있는 지표로 사용될 수 있다는 것을 의미합니다. 이벤트 기반의 측정을 통해 SLO를 구현하면 오탐이나 미탐의 가능성이 낮아집니다. 따라서, SLO 기반 알람은 운영 중단을 줄이고, 실행 가능하며, 시기적절하게 보낼 수 있는 알람을 만드는 생산적인 방법이 될 수 있습니다. 뿐만 아니라 시스템적인 문제와 간혹 일어나는 실패와의 차이점을 찾을 수 있게 도와주기도 합니다.

SLO 기반의 알람은 누군가 고통받고 있다는 것을 알려주지만 왜 그런 알람이 발송되었는지는 알려주지 않습니다. SLO 기반의 알람이 실행 가능하려면 프로덕션 시스템이 충분히 디버깅 가능한 상태여야 합니다. 시스템에 대한 관찰 가능성을 갖는다는 것은 SLO 이용 시 핵심 성공 요인입니다.

다음 장에서는 SLO 오류 예산 소진 관련 내부 동작에 대해 자세히 살펴보고 이 예산이 기술적으로 어떻게 사용되는지 자세히 알아보겠습니다.

CHAPTER 13

SLO 기반 알람 대응과 디버깅

이전 장에서는 보다 효율적으로 알람을 발송하기 위해 필요한 SLO와 SLO 기반의 접근 방법을 살펴봤습니다. 이번 장에서는 어떻게 관찰 가능성 데이터를 이용해 이러한 알람들을 실행 가능하면서도 디버깅 가능한 것으로 만들 수 있는지 자세히 알아봅니다. 기존의 모니터링 데이터나 메트릭을 이용한 SLO는 기저 이슈를 해결하는 것에 대한 지침^{guidance}을 제공하지 않기 때문에 실행 가능한 알람을 생성하지 못합니다. 반면, 관찰 가능성 데이터를 이용한 SLO는 더 정확하고 디버깅하기 쉬운 알람을 생성합니다.

관찰 가능성을 적용하는 것과는 별개로 SLO를 이용해 알람을 생성하는 것은 더 의미 있고 실행 가능성 높은 알람 생성 방법입니다. SLI^{Service Level Indicator}는 비즈니스 목표와 동일 선상에서 서비스에 대한 사용자 경험을 측정하도록 정의해야 합니다. 오류 예산^{error budget}은 비즈니스 관계자와 엔지니어링팀 사이의 기대치를 명확하게 설정합니다. 오류 예산 소진 알람^{burn alerts}은 비즈니스 목표와 동일 선상에서 높은 수준의 사용자 만족도를 유지하게 해줍니다. 또한 동작 특성상 발생하지만 크게 도움이 되지 않는 대규모 알람이 일상적으로 발생하는 증상 기반 알람^{symptom-based alerting}과 달리 프로덕션 환경의 이슈에 대해 적절한 대응을 할 수 있게 해줍니다.

이번 장에서는 오류 예산의 역할과 SLO를 사용해 알람을 만들어 내는 메커니즘에 대해 살펴봅니다. SLO 오류 예산이 무엇이고 어떻게 동작하는지 알아보고 SLO 오류 예산의 소진을 예상하기 위해 사용할 수 있는 예측 계산 방법은 무엇이 있는지 살펴봅니다. 또한 신뢰할 수 있는 계산을 하기 위해 시간 기반^{time-based}의 메트릭보다 이벤트 기반^{event-based}의 관찰 가능성 데이터를 사용해야 하는 이유를 알아봅니다.

13.1 오류 예산이 소진되기 전에 경고하기

오류 예산error budget은 여러분의 비즈니스가 허용할 수 있는 시스템 불가용성unavailability의 최대 값을 나타냅니다. 가령 99.9%의 요청 성공 보장을 정의한 SLO를 시간 기반으로 계산해 보면, 시스템 불가용성은 1년동안 8시간 45분 57초를 넘지 않아야 합니다(월간 기준으로는 43분 50초). 이벤트 기반의 계산은 12장에서 살펴봤던 것처럼 각각의 개별 이벤트에 대해 자격 기준을 적용하고 '성공'(또는 '좋은') 이벤트와 '오류'(또는 '나쁜') 이벤트의 실행 기록을 저장해 둡니다.

가용성 목표는 백분율percentage로 표기되기 때문에 SLO에 대한 오류 예산은 해당 기간에 들어온 요청 수를 기준으로 합니다. 주어진 기간 동안 허용되는 에러의 수는 제한적이며, 이를 넘어서는 오류가 발생해 오류 예산이 완전히 소진되었다면 시스템은 SLO 준수compliance 위반이 됩니다. 계산된 전체 오류 예산으로부터 실패한 요청의 수를 뺀 것을 잔여 오류 예산error budget remaining이라고 부릅니다.

적극적으로 SLO를 준수하려면 애플리케이션과 시스템의 이슈를 오류 예산이 소진되기 한참 전부터 인지하고 해결해야 합니다. 즉, 시간이 가장 중요합니다. 오류 예산 소진을 피할 수 있는 조치를 하기 위해서는 먼저 이슈 발생 전에 전체 오류 예산 소비가 예상되는 궤적을 따라가고 있는지 파악해야 합니다. SLO 목표가 높아질수록 이슈에 대응할 수 있는 시간은 더 줄어듭니다. [그림 13-1]은 오류 예산 소진 추이를 보여주는 예시 그래프입니다.

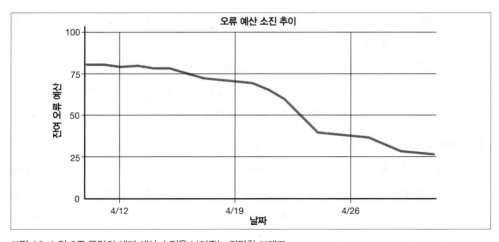

그림 13-1 약 3주 동안의 에러 예산 소진을 보여주는 간단한 그래프

최대 99.95% 수준(월간 최대 허용 다운타임이 21분 54초)의 SLO를 목표로 하는 경우, 잠재적인 이슈에 대해 알람을 받고 전체 오류 예산이 소진되기 전에 사전 조치를 할 수 있는 충분한 시간이 필요합니다.

오류 예산 소진 알람은 현재의 소진율$^{burn\ rate}$이 계속되는 경우 발생할 수 있는 미래의 SLO 준수 위반에 대한 조기 경보를 제공하도록 설계되었습니다. 따라서, 효과적인 소진 알람은 미래의 특정 시점(짧게는 수분 뒤, 길게는 며칠 뒤)에 시스템에 남아 있는 잔여 오류 예산을 예측할 수 있어야 합니다. 미래의 오류 예산을 계산하고 오류 예산 소진율에 대한 알람을 언제 보낼 것인지 결정하기 위해 사용되는 여러 가지 방법이 있습니다.

더 자세한 이야기를 하기 전에, 이러한 종류의 선제적인 계산은 이번 예처럼 99.95% 수준이 목표인 SLO의 준수 위반을 방지하는 최고의 방법이라는 것을 기억해 둡시다. 이 방법은 목표 수준이 99.95% 이상인 SLO에 대해서는 큰 효과가 없습니다. 다만, 시스템 성능 저하에 대해 보고하거나 경고하는 용도로는 사용할 수 있습니다.

> **NOTE** 이러한 상황을 완화하는 조치 방법에 대한 자세한 내용은 『The Site Reliability Workbook: Practical Ways to Implement SRE』(O'Reilly, 2018)[1] 5장에 서술된 'SLO 기반의 알람' 절을 참고하기 바랍니다. 혹시 이 주제에 대해 다른 관점에서도 깊게 이해해 보고 싶다면 5장 전체를 읽어보기 바랍니다.

이번 장의 나머지 부분에서는 오류 예산 소진 알람의 발생 조건을 효과적으로 계산할 수 있는 다양한 접근 방법을 자세히 살펴보고 비교해보겠습니다. 오류 예산 소진 알람이 작동하게 하려면 무엇이 필요한지 조사해 봅시다. 우선 시간의 상대적 차원을 고려하기 위한 시간 범위를 설정하는 것부터 시작해야 합니다.

13.2 슬라이딩 윈도우를 이용한 시간 범위 설정

가장 먼저 해야 하는 선택은 SLO 분석 시 고정 윈도우$^{fixed\ window}$ 방식과 슬라이딩 윈도우^{sliding}

---

1 The Site Reliability Workbook, edited by Betsy Beyer et al. (O'Reilly). https://www.oreilly.com/library/view/the-site-reliability/9781492029496/

window 방식 중 어느 것을 사용할 것인가입니다. 고정 윈도우 방식의 대표적인 예는 달력입니다. 달력은 매월 1일부터 시작해서 30일[2]로 끝이 납니다. 그 반대의 예로 슬라이딩 윈도우는 [그림 13-2]처럼 시작 날짜로부터 이후 30일의 기간을 살펴봅니다.

그림 13-2 슬라이딩 윈도우(좌)와 고정 윈도우(우) 방식의 차이

대부분의 SLO의 경우 30일 윈도우를 사용하는 것이 일반적입니다. 7일이나 14일처럼 더 짧은 윈도우를 이용하면 신뢰성에 대한 고객의 기억이나 제품 계획 주기와 잘 맞지 않게 됩니다. 반대로 90일 같은 윈도우는 너무 깁니다. 가령 고객의 동의와 상관없이 하루 만에 오류 예산의 90%를 소진했다 하더라도 기술적으로는 SLO를 준수한 것이 됩니다. 또한 기간이 길다는 것은 사고가 아주 빠르게 해결되지 않을 수 있다는 것을 의미합니다.

처음에는 단순해 보이는 고정 윈도우를 선택할 수도 있겠지만, 현실에서 고정 윈도우의 가용성 목표가 고객이 생각하는 기대치와는 거리가 있다는 것을 염두에 두어야 합니다. 예를 들어 고정 윈도우로 30일을 사용 중인데 어떤 달의 마지막 날에 발생한 심각한 장애로 고객에게 비용을 환불해야 한다고 합시다. 안타깝게도 다음 달의 두 번째 날에 장애가 또 발생했다 하더라도 이 두 장애는 법적으로 다른 윈도우에 속해있기 때문에 SLO에 영향을 주지 않습니다.

12장에서 다뤘던 것처럼 SLO는 고객의 경험과 만족도를 측정하기 위해 사용하는 것이지 법적인 제약 조건으로 활용하기 위한 것이 아닙니다. 더 좋은 SLO는 사람의 감정과 기억, 최신 편향recency bias을 반영한 것이어야 합니다. 사람의 감정은 월이 바뀌었다고 해서 마법처럼 초기화되지 않습니다.

오류 예산 설정 시 고정 윈도우를 사용하면 기가 막히게 초기화된 오류 예산을 결과로 얻게 됩니다. 어떤 오류가 발생하면 예산이 일부 소진되고, 누적 효과로 인해 잔여 오류 예산은 점차 0으로 수렴합니다. 이러한 점진적인 성능 저하는 이슈에 대해 능동적으로 대응할 때 사용해야 할 구성원들의 시간을 지속적으로 빼앗아 갑니다. 그리고 나선 갑자기, 새로운 달의 첫날이 되

2　옮긴이_ 실제 달력의 마지막 날짜는 28일부터 31일까지 다양하지만 이 책에서는 상황을 단순화하기 위해 30일로 정해두었습니다.

면 모든 것은 일제히 초기화되고 아무일 없었다는 듯이 동일한 단계를 반복하게 됩니다.

반대로 슬라이딩 윈도우를 이용해 시간의 흐름에 따라 소진된 오류 예산을 추적하면 인간의 행동에 보다 가까운 자연스러운 경험을 제공받게 됩니다. 매 주기마다 오류 예산은 조금씩 소진되거나 회복됩니다. 일정하고 낮은 수준의 소진율로 인해 오류 예산이 완전히 소진되는 경우는 없으며, 중간 규모의 소진율로 인한 오류 예산 소진 역시 충분한 안정화 기간이 흐르고 나면 점진적으로 회복됩니다.

즉, 오류 예산 소진을 계산할 때는 고정 윈도우 대신 슬라이딩 윈도우를 이용해 시간 범위를 설정해야 합니다. 그렇지 않으면 윈도우 리셋으로 인해 의미 있는 결정을 내릴 수 있는 충분한 데이터를 확보할 수 없게 됩니다.

13.3 오류 예산 소진 알람 생성을 위한 예측

사용할 시간 범위를 선택했다면 필요한 오류 예산 조건에 대한 알람 발송을 설정할 수 있습니다. 가장 쉽게 설정할 수 있는 알람은 오류 예산이 완전히 소진되었을 때 발송하는 제로 레벨zero-level 알람입니다.

오류 예산이 완전히 소진되면 무슨 일이 일어날까요?

오류 예산이 손실로 바뀌었을 때 필요한 대응은 새로운 기능 개발 대신 서비스 안정성 확보 업무에 높은 우선순위를 부여하는 것입니다. 오류 예산이 완전히 소진된 이후 일어나는 일을 정확히 살펴보는 것은 이번 장의 주제에 벗어납니다. 하지만 담당 조직은 오류 예산이 완전히 소진되지 않도록 막는 것을 목표로 해야만 합니다.

오류 예산의 과도한 지출은 프로덕션 환경에서 장기간의 기능 제공 중단이라는 극단적 조치로 이어질 수 있습니다. SLO를 이용하면 예산이 소진되었을 때 서비스 안정성을 위협하는 조치를 최소화할 수 있습니다. 엔지니어링 사례가 어떻게 상황을 바꾸고 적절한 정책을 설정하도록 할 수 있는지에 대한 심층적인 분석에 관심이 있다면 알렉스 히달고Alex Hidalgo가 쓴 『Implementing Service Level Objective』(O'Reilly, 2020)[3]을 읽어보기를 바랍니다.

---

3 https://www.oreilly.com/library/view/implementing-service-level/9781492076803/

설정이 까다로운 알람 중 하나가 선제적인preemptive 알람입니다. 만약 오류 예산이 소진될 것을 예상할 수 있다면 조치하고 재발을 막기 위해 수정 사항을 적용할 기회를 가질 수 있습니다. 가장 문제가 되는 에러의 근원지를 빠르게 수정함으로써 시스템의 신뢰성을 개선할 수 있고 새로운 기능 개발을 중지되는 상황을 미연에 방지할 수 있습니다. 팀의 사기를 안정성이고 지속해서 유지하는 데에는 영웅주의보다 계획과 예측이 더 적절합니다.

이를 위해 오류 예산 소진율을 추적하고 예산을 완전히 소진해 버릴 수 있는 급격한 변화를 감시해야 합니다. 적어도 두 개 이상의 모델을 오류 예산 소진 알람 발송에 사용할 수 있습니다. 첫 번째 모델은 0이 아닌 임계치를 선정하여 알람을 보내는 것입니다. 예를 들어, [그림 13-3] 처럼 잔여 오류 예산이 30% 이하로 떨어졌을 때 알람을 발송할 수 있습니다.

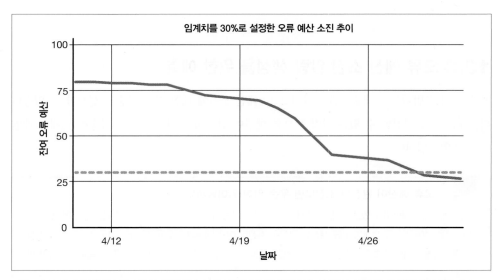

그림 13-3 이 모델에서는 잔여 오류 예산(굵은 실선)이 정의된 임계치(점선) 이하로 내려갔을 때 알람이 발송됩니다.

이 모델의 문제는 단순히 임계치를 다른 값으로 변경한 것에 불과하다는 것입니다. 이런 형태의 '조기 경보' 시스템은 어느 정도 효과적인 것처럼 보일 수 있지만 너무 조잡합니다. 잔여 오류 예산이 임계치를 하회하면 전체 오류 예산이 소진된 것처럼 조치해야 합니다. 이 모델은 목표를 달성하기 위해 약간의 여유공간headroom을 보장하는 방식으로 최적화되어 있습니다. 그렇지만 여전히 새로운 기능 제공에 사용할 수 있는 추가 시간에 대한 몰수 비용cost of forfeiting이 발생합니다. 이제 남은 일은 기능 변경을 동결한 상태로 잔여 오류 예산이 임의로 정한 임계치 이상으로 올라오기만을 기다리는 것입니다.

제로 레벨 수준 이상의 알람 발송을 위한 두 번째 모델은 [그림 13-4]와 같이 소진 예상 알람 predictive burn alerts을 생성하는 것입니다. 이와 같은 예측은 현재 상태가 전체 오류 예산 소진으로 이어질 것인지를 예측합니다.

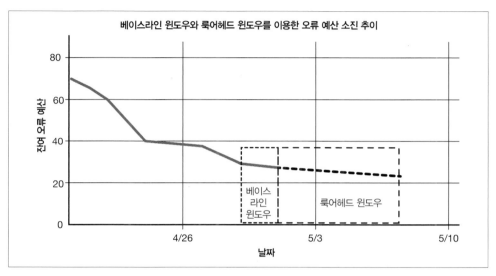

그림 13-4 소진 예상 알람을 생성하려면 최근 데이터 추출 기준이 되는 베이스라인 윈도우가 필요합니다. 그리고 미래의 예측 범위를 결정하는 룩어헤드 윈도우도 필요합니다.

소진 예상 알람을 이용하기 위해서는 룩어헤드 윈도우lookahead window와 베이스라인baseline window(혹은 루프백loopback) 윈도우의 범위를 고려해야 합니다. 다시 말하자면 모델링을 통해 얼마나 먼 미래까지 예측할 것인지, 그리고 예측을 위해 얼마나 많은 최근 데이터를 활용할 것인지 결정해야 합니다. 먼저 룩어헤드 윈도우에 대해 이야기 해봅시다.

13.3.1 룩어헤드 윈도우

예측 모델에서는 오류 예산에 영향을 미치는 모든 오류가 반드시 누군가가 대응해야 하는 것은 아님을 알 수 있습니다. 예를 들어 99.9%의 SLO를 목표로 하는 서비스에서 성능 저하가 발생했고, 현재 월간 기준으로 99.88%의 신뢰성을 유지하고 있다고 생각해 봅시다. 이 상황은 즉각적인 대응을 요구하는 긴급 상황이 아닙니다. 다음 업무 시간에 누군가 성능 저하 원인을 분석하고 수정하여 다시 월간 99.9%의 신뢰성을 회복하도록 하는 것만으로도 충분합니다.

반면 서비스 요청의 상당 부분이 실패하며 시간당 98% 정도의 신뢰성 수준까지 떨어진 경우에는 온콜 엔지니어를 호출해야 합니다. 수정되지 않은 채로 방치하면 월, 분기, 혹은 연간 오류 예산이 몇 시간 만에 소진될 수 있습니다.

이 두 가지 예시 모두 현재의 추세가 계속되었을 때, 미래의 어느 시점에 오류 예산이 완전히 소진될 것인지를 파악하는 것이 왜 중요한지 이야기하고 있습니다. 첫 번째 예는 며칠 내에 발생할 수 있는 일이고, 두 번째 예는 몇분 혹은 몇 시간 내에 일어날 수 있는 일입니다. 그런데 '현재의 추세를 기반으로'라는 말이 의미하는 것은 정확히 무엇일까요?

현재의 추세가 나타내는 범위는 얼마나 먼 미래까지 예측하는가에 따라 달라집니다. 거시적인 관점에서 보면 대부분의 프로덕션 트래픽 패턴에서 주기적인 동작 특성cyclical behavior과 원활한 동작 특성smoothed changes 모두가 발견됩니다. 패턴은 수분 혹은 수시간 단위로 나타날 수 있습니다. 가령 지터jitter 없이 애플리케이션에 대해 예측 가능한 방식으로 수분마다 주기적으로 수행되는 크론잡cron job이 트래픽에 영향을 줄 수 있습니다. 물론 주기적인 동작 패턴은 일, 주, 년 단위로도 발생할 수 있습니다. 예를 들어 소매업에서는 주로 휴일쯤에 발생하는 눈에 띄는 트래픽 급증과 같은 계절적인 쇼핑 패턴을 경험합니다.

실제로 주기적인 동작 패턴에서 일부 베이스라인 윈도우는 다른 베이스라인 윈도우에 비해 훨씬 사용하기 쉽습니다. 다시 말하자면, 직전 30분에서 한 시간 정도의 베이스라인 윈도우를 이용하면 이후 몇 시간 동안의 패턴을 어떻게든 예측할 수 있습니다. 하지만 분 단위의 작은 변동들은 일 단위로 확대해서 봤을 때는 거의 눈에 띄지 않습니다. 때문에 직전 30분에서 한 시간 동안의 소규모 성능 지표를 이용해 향후 며칠 동안의 대규모 성능 지표를 추론하면, 알람이 들쭉날쭉하게 발생하거나 급격하게 튈 수 있는 위험성이 따릅니다.

이와 마찬가지로 반대 상황 역시 위험합니다. 새로운 오류 조건이 나타났을 때 앞으로 몇 분 이내에 무슨 일이 일어날지 예측하기 위해 과거 하루치의 성능 데이터를 사용할 수 있을 때까지 기다리는 것은 현실적이지 않습니다. 일 년 동안 쓰려고 준비한 오류 예산이 예측을 기다리는 동안 모두 소진될 수 있기 때문입니다. 따라서, 베이스라인 윈도우의 크기는 룩어헤드 윈도우와 거의 같아야 합니다.

실제로 주어진 베이스라인 윈도우는 최대 네 가지 요인을 이용해 시기적 특성에 대한 보상을 추가하지 않고도 선형적으로 미래를 예측할 수 있었습니다(예를 들어 하루 중 가장 바쁜 시간대와 그렇지 않은 시간대, 주중과 주말의 차이, 혹은 월의 첫날과 마지막 날의 차이). 따라서, 네 시간 이내에 오류 예산이 소진될 것인지에 대한 충분하고도 정확한 예측을 지난 한 시간 동안 네 번에 걸쳐 관찰된 성능을 바탕으로 추정하여 얻어낼 수 있습니다. 추정 매커니즘에 대해서는 이번 장의 '문맥 기반의 소진 알람' 절에서 자세히 살펴봅니다.

예산 소진율 기반의 미래 예측

룩어헤드 윈도우에서 무슨 일이 일어날지 계산하는 것은 첫 소진율 추정치고 직관적인 편입니다. 이전 절에서 살펴본 것처럼 현재의 소진율을 기반으로 향후 소진율을 추정하기 위한 접근 방법으로 "오류 예산 소진까지 얼마나 걸릴 것인가?"라는 질문을 합니다.

이제 베이스라인 윈도우의 크기를 어느 정도로 잡아야 할지 알았으니, 미래 예측을 위한 결과를 추정해 봅시다. [그림 13-5]는 전체 오류 예산이 언제 완전히 소진되는지 파악하기 위해 선택한 베이스라인으로부터 궤적을 계산하는 방법을 설명합니다.

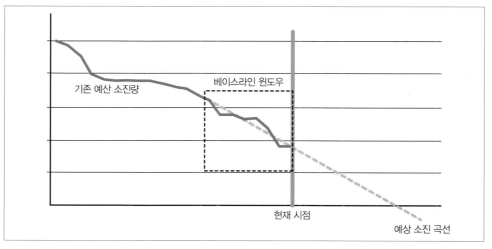

그림 13-5 X축의 잔여 시간에 대한 오류 예산 수준을 Y축에 보여줍니다. 베이스라인 윈도우를 추정하면 오류 예산이 소진되는 순간을 예측할 수 있습니다.

이런 방식의 선형 추정 기술은 용량 계획capacity planning이나 프로젝트 관리 시에도 자주 사용됩니다. 예를 들어 지라JIRA와 같은 티켓 시스템에 등록된 작업 수행에 얼마나 시간이 소요될지를 가

늘하기 위해 가중치를 사용하고 있다면, 향후 스프린트 계획상에 기능 제공 시기를 반영하기 위해 동일한 접근 방법을 사용했을 가능성이 높습니다. SLO와 오류 예산 소진 알람에서도 즉각적인 확인이 필요한 프로덕션 이슈의 우선순위를 정하기 위해 비슷한 로직이 적용되고 있습니다.

첫 번째 추정 계산 방법은 상당히 직관적입니다. 하지만, 미래에 대한 예측의 품질과 정확도를 결정하는 예상 소진 알람 추정 시에는 추가로 고려해야 할 미묘한 차이점이 있습니다.

실제로 예상 소진 알람의 궤적을 계산하기 위해선 사용할 수 있는 접근 방법이 두 가지가 있습니다. 하나는 단기 소진 알람short-term burn alerts으로 오직 최신 주기 동안의 베이스라인 데이터만을 이용해서 궤적을 추정합니다. 다른 하나는 문맥 기반 소진 알람context-aware burn alerts으로 과거의 변화를 바탕으로 성공한 이벤트의 숫자와 실패한 이벤트의 숫자를 이용해 SLO의 향후 윈도우에 대한 궤적을 계산합니다.

어떤 방법을 이용할지는 보통 두 가지 요인에 의해 결정됩니다. 우선 계산에 드는 비용과 민감도sensitivity 혹은 특수성specificity 간의 타협점을 고려해야 합니다. 문맥 기반 소진 알람은 단기 소진 알람에 비해 계산 비용이 훨씬 비싸기 때문입니다. 또 다른 요인은 잔여 오류 예산의 총량이 서비스 품질 저하에 대한 대응에 어떤 영향을 미치는지에 대한 고민입니다. 오류 예산이 고작 10% 남은 시점에 심각한 오류를 해결하는 것이 오류 예산이 90% 남은 시점에 심각한 오류를 해결하는 것보다 더 중요하다고 생각한다면 문맥 기반 소진 알람을 더 선호하는 것일 수 있습니다.

> **NOTE** 이어지는 두 개의 절에서 사용하는 유닛unit이라는 용어는 SLO 소진 알람 계산 시 사용되는 세세한 구성 요소building block를 나타냅니다. 유닛은 메트릭metrics과 같은 시계열 데이터로 구성됩니다. 메트릭과 같이 정제되지 않은 측정은 시간의 단위(분 혹은 초)에 대해 '좋다', '나쁘다' 정도로 집계한 정보만을 보여줍니다. 이번 장 후반부 '관찰 가능성 데이터와 시계열 데이터를 이용한 SLO 측정의 차이' 절에서 어떤 형태의 데이터가 사용되는지 살펴봅니다. 다만 지금 살펴보는 예들은 분당 하나의 데이터 포인트만 갖는 임의의 특정 단위를 사용할 것이기 때문에 데이터 형식에 크게 구애받지 않습니다.

단기 소진 알람과 문맥 기반 소진 알람을 이용했을 때 의사 결정이 이루어지는 과정을 살펴봅시다.

단기 오류 예산 소진 알람

단기간에 발생한 소진 알람이나 이전 이력과 관련없는 소진 알람을 사용하면 베이스라인 윈도우에서 관찰된 모든 유닛 중 SLI에 적합한 유닛과 SLI에 적합하지 않은 유닛을 기록합니다. 그리고 나서 이 데이터를 이용해 미래를 예측하고 오류 예산 소진에 소요되는 시간을 계산합니다. 이 계산은 베이스라인 윈도우에서 관찰된 이벤트와 SLO가 일반적으로 보게 되는 측정 유닛 이전에는 오류가 발생하지 않았다고 가정합니다.

예제를 살펴봅시다. 30일 이동 윈도우에 대해 99% 이상의 유닛이 성공해야 한다는 SLO 목표를 갖는 서비스가 있다고 가정합시다. 이 서비스는 한 달 동안 보통 43,200개[4]의 유닛이 관찰됩니다. 그런데 최근 24시간 동안에는 총 1,440개의 유닛 중 50개의 유닛이 실패했습니다. 그리고 최근 6시간 동안에는 360개의 유닛 중 5개의 유닛이 실패했습니다. 목표치인 99%의 SLO를 달성하기 위해서는 해당 월의 남은 날 동안 총 유닛의 1%까지만 실패가 허용됩니다. 평상시 트래픽 볼륨(43,200 유닛)을 생각해 보면 432개 유닛의 실패만 추가로 허용(오류 예산)됩니다. 이 상태가 지속되면 향후 24시간 이내에 오류 예산이 완전히 소진될 것인지 확인해야 합니다.

직전 6시간에 대해서만 계산하는 간단한 단기 소진 알람에서는 5개의 유닛만 사용됩니다. 따라서 이후 24시간 동안 20개의 유닛이 사용되어 총 사용 유닛은 25개가 됩니다. 이는 허용 오류 예산인 432개의 유닛보다 훨씬 적은 숫자이기 때문에, 적어도 24시간 이내에는 프로젝트의 오류 예산이 소진되지 않을 것이라는 합리적인 예상이 가능합니다.

단기 소진 알람을 직전 24시간에 대해 계산하면 50개의 유닛을 사용합니다. 따라서, 이후 8일 동안 400개의 유닛을 사용하면 총 450개의 유닛을 사용하게 됩니다. 허용 오류 예산이 432개의 유닛이기 때문에 450개의 유닛이 사용되면 오류 예산이 8일 이내에 소진될 것이라고 예상할 수 있습니다.

이 간단한 계산은 투영 메커니즘projection mechanics을 설명하는 데 사용됩니다. 실제 상황에서는 트래픽의 양이 하루, 일주일, 한달 등의 단위로 오르내리기 때문에 조금 더 미묘합니다. 오류가 밤새 일어나거나 일주일에 걸쳐 일어날 수도 있고, 서비스 트래픽이 평상시 수준의 10%가 될 수도 있으므로 직전 6시간 동안 오류가 한 번 발생했다고 하여 이후 24시간 동안 4개의 오류만

---

4 옮긴이_ 1분에 하나의 유닛이 기록되면 24시간 동안 24 * 60 = 1,440개의 유닛이 기록됩니다. 한달을 30일로 가정하고 있기 때문에 1,440 * 30 = 43,200개의 유닛이 기록됩니다.

발생할 것이라고 예상하기 어렵습니다. 만약 트래픽이 1/10 수준일 때 오류가 발생한다면 트래픽 상승에 따라 소진 곡선이 가팔라질 수 있기 때문에 향후 24시간동안 30개에 가까운 오류가 발생할 것이라고 예상할 수 있습니다.

지금까지는 쉬운 이해를 위해 선형 추정을 사용했습니다. 하지만 프로덕션 환경에서는 비례적으로 추정하는 것이 더 유용합니다. 이어지는 예제는 이 점을 염두하고 살펴봅시다. 앞서 살펴봤던 예제와 달라진 상황에 유의하기 바랍니다.

30일 이동 윈도우에 대해 99% 이상의 유닛이 성공해야 한다는 SLO 목표를 갖는 서비스가 있다고 가정합시다. 이 서비스는 한 달 동안 보통 43,200개의 유닛이 관찰됩니다. 그런데 최근 24시간 동안에는 총 1,440개의 유닛 중 50개의 유닛이 실패했습니다. 그리고 최근 6시간 동안에는 50개의 유닛 중 25개의 유닛이 실패했습니다. 목표치인 99%의 SLO를 달성하기 위해서는 해당 월의 남은 날 동안 총 유닛의 1%까지만 추가로 실패가 허용됩니다. 평상시 트래픽 볼륨(43,200 유닛)을 생각해보면 432개 유닛의 실패만 추가로 허용(오류 예산)됩니다. 이 상태가 지속되면 향후 24시간 이내에 오류 예산을 완전히 소진될 것인지 확인해야 합니다.

선형적인 추정을 이용하면 지난 6시간 동안 25개의 실패가 있었기 때문에 이후 24시간 동안 100개의 실패가 발생하면 총 105개의 실패가 발생하게 됩니다. 이는 오류 예산인 432개의 유닛보다 작습니다.

비례적인 추정을 이용하면 24시간 동안 월간 유닛 개수 43,200을 30으로 나눈 1,440개의 유닛이 계산됩니다. 직전 6시간 동안은 전체 50개의 유닛 중 25개가 실패하여 50%의 유닛이 실패했습니다. 만약 이러한 비율의 실패가 24시간 동안 계속 이어진다면 1,440개의 유닛의 절반인 720개의 유닛이 실패하게 되며 이는 오류 예산으로 계산된 432개의 유닛보다 훨씬 많습니다. 비례적인 계산을 이용하면 오류 예산이 반나절 만에 소진될 것이라는 합리적인 예상을 할 수 있습니다. 이 경우 알람이 발송되어 온콜 엔지니어가 즉시 조사할 수 있도록 알려야 합니다.

문맥 기반의 소진 알람

문맥 기반 혹은 이력 기반의 소진 알람을 사용할 때는 베이스라인 윈도우가 아닌 SLO 전체 윈도우에 걸쳐 발생한 좋은 이벤트와 나쁜 이벤트의 총 개수를 유지합니다. 이번 절에서는 효과적인 소진 알람을 만들기 위해 필요한 다양한 계산 방법을 다룹니다. 다만, 이러한 기술을 사용할 때는 주의를 기울여야 합니다. 각 평가 주기마다 이러한 값을 계산하는 데 소요되는 컴퓨팅 비용은 쉽게 재정적인 부담이 될 수 있습니다. 허니컴에서도 작은 SLO 데이터 세트가 갑자기 증가하기 시작하면서 AWS 람다Lambda 비용으로만 하루에 5,000달러가 발생하기 시작했을 때 이와 같은 사실을 깨달았던 적이 있습니다.

문맥 기반의 소진 알람을 사용할 때 고려할 사항이 어떻게 다른지 예제를 통해 알아봅시다. 30일 이동 윈도우에 대해 99% 이상의 유닛이 성공해야 한다는 SLO 목표를 갖는 서비스가 있다고 가정합시다. 이 서비스에서는 한 달 동안 보통 43,200개의 유닛이 관찰됩니다. 최근 26일 동안 37,440개의 유닛 중 285개의 유닛이 이미 실패했습니다. 그리고 지난 24시간 동안에는 1,440개의 유닛 중 130개가 실패했습니다. 목표치인 99%의 SLO를 달성하기 위해서는 해당 월의 남은 날 동안 총 유닛의 1%까지만 실패가 허용됩니다. 평상시 트래픽 볼륨(43,200 유닛)을 생각해보면 432개 유닛의 실패만 추가로 허용(오류 예산)됩니다. 이 상태가 지속되면 향후 4일 이내에 오류 예산을 완전히 소진될 것인지 확인해야 합니다.

실제로 주어진 베이스라인 윈도우는 최대 네 가지 요인을 이용해 계절적 요인에 대한 보상을 추가하지 않고도 선형적으로 미래를 예측할 수 있었습니다(예를 들어 하루 중 가장 바쁜 시간대와 그렇지 않은 시간대, 주중과 주말의 차이, 혹은 한 달의 시작과 끝의 차이).

이번 예제에서는 일 단위로 예측하고자 합니다. 앞서 살펴봤던 것처럼 네 가지 최대 추정 요인 extrapolation factor을 이용하여 최근 하루 동안의 데이터를 검토할 수 있도록 베이스라인 윈도우를 설정하고 향후 나흘 동안의 추이를 예측합시다.

또한 선택한 척도가 슬라이딩 윈도우에 미칠 영향도 감안해야 합니다. SLO가 30일의 슬라이딩 윈도우를 사용하는 경우 조정된 루프백 윈도우는 26일입니다. [그림 13-6]에서 볼 수 있듯이 루프백 윈도우 26일과 추정 대상이 되는 4일을 합치면 슬라이딩 윈도우 크기인 30일이 됩니다.

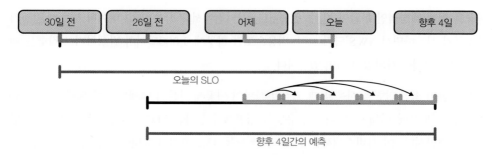

그림 13-6 조정된 30일간의 슬라이딩 윈도우 형태를 보여주는 차트입니다. 향후 4일간의 예측을 반영하기 위해 루프백 기간은 오늘을 제외하고 이전 26일로 축소되어야 합니다. 향후 4일간에 대한 예측은 베이스라인 윈도우의 결과를 복제하여, 이것을 조정된 슬라이딩 윈도우에 추가합니다.

조정된 타임프레임을 정의하면 4일 후 미래가 어떻게 보일지를 계산할 수 있습니다. 이 계산을 바탕으로 다음과 같은 것들을 할 수 있습니다.

1. 지난 26일간 일어난 SLO 이벤트 맵의 모든 항목을 조사합니다.
2. 지난 26일간의 모든 이벤트 개수와 에러 개수를 저장합니다.
3. 베이스라인 윈도우 실패율을 결정하기 위해 지난 1일간 발생한 모든 항목을 재조사합니다.
4. 지난 1일간의 베이스라인 윈도우와 유사하게 동작할 것이라는 가정하에 향후 4일간의 성능을 추정합니다.
5. 향후 4일간의 성능을 반영하여 조정된 30일간의 슬라이딩 윈도우를 계산합니다.
6. 이후 오류 예산이 소진되면 알람을 발송합니다.

개별 윈도우 내에서 성공과 실패 횟수를 포함하는 시계열 맵이 있을 때, Go 언어로 작성된 예제 코드를 활용하여 이러한 작업을 수행할 수 있습니다.

```go
func isBurnViolation(
  now time.Time, ba *BurnAlertConfig, slo *SLO, tm *timeseriesMap,
) bool {
  // 맵의 각 항목이 조정된 윈도우 내에 위치하고 있으면 총 합계에 더해줍니다.
  // 만약 예측 윈도우 내에 위치해 있다면 비율을 저장합니다.
  // 이후 향후 성능을 예측하고 SLO를 계산한 뒤 적절히 알람을 발송합니다.

  // 예측 윈도우의 시작점을 계산하기 위해 예측 오프셋을 이용합니다.
  pOffset := time.Duration(ba.ExhaustionMinutes/lookbackRatio) * time.Minute
  pWindow := now.Add(-pOffset)
```

```
  // SLO 주기에 소진 시간을 더해 전체 윈도우의 끝점을 설정합니다.
  tWindow := now.AddDate(0, 0, -slo.TimePeriodDays).Add(
    time.Duration(ba.ExhaustionMinutes) * time.Minute)

  var runningTotal, runningFails int64
  var projectedTotal, projectedFails int64
  for i := len(tm.Timestamps) - 1; i >= 0; i-- {
    t := tm.Timestamps[i]

    // SLO 윈도우를 벗어난 맵의 항목이 발견되면 역방향 탐색을 멈춥니다.
    if t.Before(tWindow) {
      break
    }

    runningTotal += tm.Total[t]
    runningFails += tm.Fails[t]

    // 항목이 예측 윈도우 내에 위치한 경우 lookbackRatio를 곱해 더한 뒤
    // 향후 예측을 위해 사용합니다.
    if t.After(pWindow) {
      projectedTotal += lookbackRatio * tm.Total[t]
      projectedFails += lookbackRatio * tm.Fails[t]
    }
  }

  projectedTotal = projectedTotal + runningTotal
  projectedFails = projectedFails + runningFails

  allowedFails := projectedTotal * int64(slo.BudgetPPM) / int64(1e6)
  return projectedFails != 0 && projectedFails >= allowedFails
}
```

예시의 문제에 대한 답을 계산하기 위해서는 지난 26일간 이미 37,440개[5]의 유닛 중 285개의 유닛이 실패했다는 것에 주목해야 합니다. 베이스라인 윈도우는 향후 4일간의 예측을 위해 사용됩니다. 베이스라인 윈도우의 시작점은 데이터 세트의 25일 지점으로 현재 기준으로 봤을 때는 하루 전이 됩니다.

[그림 13-7]은 결과를 그래프로 시각화한 것으로 하루짜리 베이스라인 윈도우가 시작되었을

---

5   옮긴이_ 1,440 * 26 = 37,440

때 65%의 오류 예산이 남아있다는 것을 알 수 있습니다. 현시점 기준으로는 단지 35%의 오류 예산만 남아 있습니다. 즉, 하루 만에 30%의 오류 예산을 소진한 것입니다. 이 비율로 오류 예산을 계속 소진하면 4일이 채 되기도 전에 예산이 바닥날 것입니다. 알람을 보내야만 하는 상황입니다.

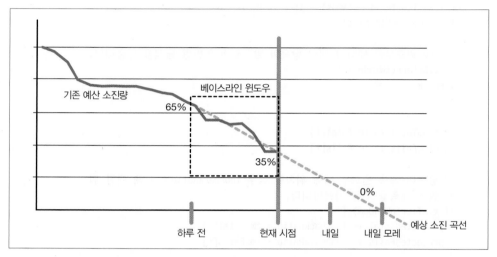

그림 13-7 하루 전에는 65%의 오류 예산이 남아 있었지만 지금은 35%만 남아 있습니다. 이 소진 비율이 유지된다면 이틀 이내에 오류 예산은 바닥나게 될 것입니다.

13.3.2 베이스라인 윈도우

지금까지 룩어헤드 윈도우가 무엇인지, 룩어헤드 윈도우를 어떻게 사용하는지 알아봤습니다. 이제는 베이스라인 윈도우로 주제를 바꿔봅시다.

미래 추정을 위해 사용할 베이스라인 윈도우의 크기는 어느 정도가 적당할까요? 프로덕션 서비스의 성능이 갑자기 떨어지기 시작하는 상황이 발생하면 이를 가능한 한 빠르게 인지하고 싶을 겁니다. 동시에 너무 작은 윈도우 설정으로 알람이 소음처럼 발생하는 상황도 원치 않을 겁니다. 향후 3일 동안의 추정을 위해 고작 15분짜리 베이스라인 윈도우를 사용하면 작은 오류만 발생해도 알람이 발송될 수 있습니다. 반대로 앞으로 한 시간에 대한 추정을 위해 3일짜리 베이스라인 윈도우를 사용하는 경우에는 치명적인 실패가 발생하더라도 제대로 알아차리기 어려울 것입니다.

앞서 타임라인에 대한 네 가지 요인이라는 현실적인 선택지를 살펴봤습니다. 더 정교한 알고리즘을 사용할 수도 있겠지만, 경험적으로 봤을 때 네 가지 요인을 사용하는 것도 신뢰성 관점에서 큰 문제가 되지는 않습니다. 24시간에 대한 알람은 최근 6시간의 데이터를 바탕으로 하고, 4시간에 대한 알람은 최근 1시간 데이터를 기반으로 하는 것처럼 베이스라인 윈도우 크기에 4를 곱해 룩어헤드 윈도우를 결정하는 것도 방법 중 하나입니다. 이러한 방법들은 SLO 소진 알람을 처음 시작하기 위한 좋은 출발점이 됩니다.

베이스라인 윈도우를 비례적으로 설정하는 것이 어떤 의미인지도 이야기해 볼 필요가 있습니다. 서로 다른 크기의 룩어헤드 윈도우를 이용해 SLO에 대한 여러 소진 알람을 설정하는 것은 흔히 있는 일입니다. 따라서 논리적이지 않은 순서로 알람이 발송될 수도 있습니다. 예를 들어, 시스템 이슈가 발생했을 때 오류 예산이 두 시간 이내에 소진될 수 있다는 알람이 발송되었다 하더라도, 하루 이내에 오류 예산이 소진될 거라는 알람은 발송되지 않을 수도 있습니다. 그 이유는 지금까지 설명한 베이스라인 윈도우의 차이로 인해 미래에 대한 추정이 서로 다르기 때문입니다. 다시 말하자면, 직전 30분간의 예산 사용 비율대로라면 오류 예산이 두 시간 이내에 완전히 소진될 수 있을 겁니다. 하지만 직전 하루 동안의 사용 비율로 봤을 때는 앞으로 4일 정도 문제가 없을 수도 있습니다.

이런 이유로 두 가지 모두 따로 측정되어야 하고 각각의 예상에 따라 발송된 알람에 대하여 개별적으로 대응해야 합니다. 그렇지 않으면 시간 수준의hour-level 세분화된 알람을 통해 빠르게 대처할 수 있는 이슈도 처리되지 않은 채 하루 종일 잠재적인 위험을 감당해야 할 수도 있습니다. 해당 시점에 수정 작업을 시작하면 하루 단위로 예측하는 알람one-day projection alert을 피할 수도 있습니다. 반면 시간 단위의 윈도우hourly window는 갑작스러운 소진율의 변화에 대응할 수 있게 해주긴 하지만, 스프린트sprint를 계획하는 것처럼 장기 시계열longer timespace에 대해서는 작업 순위를 정하기 어려울 정도로 번잡할 수 있습니다.

마지막으로 이야기할 내용도 생각해 볼만한 가치가 있습니다. 두 가지 시간 단위timescales를 고려해야만 하는 이유를 이해하기 위해서, SLO 소진 알람이 발송되었을 때 취해야할 조치를 살펴봅시다.

13.3.3 SLO 소진 알람 대응하기

일반적으로 소진 알람이 발송되면 원인에 대한 조사 대응을 시작해야 합니다. 다양한 대응 방법에 대해 더 깊게 살펴보고 싶다면 앞서 소개했던 히달고의 『Implementing Service Level Objective』(O'Reilly, 2020)을 참고합시다. 이번 절에서는 소진 알람 대응 시 고려해야 하는 몇 가지 넓은 범위의 질문을 살펴보겠습니다.

발생한 소진 알람의 유형을 살펴봅시다. 새롭고 예상하지 못했던 유형의 소진인가요? 아니면 점진적이고 예상된 소진인가요? 우선 오류 예산을 사용하는 다양한 패턴에 대해 알아봅시다.

[그림 13-8], [그림 13-9], [그림 13-10]은 SLO 윈도우 내에서 시간 변화에 따른 잔여 오류 예산을 보여줍니다. 느리지만 꾸준하게 일어나는 점진적인 오류 예산 소진은 대부분의 현대적인 프로덕션 시스템이 갖고 있는 특성입니다. 성능에 대한 특정 임계치를 예상했을 때, 이를 벗어나는 예외는 그리 많이 발생하지 않습니다. 그렇지만 어떤 상황에서는 특정 기간 발생한 교란이 갑작스러운 예외 급증을 일으킬 수도 있습니다.

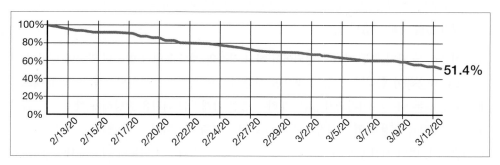

그림 13-8 점진적인 오류 예산 소진율의 예시로 51.4%의 예산이 남아 있습니다.

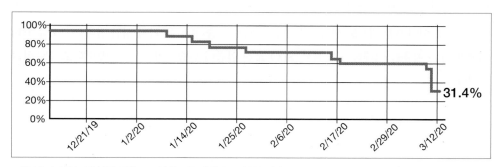

그림 13-9 갑작스런 예외 급증으로 인해 오류 예산이 급감했습니다.

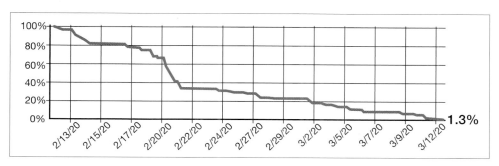

1.3%

그림 13-10 평상시에는 오류 예산이 느리게 소진되는 시스템이었지만 사고 발생으로 인해 오류 예산의 상당 부분을 한 번에 소진했습니다.

소진 알람이 발생하면 이것이 알람 발송 조건을 넘으면서 발생한 것인지 아니면 사고 발생으로 인해 대규모의 오류 예산이 한번에 소진되면서 발생한 것인지 확인해야 합니다. 현재 상황을 과거의 소진율과 비교하면 발생한 알람의 중요도를 판단하는 데 도움이 되는 문맥을 찾아낼 수 있습니다.

[그림 13-11]은 [그림 13-9]처럼 순간적으로 31.4%밖에 남지 않은 오류 예산이나 그렇게 된 과정을 보여주는 대신, 지난 90일 동안의 일자별 SLO의 30일 누적 상태를 조사할 수 있도록 범위를 확대해 보여주고 있습니다. 2월이 시작될 즈음부터 목표 임계치 위로 SLO가 복구되기 시작했습니다. 이러한 변화는 부분적으로 큰 성능 저하가 90일 동안 지속되었기 때문일 수도 있습니다.

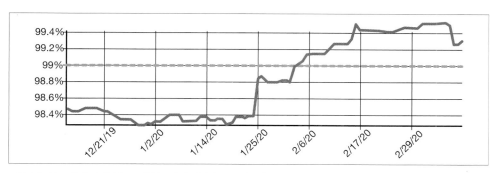

그림 13-11 2월이 되면서 SLO가 복구되기 전까지 SLO에 대한 90일의 슬라이딩 윈도우 99%의 목표를 밑돌았습니다.

SLO의 일반적인 추세를 이해하는 것은 사고를 얼마나 긴급한 것으로 봐야 하는가에 대한 해답을 제시하며, 사고 해결을 위한 힌트도 제공해 줄 수 있습니다. 예산을 한번에 소진하는 것은 장기간에 걸쳐 예산을 소진하는 것과는 다른 종류의 실패입니다.

13.4 관찰 가능성 데이터와 시계열 데이터를 이용한 SLO 측정의 차이

SLO를 위해 시계열 데이터time-series data를 사용하는 것은 생각보다 복잡합니다. 이전 절의 예제에서는 성공과 실패를 나타내기 위해 일반적인 단위를 사용했습니다. 이벤트 기반의 시스템에서는 개별 사용자 요청이 그 단위가 되었고, 요청이 성공했는지 실패했는지 판단했습니다. 시계열 시스템에서는 시간의 특정 조각이 단위가 되었고, 전체 시스템이 해당 시간 동안 성공했는지 실패했는지를 판단했습니다. 즉, 시계열 데이터를 사용하면 집계된 시스템 성능이 측정됩니다.

시계열 데이터의 문제는 99.99% 이상의 가용성 목표를 갖는 엄격한 SLO에 대해 사용되는 경우 특히 두드러집니다. 이러한 SLO에 대해서는 오류 예산이 몇 분 혹은 몇 초 이내에 소진될 수 있습니다. 이러한 시나리오에서는 매 순간이 아주 중요하며 목표를 달성하기 위해 자동화된 교정과 같은 다양한 완화 방안을 취해야만 합니다. 심각한 오류 예산 소진을 1초 내에 파악하는 것과 1분 내에 파악하는 것은 큰 차이가 없습니다. 왜냐하면 사람이 알람을 알아차리고 노트북을 켠 다음 로그인하고 수작업으로 첫 번째 대책을 떠올리고 적용하는 데에는 적어도 3분 이상이 걸리기 때문입니다. 심지어 이슈가 복잡하거나 추가 디버깅이 필요한 경우에는 더 많은 시간이 필요하기도 합니다.

SLO에 대해 시계열 데이터 대신 이벤트 데이터를 사용하면 또 다른 완화 효과를 얻을 수 있습니다. 엄격한 SLO 관점에서 시계열 평가가 동작하는 방식을 생각해 봅시다. 예를 들어, 95퍼센타일의 요청 처리 시간이 300ms 미만이어야 하는 SLI가 있다고 가정합시다. 그리고 나서 짧은 기간에 대해 오류 예산을 계산한 뒤 좋고 나쁨을 평가해야 합니다. 분단위로 평가하는 경우 '좋다', '나쁘다'를 판단하기 위한 계산은 평가 대상 시간이 끝날 때까지 기다린 후 수행되어야 합니다. 만약 '나쁘다'로 판단되었다면 문제에 대응할 수 있는 1분의 시간을 이미 잃어버린 셈이 됩니다. 이것은 오류 예산이 몇초 혹은 몇분 이내에 고갈될 수 있을 때 사용할 신속 알람 워크플로fast alerting workflow를 시작하는 데에는 아무런 도움이 되지 않습니다.

'좋다', '나쁘다'로만 구분하는 것은 당연히 99.99%의 SLO를 측정하기에는 충분하지 않습니다. 이전 예제의 경우 전체 요청의 94%가 300ms 이하를 기록했을 때, 측정된 1분이 '나쁘다'로 선언될 수 있습니다. 이러한 평가는 허용된 월간 오류 예산 4.32분의 25%를 한번에 소진시키기에 충분합니다. 만약 모니터링 데이터가 5분 윈도우 단위로만 수집되는 상황에서(AWS CloudWatch 무료 이용 구간의 기본값입니다) 이를 '좋다', '나쁘다' 평가에 활용하는 경우 SLO 목표를 위반하기 전에 단 한 번의 평가 윈도우만 실패할 수 있습니다.

SLO 계산을 위해 시계열 데이터를 사용하는 시스템은 오류 예산 소진을 줄이기 위한 접근 방법을 적용할 수 있습니다. 이것은 세 개의 신세틱 프로브synthetic probe에 장애가 발생했을 때 자동 복구를 진행하고 이후 사람이 결과를 다시 확인하는 시스템을 설정하는 것처럼 보일 수 있습니다. 또 다른 접근 방법은 충분히 대규모의 트래픽이 발생했을 때 굉장히 짧은 시간 내에 실패하는 요청의 순간적인 비율을 메트릭으로 측정하는 것입니다.

주어진 시간 범위에 대해 '좋다', '나쁘다'의 집계된 결정을 내리는 대신 이벤트 데이터를 사용하여 SLO 계산을 수행하면 시스템 상태 평가 작업을 요청 수준으로 세분화 할 수 있습니다. 동일한 SLI 시나리오 예시에 대해 생각해보면, 지속 시간이 300ms 이하인 단일 요청은 좋은 것으로 생각할 수 있고 300ms보다 오래 걸린 요청은 나쁜 것으로 생각할 수 있습니다. 전체 요청의 94% 이상이 300ms 이하인 시나리오에서는 95퍼센타일과 같이 집계된 시계열 측정을 사용했을 때 오류 예산을 완전히 소진했지만 요청 기반의 측정에서는 단지 6%의 요청만이 SLO 오류 예산을 소진합니다.

현대의 분산 시스템에서는 완전히 시스템이 멈추는 것보다 부분적으로 문제가 생기는 경우가 더 많습니다. 따라서 이벤트 기반의 계산이 훨씬 유용합니다. 99.99%의 신뢰성을 목표로 하는 시스템에서 발생한 1%의 부분적인 문제는 99%의 신뢰성을 목표로 하는 시스템의 완전한 장애와 동일한 것으로 생각해야 합니다. 부분적인 장애를 측정하면 덜 엄격한 SLO를 바탕으로 시스템이 완전히 중단된 것처럼 대응할 수 있는 시간을 벌 수 있습니다. 두 가지 경우 모두 월간 오류 예산이 소진되기 전까지 문제 수정에 활용할 수 있는 7시간 이상의 시간을 확보할 수 있습니다.

서비스에 대한 실제 사용자 경험을 추적하는 관찰 가능성 데이터는 시스템 상태를 임의로 집계한 시계열 데이터보다 시스템 상태를 더 잘 나타냅니다. 실행 가능한 알람을 발송하기 위해 관찰 가능성 데이터를 사용하면, 비즈니스가 관심 있는 현시점에 대한 전반적인 사용자 경험을 파악할 수 있게 해주는 조건에 집중할 수 있게 됩니다.

신뢰성에 대한 목표는 조직의 실현 가능성과 일치시키는 것이 중요합니다. 99.999%와 같이 엄격한 SLO에 대해서는 사람이 관여하여 몇 분에서 몇 시간이 걸리던 기존의 대응이 아닌, 극도로 세부적이면서도 정확한 측정을 바탕으로 자동 복원automatic remediation과 같은 모든 경감 전략을 동원해야 합니다. 하지만 덜 엄격한 SLO에 대해서도 이벤트 기반의 세세한 측정을 이용하는 것이 시계열 기반의 측정보다 대응 시간에 여유를 확보할 수 있습니다. 이렇게 확보한 추가적인 버퍼는 조직의 SLO 목표와 관계없이 신뢰성 목표를 실현 가능한 것으로 만들어 줍니다.

요약

지금까지 SLO를 사용할 때 오류 예산의 역할과 경고 발송에 필요한 메커니즘을 살펴봤습니다. 오류 예산 소진 시점을 예측할 때 사용할 수 있는 다양한 예측 방법이 있습니다. 각각의 방법은 나름대로 고려 사항과 절충점이 있기 때문에 조직에서 필요한 최적의 방법을 이번 장을 통해 찾아냈길 바랍니다.

SLO는 현대적인 방식의 모니터링 방법으로 앞서 살펴봤던 기존 모니터링의 많은 문제점을 해결합니다. SLO는 관찰 가능성에만 국한되지 않습니다. 다만 관찰 가능성과 관련된 것은 이벤트 데이터가 SLO 모델을 강화해 준다는 것입니다. 오류 예산 소진율을 계산할 때 이벤트는 프로덕션 서비스의 실제 상태를 보다 정확하게 평가합니다. SLO가 침해 위험에 처해있다는 것을 아는 것만으로는 어떤 사용자가 영향을 받았는지, 어떤 의존성이 있는 서비스가 영향을 받았는지, 혹은 어떤 사용자 동작이 서비스에 오류를 일으키는지에 대한 통찰력을 제공받기 어렵습니다. 그렇지만 관찰 가능성 데이터와 SLO를 연결함으로써 오류 소진 알람이 발생했을 때, 언제 어디서 실패가 일어나는지를 쉽게 파악할 수 있게 됩니다.

SLO와 관찰 가능성 데이터를 함께 사용하는 것은 SRE의 접근 방법이나 관찰 가능성 주도의 개발 접근 방법 모두에게 중요합니다. 이전 장에서 살펴본 것처럼 실패한 이벤트를 분석하면 무엇이 왜 잘못되었는지에 대한 풍부하면서도 자세한 정보를 제공받을 수 있습니다. 이것은 시스템적인 문제와 간헐적으로 발생하는 실패를 구별하는 데 도움이 됩니다. 다음 장에서는 어떻게 관찰 가능성을 이용해 또 다른 중요한 프로덕션 애플리케이션 컴포넌트인 소프트웨어 공급망software supply chain을 모니터링 할 수 있는지 알아봅니다.

CHAPTER 14

관찰 가능성과 소프트웨어 공급망

이번 장은 슬랙Slack의 시니어 스탭 소프트웨어 엔지니어 프랭크 챈Frank Chen이 기고해주었습니다.

 채리티, 리즈, 조지가 남긴 노트로부터

13장에서는 작성한 코드가 프로덕션 환경에서 동작하는 방식과 관련된 관찰 가능성을 알아보았습니다. 그러나 프로덕션에서 코드를 실행하는 것은 코드 생애주기 관점에서 봤을 때 단지 일부분에 불과합니다. 코드를 프로덕션에서 실행하기 전에 빌드 파이프라인build pipelines을 통해 코드를 시험해보고 배포하는 것이 일반적입니다. 특정한 지속적인 통합continuous integration(CI), 지속적인 배포continuous deployment(CD) 아키텍처와 사례를 살펴보는 것은 이 책의 범주를 벗어납니다만, 빌드 파이프라인에서 발생하는 이슈를 디버깅하기 위해 관찰 가능성을 활용하는 방법을 알아보는 것은 다뤄 볼 만한 이야기입니다.

코드가 끊임없이 변화하는 곳은 프로덕션 환경만이 아닙니다. 빌드 파이프라인을 실행하기 위해 사용하는 시스템 또한 의도하지 않았거나 예상하지 못한 방식으로 변화합니다. 책에서 논의한 애플리케이션과 마찬가지로 빌드 시스템 아키텍처도 모놀리식으로 동작하는 단일 노드에서부터 규모에 따라 병렬적으로 프로세스를 실행하는 대규모의 빌드 팜build farms에 이르기까지 매우 다양합니다. 단순한 아키텍처를 채택한 시스템은 잠재적인 고장의 원인을 추론하고 디버깅하는 것이 어렵지 않습니다. 하지만 시스템이 어느 정도 복잡해지기 시작하면 CI/CD 시스템에서 무슨 일이 일어나는지를 이해하기 위해 디버깅 도구 관점에서 관찰 가능성 도입이 필수적입니다. 프로덕션 환경과 마찬가지로 통합integration 기능의 성능 저하, 보이지 않는 병목 현상의 발생, 이슈를 탐지하거나 원인을 디버깅할 수 없게 되는 문제 등이 빌드 시스템을 괴롭힐 수 있습니다.

이번 장에서는 슬랙이 관찰 가능성을 이용해 소프트웨어 공급망software supply chain을 관리하는 방법에 대한 자세한 내용을 소개합니다. 챈이 기고해 준 슬랙의 사례는 대규모로 운영되는 빌드 시스템에 관찰 가능성을 적용하는 것에 대한 정말 좋은 사례입니다. 이번 장을 통해서 빌드 시스템 내의 이슈를 디버깅하기 위해 어떻게, 어느 지점에 추적traces과 관찰 가능성을 사용해야 하고 같은 문맥에서 특히 유용한 계측 유형은 무엇이 있는지 배우게 될 것입니다.

> 슬랙의 사례는 대규모의 소프트웨어 공급망을 운영 중인 조직 관점에서 구성된 것이긴 하지만, 어떤 규모의 환경에라도 적용할 수 있는 교훈이 있다고 생각합니다. 4부에서는 특히 대규모의 관찰 가능성을 구현할 때 마주하게 되는 문제점들에 대해 알아봅니다.

소프트웨어 공급망에 관찰 가능성을 적용하는 것에 관한 사례를 소개할 수 있게 되어 무척 기쁩니다. 소프트웨어 공급망은 '개발에서부터 CI/CD 파이프라인을 거쳐 프로덕션 환경에 배포될 때까지 소프트웨어에 들어가거나 영향을 줄 수 있는 모든 것'[1]으로 구성되어 있습니다.

지난 3년간, 단순하면서도 더 친절하고 생산적인 경험을 슬랙 고객들에게 전달하기 위한 여러 가지 활동을 해왔습니다. 특히, 자주 배포하면서도 신뢰할 수 있고 높은 품질의 릴리스를 유지할 수 있는 시스템과 사람의 프로세스를 만들고 배우는 과정에 많은 시간을 쏟았습니다. 소프트웨어 공급망과 관련된 업무를 수행하는 팀 입장에서는 슬랙 내의 많은 팀이 사용하고 있는 CI/CD 지원을 위한 파이프라인과 관련 도구가 프로덕션 환경의 작업 대상입니다.

슬랙은 초창기부터 협업을 위한 CI 개발과 소프트웨어를 고객에게 안정적으로 제공하기 위해 CD에 많은 투자를 해왔습니다. CI는 엔지니어가 가능한 한 자주 새로운 코드를 빌드, 시험, 통합할 수 있게 해주는 개발 방법론입니다. 공유된 코드 기반으로 새로운 코드를 통합하고 검증함으로써 새로운 코드가 사용자에게 불편을 끼치지 않을 것이라는 확신을 가질 수 있습니다. CI 시스템은 개발자가 새로운 코드를 커밋했을 때 자동으로 빌드와 시험을 실행하고 피드백을 받을 수 있게 해줍니다.

> **NOTE** 지속적인 통합에 대해 자세히 살펴보고 싶다면 ScienceDirect 웹 사이트에 게재된 무라트 에르데르Murat Erder와 피에르 퓨뢰르Pierre Pureur의 「지속적인 아키텍처와 지속적인 배포」[2]를 살펴보기를 바랍니다. 또한 스텐 피테Sten Pittet가 Atlassian 웹 사이트에 기고한 「지속적인 통합을 시작하는 방법」[3]도 좋은 지침서입니다.

슬랙은 최초 PHP 모노레포(현재는 거의 핵Hack[4] 언어로 만들어져 있습니다)에서 개발된 웹 앱 web app이었지만, 현재는 다양한 요구사항에 대응하기 위해 많은 언어와 서비스, 클라이언트로

---

1 Maya Kaczorowski, "Secure at Every Step: What is Software Supply Chain Security and Why Does It Matter?", GitHub Blog, September 2, 2020.
2 Continuous Architecture and Continuous Delivery, https://oreil.ly/ewm0i
3 How to Get Started with Continuous Integration, https://oreil.ly/Dv4Zm
4 https://hacklang.org/

변화하고 있습니다. 슬랙의 핵심 비즈니스 로직은 여전히 웹 앱에서 동작하고 있으며 필요한 경우 플라넬[Flannel][5]과 같은 하위 서비스로 라우팅 되어 실행됩니다. 슬랙이 사용하는 CI 워크플로는 다양한 코드베이스에 대하여 단위 테스트[unit test], 통합 테스트[integration tests], 종단 간 기능 테스트[end-to-end functional test]를 포함하고 있습니다.

이번 장의 주제에 맞추어 슬랙의 엔지니어들이 대부분의 시간을 보내고 있는 CI/CD 시스템과 웹 앱의 CI에 대한 관찰 가능성에 집중해 보겠습니다. 웹 앱 CI 생태계는 체크포인트[Checkpoint], 젠킨스 빌더[jenkins builder]와 테스트 익스큐터[test jenkins executor], 그리고 QA 환경(슬랙의 웹 앱 코드베이스를 실행하고 있으며 코드가 의존하고 있는 외부 서비스로 요청을 라우팅합니다)에 걸쳐 있습니다. 체크포인트는 슬랙 내부에서 개발된 서비스로 CI/CD 워크플로를 조정[orchestration]하는 역할을 수행합니다. 또한 시험 수행과 배포 같은 복잡한 워크플로의 각 단계를 조정할 수 있도록 API와 프론트엔드 서비스를 제공합니다. 그리고 시험 실패나 풀 리퀘스트(PR) 리뷰와 같은 이벤트에 대한 업데이트를 공유해 줍니다.

[그림 14-1]은 종단 간 웹 앱 시험에 관한 워크플로 예시입니다. 사용자는 깃허브로 커밋을 보내고 체크포인트는 해당 코드베이스와 관련된 이벤트에 대하여 깃허브로부터 웹훅[webhooks]을 수신합니다. 그런 다음 체크포인트는 젠킨스 익스큐터가 빌드와 시험 워크플로를 수행하도록 젠킨스로 요청을 보냅니다. 젠킨스 빌더와 테스트 익스큐터는 대상 코드베이스의 메인 브랜치와 푸시된 코드를 머지한 뒤 빌드와 시험 스크립트를 실행하는 CIBot이라는 코드베이스를 사용합니다. 그리고 나서 체크포인트로 조정과 시험 결과의 게시를 요청합니다.

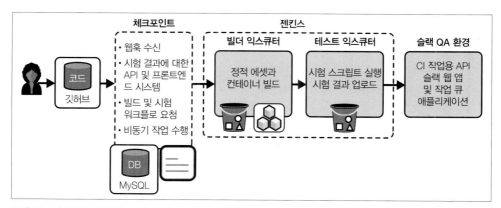

그림 14-1 웹 앱을 시험하는 종단 간 워크플로의 예시

5 https://slack.engineering/flannel-an-application-level-edge-cache-to-make-slack-scale/

14.1 슬랙이 관찰 가능성을 도입한 이유

슬랙은 탄생한 이래 고객 숫자와 코드베이스의 규모 양측에서 모두 괄목할 만한 성장을 해왔습니다. 성장은 분명 흥분되는 일이지만 복잡성 증가와 모호해진 경계, 그리고 시스템의 한계 봉착과 같은 어두운 면도 함께 가지고 있습니다. 하루에 수천 번 정도 수행되던 시험 스위트의 실행은 수십만 번으로 늘어났습니다. 이 작업은 다양한 코드베이스와 조직에 걸쳐있기 때문에 태생적으로 변동성과 다양성을 갖고 있습니다. 이런 규모에서는 탄력적인 용량 관리와 초과 구독 oversubscription과 같은 전략을 통해 비용과 컴퓨팅 리소스를 통제할 필요가 있습니다.

> **NOTE** 슬랙의 CI 시스템과 비용 통제 전략에 대해 자세히 알고 싶다면 슬랙 엔지니어링 블로그에 공개된 『Infrastructure Observability for Changing the Spend Curve』[6]를 읽어보기를 바랍니다.

결과적으로 개발 환경에서 코드를 시험하고 배포하기 위한 워크플로가 일부 프로덕션 서비스보다도 더 복잡해지는 상황이 종종 생겼습니다. 인프라 유형이나 런타임 버전과 같은 기저의 의존성에 예상치 못한 변화가 발생해 의도치 않은 실패로 이어지기도 했습니다. 예를 들어 슬랙은 깃git을 이용해 코드의 버전 컨트롤을 하고 있습니다. 코드 머지할 경우 다양한 버전의 깃을 사용하면 버전에 따라 서로 다른 성능 특성을 갖기도 합니다. CI를 통한 이상 탐지anomaly detection에는 코드나 시험 로직의 이상이나 의존하고 있는 서비스와 기저 인프라의 문제뿐만 아니라 서비스와 관계된 모든 요소에서 발견되는 이슈의 디버깅도 포함됩니다. 뭔가 잘못된 동작이 관찰되었다면 예상치 못한 수많은 곳에 이슈가 숨어 있을 수 있습니다. 슬랙은 이러한 상황으로 미루어볼 때, 소프트웨어 공급망에 대한 관찰 가능성이 필요하다는 것을 빠르게 깨달았습니다.

소프트웨어 공급망의 계측은 슬랙과 고객의 비즈니스 모두에게 경쟁 우위를 제공해 줍니다. 빠른 개발과 빠른 릴리스 주기가 합쳐지면 고객에게 더 나은 서비스를 제공할 수 있습니다. 관찰 가능성은 슬랙의 문제 인식과 CI/CD에 대한 투자 관점에서 중요한 역할을 수행했습니다. 다음 절에서는 2019년에 수행했던 개선된 분산 추적을 이용한 체크포인트 계측과 함께 2020년과 2021년에 특정한 문제에 대한 솔루션으로 이를 활용했던 사례에 대해 알아봅니다.

---

6 https://slack.engineering/infrastructure-observability-for-changing-the-spend-curve/

내부 도구의 개발은 도구가 개발 환경에서도 정상적으로 실행되도록 하기 위해 추가적인 복잡성과 빌드 및 시험에 대한 코드 머지가 필요하다는 것을 제외하면 프로덕션 시스템과 크게 다르지 않으며, 프로덕션 환경과 동일하게 여러 가지 중요 시스템을 거치게 됩니다. 내부 도구는 프로덕션 환경에서 제공되는 고객용 서비스와는 조금 다른 특성이 있습니다. 단적인 예로 내부 도구의 카디널리티cardinality는 매우 낮지만 특정한 단일 이벤트와 스팬span이 갖는 중요도는 매우 높습니다. 종속된 특정 시스템에서 발생한 실패로 인해 개발자의 활동성이 낮아지거나 의욕이 떨어질 수 있으며 궁극적으로 고객에게 소프트웨어를 전달하는 속도 저하로 이어질 수 있습니다. 다시 말하자면 소프트웨어 공급망의 시작 부분에서 발생한 실패나 속도 저하는 의존성을 갖고 있는 소프트웨어 공급망의 나머지 부분에 병목 현상을 일으킬 수 있습니다.

'느려요'는 분산 시스템에서 가장 디버깅하기 어려운 문제 중 하나이고, '제대로 동작하지 않아요'는 내부 도구에 대한 지원 업무 중 가장 많이 듣는 말입니다. 두 가지 모두가 갖고 있는 숙제는 상호 작용하면서 높은 복잡성을 갖는 시스템의 문제와 어떻게 연관시킬 것인가 하는 것입니다. 예를 들어 인프라나 시험이 제대로 동작하지 않으면 개발자의 코드 작성 능력에 영향을 끼치게 되며, 도구에 대한 신뢰 감소로 인해 결과적으로 의욕저하에 빠지게 됩니다. 이런 유형의 복잡성 때문에 슬랙은 공유된 관찰 가능성 파이프라인을 만드는 것에 투자하게 되었습니다. 이렇게 만들어진 관찰 가능성 파이프라인에 대해서는 슬랙의 수만 카루무리Suman Karumuri와 라이언 카트코프Ryan Katkov가 작성한 18장을 참고하기 바랍니다. 다음 절에서는 디멘셔널리티dimensionality가 어떻게 이런 문제 해결을 도와주는지 알아보겠습니다.

14.2 계측: 공유 클라이언트 라이브러리와 디멘션

슬랙의 CI 시스템이 갖고 있는 가장 주요한 문제는 복잡성complexity이었습니다. 종단 간 시험의 실패는 코드베이스 변경이나 인프라 변경에 기인했거나 플랫폼 런타임과 상호 작용해야 하는 코드베이스로 인해 발생한 결과였습니다. 2020년 초반에는 어느 한 앱 개발자가 변경사항을 커밋하면 CI 파이프라인은 깃허브에 의존하는 시험 스위트를 30회 이상 수행하고 성능, 백엔드, 프론트엔드팀과 관련된 빌드 파이프라인을 실행해야 했으며 서로 다른 요구사항과 전문 영역을 갖고 있는 20개 이상의 팀과 서비스가 관여해야만 했습니다. 2020년 중반에 이르러 슬랙의 CI 인프라는 한계에 봉착했고 매월 10% 이상 증가하는 시험 수행으로 인해 여러 가지 다운스트림 서비스들은 시험 수행으로 인한 추가 부하를 소화하기 위해 인프라를 증설해야만 하는 상황에 직면했습니다.

슬랙은 분산 추적distributed tracing을 이용해 일련의 병목 현상을 해소해 보고자 했습니다. 2019년 경 사용하던 슬랙 CI 인프라는 대부분 CTO와 초창기 직원에 의해 작성되었고 수년간 잘 동작해 왔습니다. 하지만 이 인프라의 문제점은 커져만 갔고 많은 워크플로에 대해 관찰 가능성이 제공되지 않아 상황을 파악하기 어려웠습니다.

다단계로 구성되어 있는 빌드 시스템에 추적을 적용함으로써 슬랙은 계측을 추가하고 얼마 지나지 않아 CI 워크플로의 여러 가지 문제를 해결할 수 있었습니다.

- 2019년 2분기에는 CI 러너runner[7]를 계측했습니다. 다른 추적 적용 사례와 마찬가지로 수집된 몇분간의 추적 데이터를 바탕으로 깃 체크아웃에 대한 비정상적인 런타임을 발견했습니다. 러너가 동작한 기저의 호스트 서버 조사를 한 결과 문제가 된 서버들은 오토 스케일링 그룹Auto Scaling Group(ASG)을 통해 업데이트된 것이 아니며 빠르게 삭제되었다는 것을 알아냈습니다. 에러나 실패가 발생하진 않았지만 러너의 수행 속도가 떨어지면서 개발자들이 안좋은 경험을 하게 된 경우였고, 추적을 통해 CI 러너 워크플로의 문제점을 찾고 간단히 해결할 수 있었습니다.

- 2019년 3분기는 하루도 빼놓지 않고 많은 팀에서 발생하는 사고의 정점에 있었습니다. CI 러너와 시험 환경 사이에 첫 번째 크로스 서비스 추적이 구현되었고, 느린 시스템 처리 속도를 유발하는 깃의 대용량 파일 스토리지Large File Storage(LFS) 이슈를 찾아냈습니다. 초기에는 많은 팀들이 다른 시스템으로의 연쇄적인 고장이 가속화되는 것을 제어하기 위해 앞다퉈 나섰습니다. CI 러너와 마찬가지로 간단한 계측을 추가했고 깃 LFS를 통해 산출물을 가져오는 데 실패하고 있는 호스트를 찾아냄으로써 두 시간도 채 지나지 않아 이슈를 해결할 수 있었습니다.

[그림 14-2]는 개발자가 깃허브에 코드를 푸시한 뒤 시작되는 시험 수행을 간단히 도식화한 그림입니다. 시험 수행 전반은 체크포인트가 조정orchestration하며 이후 젠킨스 익스큐터를 통해 빌드 단계와 시험 단계를 거칩니다. 각 단계에서는 CI 실행을 상황에 맞게 조절하는 추가 디멘션dimensions을 확인할 수 있습니다. 슬랙 엔지니어는 프로덕션 환경에서 성능이나 신뢰성 이슈가 발생하면 이를 유발한 실행을 찾아내기 위해 하나 혹은 여러 디멘션의 조합을 이용합니다. 배포된 코드에서 발생한 특정 이슈의 원인 파악을 할 때에도, 조사 범위를 줄일 수 있도록 여러 가지 단서를 결합할 수 있습니다.

---

7 옮긴이_ 러너는 CI의 개별 작업들을 실제로 수행하는 서버나 프로세스를 이야기합니다.

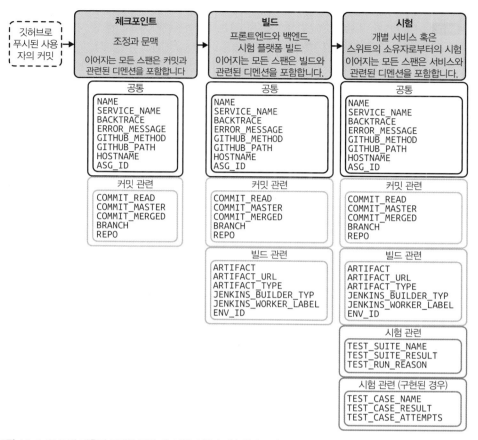

그림 14-2 CI 조정 계층이 조정한 종단 간 시험 수행의 단순화된 도식으로 워크플로 전반에 걸쳐 공유되는 공통 디멘션을 강조하고 있습니다.

클라이언트와 관련된 디멘션은 각 추적[trace]에 설정됩니다(그림 14-3은 디멘션의 예시입니다). 슬랙은 이러한 디멘션을 설정하기 위해 TraceContext 싱글톤을 사용합니다. 각 Trace-Context는 공통 디멘션과 새로운 추적을 이용해 기본 트레이스[initial trace]를 만듭니다. 각 추적은 여러 개의 스팬을 갖고 있으며, 각 스팬에는 특정한 디멘션들이 존재합니다. 개별 스팬은(그림 14-4의 `runner.test_execution`과 같은) 원래의 요청에 대한 문맥을 갖고 있으며 관심 있는 디멘션을 루트 스팬[root span]에 가합니다. 더 많은 디멘션이 추가되면 이슈 분석에 도움이 되는 더 많은 문맥과 정보도 추가됩니다.

```
enum ServiceName: string as string (           // Build
  CHECKPOINT_BG = 'ci_checkpoint_bg';           ARTIFACT = 'artifact_id';
  CHECKPOINT_APP = 'ci_checkpoint_aa';          ARTIFACT_URL = 'artifact_url';
  CHECKPOINT_ENV_CONTROL = 'ci_checkpoint_env'; ARTIFACT_TYPE = 'artifact_type';
  CIBOT_RUNNER = 'ci_cibot_runner';             JENKINS_BUILDER_TYPE = 'jenkins_builder_type';
  CIBOT_BUILDER = 'ci_cibot_builder';           JENKINS_WORKER_LABEL = 'jenkins_worker_label';
  DB_CLIENT = 'ci_db';
  DEFAULT = 'ci_defaut';
  ROOT = 'ci_root';                             // Test run
)                                               TEST_SUITE_NAME = 'test_suite';
                                                TEST_SUITE_RESULT = 'test_suite_result';
enum ServiceName: string as string (           TEST_RUN_REASON = 'run_reason';
// Global
  NAME = 'name';
  SERVICE_NAME = 'service_name';                // Test case
  BACKTRACE = 'backtrace';                      TEST_CASE_NAME = 'test_case_name';
  ERROR_MESSAGE = 'error';                      TEST_CASE_RESULT = 'test_case_result';
  IS_SYNTHETIC_SPAN = 'is_Synthetic_span';      TEST_CASE_ATTEMPTS = 'test_case_attempts';
  METHOD = 'method';
  STATUS_CODE = 'status';
)                                               // Orchestration
                                                ENTRYPOINT = 'entrypoint';
// Commit related                               REQUEST_ID = 'request_id';
  COMMIT_HEAD = 'commit_head';                  PATH = 'path';
  COMMIT_MASTER = 'commit_master';              AUTH_METHOD = 'auth_method';
  COMMIT_MERGED = 'commit_merged';
  BRANCH = 'branch';
  REPO = 'repo';                                // Clients
)                                               DB_QUERY = 'query';
                                                DB_TABLE = 'query_table';
// Host related                                 GITHUB_METHOD = 'github_method';
  EVN_ID = 'env_id';                            GITHUB_PATH = 'github_path';
  HOSTNAME = 'hostname';                        /* [... 그외의 클라이언트 관련 디멘션들 ...] */
  ASG_ID = 'asg_id';                            )
)
```

그림 14-3 Hack으로 작성된 코드베이스의 공통 디멘션. CI의 스팬과 서비스에 디멘션을 정형화하기 위한 예시로 사용할 수 있습니다.

예를 들어, 슬랙 엔지니어는 공통 디멘션(호스트네임[hostnames]이나 젠킨스 워커[worker] 그룹과 같은)과 함께 동시성[concurrency] 이슈를 식별하고 싶어 합니다. TraceContext에는 이미 호스트네임 값을 갖고 있는 태그가 존재합니다. 이후 CI 러너 클라이언트는 젠킨스 워커 라벨 값을 가진 태그를 추가합니다. 슬랙 엔지니어는 이 두 가지 디멘션 조합을 이용하여 런타임 이슈가 발생하고 있는 개별 호스트나 젠킨스 워커를 그룹화할 수 있습니다.

비슷한 방식으로 슬랙 엔지니어는 공통 빌드 실패를 식별하고 싶어 합니다. CI 러너 클라이언

---

8 https://www.honeycomb.io/resources/the-unreasonable-effectiveness-of-a-single-wide-event

트는 커밋 헤드나 커밋 메인 브랜치에 태그를 추가합니다. 이를 통해 빌드 실패가 어떤 커밋으로부터 발생한 것인지를 식별할 수 있게 됩니다.

[그림 14-3]의 디멘션은 시험 수행을 완료하기 위한 상호 간의 통신으로서 여러 가지 스크립트와 서비스 호출에서 사용됩니다(그림 14-4).

name	service_name	0s 100s 200s 300s 400s 500s 600s 700s 828.4s
2 ci_root	ci_root	828.402s
● checkpoint_int	ci_root	1.005s
6 ci_cibot_runner	ci_cibot_runner	827.368s
● runner.init	ci_cibot_runner	24.31ms
● runner.checkout	ci_cibot_runner	18.214s
● runner.test.config	ci_cibot_runner	0.1310ms
● runner.checkout.more	ci_cibot_runner	92.0μs
● runner.test_execution	ci_cibot_runner	809.037s
● runner.reult_reporting	ci_cibot_runner	0.7630ms

그림 14-4 backend-php-unit이라는 이름의 백엔드 시험 스위트의 CI 수행에 관한 추적

다음 절에서는 소프트웨어 공급망을 이해하기 위해 슬랙이 추적 도구와 쿼리를 이용하는 방법을 알아보고 이슈에 대한 출처를 찾아내는 것이 어떻게 이슈 해결을 위한 실행 가능한 알람을 제공하는지에 대해 공유하겠습니다.

14.3 사례 연구: 소프트웨어 공급망에 관찰 가능성 적용하기

관찰 가능성은 메트릭metrics, 이벤트events, 로그logs, 추적traces으로 구성된 원격 측정 정보를 분석함으로써 내부 고객의 경험을 모델링하는 핵심 컴포넌트입니다. 슬랙 인프라 도구와 인력의 핵심은 관찰 가능성을 지속적으로 학습하고 도구에 내장하는 것입니다. 이번 절에서는 관찰 가능성을 슬랙 개발자의 워크플로에 도입했던 사례를 알아봅니다. 소프트웨어 공급망에 관찰 가능

성을 적용하기 위해 슬랙이 사용했던 접근 방법을 살펴보고, 독자 여러분들의 내부 개발 조직과 워크플로에 이러한 패턴을 재사용할 수 있기를 바랍니다.

14.3.1 도구를 이용한 문맥의 이해

CI는 복잡하고 분산되어 있는 시스템 환경에서 운영됩니다. 여러 가지 작은 변경 사항들은 CI의 사용자 경험에 영향을 줄 수 있습니다. 기존의 많은 팀들은 고객(백엔드, 프론트엔드, 혹은 미들웨어)에게 더 나은 서비스를 제공하기 위해 사일로silos 방식으로 운영되면서 성능 이슈와 탄력성 이슈를 해결해 왔습니다. 하지만, 개발 업무를 수행한 뒤 시험을 실행하는 CI 고객의 입장에서 사용자 경험은 '최악의 성능' 혹은 '아주 일관성 없는' 시험이라고 표현되었습니다. 동일한 코드에 대해 시험을 수행할 때마다 다른 결과가 나오는 경우를 '일관성 없다'라고 이야기합니다. 이런 사용자 경험이 생기는 이유를 파악하기 위해서는 문맥을 제대로 파악할 필요가 있습니다.

이번 절의 나머지 부분에서는 일관성 없는 시험이 갖는 문제에 대한 문맥을 이해하기 위해 슬랙의 여러 팀이 함께 조사했던 사례를 살펴보겠습니다. 슬랙팀은 다음과 같은 몇 가지 주요 원칙을 바탕으로 내부 고객이 겪고 있던 시험 문제를 크게 줄일 수 있었습니다.

- 이전에 파악하지 못했던 런타임 변수를 포착하기 위해 추적을 이용하여 시험 플랫폼을 계측합니다.
- 흥미로운 디멘션을 찾아내기 위해 작고 관찰 가능성 주도observability driven의 피드백 루프를 제공합니다.
- 제대로 수행되지 않는 시험 설정과 관계된 디멘션에 대하여 가역적인reversible 실험을 실행합니다.

2020년에 들어서면서 슬랙 엔지니어링 조직 전반에 걸쳐 종단 간 시험 수행에 대한 개발자들의 불만이 점점 커졌습니다. 단일 커밋에 대한 95퍼센타일 수준의 테스트 턴어라운드 타임test turnaround time[9]은 30분 이상으로 계속 유지되고 있었습니다. 이 기간 동안 대부분의 슬랙 코드에 대한 시험은 엔지니어가 코드를 메인 브랜치에 머지하기 전까지 종단 간 시험 주도로 이루어졌습니다. 많은 종단 간 시험 스위트[10]는 평균적으로 15% 정도의 실패율을 가지고 있었습니다. 누적치로 보자면 시험 수행 실패는 주당 10만 시간 정도로 최고조에 달했습니다.

----

9 옮긴이_ 일반적인 의미로는 시험을 실행한 뒤 결과를 얻기까지의 시간을 이야기 합니다만, 이 책에서는 엔지니어가 변경된 커밋을 깃허브에 푸시한 뒤 모든 시험의 수행을 마치고 결과를 받기까지의 시간을 이야기합니다.

10 옮긴이_ 일련의 시험의 집합을 말합니다.

2020년 중반까지 슬랙의 자동화팀은 메트릭의 조합을 통해 시험 이슈를 특정하기 위해 매일 30분 이상의 긴 시간 동안 수행된 시험 스위트를 공유했습니다. 자동화 팀의 리더들은 슬랙의 종단 간 시험 플랫폼인 싸이프레스Cypress를 이용하는 방식에 또 다른 예외를 두고 싶어 하지 않았습니다. 그들은 시험 실패가 시험 코드 자체의 문제 때문이라고 믿고 있었습니다. 하지만 이러한 믿음을 검증하는 작업에는 큰 진전이 없었습니다.

2020년 후반에는 추적을 기반으로 한 관찰 가능성이 다른 내부 도구와 관련된 인프라의 병목 현상을 식별하는 데 큰 가능성과 영향력을 보여주었습니다. 내부 도구 및 자동화 팀은 싸이프레스의 몇 가지 런타임 매개변수와 스팬에 대한 추적을 추가하기 위해 노력했습니다.

계측을 진행하는 동안 일관성 없는 시험 스위트와 밀접하게 관계된 다수의 디멘션이 확인되었습니다. 엔지니어들은 계측을 살펴보았고 사용자 측의 설정과 시험 플랫폼의 시험 스위트 오너 설정에 아주 큰 차이가 있다는 것을 발견했습니다. 이러한 절차를 진행하는 동안 일관성 없는 시험을 식별하기 위해 별도의 원격 측정 정보가 도커Docker 런타임에 추가되었습니다. 엔지니어들은 보강된 데이터를 이용하여 플랫폼을 잘 사용할 수 있는 기본 값을 시험했고 시험이 실패하는 일관성 없는 설정에 대한 가드레일guardrail[11]을 지정했습니다. 이러한 기본적인 조정 이후 많은 사용자에 대한 시험 스위트의 일관성 없는 시험 결과 비율은 크게 감소했으며(15%에서 0.5% 미만 수준으로 감소), 결과는 [그림 14-5]에서 확인할 수 있습니다.

어떤 팀도 파악하지 못했던 종단 간 시험 스위트 런타임의 상이한 특성으로 인해 발생한 이 문제로 인해, 문맥을 수집하는 것은 일관성 없는 시험을 유발하는 특정 디멘션을 식별하는 중요한 요소로 자리 잡게 되었습니다.

> **NOTE** 슬랙이 어떻게 시험 전략과 안전에 관한 문화를 진화시켜 왔는지 궁금하다면 슬랙 공식 블로그에 게재된 「슬랙이 CI/CD의 안정성과 속도 사이의 균형을 잡는 방법」[12] 포스팅을 읽어보기 바랍니다. 이 글은 슬랙 엔지니어가 시험 파이프라인을 바꾸고 코드의 안전성을 목적으로 수행하는 종단 간 시험을 강조하지 않도록 프로젝트를 시작하는 방법을 설명합니다. 2021년경부터 슬랙은 이러한 변화를 통해 사용자에게 노출되는 시험 실패를 엄청나게 줄이고 개발 속도를 향상시킬 수 있었습니다.

....

11 옮긴이_ 도로의 경계를 나눠주는 가드레일처럼 경계선을 만들어 줬다고 이해하기 바랍니다.
12 https://slack.engineering/balancing-safety-and-velocity-in-ci-cd-at-slack/

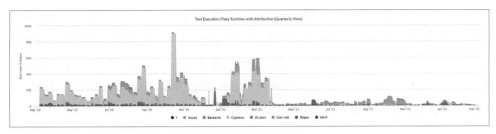

그림 14-5 웹 앱의 주요 클래스에 대한 시험 수행 간 기록된 일관성 없는 시험에 소모된 시간 추이. 가장 넓은 영역은 싸이프레스 플랫폼이 수행한 일관성 없는 시험에 대한 소모 시간을 나타냅니다.

이처럼 도구를 이용해 공유된 문맥에 대한 이해를 바탕으로 슬랙은 실행 가능한 워크플로를 내장한 알람을 준비하기 시작했습니다.

14.3.2 실행 가능한 알람 내장하기

슬랙은 엔지니어가 인프라에서 개발 업무를 수행하고 이슈를 분류할 수 있도록 하기 위해 자체 제품을 통합했습니다. 추적을 통한 관찰 가능성은 슬랙 메시지와 준비된 대시보드로 엔지니어들을 안내하여 그들이 해야 할 일을 인식하고 행동하게 해주는 중요한 역할을 수행하고 있습니다.

시험 수행에 관한 사례 연구를 살펴봅시다. 단일 시험 스위트의 실행은 코드나 인프라, 혹은 제품의 기능에 따라 여러 가지 의미로 해석될 수 있습니다. 각 팀과 플랫폼은 시험 수행의 다양한 부분에 대한 여러 개의 SLO를 갖고 있을 것입니다. 몇 가지 예시를 살펴봅시다.

- 시험 스위트 오너나 플랫폼팀은 취약성과 신뢰성 혹은 메모리 사용량을 신경 씁니다.
- 시험 인프라팀은 도커 작업이나 시험당 소요 비용과 같은 특정한 작업의 성능과 신뢰성을 신경 씁니다.
- 배포 담당자는 CI를 통해 무엇이 시험되고 있는지 혹은 어떤 핫픽스hotfixes가 필요할 것인지를 신경 씁니다.
- 내부 도구 개발팀은 CI를 통한 시험 결과 처리의 처리량과 성능을 신경 씁니다.

이슈를 식별하는 데 사용되는 프롬프트는 높은 수준의 비즈니스 메트릭이나 시험 스위트 기반의 특정 이슈에 관한 이상 탐지 알람일 수 있습니다. 엔지니어는 관찰 가능성 도구로 연결된 링크 주소를 통해 `test_suite` 디멘션을 기반으로 작성된 몇 개의 화면을 볼 수 있습니다.

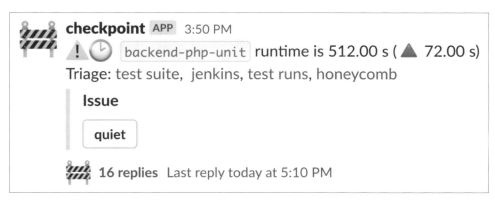

그림 14-6 50퍼센타일 수준 이상의 수행 시간이 소요된 시험 스위트와 관련된 런타임을 식별합니다.

슬랙에서는 각 팀에서 필요한 사례를 바탕으로 대시보드를 작성할 것을 권고하고 있습니다. 허니컴에 대한 링크는 [그림 14-7]과 같이 CI Service Traces라는 대시보드를 통해 시험 스위트가 갖고 있는 잠재적인 이슈를 확인할 수 있도록 일련의 매개변수를 담고 있는 쿼리를 포함하고 있습니다. 이 메시지는 특정 이슈에 대응하는 엔지니어에게 "backend-php-integration이라는 시험 스위트에서 긴 런타임 수행 시간이 소요되고 있습니다"와 같은 정보를 제공해 주고, 여기에 대응하는 엔지니어는 잠재적 이슈를 찾기 위해 허니컴을 통해 연관된 추적을 찾아보게 됩니다.

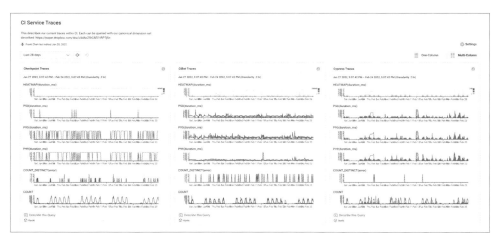

그림 14-7 슬랙의 CI Service Traces 대시보드는 CI의 서로 다른 부분을 볼 수 있도록 여러 가지 쿼리를 제공합니다.

[그림 14-8]은 대응팀이 사용할 수 있는 높은 수준에서의 비율, 에러, 지속 시간을 조회하는 쿼리 예제를 보여줍니다. 실행 가능한 알람이 내재화되면 무슨 변경이 발생했는지를 이해할 수 있게 됩니다.

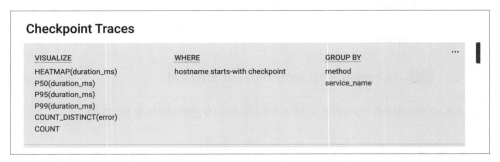

그림 14-8 이 예시는 체크포인트 서비스 간에 사용 중인 개별 메서드를 그룹화하여 비율, 에러, 지속 시간에 대한 대시보드를 구성할 때 사용한 대략적인 쿼리를 나타냅니다.

14.3.3 변경사항 이해하기

2021년 8월에 발생한 또 다른 사례를 살펴봅시다. 이 사례에는 앞서 이야기했던 몇 가지 아이디어가 결합되어 있습니다. 슬랙에서는 장애나 서비스 품질 저하 감지와 같은 사고incidents를 처리하기 위해 사고 지휘 체계incident command system을 운영하고 있습니다. 사고에 대한 대응은 새로운 슬랙 채널을 만들고 사고 책임자가 장애에 관한 대응과 조치를 조율하기 위해 여러 팀으로부터 대응 엔지니어를 채널에 초대하면서 시작됩니다.

2021년의 사례는 백엔드 단위/통합 시험 스위트 실행 시 일어났던 아웃 오브 메모리(OOM) 에러로 인해 발생한 높은 비율의 실패로 다수의 사용자가 서비스 접근이 안 되는 상황이었습니다. 각각의 백엔드 단위 시험 스위트는 수만 개의 시험을 실행하고 있었으며 개별적으로 살펴봤을 때 간헐적으로만 시험 스위트 수행이 성공하고 있었습니다.

사고 초기 대응 엔지니어는 전날 시험 지표를 통해 시험 실패 비율이 일관성 없이 높은 수준으로 기록된 것을 발견했고(그림 14-9의 이상 현상의 종류 참조), 그 무렵 변경된 무언가를 잠재적인 원인으로 지목했습니다. 사고가 진행되는 동안 대응 엔지니어는 시험 케이스의 메모리 사용량 급증을 확인하기 위해 백엔드 시험의 테스트 케이스test case에 대한 추적traces을 살펴봤습니다. 지난 수개월 동안 기록된 50퍼센타일, 95퍼센타일, 99퍼센타일 수준의 메모리 사용량에서 다수의 사용량 급증을 확인할 수 있었고 무엇이 바뀌었는지 시간 단위로 정확하게 확인할수 있었습니다.

엔지니어들은 이 데이터를 이용해 잠재적으로 메모리 사용량 급증과 관계되었을 것으로 보이는 지난 수개월 동안의 PR과 바로 전날의 PR을 식별할 수 있었습니다. 일반적으로 대규모 코드베이스 혹은 시험 스위트에서의 성능 저하 원인을 찾는 것은 변경의 속도가 빠르고 변경을 초래할 수 있는 코드베이스와 인프라의 많은 변수들로 인해 어려운 경우가 많습니다.

Conditions

- Backend (Hack) unit/integration tests are failing at a fairly high rate due to OOM conditions on hosts.
- Theory is that memory usage in tests has increased to a point where it's no longer feasible to run so many tests in parallel on the same host.
- We've identified a couple of inflection points over the past month where memory usage rose significantly.

그림 14-9 해당 사고에 대한 CAN 보고[13] 프로세스의 조건 부분 내용입니다. 많은 시험 스위트가 OOM으로 인해 실패하고 있다는 장애의 증상이 발견되었고, 조사가 진행 중인 가설이 있다는 것을 알 수 있습니다.

잠재적인 원인으로 추정된 커밋들은 원복되었습니다. 사고를 조사하는 동안 잠재적인 많은 변수로 인해 변경 발생 직후부터 원격 측정이 시스템의 상태를 보고하기 전까지 홀딩 패턴[14]이자주 발생했습니다. [그림 14-10]은 가설을 빠르게 시험하고 분산 추적을 통해 거의 실시간으로 시스템 상태를 빠르게 체크할 수 있었던 엔지니어들의 대화가 담긴 슬랙 스레드의 일부입니다.

---

13 옮긴이_ CAN 보고는 Conditions, Actions, Needs의 앞 글자를 따서 만든 보고 체계의 일환으로 특히 화재나 사고 현장에서 진행되고 있는 일을 쉽게 파악하도록 하기 위해 사용되는 보고의 일종입니다.

14 옮긴이_ 홀딩 패턴(holding pattern)은 항공 산업에서 사용되는 용어로 항공기의 이착륙 지점에서 발생하는 이상기후 등의 불안 요소가 안정화 될 때까지 근처 영공을 일정한 패턴으로 비행하는 것을 의미합니다.

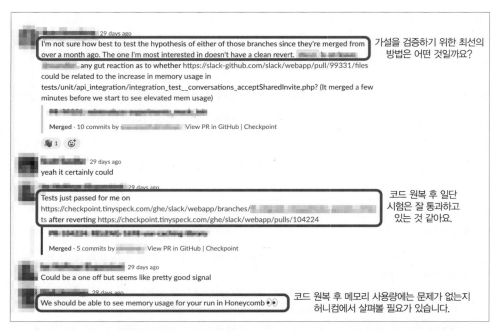

그림 14-10 사고 조사를 진행하는 동안 엔지니어들이 주고받은 슬랙 메시지로 가설을 시험하는 것부터 시작하여 행동을 취하고 관찰 가능성을 이용해 가설을 검증하기까지의 흐름을 볼 수 있습니다(개인정보 보호를 위해 엔지니어의 이름은 가렸습니다).

이 데이터는 슬랙이 문맥을 바탕으로 원격 측정 데이터를 살펴볼 수 있게 해주었습니다. 지금까지 살펴본 예제는 슬랙이 매일의 운영 업무 과정에서 관찰 가능성을 사용하는 정말 많은 사례 중 하나일 뿐입니다. 독자 여러분들도 조사 과정에 관찰 가능성을 활용하고 비슷한 접근 방법을 채택함으로써 변경 내용과 중단 사항을 식별할 수 있게 될 것입니다.

요약

이번 장은 관찰 가능성을 소프트웨어 공급망에서 유용하게 사용하는 방법에 대해 살펴봤습니다. 또한 슬랙에서 CI 파이프라인을 계측하는 방법과 분산 시스템을 디버깅하는 예시를 살펴봤습니다. 분산 시스템 디버깅의 복잡성은 작성한 코드가 프로덕션 환경에서 어떻게 작동하는지 이해하고 싶어 하는 애플리케이션 개발자들이 가장 신경 쓸 수밖에 없는 요소입니다. 하지만 프로덕션 환경이 아니더라도 다른 모든 분산 시스템 또한 제대로 이해하고 디버깅하는 것이 쉬운 일은 아닙니다.

슬랙 엔지니어들은 소프트웨어 공급망에 대해 적절한 도구와 디멘션을 이용함으로써 이전에는 눈에 띄지 않았던 CI 워크플로 전반에 걸친 복잡한 문제를 감지하고 해결할 수 있었습니다. 애플리케이션이 느리다거나 CI 시험이 일관성이 없다는 불만을 처리하는 것과는 별개로, 관찰 가능성은 개발자들이 상호 작용하는 복잡한 시스템과 발견된 증상을 연관 지을 수 있도록 도와줄 것입니다.

Part 4

규모에 맞는 관찰 가능성 시스템 구축

3부에서는 관찰 가능성 채택을 위한 이니셔티브가 추진력을 얻을 수 있도록 조직의 사회 문화적 관행을 바꾸는 데 도움이 되는 새로운 워크플로를 도입하고 장애물을 극복하는 것에 중점을 두었습니다. 4부에서는 관찰 가능성 채택과 관련하여 조금 다른 측면에서의 고려 사항을 검토합니다. 관찰 가능성이 성공적으로 채택되어 적절한 규모로 적용되면 무슨 일이 일어나는지 살펴봅니다.

관찰 가능성에서 이야기하는 '규모'는 대부분의 사람들이 생각하는 것보다 훨씬 클 수 있습니다. 대략 원격 측정 이벤트가 매일 수백만 개~수억 개가 기록되고 있다면 규모 이슈가 발생할 수 있습니다. 이번 장에서 살펴보는 개념들은 관찰 가능성 솔루션을 대규모로 운영할 때 가장 절실하게 느껴질 것들입니다. 이러한 교훈은 대규모가 아니더라도 관찰 가능성과 관련된 작업을 하는 모든 사람에게도 분명 유용할 것입니다.

15장에서는 관찰 가능성 솔루션을 외부에서 구매할 것인지 아니면 직접 구축할 것인지 의사 결정을 내리는 과정에 대해 이야기합니다. 충분히 큰 규모의 시스템 환경에서 상용 솔루션에 대한 비용 지출이 늘고 있다면 관찰 가능성 솔루션을 직접 만들어 사용함으로써 비용을 줄일 수 있을 것인지 고민하기 시작할 것입니다. 15장은 이러한 의사 결정을 어떻게 내리는 것이 최선인지에 관한 지침을 제공합니다.

16장에서는 관찰 가능성 워크로드의 요구사항을 충족하기 위한 데이터 저장소 구성 방법을 살펴봅니다. 반복적이고 개방적인 조사라는 기능 요구사항을 구현하기 위해서는 여러 가지 기술적 기준을 만족해야 합니다. 기술적 기준을 어떻게 만족시킬 것인지에 대하여 허니컴의 리트리버 엔진 사례를 통해 살펴봅니다.

17장에서는 대규모 환경에서 많은 양의 원격 측정 데이터를 관리할 때의 부담을 경감시키는 방법에 대해 살펴봅니다. 이 장에서는 포착한 이벤트 중 반드시 백엔드 데이터 저장소에 담아야 하는 대상 이벤트의 숫자를 줄이면서도 높은 충실도의 관찰 가능성 데이터를 보장하기 위한 여러 가지 기술을 소개합니다.

18장에서는 많은 양의 원격 측정 데이터를 관리하는 또 다른 기술과 파이프라인을 이용해 관리하는 방법을 알아봅니다. 18장은 슬랙의 시니어 스탭 소프트웨어 엔지니어 수만 카루무리^{Suman Karumuri}와 엔지니어링 디렉터 라이언 카트코프^{Ryan Katkov}가 객원 저자로 참여해 기고해 주었습니다. 슬랙에서는 어떻게 원격 측정을 이용해 파이프라인이 관찰 가능성 데이터를 잘 전달하도록 관리하는지 심도 있게 살펴봅니다.

4부는 다양한 규모의 환경에서 유용하게 쓰일 수 있는 관찰 가능성 개념에 집중하고 있지만, 이러한 개념을 이해하는 것은 특히 대규모의 이용 사례에서 아주 중요할 수 있습니다. 마지막으로 5부에서는 다양한 규모의 환경에서 관찰 가능성 문화를 전파하는 기술에 대해 살펴보겠습니다.

CHAPTER 15

투자 회수 관점에서 본 구축과 구매

지금까지 관찰 가능성의 기술적인 내용과 관찰 가능성을 시작하는 데 필요한 사회적 단계들을 살펴봤습니다. 이번 장에서는 대규모로 관찰 가능성을 구현할 때 고려해야 할 사항들에 대해 알아봅니다. 특히 지금까지 살펴본 관찰 가능성 워크플로를 구현하기 위해 필요한 기능 요구사항에 집중해 보겠습니다.

대규모 시스템을 보유한 조직은 늘 관찰 가능성 솔루션을 직접 구축할 것인지 아니면 구매할 것인지 고민하게 됩니다. 특히 관찰 가능성을 소규모로 사용하는 경우 표면적으로는 저렴한 것처럼 보일 수 있습니다. 사용자 트래픽이 증가함에 따라 인프라의 규모도 늘어나고 애플리케이션이 만들어내는 이벤트의 숫자도 늘어나게 됩니다. 점차 더 많은 관찰 가능성 데이터를 다루게 되고 공급 업체로부터 꽤 큰 금액이 적힌 청구서를 받기 시작하면, 관찰 가능성 솔루션을 직접 구축해 비용을 절감할 수 있는지 고민하게 됩니다.

이와 달리 어떤 조직에서는 꼭 필요한 기능이 공급 업체의 제품에서 제공되지 않는 것을 인식한 시점부터 자체 관찰 가능성 솔루션 개발을 검토합니다. 소프트웨어 엔지니어들이 직접 제품을 개발하면 필요한 기능이 모두 포함된 제품을 만들 수 있음에도 불구하고, 다소 부족한 공급 업체의 제품을 도입하는 이유는 무엇일까요? 솔루션을 개발하는 것이 좋은지 아니면 구매해서 사용하는 것이 좋은지에 관한 논쟁에는 고려해야 할 사항이 많습니다.

이번 장에서는 조직이 관찰 가능성 솔루션을 개발할 것인지 혹은 구매할 것인지를 결정할 때 고려해야 할 사항들을 설명합니다. 또한 투자 수익률^{return on investment}(ROI)을 고려할 때 정량화할 수 있는 요소와 그렇지 못한 요소를 모두 살펴봅니다. 개발할 것이냐 구매할 것이냐는 하나만 선택해야 하는 문제가 아닙니다. 상황에 따라서는 구매도 하고 개발도 해야 할 수 있습니다.

우선 관찰 가능성 솔루션을 구매하는 경우와 개발하는 경우에 대한 실제 소요 비용을 조사해보고, 둘 중 하나를 선택해야 하는 상황을 살펴봅시다. 또한 모든 것을 직접 개발하거나 공급 업체의 솔루션을 사용하는 것 사이에서 균형을 맞추는 방법에 대해서도 알아봅니다. 이번 장에서 소개하는 권고 사항들은 대규모 조직에 가장 적합하지만, 관찰 가능성 도입이라는 결정을 내려야 하는 상황에 놓인 조직이라면 규모와 관계없이 사용할 수 있을 것입니다.

15.1 관찰 가능성의 ROI 분석 방법

먼저 이 책은 관찰 가능성 소프트웨어 공급 업체의 직원이 쓴 책이라는 것을 일러둡니다. 따라서 어느 정도 편향이 있을 수밖에 없습니다. 그렇지만, 관찰 가능성의 ROI에 관한 내용을 체계적으로 풀어내고 비용을 정량화하는 것부터 시작하는 데는 특별히 문제가 없을 겁니다.

뻔한 답변으로는 관찰 가능성에 드는 비용을 제대로 표현하기 어렵습니다. 하지만, 어느 정도 넓은 범주로 일반화할 수 있습니다. 비용 정량화는 눈에 띄는 요소부터 시작하는 것이 가장 쉽습니다. 대표적인 것이 관찰 가능성 솔루션 공급 업체로부터 받은 청구서입니다. 청구서에는 개별 계약 항목으로 재무적 비용이 표기되어 있으므로 더욱 쉽게 확인할 수 있습니다.

관찰 가능성 공급 업체의 솔루션(특히 오래된 기존 도구에 단순히 관찰 가능성 관련 라벨을 붙여주는 정도의 작업을 해주는 모니터링 솔루션이나 APM 솔루션) 이용으로 발생하는 비용을 처음 분석하기 시작하면 생각보다 큰 총비용 때문에 충격을 받을 수 있습니다. 이러한 충격은 부분적으로는 새로운 관찰 가능성 사용자들이 상용 솔루션을 오픈소스나 '무료'라고 착각하고 있는 직접 구축한 솔루션과 비교하기 때문에 발생합니다. 일반적인 사람들은 자신이 사용한 시간에 대해 가격을 책정하는 데 익숙하지 않습니다. 인프라를 구성하고 소프트웨어를 설정하는 데 한 시간이 걸리더라도 DIY 솔루션은 무료라고 생각합니다.

현실에서는 문맥 전환^{context switching}을 위해 사용된 시간, 핵심 비즈니스 가치와 상관없는 것에 헌신한 엔지니어들의 기회비용, 무료 솔루션을 사용하기 위해 투자한 시간처럼 지속해서 발생하고 있는 유지보수 비용의 대부분이 과소평가됩니다. 재미있는 것은 여러분이 과소평가되었음을 설명하는 순간에도 여러분은 과소평가되고 있다는 것입니다. 인류의 한 구성원으로서 우리 내면의 감정은 유지보수 비용 문제에서만큼은 아주 심하게 낙관적입니다. 이와 같은 사실들은 관찰 가능성의 구축과 구매 사이에서 고민하는 동안만큼은 이해할 수 있는 일이고 그럴 수 있다고 생각합시다.

그러나 구매하는 방향으로 결정된 이후에도 간혹 예산 측면에서의 어려움을 이유로 스스로 해결책을 만들고 싶다는 충동이 생길 수 있습니다. 소프트웨어 구매를 위한 비용 지출을 승인 받는 것은 이미 고용한 엔지니어가 내부 대체제를 개발하고 지원하는 데 비용을 쓰는 것보다 더 어려울 수 있습니다. 하지만 이런 부류의 조직들은 무료처럼 보이는 그러한 노력들이 실제 비즈니스에 어느 정도의 비용을 발생시키는지에 대해서는 인정하지 않으려는 경향이 있습니다. 예산 관점에서의 어려움 극복을 위해 초기부터 구축하는 방향으로 결정했을 수도 있지만, 장기적인 관점에서 봤을 때 이 결정은 일반적으로 잘 추적되지 않는 지속적인 비용 발생의 원인이 될 수도 있습니다.

먼저 관찰 가능성 도구를 구축하는 것과 구매하는 것의 ROI를 분석하기 위해 두 가지 의사결정에서 발생하는 비용을 제대로 이해할 필요가 있습니다. 총소유비용^{total cost of ownership}(TCO)을 제대로 계산하려면 정확하면서도 많은 정보를 고려해야 하지만, 처음 시작할 때만큼은 일반적인 가이드라인을 따르는 것만으로도 충분합니다.

15.2 자체 구축 비용

기회비용^{opportunity cost}부터 생각해 봅시다. 리소스는 한정되어 있고 시간과 돈을 소비하는 모든 선택은 비즈니스 성과에 영향을 미칩니다. 기회비용이란 어떤 결정으로 인해 포기된 기회의 비용을 말합니다. 선택한 길을 가기로 했을 때, 그 대가로 무엇을 포기했나요?

관찰 가능성 솔루션을 구축하는 비즈니스를 하고 있나요? 그렇지 않다면 그럴싸한 관찰 가능성 도구를 구축하는 것이 회사의 핵심 목표와 다소 동떨어진 것일 가능성이 높습니다. 이 경우 관찰 가능성 솔루션을 직접 구축하기로 결정한 것의 기회비용은 무척 클 수밖에 없습니다.

지구상에서 가장 발견하기 어려운 원소 중 하나가 원자번호 85번의 아스타틴^{Astatine}입니다. 이 원소는 지표 깊은 곳에서도 1그램 정도밖에 발견되지 않을 정도로 희귀합니다. 두 번째로 희귀한 원소는 할당되지 않은 엔지니어링 시간입니다. 네, 당연히 농담입니다. 하지만 여러분이 제품 관리자나 엔지니어링 관리자로 일하고 있다면 이 농담을 보면서 한참 웃었을지 모릅니다. 어떤 회사든 무한 경쟁으로 인해 끊임없는 엔지니어링을 요구받고 있습니다. 리더로서, 그리고 엔지니어로서 비즈니스가 계속 전진할 수 있도록 잡음을 걸러내고 가장 중요한 업무에 우선순위를 두어야 할 책임이 있습니다.

소프트웨어 엔지니어의 업무는 코드를 작성하는 것입니다. 기회비용 문제는 소프트웨어 엔지니어의 역량을 임의의 문제 해결에 활용할 때마다 발생합니다. 문제를 발견했을 때 가장 먼저 떠오른 것이 문제를 해결해 줄 코드의 작성이었다면, 여러분은 기회비용의 문제를 신경 쓰지 않은 것입니다. 문제 해결을 위한 코드 작성은 분명 빠르고 저렴한 방법이지만 그렇게 만들어진 코드를 관리하고 유지보수하는 것은 상당히 시간 소모적이면서도 비용이 많이 드는 작업입니다. 동료 엔지니어로서 말하건대, 소프트웨어 엔지니어는 무엇을 할 수 있는가에 너무 매몰되지 않고 꼭 해야만 하는 일인지 생각할 수 있도록 잠깐의 업무 중단을 할 수 있는 여유가 있어야 합니다.

기회비용을 계산하려면 각 옵션에 대한 재무적인 비용과 얻게 될 혜택의 양을 계산한 다음 두 가지 옵션을 비교해야 합니다. 먼저, 관찰 가능성 도구를 직접 구축하는 데 드는 비용부터 계산해 봅시다.

15.2.1 무료 소프트웨어 사용의 숨겨진 비용

오픈소스 컴포넌트를 사용하여 조립하는 방식으로 관찰 가능성 스택을 직접 구축할 수도 있습니다. 간단한 설명을 위해 이번 절의 경우를 가정하겠습니다(참고로 모든 스택 컴포넌트를 처음부터 직접 구축하는 옵션을 사용하면, 적어도 비용 수준이 한 단계 이상 높아집니다). 또한 현실적인 운영 비용을 설명하기 위해 실제 사례를 이용하겠습니다.

ELK 스택을 직접 구축한 이후 상용 관찰 가능성 스택 도입을 검토하던 엔지니어링팀 관리자와 이야기를 나눠봤습니다. 공급 업체는 관찰 가능성 스택을 제공하는 비용으로 월 8만 달러 수준의 견적을 제시했습니다. 관리자는 관찰 가능성 스택 이용료로만 연간 백만 달러를 지불해야 한다는 것에 깜짝 놀랐고 내부적으로 구축한 무료 ELK 스택을 쓰는 것을 선택했습니다.

하지만, 관리자는 ELK 클러스터를 운영하기 위해 사용된 전용 하드웨어의 비용(월 8만 달러)

을 빠트렸습니다. 뿐만 아니라 ELK 클러스터 운영을 담당할 세 명의 엔지니어 채용(각각 약 25만 달러에서 30만 달러의 연봉 수준)도 누락했으며 채용까지 소요되는 리크루터의 인센티브(통상 계약 연봉의 15~25% 수준으로 엔지니어당 약 7만 5천달러)와 채용과 역할을 제대로 수행할 수 있도록 채용 후 훈련에 소요되는 정량적으로 실체를 표현하기 힘든 비용도 빼먹었습니다.

겉보기에는 무료 솔루션처럼 보이지만 매년 2백만 달러 이상의 비용을 지출했으며 이는 상용 스택을 이용하는 것보다 두 배 이상 비싼 비용입니다. 조직 입장에서 보면 눈에 잘 띄지 않는 방식으로 이 비용이 지출됐습니다. 엔지니어는 인건비가 비쌀뿐더러 채용하기도 어렵습니다. 돈 몇 푼을 아끼겠다는 생각으로 엔지니어의 재능을 맞춤형 솔루션을 제공하는 데 재능을 쏟는 것은 특히나 낭비적인 것처럼 보입니다. 생각해 보면 현실은 종종 진실과 동떨어져 있습니다.

런치다클리LaunchDarkly의 수석 디벨로퍼 애드보킷 하이디 워터하우스Heidi Waterhouse는 "맥주처럼 무료인가? 아니면 강아지처럼 자유로운가?free as in puppies, not free as in beer"[1]라고 이야기 합니다. 위 예시에서도 엔지니어링 관리자는 회사의 핵심 경쟁력을 키우는 데 전혀 도움이 되지 않는 일을 위해 쓸데없이 두 배 이상의 비용을 지출하고 있었습니다.

관찰 가능성 도입에 대한 ROI 이해의 첫 단추는 표면적으로는 무료처럼 보이는 소프트웨어 운영에 필요한 숨겨져 있거나 잘 보이지 않는 비용을 구체화하는 것입니다. 오픈소스 소프트웨어를 사용하지 말라는 이야기가 아닙니다. 다만, 오픈소스 소프트웨어 사용 시에는 정말로 발생하는 비용이 무엇인지를 제대로 이해해야만 한다는 것입니다.

15.2.2 자체 구축의 장점

많은 조직에서는 합리적인 지출임을 보여주는 것이 의사 결정의 결정적 요인이 되곤 합니다. 확보된 예산이 기대했던 예산 수준과 차이가 있는 경우, 외부에서 소프트웨어를 구매하기 위해 새로운 계약 항목을 넣는 것보다 자체 솔루션을 구축하고 지원하는 데 필요한 시간과 추가 개발자 채용을 정당화하는 것이 더 쉽습니다. 실제 비용 추정이 틀리긴 했지만, 추가적인 장점을 제공해 줄 수 있는 자체 소프트웨어 구축을 선택함으로써 부족한 예산에 대한 균형을 어느 정

---

1 옮긴이_ 오픈소스에 대해 이야기 할 때마다 인용되는 유명한 관용어구입니다. 맥주는 처음 마실 때 비용을 지불해야 하지만 더 이상 마시지 않으면 비용이 들어가지 않습니다. 반면 강아지는 계속 신경 쓰고 챙겨야만 잘 키울 수 있습니다.

도 맞출 수 있습니다.

자체 소프트웨어 구축을 통해 내부의 전문가도 양성할 수 있습니다. 자체적인 맞춤형 접근 방법으로 소프트웨어를 구축하기로 결정했다는 것은 누군가 조직의 요구사항에 대한 깊은 이해를 바탕으로 이를 기능적 요구사항으로 전환하는 업무를 수행해야 한다는 것을 의미합니다. 조직의 요구사항을 지원하기 위해 내부 이해관계자와 협력하는 과정에서 기술과 비즈니스 사이의 간극을 어떻게 극복할 것인지를 배우게 됩니다.

자체 관찰 가능성 솔루션을 구축하기 위해 이벤트로부터 획득한 데이터를 상세화하고 핵심 분석 루프core analysis loop를 자동화해야 합니다. 또한 대량의 예상치 못한 높은 카디널리티 데이터에 대한 조회 결과를 제공해 줄 수 있도록 데이터 스토어 성능을 최적화해야 합니다. 그 외에도 책에서 소개하고 있는 많은 솔루션들을 내재화하고 구현할 필요가 있습니다. 이러한 솔루션들은 조직의 요구사항에 맞게 특별히 구현해야 하므로 깊이 내재화하게 될 것입니다.

개발팀과 함께 많은 시도를 하고 에러를 겪으면서 자체 애플리케이션에 대해 분산 추적distributed tracing을 보다 가치 있게 만드는 방법을 배울 것입니다. 또, 디버깅 루프를 통해 메트릭의 한계에 부딪히면서 비즈니스에 기여하는 메트릭과 그렇지 못한 메트릭을 정확히 파악할 수 있게 될 것입니다. 그리고 프로덕션 환경의 장애에 대해 적시에 대응하지 못했을 때 SLO에 대한 오류 예산 소진 알람 계산을 어떻게 조절할 것인지도 배울 것입니다.

시간이 흐르면서 조직의 과제를 깊게 이해하게 되면 소프트웨어 엔지니어링팀을 위해 계측 라이브러리와 추상화된 코드 작성을 담당하는 관찰 가능성팀을 만들게 될 것입니다. 이 팀은 조직에서 사용할 네이밍 컨벤션naming conventions를 표준화하고 원활한 업데이트와 업그레이드를 담당하면서 다른 엔지니어링팀이 코드를 가장 효율적으로 계측할 수 있도록 상담하는 일을 수행합니다. 몇 년이 지나 관찰 가능성팀의 규모가 커지고 직접 구현한 관찰 가능성 솔루션이 실전시험을 거쳐 성숙한 애플리케이션이 되면 새로운 기능 개발이나 지속적인 지원 업무를 벗어나 조직 간의 마찰을 줄이고 업무를 단순화하는 방법을 찾게 될 것입니다.

관찰 가능성은 조직에 경쟁 우위를 제공해 줍니다.[2] 관찰 가능성 솔루션을 직접 구축하면 조직의 관행과 문화를 반영하면서도 조직의 기존 지식을 적극 활용할 수 있는 솔루션을 개발할 수 있습니다. 많은 워크플로와 구현에 대해 동작하도록 미리 개발된 일반적인 소프트웨어를 이용

---

2 Dustin Smith, "2021 Accelerate State of DevOps Report Addresses Burnout, Team Performance", Google Cloud Blog, September 21, 2021., https://oreil.ly/h958I

하는 대신 직접 구축한 소프트웨어를 사용하면 자체 규칙을 바탕으로 비즈니스에 적합하도록 커스터마이징 할 수 있습니다.

15.2.3 자체 구축의 위험성

자체 관찰 가능성 솔루션을 구축을 통해 사내에 전문 지식을 축적하는 과정은 위험을 수반합니다. 가장 먼저 만나게 되는 위험은 제품 관리 전문 지식 및 역량과 관련된 위험입니다. 단순히 직무 이름이 되었든 실제 역할이든지 간에 관찰 가능성팀에는 제품 관리자product manager가 지정되어 있어야 합니다. 제품 관리자는 사용자를 인터뷰하고 사용 사례를 식별하면서 기능 개발 관리를 수행하고 최소한으로 동작 가능한 제품을 납품합니다. 또한 납품된 제품에 대해 피드백을 반복적으로 수집하여 비즈니스 요구사항에 따른 기능 로드맵과 제품 개발의 제약 조건 사이의 균형을 조정하는 역할도 수행합니다.

제품 중심 조직에는 맞춤형 관찰 가능성 제품 개발을 성공적으로 이끌기 위한 내부 제품 전문가가 있습니다. 그런데 제품 관리 전문가가 핵심 비즈니스 목표가 아닌 사내 도구 구축에 할당되는 것은 또 다른 문제입니다. 자체 구축 관찰 가능성 솔루션의 가장 큰 위험은 제공된 제품이 내부 사용자들의 요구사항을 제대로 만족시키지 못할 때 나타나기 때문입니다.

이러한 위험은 여러 가지 오픈소스 컴포넌트를 조합하여 솔루션을 만듦으로써 어느 정도 완화됩니다. 하지만 각 오픈소스 컴포넌트는 각각의 사용자 경험 디자인과 워크플로에 대한 가정을 바탕으로 개발되어 있습니다. 따라서 자체 관찰 가능성 스택을 구축하는 엔지니어링팀은 조직이 필요로 하는 워크플로를 지원할 수 있도록 통합 라이브러리를 이용해 오픈소스 컴포넌트 간의 충돌을 완화해야 합니다. 관찰 가능성팀은 쓰기 쉬운 사용자 인터페이스를 구축해야 합니다. 그렇지 않으면 직접 구축한 관찰 가능성 시스템의 채택률은 낮은 수준에 머물 것입니다.

직접 관찰 가능성 솔루션을 구축하기로 결정했다면 조직이 갖고 있는 능력, 상용으로 판매되고 있는 시스템보다 더 나은 제품을 개발할 가능성을 현실적으로 파악할 필요가 있습니다. 그리고 사용자 인터페이스가 제공되는 시스템과 유연한 워크플로를 조직 전반에 걸쳐 빠르게 채택되도록 할 수 있는 조직의 전문성이 필요합니다. 그렇지 않다면 직접 구축한 관찰 가능성 시스템의 부정확함과 해결 방법을 잘 알고 있는 사람 외에는 거의 사용되지 않을 시스템 개발에 시간과 돈, 그리고 비즈니스 기회를 낭비하게 될 것입니다.

조직이 상용 솔루션보다 더 나은 솔루션을 구축할 능력이 있다고 가정했을 때 고려해야 할 또 다른 요소는 시간에 대한 기회비용입니다. 자체 솔루션을 구축하고 사용자 정의 구현을 하는 데는 시간이 소요되기 때문에 조직의 관찰 가능성 채택 계획을 지연시킬 수 있습니다. 바로 사용할 수 있도록 준비된 상용 솔루션을 이용하는 대신 수개월을 기다려 직접 구축한 솔루션이 준비될 때까지 기다릴 수 있는 정도로 비즈니스에 여유가 있나요? 이 질문은 사무실 건물을 건설하는 동안 회사가 비즈니스를 수행하지 않고 건설이 끝날 때까지 기다릴 수 있는지를 묻는 것과 같습니다. 간혹, 장기적인 효과를 고려했을 때는 이러한 접근이 필요할 수 있습니다. 하지만 대부분의 경우 비즈니스는 시간을 줄이는 것을 선호합니다.

자체적인 관찰 가능성 제품의 구축 또한 일회성 솔루션이 아닙니다. 상용 제품과 마찬가지로 지속적인 지원과 유지보수가 필요합니다. 제품 스택의 기저에 사용된 서드파티 컴포넌트나 오픈소스도 업데이트와 패치가 필요합니다. 조직의 워크플로와 시스템은 지속적으로 바뀌고 진화합니다. 기저 컴포넌트를 업데이트하거나 개선하려면 조직의 워크플로를 고려해 변경 개발을 수행해 줄 내부 개발 리소스가 필요합니다. 기저 컴포넌트들과 조직의 워크플로 통합이 유지되지 않으면 사용자 정의 솔루션이 쓸모없게 될 위험이 있습니다. 뿐만 아니라 진행 중인 지원과 유지보수로 인한 리스크 요인도 고려해야 합니다.

안타깝게도 초기 버전의 내부 도구를 만들기 위해서는 큰 노력을 기울이지만 한번 만들어진 도구의 지속적인 유지보수 대신 다음 프로젝트를 수행하기 위해 인력이 재배치되는 일반적인 구현 패턴이 많은 기업에서 발견됩니다. 결과적으로 개발이 정체되거나 채택률이 낮고 현재의 요구사항을 수용하기 위해 필요한 시간과 노력이 경쟁 제품과 비교했을 때 충분히 경쟁력 있지 않은 경우, 기업들이 내부적으로 구축한 솔루션을 포기하는 경우도 종종 발생합니다.

15.3 상용 소프트웨어 실제 도입 비용

소프트웨어 구매 시 가장 눈에 띄는 비용인 재무적 비용에 대해 알아봅시다. 공급 업체와의 관계에서 봤을 때 이 비용은 가장 현실적인 비용입니다. 공급 업체가 소프트웨어 사용료 청구서를 보내올 때마다 정확한 재무적 비용을 확인할 수 있습니다.

소프트웨어 공급 업체는 살아남기 위해 돈을 벌어야 하는 것이 현실이고 가격 정책은 어느 정도의 이익profit margin 수준을 반영하고 있습니다. 즉, 소프트웨어를 구축하고 운영하는 데 필요한 비용보다 소프트웨어를 사용하는 데 더 많은 비용을 공급 업체에 지불하는 것입니다.

15.3.1 상용 소프트웨어 도입의 숨겨진 재무적 비용

준비된 솔루션을 시장에 출시하는 과정에서 발생한 비용을 회수하기 위해 공급 업체가 가격을 설정하는 것은 필요한 부분이자 공정한 일입니다. 하지만, 실제 비용을 확인하기 어렵게 가격 구조를 만들고 가격 결정 과정이 투명하지 않거나 고객이 자신들의 사용 패턴이 얼마나 비용을 발생시킬 것인지 합리적으로 예상할 수 없도록 여러 가지 가격 결정 요소를 쌓아 두는 것은 공정하지 않습니다.

일반적으로 주의해야 할 패턴은 좌석당, 호스트당, 서비스당, 쿼리당 혹은 그외의 예측하기 힘든 과금 메커니즘처럼 총소유비용(TCO)을 모호하게 만드는 가격 전략입니다. 종량 과금pay-as-you-go pricing은 처음에는 이용할 만한 것처럼 보이지만 이런 가격 정책은 특정 도구의 이용료가 수익 창출에 기여하는 것보다 훨씬 더 높은 비율로 폭발적인 증가를 하기 전까지만 합리적입니다.

종량 과금이 불공정하다고 이야기하는 것은 아닙니다. 다만 앞으로 발생할 비용을 예측하기가 어렵다는 이야기입니다. 필요한 목적으로 관찰 가능성 도구를 사용할 때 예상보다 많은 비용이 발생하는 가격 체계를 피하는 것은 전적으로 사용자의 몫입니다. 처음에는 낮은 가격을 선택했지만, 제대로 이용하기 시작하면서 의도치 않게 늘어나는 비용 때문에 발목이 잡혔을 수 있습니다. 숨겨진 비용을 예측할 수 있다면 이런 상황을 회피할 수 있습니다.

스타트업으로 시작한 기업이 성공적으로 비즈니스에 안착하게 되면 팀의 크기가 변할까요? 네, 분명히 그렇습니다. 처음에는 좌석당 라이센스 전략으로 도구 이용 계약을 하는 것이 합리적인 것처럼 보일 수 있습니다. 회사가 더 많은 이익을 창출하면 비용을 더 지급할 계획도 갖고 있었을 겁니다. 스타트업이 사용 중인 호스트의 숫자도 급격히 증가할까요? 그럴 가능성이 높긴 하지만 인스턴스 크기 조정이 호스트 숫자에 영향을 끼치는 요인이 될 수 있습니다. 더 많은 서비스를 출시할까요? 그럴 가능성은 높지 않습니다. 아마도 더 많은 제품이나 요구되는 기능을 출시하긴 하겠지만 장담하기는 어렵습니다. 쿼리의 숫자는 어떨까요? 도구가 제대로 사용되고 있다면 그럴 가능성이 높습니다. 성장은 선형적일까요? 지수함수적일까요? 모놀리식 시스템을 마이크로서비스 형태로 쪼개기로 결정했다면 무슨 일이 일어날까요? 담당하고 있지 않은 다른 팀에서도 이 도구가 유용해 보여 사용하고 싶다고 하면 어떻게 될까요?

미래는 예측할 수 없습니다. 하지만 관찰 가능성에 대해서는 프로덕션 서비스가 어떻게 변화하든지에 관계없이 성공적으로 채택했을 때 사용량이 얼마나 될 것인지를 예측할 수 있고 예측해야만 합니다. 동일한 관찰 가능성 데이터가 주어졌다고 했을 때, 권장되는 접근 방법은 꾸준히 호기심을 갖고 정보를 분석하는 것입니다. 조직 내에 관찰 가능성 문화가 확산되면 데이터 쿼리량이 지수함수적으로 증가하는 것을 보게 될 것입니다.

예를 들어, 14장에서 살펴본 것처럼 관찰 가능성은 CI/CD 빌드 파이프라인에서 유용하게 쓰입니다. 책 후반부에서 더 자세히 살펴보겠습니다만 관찰 가능성 데이터 분석은 엔지니어링 영역뿐만 아니라 제품이나 지원, 재무, 경영진 등 많은 비즈니스 조직에게도 유용하게 활용될 수 있습니다. 애플리케이션 시스템 내에 숨어 있는 성능 이상치를 제거하기 위해 관찰 가능성 데이터를 여러 방면에서 살펴보면서 다양한 디멘션에 걸쳐 상세화하고 싶을 수도 있습니다.

따라서 제품의 채택과 엔지니어의 왕성한 호기심에 찬물을 끼얹을 수 있는 가격 체계를 갖고 있는 관찰 가능성 도구는 피하는 것이 좋습니다. 가능한 한 많은 직원이 다양한 방법으로 관찰 가능성 도구를 활용하여 고객이 소프트웨어를 이용하는 방식을 이해할 수 있도록 해야 합니다.

소비자의 한 사람으로서 공급 업체가 투명하게 가격 체계를 공개하고 숨어 있는 비용을 계산할 수 있게 도와주면서 사용 패턴에 따른 비용을 예측할 수 있도록 요구해야 합니다. 현재 상황뿐만 아니라 미래의 예상 사용 패턴을 바탕으로 세부적인 비용 추정을 할 수 있도록 설명해 달라고 공급 업체에 요청합니다. 비즈니스 요구사항이 증가함에 따라 비용이 어떻게 변화할 것인지 아주 자세한 정보를 제공하지 않으려는 공급 업체가 있다면 조심해야 합니다.

상용 관찰 가능성 솔루션의 숨겨진 재무적 비용을 고려하려면 현재 사용 방식에서 발생하고 있는 실제 비용부터 확인해야 합니다. 그런 다음 그 가격에 논리적인 평가 기준을 적용해야 합니다. 가능한 많은 직원이 회사의 소프트웨어를 사용하는 고객을 최대한 잘 이해할 수 있도록 하는 데에는 얼마나 많은 비용이 들까요? 현재 지출하고 있는 비용 확인을 통해 향후 예상되는 비용 지출을 정량화할 수 있을 것입니다.

15.3.2 상용 소프트웨어 도입의 숨겨진 비재무적 비용

상용 솔루션이 숨기고 있는 두 번째 비용은 시간입니다. 미리 만들어진 솔루션을 구입하는 이유는 필요한 가치를 만들어 내기까지 필요한 시간을 아낄 수 있기 때문입니다. 하지만 이 선택에는 숨겨진 비용이 있다는 것에 유의해야 합니다. 바로 공급 업체에 대한 락인lock-in입니다. 특정 상용 솔루션을 이용하기로 결정한 다음, 다른 솔루션으로 마이그레이션하기 위해서는 얼마나 많은 시간과 노력이 필요할까요?

관찰 가능성 솔루션 채택 시 가장 손이 많이 가는 부분은 애플리케이션을 계측하고 원격 측정 데이터를 내보내는 과정입니다. 많은 공급 업체들은 자신들의 도구가 필요로 하는 데이터 형식으로 원격 측정 데이터를 생성하도록 미리 준비된 전용 에이전트와 계측 라이브러리를 이용함으로써, 원격 측정 데이터를 내보내는 과정에 필요한 시간을 단축합니다. 당장은 미리 만들어진 전용 에이전트가 빠르게 시작하는 데에 도움이 되긴 하겠지만, 다른 대안 관찰 가능성 솔루션을 검토할 때에는 이러한 에이전트가 동작하기까지 소요된 시간과 노력을 다시 한번 투입해야 할 수도 있다는 점을 잊지 말아야 합니다.

7장에서 살펴본 오픈소스 프로젝트인 OpenTelemetry(이하 OTel)는 많은 관찰 가능성 도구가 지원하는 열린 표준을 제공함으로써 이러한 문제를 해결하고 있습니다. OTel은 OTel 배포판을 이용할 수 있도록 전용 도구를 이용하여 가치를 달성할 때 필요한 시간을 줄여줍니다. OTel 배포판을 이용하면 제품 공급 업체들이 표준 OTel 라이브러리에 기본 구성과 기능을 추가할 수 있습니다.

소비자 입장에서는 애플리케이션 계측 시 OTel 기본 기능을 이용하고 OTel 배포판을 통해 공급 업체 솔루션의 설정을 다루는 것이 공급 업체에 대한 락인을 피할 수 있는 전략이 됩니다. 다른 도구를 평가하거나 마이그레이션 하고 싶은 경우, 설정을 다른 배포판으로 교체하거나 OTel 익스포터가 데이터를 다수의 백엔드 시스템으로 전송하도록 설정할 수 있습니다. OTel도 처음 도입할 때는 어느 정도 초기 구성 시간에 대한 비용이 발생할 수 있습니다만(다른 계측 방식도 다르지 않습니다), 이렇게 사용한 시간의 대부분은 OTel 기반의 다른 솔루션 사용 시에는 발생하지 않습니다.

15.3.3 상용 소프트웨어 도입의 이점

관찰 가능성 솔루션을 구매하는 것의 확실한 이점은 목표한 가치 달성까지 걸리는 시간이 짧다는 것입니다. 직접 솔루션을 구축할 필요가 없으며 미리 만들어져 있는 것을 구매하면 됩니다. 짧게는 몇 분에서 길어봐야 몇 시간 이내에 솔루션 사용을 시작할 수 있으며, 관찰 가능성이 없을 때보다 프로덕션 환경을 잘 이해할 수 있게 됩니다.

상용 솔루션을 선택했을 때 빠르게 관찰 가능성을 시작할 수 있는 이유 중 하나는 일반적인 오픈소스 솔루션에 비해 사용자 경험이 더 간소화되어 있기 때문입니다. 보통 오픈소스 솔루션은 직접 설계한 일련의 도구를 만드는 과정에 사용되는 구성 요소로서 설계됩니다. 상용 소프트웨어는 보통 오픈소스에 비해 더 완고하게 만들어진 경우가 많고, 미리 정의된 워크플로를 갖춘 완성된 제품인 경우가 많습니다. 제품 설계자들은 사용 편의성을 강화하고 가치 달성까지 걸리는 시간을 가능한 줄이기 위해 노력합니다. 상용 소프트웨어는 아주 빠르게 동작해야 하고 오픈소스 솔루션과 비교했을 때 배우기 쉽고 사용하기 쉬워야 합니다. 그렇지 않다면 굳이 비용을 지급할 이유가 없을 겁니다.

공급 업체를 통해 소프트웨어 유지 보수와 지원을 받을 수 있다는 점 때문에 상용 소프트웨어에 비용을 지급하기도 합니다. 이를 통해 시간과 노력을 아낄 수 있습니다. 내부의 엔지니어링 리소스를 활용해 관리하는 대신 누군가에게 비용을 지급하고 그 부담을 넘기는 것입니다. 그리고 이를 통해 더 나은 규모의 경제를 누릴 수 있습니다. 즉, 상용 소프트웨어를 도입한다는 것은 비용을 대가로 업무 속도를 높이고 조직의 위험은 줄이는 가장 좋은 방법입니다.

그런데 솔루션 구매시 많은 사람이 놓치는 또 다른 이점이 있습니다. 특정한 문제에 대해 핵심 경쟁력을 갖추고 있는 회사가 만든 도구를 산다는 것은 수년간 그러한 문제를 다양한 방법으로 해결해 온 전문 경력을 가진 잠재적인 파트너를 만난다는 것을 의미합니다. 이 계약 관계를 활용하면 자체 구축했을 때 몇 년이 걸리더라도 얻지 못할 수 있는 관찰 가능성 영역의 귀중한 전문 지식을 손쉽게 얻을 수 있습니다.

15.3.4 상용 소프트웨어 구매의 위험성

마지막으로 살펴볼 상용 소프트웨어 구매의 이점은 이점인 동시에 큰 위험이기도 합니다. 책임을 공급 업체에게 떠넘김으로써 잠재적으로 내부적으로 관찰 가능성에 대한 전문성을 키우지 못할 위험이 있습니다. 미리 준비된 솔루션을 단순히 사용하기만 한다면 조직 내에서는 특정한 비즈니스 요구사항과 관련하여 관찰 가능성이 정확히 어떻게 적용되는지를 이해하기 위해 문제 영역을 깊게 파고들 이유가 없어집니다.

상용 제품은 많은 고객을 위해 만들어졌습니다. 보통은 공급 업체의 생각이나 방향성을 바탕으로 설계되어 있긴 하지만, 동시에 다양한 이용 사례에 대응할 수 있도록 구축되어 있기도 합니다. 정의상으로 보더라도 상용 제품은 특별한 요구사항에 대응하도록 만들어진 것이 아닙니다. 누군가에게는 중요한 기능이 공급 업체 입장에서는 그렇지 않은 경우도 많습니다. 따라서 제품 로드맵상에서도 필요하다고 생각되는 기능들의 우선순위가 낮을 수 있으며, 비즈니스상 중요한 기능임에도 불구하고 기능의 출시를 오랫동안 기다려야만 할 수도 있습니다.

하지만 관찰 가능성 도구를 채택할 때 이런 위험을 줄이면서도 사내 전문 지식을 개발할 방법이 있습니다.

15.4 자체 구축과 상용 소프트웨어 도입은 옳고 그름의 문제가 아니다

관찰 가능성 도구를 구축할 것인지 구매할 것인지 하나만 선택하도록 하는 것은 잘못된 이분법적 생각입니다. 구축과 구매로만 선택을 제한해서는 안 됩니다. 대신 세 번째 옵션인 '구매하고 구축한다'도 염두에 두어야 합니다. 사실 대부분의 조직에는 세 번째 접근 방법을 권장합니다. 이를 통해 내부 기회비용을 최소화할 수 있고 조직의 특별한 요구사항을 위한 솔루션도 구축할 수 있기 때문입니다. 대부분의 조직에서 관찰 가능성팀이 어떻게 일해야 하는지를 살펴보면서 '구매하고 구축한다'는 방식이 어떤 모습인지 알아봅시다.

공급 업체의 관찰 가능성 솔루션을 구매한다고 해서 회사 내에 관찰 가능성팀이 필요 없어지는 것은 아닙니다. 해당 팀이 처음부터 관찰 가능성 도구를 구축하거나 오픈소스 컴포넌트를 조합하도록 하는 대신 인터페이스를 자연스럽고 친숙하게 만들겠다는 명확한 목표를 가지고 공급 업체와 엔지니어링 조직 간의 통합 지점으로서의 역할을 수행할 수 있습니다.

우리는 이미 업계 연구를 통해 아웃소싱 성공의 핵심은 수행된 업무가 조직으로 전달되는 방식을 신중하게 조율하는 것임을 알고 있습니다.[3] 아웃소싱을 통해 처리된 업무는 조직 전체에 광범위하게 통합될 수 있도록 관리 업무를 수행하는 다기능 팀에 포함되어야 합니다. 이 업계 연구에서는 특별히 계약상의 산출물을 이야기하는 것이긴 하지만, 동일한 모델이 공급 업체와의 상호작용에도 적용될 수 있습니다.

고성과high-performance 조직은 가장 좋은 도구를 사용합니다. 엔지니어링 리소스는 늘 부족하고 비쌉니다. 따라서 핵심 비즈니스 문제를 해결하는 데에 최대의 화력을 투입하고 엔지니어들이 최대한 효과적이면서도 효율적으로 업무를 수행할 수 있도록 최고의 도구를 제공합니다. 핵심 비즈니스 가치를 전달하는데 장애물이 되지 않을 정도까지만 맞춤형 문제를 해결하거나 맞춤형 도구를 만드는 데 투자합니다.

저성과lower-performing 엔지니어링 조직은 평범하거나 오래된 도구를 사용하는 경우가 경우가 많습니다. 이런 조직은 보통 핵심 비즈니스 문제를 해결하기 위한 도구의 채택과 폐기에 관한 원칙과 일관성이 부족합니다. 또, 대부분의 문제를 직접 해결하려는 경향이 있어 조직 전반에 걸쳐 엔지니어링 리소스를 비효율적으로 사용합니다. 결과적으로 핵심 비즈니스 가치를 전달하는 과정에 강한 영향력을 끼치지 못하게 됩니다.

관찰 가능성팀은 라이브러리와 유용한 추상화 코드를 작성하고 조직 전반에 걸친 명명 규칙naming schemes을 표준화하며 업데이트와 업그레이드를 적절하게 처리해야 합니다. 동시에 다른 엔지니어링팀과 함께 그들이 개발한 코드를 효과적으로 계측하는 방법에 대해 논의해야 합니다(18장 '슬랙에서의 원격 측정 관리' 참조). 또한 공급 업체와의 관계를 관리하고 새로운 기술 채택 시점을 결정하면서 발생할 수 있는 마찰과 비용을 단순화하고 낮출 방법을 찾아야 합니다.

특별한 내부 요구사항을 맞추기 위해 직접 관찰 가능성 스택을 구축하는 것을 검토 중인 조직이라면 이러한 접근 방법이 무척 효율적입니다. 관찰 가능성팀을 통해 공급 업체의 솔루션을 확장하여 구축함으로써 핵심 비즈니스 가치 제공을 방해하는 매몰 비용sunken cost을 최소화할 수 있습니다. 관찰 가능성팀은 바퀴를 새롭게 창조하는 대신 이미 빠르게 달리고 있는 자동차에 바퀴를 갈아 끼워 넣는 방식으로 통합된 기능을 구축할 수 있습니다.

이러한 과정을 위해서는 사용 중인 공급 업체의 제품이 잘 준비된 API를 제공하여 설정, 관리, 관찰 가능성 데이터에 대한 쿼리 등을 수행할 수 있어야 합니다. 프로그램적으로 결과를 얻을

---

3 Nicole Forsgren et al., Accelerate State of DevOps, DORA, 2019. `https://oreil.ly/2Gqjz`

수 있어야 하고 별도의 워크플로에서 사용할 수 있어야 합니다. 문제를 해결하는 마지막 단계는 회사에서 직접 구축할 필요가 없는 대부분의 것은 구매하고 꼭 필요한 것들만 직접 구축함으로써 투자 비용을 점진적으로 줄이는 것입니다. 상용 도구를 검토할 때는 제품이 적절하게 관찰 가능성 데이터를 조작하고 조정할 수 있는 유연성을 제공하는지를 중점적으로 살펴봐야 합니다.

요약

이번 장에서는 일반적인 상황에 대한 조언을 중점적으로 살펴보았고, 독자 여러분들의 상황과는 당연히 다를 수 있습니다. 관찰 가능성 솔루션을 구축할 것인지 구매할 것인지 결정할 때는 두 가지 옵션에 대한 TCO 검토부터 시작해야 합니다. 구축 시에는 소요되는 구축 시간을, 구매 시에는 필요한 구매 비용과 같이 정량화하기 쉬운 비용부터 시작합시다. 그리고 나서 각각이 갖고 있는 숨겨진 비용(구축 시에는 기회비용과 눈에 띄지 않는 지출을, 구매 시에는 비용 증가로 이어질 수 있는 사용 패턴과 특정 공급 업체 락인 등)을 고려합니다.

오픈소스 도구를 이용한 시스템 구축을 고려할 때는 핵심 비즈니스 가치를 전달하는 것과 관계없는 도구를 운영하는 데 소요되는 기회비용뿐만 아니라, 채택한 오픈소스 관련 엔지니어의 리크루팅과 채용, 급여와 인프라 비용을 포함한 맞춤형 솔루션 개발 및 유지보수에 필요한 엔지니어의 교육과 같이 숨겨진 모든 비용의 영향을 감안해야 합니다. 관찰 가능성 솔루션을 구매할 때 공급 업체가 복잡한 비용 체계를 이해할 수 있도록 투명성을 제공하도록 하고 시스템 아키텍처와 조직의 채택 패턴을 고려할 때 논리적인 지침을 제공하여 미래에 발생 가능한 비용을 감안할 수 있도록 해야 합니다.

이렇게 눈에 잘 띄지 않는 모든 비용을 합치고 나면 무료 솔루션에 대한 총소유비용(TCO)을 상용 솔루션과 비교하여 더 적절하게 평가할 수 있게 됩니다. 그런 뒤 각각의 접근 방법이 갖는 정량화하기 어려운 이점을 고려하여 가장 적합한 방식을 결정할 수 있을 것입니다. 물론 두 가지 접근 방법이 갖는 이점을 활용하기 위해 구매와 구축을 병행할 수 있다는 것도 기억해 둡시다.

이번 장은 소프트웨어 공급 업체의 직원 입장에서 작성되었기 암묵적으로 편향이 들어가 있을 수 있습니다. 그럼에도 불구하고 이번 장에서 제시한 조언들은 공정하고 체계적인 동시에 관찰 가능성 도구의 개발자가 아닌 소비자로서 과거에 경험했던 것과 문맥을 같이 하고 있습니다. 대부분의 경우 비즈니스 가치 제공에 중점을 둔 조직이 할 수 있는 최선의 선택은 관찰 가능성 도구를 직접 구축하지 않고 구매하는 것입니다. 하지만 이러한 조언은 상용 솔루션이 비즈니스 요구사항에 맞도록 상용 솔루션을 조정하고 통합 지점을 구축해야만 한다는 단점을 내포하고 있습니다.

다음 장에서는 자체적으로 관찰 가능성 솔루션을 구축하기로 결정했을 때, 관찰 가능성 워크로드를 수용하기 위해 필요한 데이터 스토어를 최적화하는 데 필요한 작업을 살펴보겠습니다.

CHAPTER 16

효율적인 데이터 스토리지

이번 장에서는 관찰 가능성 데이터를 효과적으로 저장하고 검색하기 위해 해결해야 하는 과제에 대해 살펴보겠습니다. 속도는 데이터 저장과 검색의 흔한 고민거리입니다. 하지만 다른 기능적인 제약 조건들도 데이터 계층에서 해결해야 하는 중요한 과제들을 이끌어냅니다. 그뿐만 아니라 규모가 커질수록 관찰 가능성에 내재된 문제가 두드러집니다. 관찰 가능성 워크플로를 활성화하는 데 필요한 기능적 요구사항을 먼저 살펴본 뒤 허니컴의 독자적 데이터 스토어 리트리버Retriever의 구현을 바탕으로 현실 세계에서의 트레이드오프trade-off와 사용할 수 있는 해결책을 알아보겠습니다.

관찰 가능성의 속도, 확장성, 내구성을 보장하기 위해 스토리지 및 검색 계층에 요구되는 다양한 고려 사항에 대해 배울 것입니다. 열 기반의columnar 데이터 저장소에 대해 알아보고 이것이 왜 관찰 가능성 데이터에 특히 적합한지, 쿼리 워크로드는 어떻게 처리해야 하는지, 그리고 데이터 스토리지가 높은 내구성과 성능을 갖도록 하기 위해 무엇을 고려해야 하는지 알아봅니다. 이번 장에서 제안하는 솔루션이 앞으로 직면하게 될 다양한 트레이드오프에 대한 유일한 해결책은 아닙니다. 관찰 가능성 솔루션을 구축할 때 필요한 결과를 얻을 수 있는 실제 사례 중 하나로 제시됩니다.

16.1 관찰 가능성을 위한 기능적 요구사항

프로덕션 환경에서 장애가 발생하게 되면 일분일초가 중요합니다. 관찰 가능성 데이터를 조회하기 위한 쿼리는 가능한 한 빨리 결과를 반환해야 합니다. 쿼리 실행 후 결과 출력까지 커피한잔을 내려 마실 정도의 시간이 소요된다면 프로덕션 환경에 적합하지 않은 도구입니다(8장 '디버깅의 제1원칙' 참조). 관찰 가능성이 쓸모 있는 분석 방법이 되려면 수초 이내에 결과를 얻을 수 있어야 하며, 이 과정의 반복을 통해 의미 있는 결과를 얻어낼 수 있어야 합니다.

2부에서 설명했듯이 이벤트^{events}는 관찰 가능성의 구성 요소^{building blocks}이고 추적^{traces}은 상호 관련되어 있는 이벤트(혹은 추적 스팬^{trace spans})의 집합입니다. 이 이벤트에서 의미 있는 패턴을 찾아내기 위해서는 높은 카디널리티^{high-cardinality}와 디멘셔널리티^{high-dimensionality}의 데이터를 분석할 수 있어야 합니다. 이벤트(혹은 추적 스팬)가 갖고 있는 모든 필드는 쿼리할 수 있어야 합니다. 조사를 진행할 때 어떤 필드가 관련되어 있는지 미리 알 수 없기 때문에 이러한 이벤트는 미리 집계할 수 없습니다. 모든 원격 측정 데이터는 얼마나 복잡한지에 관계없이 미리 집계된 해상도[1]로 쿼리할 수 있어야 하며, 그렇지 않으면 조사는 막다른 골목에 도달할 수 있습니다.

그뿐만 아니라 이벤트의 어떤 디멘션이 관련되어 있는지 모르기 때문에 특정 디멘션의 데이터 검색에 대한 특권^{privilege}을 부여하기 어렵고, 모든 디멘션에 대한 쿼리는 동일한 수준으로 빠르게 처리되어야 합니다. 따라서 가능한 모든 데이터를 인덱싱^{indexing}하거나(일반적으로 엄청난 비용이 소요됨) 인덱스가 없는 상태에서도 빠르게 데이터 검색할 수 있어야 합니다.

보통 관찰 가능성 워크플로에서 사용자들은 특정한 시간 범위에 대한 데이터를 검색하는 경우가 많습니다. 이것은 시간에 대한 디멘션 이외에는 특권을 부여하기 어렵다는 것을 의미합니다. 특정 시간 간격으로 기록된 모든 데이터를 반환해야 하므로 데이터가 적절하게 인덱싱되었는지 확인해야 합니다. 이런 상황에는 시계열 데이터베이스^{Time-series database}(TSDB)가 확실한 선택처럼 보입니다. 하지만 이 장의 후반부에서 살펴보겠지만, 관찰 가능성을 위해 시계열 데이터베이스를 사용하더라도 나름의 호환되지 않는 제약조건이 발생할 수 있습니다.

관찰 가능성 데이터는 프로덕션 환경의 이슈를 디버깅하는 데 사용되기 때문에, 특정 조치로 문제가 해결되었는지를 확인할 수 있어야 합니다. 오래된 데이터는 엔지니어가 쓸데없이 시간

---

1 옮긴이_ 디스플레이 장치에서 해상도는 얼마나 세밀하게 화면을 표시할 수 있는지를 나타냅니다. 마찬가지로 데이터에서도 세부 정보를 얼마나 자세히 표현할 수 있는지를 나타내기 위해 해상도라는 단어를 종종 사용합니다.

을 낭비하거나 시스템의 현재 상태에 대해 잘못된 판단을 하도록 만듭니다. 따라서 효율적인 관찰 가능성 시스템은 과거의 데이터뿐만 아니라 거의 실시간에 가깝게 현재 상태를 반영해 주는 새로운 데이터도 갖고 있어야 합니다. 데이터가 시스템에 수신된 시점과 쿼리할 수 있는 시점의 차이는 수초 이내가 되어야 합니다.

마지막으로 데이터 스토어는 내구성durability과 신뢰성reliability을 갖추고 있어야 합니다. 중요한 조사를 진행하는 동안 필요한 관찰 가능성 데이터가 소실되면 안 됩니다. 또한 데이터 저장소 내의 특정 컴포넌트에 문제가 생겼다고 해서 중요한 조사가 지연되어서도 안 됩니다. 데이터를 검색하기 위해 사용한 메커니즘은 결함을 허용할 수fault-tolerant 있어야 하며 기저에서 동작하고 있는 워커worker의 실패에도 불구하고 빠르게 쿼리 결과를 반환하도록 설계되어야 합니다. 데이터 스토어의 내구성은 인프라 내부에서 발생한 장애도 견딜 수 있어야 합니다. 그렇지 않으면 추적 중인 프로덕션 서비스에 발생한 문제를 디버깅하는 동안 관찰 가능성 솔루션 또한 작동하지 않는 상황에 빠질 수 있습니다.

실시간 디버깅 워크플로를 지원하는 데 필요한 이런 기능적 요구사항을 고려해 봤을 때, 기존 데이터 스토리지 솔루션은 관찰 가능성에 부적합한 경우가 많습니다. 충분히 작은 환경에서는 요구되는 데이터 성능을 더욱 쉽게 달성할 수 있습니다. 이번 장에서는 단일 노드로 구성된 스토리지 솔루션보다 대규모의 저장소를 사용할 때 이러한 문제가 어떻게 나타나는지 살펴보겠습니다.

16.1.1 관찰 가능성에 부적합한 시계열 데이터베이스

기본적으로 관찰 가능성 데이터는 프로그램 실행 정보를 나타내는 정형화된 이벤트로 구성되어 있습니다. 5장에서 살펴본 것처럼 정형화된 이벤트는 기본적으로 키-값 쌍의 집합입니다. 추적의 경우, 정형화된 이벤트는 추적 스팬 간의 부모-자식 관계를 시각화하기 위해 서로 연결될 수 있습니다. 7장에서 살펴본 자동 계측 이용 사례를 고려하면 이러한 필드 중 일부는 '알려진' 것이거나 '예측할 수 있는' 것일 수 있습니다. 하지만 대부분 가치 있는 데이터는 특정한 애플리케이션에 대한 사용자 정의 필드일 것입니다. 사용자 정의 데이터는 임시로 생성되는 경우가 많으므로 이를 저장할 때 사용하는 스키마schema도 동적이거나 유연한 경우가 많습니다.

9장에서 설명했던 것처럼 시계열 데이터(메트릭)는 시스템 성능 값을 간단한 측정치measures로 집계합니다. 메트릭은 특정한 시간 범위에 대한 모든 이벤트를 연관된 태그들과 함께 단순하면서도 분해 가능한 하나의 숫자로 집계합니다. 이 과정을 통해 원격 측정 백엔드 데이터 저장소로 보낼 데이터의 크기를 줄이고 쿼리 성능을 개선할 수 있지만 나중에 해당 데이터에서 도출할 수 있는 정보가 줄어들 수 있습니다. 히스토그램을 생성하는 데 사용되는 일부 메트릭의 데이터 구조는 조금 더 정교해 보입니다. 그렇지만 유사한 범위의 값들을 함께 묶어 하나의 숫자로 기록한다는 관점에서 본질적으로 다르지 않습니다(그림 16-1 참조).

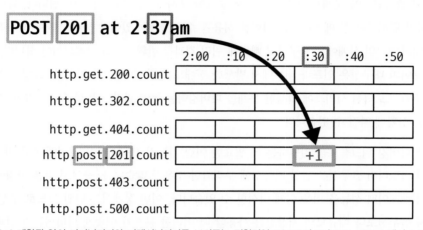

그림 16-1 제한된 양의 카디널리티와 디멘셔널리티를 보여주는 전형적인 TSDB의 모습으로 HTTP 메서드 및 상태 코드 기반의 태그와 일정 시간 간격 단위로 집계되어 있습니다.

일반적으로 시계열 데이터베이스(TSDB)는 집계된 메트릭을 저장하기 위해 사용합니다. 시계열 데이터 저장소 메커니즘은 새로운 집계와 태그tags의 조합이 거의 없다는 전제하에 추가 트래픽으로 인해 발생하는 비용을 줄이는 것을 목표로 합니다. 시계열 데이터베이스의 높은 오버헤드overhead는 각각의 고유 시계열에 대한 레코드record나 데이터베이스 행row을 생성할 때 발생합니다. 이미 존재하는 시계열에 측정된 수치를 추가하는 작업은 비용이 적게 듭니다. 시계열 데이터베이스에서 발생하는 리소스 비용의 대부분은 특정한 표현식expression과 일치하는 시계열을 찾는 과정에서 발생합니다. 작은 시간 범위 내에 포함된 이벤트 수준으로 축소된 결과 집합에서 특정 값을 찾는 것은 비용이 많이 들지 않습니다.

이상적인 세계라면 동일한 시계열 데이터베이스를 활용하여 정형화된 이벤트를 기록하도록 쉽게 전환할 수 있습니다. 하지만, 높은 카디널리티와 디멘셔널리티를 갖는 데이터로부터 의미 있는 패턴을 도출하는 기능적인 관찰 가능성 요구사항은 시계열 데이터베이스의 사용을 금지하고 있습니다. 비록 각 디멘션을 태그 이름으로 바꾸고 값을 태그의 값으로 바꿀 수는 있겠지만, 이렇게 하면 각 태그 값의 고유한 조합에 대하여 새로운 시계열이 생성됩니다(그림 16-2 참조).

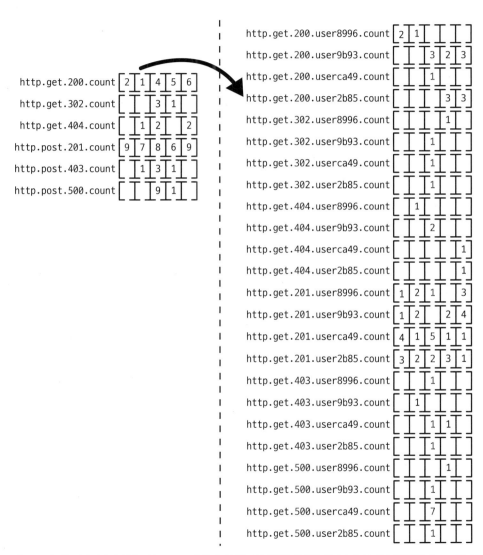

그림 16-2 높은 카디널리티 인덱스인 userid가 추가되었을 때 동일한 시계열 데이터베이스의 폭발적인 레코드 증가합니다.

새로운 시계열 데이터의 생성 비용은 동일한 태그가 재사용되고 자주 증가하는 경우에만 측정 전반에 걸쳐 0으로 생각할 수 있습니다. 그러나 각각 정형화된 이벤트는 고유한 경우가 많고 수신된 이벤트 수에 따라 행을 생성할 때 발생하는 오버헤드는 선형적으로 증가합니다. 이러한 카디널리티의 폭발 문제는 시계열 데이터베이스가 정형화된 이벤트를 저장하기에는 적절하지 않다는 것을 알려줍니다. 즉, 우리는 다른 해결책이 필요합니다.

16.1.2 다른 데이터 저장소 후보들

처음에는 정형화된 키-값 쌍을 저장하는 것이 몽고DB^{MongoDB}나 스노우 플레이크^{Snowflake}와 같은 범용 저장소 역할을 하는 NoSQL 데이터베이스로 처리할 수 있는 워크로드와 비슷해 보일 수 있습니다. 그러나 이벤트 원격 측정 데이터를 입력(또는 이벤트를 입력)하는 것은 이런 데이터베이스에 적합하지만 데이터를 출력하는 패턴이나 이벤트를 쿼리하는 것은 관찰 가능성에 대한 기능적 요구사항으로 인해 기존의 워크로드와 완전히 다릅니다.

8장에서 살펴봤던 반복적인 분석을 통한 접근 방법은 한 번에 각 디멘션이 가질 수 있는 값의 수와 관계없이 하나 이상의 디멘션을 이해할 수 있어야 하는 것입니다. 다시 말하자면, 임의의 디멘셔널리티와 카디널리티를 가진 데이터를 쿼리할 수 있어야 합니다. NoSQL 데이터베이스는 이미 인덱싱된 특정한 필드에 대한 쿼리가 아닌 임의의 값에 대한 쿼리 수행 시에는 응답이 느릴 수 있습니다. 하지만 미리 인덱싱하더라도 데이터를 임의로 세분화할 수 있는 것은 아닙니다. 한 번에 하나의 디멘션에 대해서만 세분화 작업을 할 수 있고, 앞서 인덱싱하거나 사전 집계한 차원에 대해서만 수행할 수 있습니다. 그리고 각 값이 고유한 경우에는 원래의 테이블 공간만큼 인덱스도 공간을 차지할 수 있으며, 모든 열에 대해 인덱싱하게 되면 원래의 테이블 크기보다 더 큰 인덱스가 생성될 수도 있습니다. 따라서 쿼리를 최적화하기 위해 NoSQL 데이터베이스를 튜닝하는 것은 그다지 효과가 없을 겁니다. 쿼리를 빠르게 만드는 대신 수긍할 수 있는 시간 내에 모든 쿼리가 완료되도록 해보는 것은 어떨까요?

페이스북에서는 스쿠바^{Scuba} 시스템이 테이블 전체에 접근하기 위해 엄청난 양의 메모리를 사용하면서 실시간으로 관찰 가능성에 대한 쿼리 수행의 문제점을 효과적으로 해결했습니다. 하지만 쿼리 속도를 높이기 위해 시스템 메모리를 스토리지로 사용하는 방식으로 성능 트레이드오프를 찾아냈습니다. 이런 구현상의 결정은 스쿠바가 페이스북을 넘어 대규모로 채택되는 것이 경제적으로 불가능하다는 인식을 심어주었습니다. 이 책을 쓰고 있는 시점 기준으로 1테라

바이트의 메모리는 약 4천 달러지만 1테라바이트의 SSD 디스크는 대략 100달러 전후입니다. 만약 스쿠바를 데이터 스토어로 사용하려면 조직은 시스템상에 남은 메모리 용량만큼만 쿼리할 수 있다는 사실을 인식할 필요가 있습니다. 적절히 규모가 조정된 인프라를 가진 대부분의 대형 고객은 이러한 제약 조건으로 인해 조회 가능한 원격 측정 데이터의 시간이 몇 시간 혹은 몇 분으로 제한됩니다.

이벤트와 같은 데이터를 저장하는 데 사용되는 다른 데이터 저장소, 즉 추적 솔루션에서 사용되는 원격 측정 백엔드도 있습니다. 집필 시점 기준으로 몇 가지 오픈소스로 공개되어 있는 대규모 스토리지 엔진의 구현체가 존재하며 대부분 예거^{Jaeger} 추적 시스템과 호환됩니다. 대표적으로 아파치 카산드라$^{Apache\ Cassandra}$, 엘라스틱서치^{Elasticsearch}/오픈서치^{OpenSearch}, 스킬라DB$^{Scyl\text{-}laDB}$, 인플럭스DB^{InfluxDB}가 있습니다. 이러한 오픈소스 제품들은 스키마 기반의 추적 데이터를 수집하고 지속해서 저장할 수 있지만 특별히 추적 데이터를 저장할 목적으로 만들어진 것은 아닙니다. 그라파나 템포$^{Grafana\ Tempo}$는 추적 데이터를 저장하기 위해 새롭게 만들어진 제품이지만 이번 장에서 살펴보겠지만 반드시 관찰 가능성의 기능적 쿼리 요구사항을 위한 것은 아닙니다. 장기적으로 봤을 때 최선의 오픈소스 접근 방법은 오픈소스 시그노즈^{SigNoz}가 한 것처럼 클릭하우스^{ClickHouse}나 추적을 위해 최적화된 확장 기능을 제공하는 아파치 드루이드$^{Apache\ Druid}$ 같은 열 기반 저장소$^{columnar\ store}$를 채택하는 것입니다. 집필 시점 기준으로 폴라 시그널$^{Polar\ Signals}$에서도 프로파일링이나 다른 관찰 가능성 데이터를 위한 오픈소스 열 기반 저장소 아크틱DB^{ArcticDB}를 발표했습니다.

다음 절에서는 관찰 가능성의 기능적 요구사항을 만족할 수 있도록 추적 데이터를 저장하고 쿼리하기 위한 기술적 요구사항을 살펴봅니다. 기술적으로는 무엇이든 가능하지만 이번 장에서는 규모에 따라 재무적인 부담 없이 이벤트 데이터를 저장하는 방법을 살펴봅니다. 또 저장된 데이터로부터 인사이트를 얻기 위해 사용할 수 있는 구현체를 중심으로 단순한 추적 열람 외에 어떤 것들을 할 수 있는지 알아보겠습니다.

16.1.3 데이터 스토리지 전략

개념적으로 넓은 범위의 이벤트와 이벤트가 나타내는 추적 스팬은 행과 열이 있는 테이블로 생각할 수 있습니다. 테이블을 저장할 때는 크게 두 가지 전략이 있습니다. 하나는 행 기반 저장$^{row\text{-}based\ storage}$ 전략이고 다른 하나는 열 기반 저장$^{column\text{-}based\ storage}$ 전략입니다. 관찰 가능성이라는 도메인에서 봤을 때 행rows은 개별 원격 측정 이벤트와 관련되어 있고 열columns은 각 이벤트의 필드field나 속성attributes과 관련되어 있습니다.

행 기반 저장에서는 각 데이터 행이 [그림 16-3]에서 볼 수 있는 것처럼 행 전체를 한번에 가져간다는 가정하에 함께 저장됩니다. 열 기반 저장에서는 열 데이터가 행에서 분리되어 함께 저장됩니다. 각각의 접근 방법은 트레이드오프가 있습니다. 이러한 트레이드오프를 설명하기 위해 오늘날 실제로 사용되는 특정 오픈소스 원격 측정 저장소를 사용하기보다 오랫동안 테스트를 거쳐온 드레멜Dremel, 컬럼IOColumnIO, 구글의 빅테이블Bigtable을 광범위한 계산 및 저장소 모델의 예로 들겠습니다. 사실 대퍼Dapper 추적 시스템도 구글의 빅테이블 데이터 저장소를 기반으로 개발되었습니다.

idx	Col1	Col2	Col3	Col4	Col5	Col6	Col7	Col8	Col9	Cola	Colb	Colc	Cold	...
1														
2														
3														
4														
5														
6														
7														
8														
9														
10														

그림 16-3 조회 및 검색을 위해 태블릿이라는 단일 단위로 함께 보관되는 연속적인 행의 샤딩을 보여주는 행 저장소

빅테이블은 행 기반의 접근 방법을 사용하며, 데이터가 직렬화되어 있고 프라이머리 키로 인덱싱되어 있어 개별 추적과 스팬 검색이 빠릅니다. 하나의 행을 가져오거나 연속적인 행을 스캔할 때 빅테이블 서버는 메타데이터(태블릿)와 하나의 파일만 가져오면 됩니다. 추적에 효율적으로 동작하기 위해 빅테이블은 추적ID나 시간과 같은 행의 프라이머리 키로 정렬된 행의 목록을 관리해야 합니다. 엄격한 순서에 따라 도착하지 않은 행 키를 적절한 위치에 집어넣기 위해 서버는 비순차적인 읽기 작업에서는 필요하지 않았던 추가적인 정렬 작업을 수행해야 합니다.

빅테이블은 변경 가능한 데이터 저장소이기 때문에 업데이트, 시멘틱의 삭제[2], 동적 파티셔닝을 지원합니다. 다시 말하자면 빅테이블의 데이터는 데이터 처리 관점에서 봤을 때 유연성을 가지지만, 복잡성의 증가와 성능의 저하가 발생할 수 있습니다. 빅테이블은 변경 사항 관리를 위해 변경 가능한 로그와 중첩된 파일을 이용합니다. 메모리에서 관리되는 로그는 데이터 변경에 대한 정보를 임시로 저장해둠으로써 빠른 액세스 지원을 위해 사용됩니다. 중첩된 파일은 빅테이블의 실제 데이터 저장소로 키-값 쌍으로 표현되는 데이터를 담고 있는 일종의 파일 집합입니다. 최신 버전의 파일은 이전 버전보다 높은 순위를 갖게 되며, 일정 규모의 업데이트가 발생하면 주기적으로 '압축'을 진행합니다. 이렇게 압축된 파일은 변경 불가능한 기본 계층이 됩니다. 이러한 압축 절차는 디스크 I/O 관점에서 봤을 때 비용이 많이 드는 작업입니다.

관찰 가능성 워크로드는 한번 기록한 데이터를 반복적으로 읽어 들이는 특징을 갖고 있어 압축 절차로 인한 성능 문제가 발생할 수 있습니다. 새로 입력된 관찰 가능성 데이터는 수초 만에 쿼리 가능한 상태가 되어야 하므로 빅테이블의 압축 절차는 일정하게 실행되거나, 쿼리가 들어올 때마다 각각의 중첩된 불변 키-값 쌍을 읽어 들여야 합니다. 행의 태블릿tablet이 관련된 필드와 값을 재생성하기 위해 모든 열을 읽지 않은 상태에서 임의로 필드를 분석할 수는 없습니다. 마찬가지로 쓰기 작업이 일어날 때마다 압축을 수행하는 것도 비현실적입니다.

빅테이블에서는 일부 열을 묶어 로컬리티 그룹[3]으로 설정하여 다른 열과 별개로 저장할 수 있습니다. 하지만 로컬리티 그룹 내의 단일 열을 분석하는 경우에도 여전히 전체 로컬리티 그룹을 읽어 들여야 하므로 불필요한 데이터를 읽게 되고 이로 인해 쿼리 속도가 저하되고 CPU와 I/O 리소스가 불필요하게 낭비될 수 있습니다. 선택한 열에 인덱스를 추가하거나 예측된 액세스 패턴을 바탕으로 로컬리티 그룹을 나눌 수도 있지만 이렇게 하는 것은 관찰 가능성의 '임의 액세스'라는 요구사항과 정면으로 배치되게 됩니다. 로컬리티 그룹의 열이 갖고 있는 희소 데이터는 열 자체가 로컬리티 그룹에만 존재하기 때문에 빅테이블 입장에서 비싼 비용이 들지는 않습니다. 다만, 로컬리티 그룹 자체는 비어 있더라도 관리 관점에서 오버헤드를 일으키기 때문에 비어있는 채로 유지하지 않는 것이 좋습니다.

모든 열에 인덱스를 걸거나 각 열을 개별 로컬리티 그룹으로 분리하는 것과 같은 극단적인 경

---

2 옮긴이_ 빅테이블은 버전의 추적이나 시간에 따른 변화를 기록하고 있기 때문에 일반 RDBMS에서의 레코드 삭제와는 조금 다른 관점의 삭제 기능을 제공합니다. 보다 자세한 내용은 빅테이블 공식 문서를 참고하기 바랍니다.
https://cloud.google.com/bigtable/docs/overview?hl=ko

3 옮긴이_ 데이터 접근에 대한 효율성을 높이기 위해 테이블의 일부 열을 그룹으로 묶은 것을 이야기합니다. 로컬리티 그룹은 물리적으로 서로 다른 스토리지에 저장할 수 있어 디스크 I/O를 개선해주고 애플리케이션 성능 향상에 도움이 됩니다.

우에는 비용이 누적됩니다.[4] 구글의 대퍼^{Dapper} 백엔드에 관한 논문에서는 빅테이블에서 대퍼 디포^{Dapper Depots}에 대해 단지 세 개의 필드(`service`, `host`, `timestamp`)에 대한 인덱스 생성을 하는 경우에도 원래의 추적 데이터의 76%에 육박하는 크기를 갖는 데이터가 생성된다고 이야기합니다.[5] 따라서, 인덱싱의 필요성을 완전히 제거할 수 있다면 분산 추적을 저장하는 데 보다 실질적인 접근 방법을 사용할 수 있습니다.

빅테이블과 같은 전략과 관계없이 열 기반 접근 방법을 사용하면 원하는 데이터의 하위 집합만 빠르게 분석할 수 있습니다. 수신되는 데이터는 [그림 16-4]처럼 각 행에 대해 프라이머리 키를 제공하는 합성ID 열로 분할됩니다. 프라이머리 키를 값에 매핑한 각 열에 대한 파일은 개별적으로 저장됩니다. 따라서 각 열에 대하여 독립적으로 쿼리하고 접근할 수 있습니다.

하지만 열 기반의 접근 방법은 특정 행의 데이터가 일정한 순서로 저장된다는 것을 보장하지 않습니다. 한 행에 대한 데이터에 접근하려면 전체 테이블에 이를 수도 있는 많은 양의 임의 데이터를 스캔해야 합니다. 드레멜^{Dremel}과 컬럼IO^{ColumnIO}의 스토리지 모델은 수동으로 테이블을 나누고 대략적으로 샤딩함으로써(예를 들어 `tablename.20230820`, `tablename.20230821` 과 같이) 사용자가 쿼리할 때 테이블을 식별하고 결합해서 이 문제를 해결하려고 합니다. 하지만 이런 방법으로는 많은 양의 데이터를 관리하기 어렵습니다. 샤드가 너무 커서 효율적으로 쿼리할 수 없거나, 사람이 올바른 샤드에 대해 쿼리를 구성하기 어려울 정도로 너무 작은 샤드로(예를 들어 `tablename.20200820-000123`) 분할되어 있을 수 있습니다.

---

4   Google, "Schema Design Best Practices", Google Cloud Bigtable website., https://oreil.ly/8cFn6

5   Benjamin H. Sigelman et al., "Dapper, a Large-Scale Distributed Systems Tracing Infrastructure," Google Technical Report (April 2010).

idx	Col1	Col2	Col3	Col4	Col5	Col6	Col7	Col8	Col9	Cola	Colb	Colc	Cold	...
1														
2														
3														
4														
5														
6														
7														
8														
9														
10														

그림 16-4 행 대신 열 단위로 데이터를 나누어 보여주는 열 저장소의 모습으로 각 열 집합은 독립적으로 접근할 수 있지만, 전체 행을 스캔해야 하는 경우 각각의 열 파일을 가져와야 합니다.

행 기반 접근 방법이나 열 기반 접근 방법 모두 관찰 가능성에 대한 기능적 요구사항을 완벽하게 충족시키지는 못합니다. 행 기반 스토리지와 열 기반 스토리지의 장점을 모두 활용한 하이브리드 접근 방법이 관찰 가능성을 위해 필요한 추적 워크로드를 만족시킬 수 있습니다. 하이브리드 접근 방법은 행과 열 모두에 대해 부분적인 스캔을 효과적으로 수행할 수 있게 해줍니다. 관찰 가능성 워크로드에 대한 쿼리 수행은 완벽한 것보다 빠른 것이 더 중요하다는 사실을 기억합시다.

실제로 그러한 균형을 맞출 수 있는 방법을 보여주기 위해 허니컴의 스토리지 엔진 아키텍처를 분석해 보겠습니다.

16.2 사례 연구: 허니컴 리트리버의 구현

이번 절에서는 허니컴의 열 기반 데이터 저장소인 리트리버Retriever를 통해 비슷한 설계로 관찰 가능성의 기능적 요구사항을 만족시키는 방법을 보여줍니다. 이 참조 아키텍처가 이러한 기능적 요구사항을 만족하는 유일한 방법은 아닙니다. 앞서 이야기했던 것처럼 클릭하우스ClickHouse나 드루이드Druid 기반으로 관찰 가능성 백엔드 시스템을 만들 수 있습니다. 하지만 리트리버의 사례를 통해 이론적 모델에 대한 추상적인 토론에서는 볼 수 없는 구체적인 구현과 운영상의 트레이드오프를 설명하고자 합니다.

16.2.1 시간 단위로 데이터 파티셔닝하기

앞서 행 기반과 열 기반의 스토리지의 문제에 대해 논의했을 때 타임스탬프로 검색 공간을 파티셔닝하여 검색 공간을 줄이는 하이브리드 접근 방법을 제안했었습니다. 하지만 분산 시스템에서 시간은 완전한 무결성이 보장되지 않으며 추적 스팬의 타임스탬프는 스팬이 끝난 시간이 아닌 시작된 시간일 수 있으며 이는 데이터가 현재 시각보다 수초 혹은 수분 뒤에 도착할 수 있다는 것을 의미합니다. 디스크에 이미 저장된 데이터에 접근해 중간에 레코드를 삽입하는 것은 데이터를 다시 쓰기 위한 비용이 발생하기 때문에 의미가 없습니다. 어떻게 하면 순서가 뒤죽박죽인 데이터가 도착했을 때 효율적이고 실용적인 방식으로 파티셔닝을 수행할 수 있을까요?

우리가 선택할 수 있는 최적화 방법 중 하나는 이벤트가 실제로 생성된 시점의 타임스탬프에 인접하여 도착하고, 이벤트를 읽는 시점에 뒤바뀐 순서를 바꿀 수 있다고 가정하는 것입니다. 이렇게 하면 수신 데이터가 저장되는 파일을 추가 전용으로 처리함으로써 데이터를 쓰는 시점의 오버헤드를 크게 줄일 수 있습니다.

리트리버에서는 특정 테넌트에 대해 새롭게 도착한 추적 스팬이 해당 테넌트에 대해 현재 활성화되어 있는 스토리지 파일(세그먼트)의 끝에 추가됩니다. 읽는 시점에 올바른 세그먼트를 쿼리할 수 있도록 리트리버는 현재 세그먼트에 대한 가장 오래된 이벤트와 가장 최신의 이벤트에 대한 타임스탬프를 추적해 다른 세그먼트의 타임 윈도우와 잠재적으로 겹칠 수 있는 윈도우를 만듭니다. 세그먼트는 최종적으로 종료되고 완료되어야 하므로 적절한 임계치를 선택해야 합니다. 예를 들어, 한 시간이 지났을 때, 25만개 이상의 레코드를 기록했을 때, 혹은 1GB 이상의 데이터를 기록했을 때, 리트리버는 현재 세그먼트를 읽기 전용으로 바꾸고 메타데이터에 세그먼트 내의 가장 오래된 타임스탬프와 가장 최신 타임스탬프 값을 기록합니다.

이러한 방식의 윈도우 기반 세그먼트 패턴을 채택했다면, 데이터를 읽는 시점에 메타데이터에 기록된 각 세그먼트의 타임스탬프를 활용하여 수행하려는 쿼리에 대한 타임스탬프와 테넌트의 데이터를 포함한 세그먼트만 가져올 수 있습니다(그림 16-5 참조). 보통 관찰 가능성 워크로드는 쿼리가 수행될 때 특정 시간 범위의 데이터를 찾습니다(예: '지금으로부터 두 시간 전'이라던가 '2024-01-15 00:00 UTC부터 2024-02-15 23:59 UTC까지') 이 구현을 사용한 경우 다른 시간 범위는 해당 쿼리와 관계가 없기 때문에 쿼리 시간과 겹치지 않는 관련 없는 세그먼트에 대해서는 데이터를 검사할 필요가 없습니다.

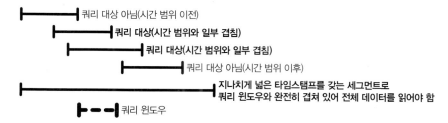

그림 16-5 쿼리를 위해 선택된 세그먼트는 적어도 쿼리하고자 하는 윈도우와 부분적으로라도 겹칩니다. 쿼리 윈도우가 이전이나 이후에 시작되었거나 종료된 세그먼트는 분석에서 제외됩니다.

시간 단위로 분할하는 이 세그먼트의 장점은 다음과 같습니다.

- 각 세그먼트의 시작 타임스탬프와 종료 타임스탬프가 메타데이터에 기록되어 있고 이벤트가 일정하게 지연되고 있다면 개별 이벤트를 정렬하거나 이벤트 타임스탬프 기준으로 엄격한 순서로 배치할 필요가 없습니다.

- 각 세그먼트의 내용은 추가만 가능한 산출물로 변경 가능한 오버레이나 레이어로 구축하거나 주기적으로 압축할 필요 없이 한번 완료되면 더 이상 수정할 수 없습니다.

세그먼트로 파티셔닝하는 접근 방법은 한 가지 잠재적인 약점이 있습니다. 나중에 추가된 데이터가 현재 데이터와 서로 뒤섞여 있는 경우(예를 들어 배치 작업이 완료되어 몇 시간 혹은 며칠 전의 타임스탬프를 보고하는 경우처럼) 기록된 각 세그먼트는 몇 분간이 아닌 몇 시간 혹은 며칠 동안에 이르는 넓은 시간 범위를 나타내는 메타데이터를 갖게 됩니다. 이 경우 현재 시간과 이벤트가 추가된 시간처럼 두 개의 좁은 시간 윈도우에 대해서만 데이터를 스캔하는 것이 아니라 넓은 윈도우 내에 포함되는 모든 쿼리에 대해서 세그먼트를 스캔해야 합니다. 비록 리트리버 워크로드에서는 이 작업이 필요하지 않았지만 심각한 문제가 발생하면 더 정교한 세그먼트 분할 메커니즘으로 계층화할 수 있습니다.

16.2.2 세그먼트 내에 열별로 데이터 저장하기

앞서 소개한 드레멜Dremel형 열 기반의 접근 방법과 마찬가지로 방정식에서 시간을 뺀 후 데이터를 나눌 수 있는 또 다른 논리적 방법은 이벤트를 구성 필드로 분해하고 각 필드의 콘텐츠를 동일한 필드를 갖는 여러 이벤트의 필드 콘텐츠와 함께 저장하는 것입니다. 이를 통해 세그먼트와 필드당 하나의 추가 전용 파일과 특별한 타임스탬프 인덱스 필드가 있는(모든 이벤트는 타임스탬프를 갖고 있어야 합니다) 레이아웃이 만들어 집니다. 이벤트가 도착하면 이벤트가 참조하고 있는 열에 대해 현재 활성 세그먼트의 해당 파일에 이벤트를 추가할 수 있습니다.

이전 절에서 설명했던 세그먼트의 타임스탬프를 기준으로 필터링 수행 후에는 해당 열의 자체 파일에 접근하여 쿼리에 지정된 관련 열에 대해서만 쿼리할 때 접근하는 데이터양을 제한할 수 있습니다. 원래의 행을 재구성할 수 있도록 각 행에는 세그먼트내의 타임스탬프와 상대적인 시퀀스 번호가 할당됩니다. 각 열 파일은 각 행에 대한 시퀀스 번호와 각 행에 대한 열값(순서에 따라)을 갖는 배열로 디스크에 존재합니다.

예를 들어, 아래와 같이 도착 시간을 기준으로 순서가 정해진 원래의 행은 다음과 같이 변환될 수 있습니다.

```
Row 0: { "timestamp": "2020-08-20 01:31:20.123456",
  "trace.trace_id": "efb8d934-c099-426e-b160-1145a87147e2", "field1": null, ... }
Row 1: { "timestamp": "2020-08-20 01:30:32.123456",
  "trace.trace_id": "562eb967-9171-424f-9d89-046f019b4324", "field1": "foo", ... }
Row 2: { "timestamp": "2020-08-20 01:31:21.456789",
  "trace.trace_id": "178cdf06-dbc5-4c0d-b6b7-5383218e1f6d", "field1": "foo", ... }
Row 3: { "timestamp": "2020-08-20 01:31:21.901234",
  "trace.trace_id": "178cdf06-dbc5-4c0d-b6b7-5383218e1f6d", "field1": "bar", ... }

timestamp에 대한 인덱스 파일
idx value
0 "2020-08-20 01:31:20.123456"
1 "2020-08-20 01:30:32.123456" (타임스탬프는 순서대로일 필요는 없습니다)
2 "2020-08-20 01:31:21.456789"
3 "2020-08-20 01:31:21.901234"
[...]

field1에 대한 원시 열 세그먼트 파일
(열의 누락된 값이나 널 값에 대한 행 인덱스가 없을수도 있습니다)
idx value
1 "foo"
2 "foo"
3 "bar"
[...]
```

열이 널[null]이거나 이전에 보였던 값이 반복되어 나타나는 경향이 있다면 사전 기반의[dictionary-based] 압축이나 희소성 인코딩[sparse encoding], 혹은 실행 길이 인코딩[run-length encoding]을 이용해 전체 열을 직렬화할 때 각각의 값이 차지하는 공간의 양을 줄일 수 있습니다.[6] 이는 백엔드 스토리지 전반에 대해 티어링tiering 되어야 하는 데이터의 총량뿐만 아니라 데이터를 스캔하고 검색하는 데 걸리는 시간의 총량 관점에서도 이점이 있습니다.

```
압축된 timestamp 인덱스 파일:
["2020-08-20 01:31:20.123456",
 "2020-08-20 01:30:32.123456",
 "2020-08-20 01:31:21.456789",
 "2020-08-20 01:31:21.901234",
...]

사전 기반의 인코딩을 통해 압축된 example 열의 세그먼트 컬럼 파일
dictionary: {
  1: "foo",
  2: "bar",
  ...
}

presence:
[어떤 행이 널(null)이 아닌 값을 갖고 있는지 가리키는 비트마스크]

널(null)이 아닌 행의 데이터:
[1, 1, 2, ...]
```

열을 압축할 때는 열(혹은 열 파일 모음으로 구성된 전체 세그먼트)을 보관할 때 필요한 공간을 더 줄이기 위해 LZ4와 같은 표준 알고리즘을 이용해 압축합니다.

열 저장소에서 열을 생성하고 추적하는 데 필요한 비용은 저장소에 기록된 모든 값으로 분할됩니다. 마찬가지로 메트릭 세계에서는 행 또는 태그 집합에 대한 비용이 모든 값으로 분할됩니다. 따라서, 널null이 아닌 값을 가끔 갖는 경우에는 새로운 열을 만드는 것이 더 유리합니다. 다만, 널null이 아닌 값을 갖는 단일 행처럼 한 번만 사용되는 열을 만드는 것은 좋지 않습니다.

실제로 코드를 작성할 때 스팬/이벤트에 새로운 속성/키 이름을 수작업으로 추가하는 것에 대해서는 걱정할 필요는 없지만, timestamp_2021061712345와 같이 한 번만 사용하고 더 이상 사용되지 않을 열을 프로그래밍적으로 생성하지 말아야 합니다. 대신 timestamp를 열값으로 사용하고 2021061712345를 키로 사용합시다.

---

6 Terry Welch et. al., "A Technique for High-Performance Data Compression," Computer 17, no. 6 (1984): 8–19.

16.2.3 쿼리 작업 수행하기

여섯 단계로 구성된 리트리버와 유사하게 설계된 열 저장소를 이용하여 쿼리를 수행합니다.

1. 쿼리의 시작/끝 시간과 쿼리 대상이 되는 세그먼트의 시작/끝 시간을 이용해 잠재적으로 쿼리에 대한 시간 범위를 겹쳐 쓸 가능성이 있는 모든 세그먼트를 식별합시다.

2. 별개로, 쿼리 시간 범위에 해당하는 각 세그먼트에 대해 쿼리 필터(가령 WHERE 절)에 사용되는 열이나 출력에 사용되는(SELECT나 GROUP 같은) 열에 대해 관련된 열 파일을 스캔합니다. 스캔을 수행하기 위해 작업 중인 위치에 대한 오프셋offset을 추적합시다. 먼저 현재 오프셋에서 행의 타임스탬프를 평가해 행이 쿼리 시간 범위에 속하는지 확인합니다. 속하지 않는다면 다음 오프셋으로 이동해 작업을 반복합시다.

3. 시간 범위 내에 들어오는 행의 경우 입력, 출력으로 사용되는 각 열에 대해 오프셋 위치에서 값을 스캔하고, 입력 필터가 일치하는 경우 재구성된 행을 출력 값으로 내보냅니다. 행이 처리되면 열어둔 모든 열 파일의 오프셋을 다음 행으로 증가시킵니다. 개별 행은 처리된 후 폐기될 수 있으며 열의 값에 대한 세그먼트 전체 파일이 아닌 단일 값을 메모리에 올림으로써 데이터의 양을 최소화합니다. 원래의 시간 범위 내에서 하위 시간 윈도우가 필요한 경우 timestamp에 대해서 GROUP 구문이 수행됩니다(예: 지난 두 시간 동안의 데이터에 대한 24개의 5분 단위 윈도우).

4. 세그먼트 내에서 집계합니다. 각 GROUP에 대해 3단계에서 SELECT로 뽑은 값을 머지합시다. 예를 들어 COUNT는 단순히 각 GROUP 값에 대해 매칭되는 행의 숫자를 수집하는 반면, SUM(example)은 각 GROUP 값에 대해 식별된 모든 값을 더해줍니다. 각 세그먼트가 분석된 이후 파일 핸들handle을 언로드unload할 수 있습니다.

5. 각 GROUP에 대해 결과를 단일 워커worker로 전송하여 세그먼트 간의 결과를 집계합시다. 각 세그먼트에 대해 각 GROUP의 집계된 값을 머지하고 시간 범위에 대해 단일 값으로 집계합시다(혹은 시간으로 세분화된 버킷에 값을 설정합시다).

6. 그룹을 정렬하고 상위 K개의 그룹을 선정해 그래프에 포함시킵시다. K의 기본 값을 이용해 사용자가 요청하지 않은 이상, 수천 개의 매칭되는 그룹을 전체 결과 집합으로 전송하지 않도록 해야 합니다.

의사 코드pseudocode를 통해 현재까지의 누적 합계 또는 최대값 등을 기반으로 SUM, COUNT, AVG, MAX 등을 계산하는 방법을 살펴봅시다. 이 코드는 필드 a와 b로 그룹화된 필드 x에 대해 y가 0보다 큰 값을 계산하는 로직을 보여줍니다.

```
groups := make(map[Key]Aggregation)
for _, s := range segments {
  for _, row := range fieldSubset(s, []string{"a", "b", "x", "y"}))
```

```
      if row["y"] > 0 {
        continue
      }
      Key := Key{A: row["a"], B: row["b"]}
      aggr := groups[Key]
      aggr.Count++
      aggr.Sum += row["x"]
      if aggr.Max < row["x"] {
        aggr.Max = row["x"]
      }
      groups[Key] = aggr
    }
  }
  for k := range groups {
    groups[k].Avg = groups[k].Sum / groups[k].Count
  }
```

이 코드를 프로덕션 환경에서 사용하려면 임의의 여러 그룹에 대한 인코딩이라던가 임의 필터 및 여러 값에 대한 집계 계산을 지원할 수 있도록 더 일반화될 필요가 있긴 하지만, 효율적으로 병렬 처리 가능한 방식으로 집계를 계산하는 것에 대한 좋은 아이디어를 제공해 줍니다. p99(수치 집합의 99번째 백분위수)나 COUNT DISTINCT(열의 고유한 값)와 같은 복잡한 집계 계산을 위해서는 t-digest[7]나 HyperLogLog[8]와 같은 분위수 추정 알고리즘이 필요합니다. 이러한 정교한 알고리즘은 학술 문헌을 참조하면 더 자세히 살펴볼 수 있습니다.

이러한 방법으로 높은 카디널리티와 높은 디멘셔널리티를 갖는 문제를 해결할 수 있습니다. timestamp를 제외하면 그 어떤 디멘션도 다른 디멘션에 대해 특권을 갖지 않습니다. 필터는 읽기 작업 시 모든 관련 데이터를 임시로 처리하기 때문에 하나 이상의 복잡한 필드 조합을 이용해 임의로 필터링할 수 있습니다. 필터 및 처리 단계에서는 관련 열만 읽고, 행ID와 일치하는 관련 값만 각 열의 데이터 스트림에서 추출하여 값을 내보냅니다.

데이터의 복잡성에 대해서는 사전 집계를 하거나 인위적으로 제한할 필요가 없습니다. 모든 추적 스팬의 어떤 필드라도 쿼리할 수 있어야 합니다. 각 레코드를 기록하는 시점에 레코드를 구성하는 값들을 열로 바꾸어 입력하는 데에는 제한적인 비용이 발생하며 레코드를 읽는 데 필요한 비용은 합리적인 수준으로 유지됩니다.

....

7 https://arxiv.org/abs/1902.04023
8 https://hal.archives-ouvertes.fr/hal-00406166

16.2.4 추적 쿼리하기

열 기반 저장소 입장에서 추적을 검색하는 것은 퇴화된 유형의 쿼리입니다. 루트 스팬을 찾기 위해 `WHERE trace.parent_id` 열의 값이 널^{null}인 스팬을 쿼리하게 됩니다. 그리고 추적 워터 폴^{waterfall}을 조합하기 위해 주어진 `trace_id`를 가진 모든 스팬을 찾는 쿼리는 `SELECT time-stamp, duration, name, trace.parent_id, trace.span_id WHERE trace.trace_id = "guid"`입니다.

열 기반의 스토리지 디자인을 이용하면 추적에 대한 인사이트를 얻거나 추적을 분해해 다수의 추적에 대해 쿼리할 수 있는 개별 스팬으로 나눌 수 있습니다. 이 디자인은 리트리버가 다른 추적에 포함되어 있는 유사한 스팬과의 상대적인 지속 시간을 쿼리할 수 있게 해줍니다.

카디널리티 관점 봤을 때 더 제한을 받고 있는 다른 솔루션에서는 `trace.trace_id`가 특수하게 구분되어 있어 인덱스/룩업 용도로 사용될 수 있으며, 모든 스팬이 지정된 추적과 연결되어 함께 저장됩니다. 이것은 개별 추적을 시각화하는 데 더 나은 성능을 제공하고 모든 `trace_id`가 고유한 것으로 표현되면서 발생할 수 있는 카디널리티의 폭발을 피하기 위한 특별한 경로를 만들지만 분석을 위해 추적을 구성하는 개별 스팬으로 분해하는 과정은 유연성 측면에서 어려움을 겪을 수 있습니다.

16.2.5 실시간으로 데이터 쿼리하기

관찰 가능성에 대한 기능적 요구사항이 정의되어 있는 것처럼 데이터는 실시간으로 접근할 수 있어야 합니다. 낡은^{stale} 데이터는 잘못된 정보로 인한 운영자들의 시간 낭비를 초래하거나 시스템의 현재 상태에 대한 잘못된 결론을 이끌어 낼 수 있습니다. 좋은 관찰 가능성 시스템은 과거의 데이터뿐만 아니라 갓 만들어진 새로운 데이터도 포함해야 하므로 세그먼트가 쿼리할 수 있게 되기 전까지 완료되거나 플러시^{flush}되고 압축되는 것을 기다릴 수 없습니다.

리트리버의 구현에서는 열려있는 열^{column} 파일이 처리 완료되거나 압축되지 않았더라도 언제나 쿼리 가능하고 쿼리 프로세스가 파일을 읽기 위한 목적으로 부분적인 플러시를 강제할 수 있도록 보장합니다. 다른 구현에서는 아직 마무리되지 않았거나 압축되지 않은 세그먼트 파일에 대해 메모리상에서 데이터 구조를 쿼리하도록 허용합니다. 상당히 높은 오버헤드를 가진 또다른 솔루션은 얼마나 많은 양의 데이터가 도착하는지에 관계없이 수초 단위로 데이터를 강제로 비울 수 있게 해줍니다. 마지막 솔루션은 규모면에서 가장 문제가 될 수 있습니다.

첫 번째 솔루션은 입력과 쿼리 처리 과정 중에 생길 수 있는 우려 사항을 분리해 줍니다. 쿼리 처리기는 디스크상의 파일만을 이용해서 운용할 수도 있습니다. 입력 처리 도중에는 공유 상태를 유지할 필요 없이 디스크에 파일을 생성하는 데에만 집중할 것입니다. 허니컴 엔지니어는 이 방법이 리트리버의 요구사항에 적합한 우아한 접근 방법이라는 것을 알게 되었습니다.

16.2.6 티어링을 활용한 비용 효율적인 쿼리 처리

관리하는 데이터 크기에 따라 여러 가지 데이터 스토리지 티어tiers를 사용하는 것은 비용 절감에 상당한 효과가 있습니다. 모든 데이터가 항상 동일하게 쿼리되는 것은 아닙니다. 일반적으로 관찰 가능성 워크로드는 특히 사고 조사할 때 새로운 데이터를 쿼리하는 데 편중되어 있습니다. 지금까지 살펴봤던 것처럼 데이터는 입력된 후 수초 이내에 쿼리할 수 있어야 합니다.

아마도 최근 수분 이내의 데이터는 직렬화를 기다리는 동안 쿼리 노드의 로컬 SSD 장치에 저장되어 있을 겁니다. 하지만 오래된 데이터는 군이 비싼 스토리지에 저장하지 않고 더 경제적이고 탄력적인 데이터 저장소로 오프로드 하는 것이 좋습니다. 리트리버의 구현에서는 일정시간이 지나면 오래된 닫힌 세그먼트 디렉터리를 압축하고(예: 존재, 부재 항목의 비트마스크bitmask를 사용하여 다시 작성하거나 압축합니다) 장기적으로 내구성이 보장되는 안정적인 네트워크 파일 저장소로 업로드합니다. 리트리버는 아마존 S3를 사용하지만 구글 클라우드 스토리지Google Cloud Storage와 같은 다른 솔루션을 사용해도 무방합니다. 나중에 오래된 데이터에 대한 쿼리가 필요해지면 S3로부터 불러와 연산을 수행할 프로세스의 메모리로 불러올 수 있으며, 희소 파일의 경우 메모리상에서 압축을 풀어 매치되는 열과 세그먼트에 대해 열 스캔 작업을 수행할 수 있습니다.

16.2.7 병렬 처리를 통해 빠르게 만들기

속도는 관찰 가능성 워크플로에 대한 또 다른 기능적 요구사항입니다. 쿼리 결과는 반복적인 조사를 가속화하기 위해 수초 이내에 반환되어야 합니다. 또한 쿼리가 30분간의 데이터를 검색하든지 한주간의 데이터를 검색하든지에 관계없이 동일하게 적용되어야 합니다. 사용자는 현재의 상태를 과거의 기록과 비교하여 이상 동작인지 정확히 파악할 수 있어야 합니다.

서버리스 컴퓨팅을 통해 클라우드 파일 스토리지 시스템에 맵리듀스map-reduce 스타일 패턴으로 저장된 데이터에 대한 쿼리를 수행할 때, 동일한 쿼리를 로컬 SSD 장치에 연속적인 데이터로 저장하여 단일 쿼리 엔진 워커를 통해 수행하는 것보다 성능이 더 빠르다는 것을 알아냈습니다. 사용자에게 중요한 것은 데이터가 어디에 저장되어 있느냐가 아니라 쿼리 결과가 얼마나 빠르게 반환되는가입니다.

다행히도 이전 절에서 살펴본 접근 방법을 사용하여 각 세그먼트에 대한 쿼리 결과를 독립적으로 계산할 수 있습니다. 세그먼트를 반드시 순차적으로 처리해야 하는 요구사항은 없습니다. 각 세그먼트에 대한 쿼리 출력을 가져와 결과를 만드는 것이라면, 세그먼트에 대한 처리를 순차적으로 할 필요는 없습니다.

이미 S3와 같은 내구성 있는 네트워크 파일 저장소에 데이터를 티어링하고 있다면, 디스크에 저장된 데이터를 특정한 쿼리 워커가 독점하고 있는 것 같은 경합은 발생하지 않습니다. 클라우드 업체는 이미 단일 혼잡 지점이 없을 것 같은 방식으로 파일을 분산 저장해야 하는 부담을 떠안고 있습니다.

따라서 맵 리듀스 스타일mapper-reducer-style 접근 방법과 서버리스 기술을 조합하면 자체 작업 관리 시스템을 만들지 않더라도 리트리버에 대한 분산, 병렬화 및 빠른 쿼리 결과를 얻을 수 있습니다. 클라우드 업체가 서버리스 워커 풀을 관리해주기 때문에 매핑할 입력 목록을 제공하기만 하면 됩니다. 람다Lambda 혹은 서버리스 함수는 하나 이상의 세그먼트 디렉터리를 독립적으로 처리하는 매퍼mapper이며 최종 결과를 계산하기 위해 중앙의 리듀스 워커reduce worker로 하여금 중간 머지 모음을 통해 결과를 제공합니다.

그러나 서버리스 함수와 클라우드 오브젝트 스토리지는 100%의 신뢰성을 보장하지 않습니다. 실제로 객체 호출 시간 분포의 꼬리 부분 지연 시간은 중앙값보다 훨씬 더 높을 수 있습니다. 마지막 5~10% 정도는 결과가 반환되는 데 수십 초가 걸리거나 아예 완료되지 않을 수도 있습니다. 리트리버의 구현에서는 적시에 결과를 반환할 수 있도록 빠르게 처리할 수 있는 방식을 사용했습니다. 리트리버는 세그먼트 처리 요청의 90% 정도가 완료되면 아직 보류 중인 요청을 취소하지 않고 남은 10%에 대해 별도 요청을 추가로 보냅니다. 병렬적으로 진행된 요청 중 더 빨리 결과를 반환된 것을 이용하여 쿼리 결과를 도출합니다. 매번 처리되지 않은 10%의 하위 요청에 대해 재시도를 하므로 10% 정도의 비용이 더 발생하더라도, 클라우드 업체의 백엔드 시스템에 대해 서로 다른 요청을 보냄으로써 처리가 지연되고 있는 S3 쿼리나 타임아웃이 발생하기 전까지 절대 종료되지 않는 네트워크 I/O를 기다리는 것보다는 훨씬 빠른 성능을 보여줍니다.

리트리버는 이 방법을 사용하여 분산 처리의 성능이 저하되는 것을 완화하고 항상 수초 이내에 쿼리 결과를 반환할 수 있도록 했습니다. 자체 구현의 경우 관찰 가능성 워크로드의 요구조건을 만족시키기 위해 다른 여러 가지 방법도 실험해 봐야 합니다.

16.2.8 높은 카디널리티 다루기

누군가 높은 카디널리티를 갖는 필드로 데이터를 그룹화하려고 한다면 무슨 일이 일어날까요? 메모리를 다 소진하지 않으면서도 정확한 값을 반환하려면 어떻게 해야 할까요? 가장 간단한 방법은 리듀스 단계를 확장하여 나누어 처리할 수 있는 작은 세그먼트나 그룹의 일부분을 여러 리듀스 워커에게 공평하게 나누어 처리할 수 있는 것입니다. 예를 들면, Chord 패턴[9]에 따라 그룹의 해시를 생성하고 키 스페이스를 다루는 링^{ring} 내에서 해시에 해당하는 위치를 찾아낼 수 있습니다.

하지만 최악의 경우 그룹이 수십만 개에 이를 수 있으며 리듀서 전반에 걸쳐 가용한 메모리 총량을 고려해야만 합니다. 어떤 그룹이 ORDER BY나 LIMIT 조건이 적용되었을 때도 살아 남을 것인지 추정하여 반환할 그룹의 개수를 제한해야 합니다. 상황에 따라서는 너무 많은 그룹을 반환하는 쿼리를 아예 취소해 버릴 필요도 있습니다. 결국, 높이가 2,000픽셀에 이르는 그래프 위에 수십만 개의 고유한 선을 그리는 것은 식별하기도 어렵고 그 어떤 통찰도 얻을 수 없어 그다지 도움이 되지 않을 것입니다.

16.2.9 확장성과 내구성 전략

소량의 데이터를 다룰 때는 임의의 긴 시간 범위에 대해 처리량이 적은 쿼리를 수행하는 것이 어렵지 않습니다. 하지만 대량의 데이터 세트는 이를 처리할 리소스의 수평적인 가용량 확장이 필요할 뿐만 아니라 데이터 소실이나 일시적인 노드의 사용 불가에 대해서도 내구성을 유지해야 합니다. 아무리 강력하더라도 단일 워커로 들어오는 추적 스팬과 광범위한 이벤트를 빠르게

9　효율적으로 노드를 검색하고 데이터를 저장하기 위한 알고리즘입니다. https://dl.acm.org/doi/10.1145/964723.383071

처리할 수 있는 속도에는 근본적인 제한이 있습니다. 그리고 시스템은 개별 워커의 재시작도 허용할 수 있어야 합니다(예를 들어 하드웨어의 실패나 유지보수로 인한 재시작).

소량의 데이터를 다룰 때는 임의의 긴 시간 범위에 대해 처리량이 적은 쿼리를 수행하는 것이 어렵지 않습니다.

리트리버의 구현에서는 확장성과 내구성을 위해 스트리밍 데이터 패턴streaming data patterns을 사용했습니다. 이 패턴을 채택함으로써 바퀴를 재창조하지 않고 기존의 솔루션을 합리적인 지점에 활용할 수 있었습니다. 아파치 카프카Apache Kafka는 순차적이고 내구성 있는 데이터 버퍼를 사용할 수 있게 해주어 프로듀서producers의 재시작이나 컨슈머consumer의 재시작, 혹은 중간 브로커brokers의 재시작에 대해 복원력을 제공해 주는 스트리밍 접근 방법을 제공해 주었습니다.

> **NOTE** 카프카에 대해 더 자세히 알고 싶다면 그웬 샤피라Gwen Shapira가 쓴 『카프카 핵심 가이드』(제이펍, 2023)[10]를 읽어보기 바랍니다.

예를 들어, 주어진 토픽topic에서 1234567이라는 인덱스와 파티션에 저장된 행은 카프카 내에서 언제나 1234568이라는 인덱스에 저장된 행보다 선행합니다. 이는 1234567이라는 인덱스를 읽어야 하는 두 개의 컨슈머가 있다고 했을 때, 항상 동일한 레코드를 동일한 순서로 읽게 된다는 것을 의미합니다. 또한 커밋된 행은 언제나 고정된 순서로 기록되기 때문에 두 개의 프로듀서가 동일한 인덱스를 사용해 충돌하는 일은 절대 일어나지 않습니다.

원격 측정 정보가 수신되면 가볍고 상태 값을 갖지 않는stateless 수신기receiver 프로세스를 이용해 들어오는 행을 검증하고 각 행을 지정된 카프카 토픽과 파티션으로 보내야 합니다. 그리고 나서 상태 값을 갖는 인덱싱 워커는 각 카프카 파티션으로부터 데이터를 순서대로 가져올 수 있습니다.[11] 데이터의 수신과 직렬화의 문제를 분리함으로써 데이터의 소실이나 손상 없이 수신기 워커나 저장소 워커를 필요에 따라 재시작할 수 있게 됩니다. 카프카 클러스터는 재난 복구disaster-recovery 시나리오상에서 재현이 필요한 최대 지속 시간만큼만 데이터를 유지하면 되며 보통은 몇 시간에서 며칠 정도의 기간이면 충분합니다.

----

10 https://www.oreilly.com/library/view/kafka-the-definitive/9781492043072

11 옮긴이_ 카프카 토픽에 데이터를 쓰는 과정을 프로듀싱, 데이터를 읽는 작업을 컨슈밍이라 하며 각각을 수행하는 주체를 프로듀서, 컨슈머라고 합니다. 다만 이 책에서는 의미를 풀어서 설명하고 있다는 점 참고하기 바랍니다.

확장성을 보장하려면 데이터 기록 워크로드에 대해 필요한 만큼 충분한 카프카 파티션을 생성해야만 합니다. 각 파티션은 각각의 데이터 집합에 대해 세그먼트 집합을 만듭니다. 특정 추적 스팬은 사용 가능한 어떤 파티션이든 통과할 수 있기 때문에 쿼리시에는 어떤 파티션에서 세그먼트가 생성되었는지에 관계없이 시간과 데이터 집합을 기반으로 일치하는 모든 세그먼트를 쿼리할 필요가 있습니다. 각 테넌트 데이터에 대해 어떤 파티션이 사용될 수 있는지 목록을 관리하면 필요한 워커만을 대상으로 쿼리할 수 있습니다. 각 쿼리에 대한 리더 노드는 워커에서 얻은 결과와 다른 파티션에서 수행된 쿼리 결과를 합쳐 최종 결과에 대한 머지 작업을 수행해야 합니다.

중복성을 보장하기 위해 하나 이상의 워커가 주어진 카프카 파티션에서 데이터를 가져올 수 있습니다. 카프카는 일관된 순서를 보장하고 적재 프로세스가 동일한 입력에 대해 동일한 출력을 생성하기 때문에 단일 파티션을 처리하는 병렬 적재 워커는 세그먼트화된 파일과 디렉토리 형태로 동일한 출력을 생성해야 합니다. 따라서, 각 컨슈머 세트에서 하나의 적재 워커를 선택해 완료된 세그먼트를 S3로 업로드 할 수 있으며 동일한 출력인지 확인하기 위해 피어 워커를 즉석에서 검사할 수 있습니다.

지정된 적재 워커 프로세스를 다시 시작해야 하는 경우, 현재 카프카 파티션 인덱스가 체크포인트가 되며 재시작이 완료되면 해당 지점부터 세그먼트 직렬화를 재개할 수 있습니다. 적재 노드가 완전히 교체되어야 하는 경우에는 데이터 스냅숏과 정상 노드로부터 취득한 카프카 오프셋offset을 이용해 해당 지점부터 다시 데이터를 읽어올 수 있게 됩니다.

리트리버에서는 데이터에 대한 쿼리를 데이터 적재와 직렬화로부터 분리했습니다. 관찰 가능성 데이터 워크로드를 파일 시스템만 공유하는 여러 프로세스로 분리하면, 더 이상 메모리상에 공유된 데이터 구조를 유지할 필요가 없어지고 훨씬 나은 결함 허용성fault tolerance을 가질 수 있게 됩니다. 이것은 직렬화 프로세스에서 문제가 발생하더라도 데이터를 적재하는 것에만 문제가 발생하며, 오래된 데이터의 쿼리에는 문제가 없다는 것을 의미합니다. 반대로 쿼리 엔진에 대량의 쿼리 스파이크가 발생했을 때도 데이터의 적재나 직렬화 과정에는 아무런 영향이 없습니다.

이러한 방식으로 임의의 카디널리티와 디멘셔널리티에 대해 빠르고 내구성 있게 쿼리를 처리할 수 있는 수평적으로 확장 가능한 버전의 열 기반 스토리지 시스템을 만들 수 있습니다. 2021년 11월 기준으로 리트리버는 대략 1,000개의 vCPU를 사용하는 수신기 워커와 100

vCPU 규모의 카프카 브로커, 그리고 1,000 vCPU 규모로 구성된 리트리버 적재 및 쿼리 엔진 워커가 존재하며 추가로 피크시간 기준으로 30,000개의 람다 함수 실행이 이루어지는 멀티테넌트 클러스터로 구성되어 운영 중입니다. 이 클러스터는 2개월간 기록된 데이터에 대해 압축된 5억 개의 세그먼트 아카이브에 있는 700TB 규모의 열 형식 데이터에 대한 쿼리를 제공합니다. 초당 150만 개 이상의 추적 스팬을 수집하며, 수집된 데이터가 조회 가능해지기까지는 최대 수 밀리세컨드 정도의 지연만 발생합니다. 초당 수십 개의 읽기 쿼리를 전송하면서 발생하는 지연 시간은 50밀리세컨드에 불과하며 99퍼센타일 지연 시간은 5초입니다.[12]

16.2.10 효율적인 자체 데이터 스토어 구축을 위한 고려 사항

관찰 가능성 워크로드가 원격 측정 데이터를 수집하고 어떤 문제를 조사하는 과정에 유용한 방식으로 쿼리할 수 있도록 하려면, 고유한 성능의 특성을 만족해야 합니다. 자체 관찰 가능성 솔루션을 만들고자 하는 모든 조직이 갖고 있는 과제는 개방형 탐색을 위한 반복적인 조사 작업을 가능하게 하는 적절한 데이터 추상화를 통해 가능한 모든 문제를 식별하는 것입니다. 원격 측정 데이터가 어려운 문제를 해결하려면 관찰 가능성이 필요로 하는 기능적 요구사항을 고려해야만 합니다.

문제 해결이 너무 어렵다면 잘못된 데이터 추상화를 하고 있는 것일지도 모릅니다. 제대로 된 데이터 추상화를 바탕으로 구축되었다면 주어진 데이터 도메인을 해결하기 위한 최선의 트레이드오프를 만들 수 있습니다. 관찰 가능성 및 추적 문제의 경우, 시간 단위의 분산 하이브리드 열 기반 저장소가 중요한 요구조건인 속도, 비용, 신뢰성 모두를 만족하는 접근 방법 중 하나가 될 수 있습니다. 이전 세대의 데이터 저장소가 임의의 카디널리티와 디멘셔널리티와 추적에 대해 요구사항을 만족하기 어려웠던 반면, 허니컴이 만든 리트리버의 데이터 저장소는 그런 문제를 해결할 수 있는 한 가지 접근 방법의 예입니다.

우리가 배운 교훈이 현대적인 관찰 가능성 백엔드의 기반 아키텍처를 이해하거나 내부 솔루션이 필요한 자체 관찰 가능성 문제를 해결하는 과정에 도움이 되기를 바랍니다. 또한 전용 열 저장소에서 사용할 목적으로 적합하지도 않은 엘라스틱서치Elasticsearch나 카산드라Cassandra 클러스터를 유지하느라 골머리를 앓지 않길 바랍니다.

---

12 일상적인 쿼리가 수억 개의 레코드를 스캔한다는 것을 인식하기 전까지는 그다지 인상적인 수치가 아닐 수 있습니다.

요약

실시간 디버깅 워크플로를 지원할 수 있도록 관찰 가능성 데이터를 효과적으로 저장하고 높은 성능으로 검색하는 과정에는 많은 어려움이 뒤따릅니다. 관찰 가능성에 대한 기능적 요구사항은 최대한 빠르게 쿼리 결과를 반환할 수 있어야 합니다. 말은 쉽지만 이렇게 하는 것은 수십억 개의 행을 가진 아주 넓은 범위의 이벤트를 다뤄야 할 때, 또 대부분이 높은 카디널리티의 데이터로 구성된 수천 개의 검색 가능한 디멘션을 포함하고 있으면서도, 어떤 필드도 인덱싱되어 있지 않고 다른 데이터에 비해 높은 우선순위를 갖지도 않는 상황에서 달성하기란 결코 쉬운 일이 아닙니다. 결과를 수초 이내에 반환할 수 있어야 하며, 기존의 스토리지 시스템은 이러한 작업을 수행할 만큼 성능이 나오지 않습니다. 성능 이외에도 데이터 스토어는 결함 허용성fault tolerant과 프로덕션에서 사용할 만한 가치가 있어야 합니다.

허니컴의 리트리버 제품에 대한 사례 연구가 관찰 가능성 제품 개발 과정에서 만나게 될 데이터 계층과 이를 관리하기 위해 필요한 솔루션이 갖고 있는 다양한 트레이드오프를 이해하는 데 도움이 되었길 바랍니다. 리트리버 구현이 앞서 설명한 문제들을 해결하는 유일한 방법은 아닙니다만, 문제 해결 방법에 대하여 자세히 다루고 있습니다. 관찰 가능성 워크로드를 적절히 다루기 위해 사용할 수 있는 또 다른 데이터 스토어에는 구글 클라우드의 빅쿼리BigQuery, 클릭하우스ClickHouse, 드루이드Druid 등이 포함됩니다. 하지만 이러한 데이터 스토어들은 관찰 가능성에 특화된 워크로드에 대해 운영 시험이 덜 되어 있으므로 자동화된 샤딩 조건을 만족하기 위해 맞춤형 작업이 필요할 수 있습니다. 규모가 커질수록 관찰 가능성을 관리하는 데 내재된 과제들이 특히 두드러지게 나타납니다. 소규모의 단일 노트 스토리지 솔루션에서는 설명된 일부 트레이드오프와 같은 어려움을 겪을 가능성이 상대적으로 적습니다.

지금까지 대량의 원격 측정 데이터가 저장되고 검색되는 과정을 살펴보았으니, 다음 장에서는 대량의 원격 측정 데이터를 네트워크를 통해 전송하는 과정을 어떻게 원격 측정 파이프라인으로 관리할 수 있는지 알아보겠습니다.

CHAPTER 17

샘플링: 비용과 정확성
모두를 위한 선택

이전 장에서는 대량의 관찰 가능성 데이터를 효율적으로 저장하고 검색하기 위해 데이터 저장소를 어떻게 설정하는지를 알아봤습니다. 이번 장에서는 저장해야 하는 관찰 가능성 데이터의 총량을 줄이는 기술에 대해 살펴보겠습니다. 어느 정도 대규모의 환경에서 모든 이벤트를 보관하고 처리하려면 필요한 리소스가 너무 커져 비현실적이 됩니다. 이때, 이벤트에 대한 샘플링 sampling을 활용하면 리소스 소모resource consumption와 데이터 충실도data fidelity 사이의 트레이드오프를 찾을 수 있습니다.

이 장에서는 대규모 환경뿐만 아니라 소규모 환경에서도 샘플링이 유용한 이유에 대해 알아봅니다. 또한, 데이터를 샘플링 하기 위해 사용되는 다양한 전략과 함께 이러한 전략들 사이의 트레이드오프에 대해 살펴보도록 하겠습니다. 코드로 작성된 예제를 통해 이러한 전략이 어떻게 구현되는지 설명하고, 예제를 발전시켜 나가면서 각 전략의 개념을 점진적으로 소개하겠습니다. 우선, 데이터 샘플링이 통계적으로 갖는 의미를 개념적으로 설명하기 위해 단일 이벤트에 적용되는 간단한 샘플링 방식부터 알아보겠습니다. 그런 다음 일련의 관련된 이벤트(추적 스팬trace spans)에 적용할 수 있는 더 복잡한 샘플링 전략을 구현하고, 샘플링된 데이터를 재구성할 때 필요한 정보를 함께 전달해 보겠습니다.

17.1 데이터 수집을 정제하기 위한 샘플링

특정 규모를 넘어서면 시스템이 생성하는 모든 로그 항목, 이벤트, 추적을 수집 및 처리하고 저장하는 데 필요한 비용이 이를 통해 얻는 효용보다 훨씬 더 커집니다. 대규모의 환경에서 프로덕션 인프라의 크기와 맞먹는 관찰 가능성 인프라를 운영하는 것은 불가능합니다. 관찰 가능성 이벤트가 빠르게 데이터 급증으로 이어지기 시작한 시점에 엔지니어링팀이 수행해야 하는 과제는 저장되는 데이터의 양과 문제 해결을 위한 충분한 정보 수집 사이의 트레이드오프를 찾는 것입니다.

대다수의 애플리케이션에서 발생하는 이벤트는 대부분 성공한 이벤트로 사실상 동일합니다. 디버깅의 핵심 기능은 장애가 발생했을 때 나타난 패턴을 찾거나 실패한 이벤트를 분석하는 것입니다. 그러한 관점에서 보면 관찰 가능성 데이터 백엔드 시스템으로 모든 이벤트를 전송하는 것은 분명 낭비입니다. 발생한 장애를 나타내기 위해 특정한 이벤트를 선택하고, 샘플링되지 않은 이벤트 중에서 실제로 일어난 일을 재구성하는 데 필요한 메타데이터와 함께 관찰 가능성 백엔드 시스템으로 전송할 수 있습니다.

효과적인 디버깅을 위해서는 '나쁜' 이벤트와 비교할 수 있는 '좋은' 혹은 정상적으로 성공 처리된 이벤트의 대표적인 샘플이 필요합니다. 이러한 이벤트 샘플을 이용해 관찰 가능성 데이터를 재구성하면 해당 데이터의 원래 형태를 충실하게 복구하는 동시에 전체 개별 이벤트를 전송할 때 발생할 수 있는 오버헤드를 줄일 수 있습니다. 이벤트를 샘플링하면 모든 이벤트를 샘플링할 때 필요한 비용의 일부만으로도 관찰 가능성 목표를 달성할 수 있으며, 이것이 바로 대규모 환경에서 관찰 가능성 프로세스를 정교하게 조절할 수 있는 방법 중 하나입니다.

역사적으로 소프트웨어 산업에서 대용량 시스템 상태를 보고하는 과정에 리소스 제약에 직면하게 되면, 잡음으로부터 유의미한 신호를 파악하기 위해 제한된 숫자의 태그를 갖는 집계된 메트릭을 생성하는 것이 일반적인 접근 방법이었습니다. 2장에서 다뤘던 것처럼 집계된 시스템 상태는 실제 세부적인 내용을 확인하기 어렵고 근래의 분산 시스템에서 필요로 하는 모든 것들을 수용하기에는 너무 조악합니다. 즉, 디버깅 도구를 통해 분석해 보기 전에 미리 집계된 데이터는 집계된 값 이상도 이하도 아니며 더 이상 세부적인 내용을 파악할 수 없다는 것을 의미합니다.

이번 장에서 설명하는 전략과 관찰 가능성을 함께 이용해 이벤트를 샘플링하면 세부적인 시스템 상태에 대한 가시성을 제공받을 수 있습니다. 샘플링은 어떤 이벤트가 쓸모 있는지를 식별해 수집 시스템으로 전송할 수 있게 해줍니다. 샘플링은 주어진 기간 동안의 모든 이벤트를 시스템 상태에 대한 대략적인 표현으로 축소해 버리는 미리 집계된pre-aggregated 메트릭과는 달리, 샘플링은 비정상적인 동작을 찾아내는 데 도움이 될 수 있는 이벤트에 대해 충분한 정보를 바탕으로 한 결정을 내릴 수 있게 해줍니다. 또한 제한된 리소스를 효율적으로 활용하여 이벤트 정보를 수집할 수 있게 해줍니다. 집계된 메트릭과 비교했을 때 샘플링된 이벤트가 갖는 가장 큰 차이점이자 장점은 대표 이벤트에 포함된 각 디멘션dimension에 대한 모든 카디널리티cardinality 를 보존하고 있다는 것입니다.

서비스 규모가 커지면 이벤트 처리에 요구되는 리소스 비용 최적화를 위해 데이터 세트를 세분화할 필요성이 커집니다. 하지만 리소스 절감에 대한 필요성이 크지 않은 소규모의 시스템에서도 유지해야 할 데이터 크기를 조정하는 것은 비용 절감 관점에서 분명 의미 있는 일입니다. 먼저, 어떤 데이터가 샘플링 할만한 가치가 있는지 판단할 때 사용할 수 있는 전략을 살펴봅시다. 그리고 나서 추적 이벤트를 처리할 때 언제, 어떻게 그러한 결정을 내릴 수 있는지 알아보겠습니다.

17.2 샘플링에 대한 다양한 접근 방법

샘플링은 제한적인 리소스 문제를 해결하기 위해 사용하는 일반적인 접근 방법입니다. 안타깝게도 샘플링이라는 용어는 데이터에 대한 다양한 유형의 접근 방법을 나타내는 단일one-size-fits-all한 레이블인 것처럼 널리 사용되고 있습니다. 하지만 샘플링에는 많은 개념과 구현이 존재하며, 일부는 관찰 가능성에 대해 사용했을 때 그다지 효과적이지 않습니다. 따라서 관찰 가능성에 적합한 샘플링 기법에 대해 이름을 지정하고 서로 어떤 점이 다르고 또 어떤 점이 유사한지 구별하여 용어를 명확하게 사용할 필요가 있습니다.

17.2.1 고정 확률 샘플링

고정 확률 샘플링constant-probability sampling은 이해하기 쉽고 구현하기 쉬운 샘플링 방법으로, 일반적으로 사람들이 샘플링을 생각했을 때 가장 먼저 떠올리는 방법입니다. 가령 10개의 요청 중 하나의 요청을 수집하는 것은 10%의 고정 확률을 갖는 샘플링입니다.

샘플링된 데이터로 분석을 수행하는 경우, 이 데이터를 이용해 원래의 요청 분포를 재구성할 필요가 있습니다. 서비스가 이벤트와 메트릭을 계측하고 있으며 10만 개의 요청을 수신한다고 가정합시다. 이 중 100개의 이벤트를 샘플링하면 각 이벤트는 1,000개의 유사한 이벤트를 대표하게 됩니다. 하지만 원격 측정 시스템에 100개의 이벤트만 수신했다고 보고하면 서비스 사용량에 대한 오해가 생길 수 있습니다. 메트릭과 같은 다른 원격 측정 시스템은 서비스가 수신한 10만 개의 요청에 대한 카운터counter를 증가시켜 기록하기 때문입니다. 전체 요청의 일부만 샘플링 되었기 때문에, 이벤트 집계를 조정하여 실제와 거의 비슷한 데이터를 반환할 필요가 있습니다. 고정된 샘플링 비율을 갖는 시스템의 경우 샘플링된 각 이벤트에 샘플링 비율을 곱해 총 요청 수와 지연 시간의 합계를 얻을 수 있습니다. 99퍼센타일이나 중앙값median과 같은 스칼라 분포의 속성scalar distribution properties을 갖는 데이터는 샘플링 절차를 거치더라도 데이터가 왜곡되지 않기 때문에 조정할 필요가 없습니다.

고정 확률 샘플링의 기본 개념 중 하나는 충분히 데이터가 모이면 오류가 다시 발생할 수 있다는 것입니다. 풀어 설명하자면 문제가 될 만큼 충분히 많은 오류가 발생하고 있다면, 샘플링을 통해서도 오류를 볼 수 있을 것이라는 의미입니다. 하지만, 적당한 정도로만 데이터가 모여 있는 경우에는 원하는 데이터 확인에 필요한 최소한의 통계적 가능성statistical likelihood이 유지되지 않습니다. 따라서, 다음과 같은 상황에서는 고정 확률 샘플링이 효과적으로 동작하지 않습니다.

- 성공한 요청보다 실패한 요청에 대해 더 많은 관심을 갖고 있는 경우
- 일부 고객이 아주 많은 트래픽을 보내고 있는 상황에서 모든 고객이 좋은 사용자 경험을 하고 있는지 확인하고 싶은 경우
- 서버에 트래픽이 폭증하더라도 백엔드 분석 시스템이 안정적으로 동작하길 바라는 경우

관찰 가능한 시스템은 보다 정교한 접근 방법을 통해 충분한 양의 원격 측정 데이터를 포착하고 유지함으로써 언제든 대상 서비스의 실제 상태를 확인할 수 있도록 해줍니다.

17.2.2 최신 트래픽 볼륨 기반의 샘플링

고정된 확률을 사용하는 대신 시스템이 이벤트를 샘플링하는 속도를 동적으로 조절할 수도 있습니다. 트래픽이 줄어들면 샘플링 확률을 높일 수 있고, 트래픽 폭증으로 인해 관찰 가능성 도구의 백엔드 시스템에 과부하가 걸릴 것 같으면 샘플링 확률을 낮출 수 있습니다. 하지만, 이

러한 접근 방법은 복잡성을 증가시킵니다. 고정 샘플링 비율을 사용하지 않는다면 각 이벤트에 고정 비율을 곱해 원래의 데이터 분포를 재현하는 방법을 사용할 수 없게 됩니다.

대신, 원격 측정 시스템은 이벤트가 수집된 시점에 유효한 샘플링 확률을 알려주는 가중 샘플링 알고리즘weighted sampling algorithm[1]을 사용해야 합니다. 어떤 하나의 이벤트가 1000개의 유사한 이벤트를 대표하고 있다면, 100개의 유사한 이벤트를 대표하고 있는 다른 이벤트와 단순히 평균을 내면 안 됩니다. 따라서, 이벤트의 개수를 정확히 계산하기 위해 시스템에서 수집한 샘플링된 이벤트의 수뿐만 아니라 대표하는 이벤트의 숫자를 합산할 필요가 있습니다. 중앙값이나 99퍼센타일과 같은 분포 속성을 집계하기 위해서는 시스템의 각 이벤트를 여러 개의 이벤트로 확장하여 전체 이벤트의 수와 백분위수를 계산해야 합니다.

예를 들어, 다음과 같은 값과 샘플 비율의 쌍이 있다고 해봅시다. [{1,5}, {3,2}, {7,9}]. 샘플 비율을 고려하지 않고 중앙값을 찾게 되면, 별생각 없이 [1,3,7]의 가운데에 있는 3을 선택하게 됩니다. 하지만, 샘플 비율을 계산에 반영해야만 합니다. 전체 값을 재구성하기 위해 샘플 비율을 사용하면 다음과 같은 긴 형태의 값의 집합을 만들 수 있습니다. [1,1,1,1,1,3, 3,7,7,7,7,7,7,7,7,7,7]. 샘플 비율을 고민한 결과에서는 중앙값이 7이라는 것이 명확해 보입니다.

17.2.3 이벤트 콘텐츠(키) 기반 샘플링

동적인 샘플링 접근 방법에는 이벤트의 페이로드payload를 기반으로 샘플링 속도를 조절하는 것도 포함됩니다. 간단히 설명하면, 이벤트로부터 하나 혹은 그 이상의 필드를 선택하고 그 값의 조합이 관찰되었을 때 샘플링 비율을 지정하는 것입니다. 예를 들어, HTTP 응답 코드를 기준으로 이벤트를 파티셔닝한 뒤, 각 응답 코드에 샘플 비율을 할당할 수 있습니다. 이러한 방법으로 다음과 같은 샘플링 조건을 지정할 수 있습니다.

• 오류가 발생한 이벤트가 성공한 이벤트보다 더 중요합니다.
• 주문 확인 이벤트보다 신규 주문 이벤트가 더 중요합니다.
• 무료 고객의 이벤트보다 유료 고객에게 영향을 줄 수 있는 이벤트가 훨씬 중요합니다.

---

1 옮긴이_ 유연한 방식으로 데이터를 수집하기 위해서는 개별 이벤트에 대하여 서로 다른 확률을 적용할 필요가 있습니다. 가중 샘플링은 각 이벤트가 수집될 확률을 조절하여 전체적으로 봤을 때 균형잡힌 샘플링이 가능하도록 해줍니다.

서비스 트래픽을 잘 나타내주는 샘플 이벤트를 선택하기 위해 HTTP의 여러 구성 요소를 키로 활용할 수 있습니다. HTTP 메서드(GET, POST, HEAD 등)와 같은 간단한 단일 키를 사용할 수도 있고, HTTP 메서드와 함께 요청 크기, 사용자 에이전트user-agent와 같은 여러 값을 합친 복잡한 키를 사용할 수도 있습니다.

이벤트의 콘텐츠만 이용해 일정한 비율로 샘플링하는 것은 HTTP 메서드처럼 키의 값이 될 수 있는 범위가 작거나 상대적 비율이 일관되게 유지될 때(오류 요청은 보통 성공 요청보다 훨씬 적은 빈도로 나타납니다) 잘 동작합니다. 다만, 이러한 가정은 틀릴 수 있고 최악의 경우 정반대의 결과로 나타나기도 한다는 것을 기억합시다. 이러한 상황에서는 가정을 검증하고 가정의 조건이 뒤집혔을 때 발생할 수 있는 이벤트 트래픽 급증에 대한 대응 계획을 세워둬야 합니다.

17.2.4 키, 메서드 조합을 통한 샘플링

트래픽의 콘텐츠를 예측하기 어렵다면 인입되는 각 이벤트로부터 키 혹은 여러 키의 조합을 식별한 다음, 각 키에 대해 최근 확인된 트래픽 규모를 바탕으로 동적인 샘플링 비율 조절이 가능합니다. 예를 들어, 최근 30초 동안 확인된 고객ID, 데이터 세트ID, 오류 코드와 같은 키 조합의 수를 바탕으로 샘플링 비율을 결정합니다. 만약 주어진 시간 동안 특정한 키 조합이 자주 관찰된다면, 다른 조합보다 관심을 적게 가져도 무방합니다. 이러한 구성은 트래픽 비율이 변경되기 전까지는 이벤트의 일부만을 전파하도록 해주고, 나중에 비율에 변화가 생기면 그에 맞추어 전파 비율을 조정할 수 있게 해줍니다.

17.2.5 동적 샘플링 옵션 선택

어떤 샘플링 전략을 사용할 것인지 결정하기 위해 서비스에 흐르는 트래픽이나 인입되는 다양한 쿼리를 살펴보는 것이 좋습니다. 앱의 첫 번째 페이지를 담당하고 있으며 요청의 90% 이상이 사실상 구별되지 않는 요청이라면, 많은 쿼리 패턴이 반복되는 데이터베이스 앞단의 프록시proxy 서비스와는 다른 전략을 사용해야 합니다.

캐시를 통해서 읽기read-through cache는 대부분의 개별 요청이 고유하다는 특징을 갖고 있으며 백엔드 시스템은 반복 호출되는 쿼리 결과를 캐시에 저장하고 있기 때문에 앞서 이야기한 두 가지 서비스와는 다른 요구사항을 갖고 있습니다. 따라서 상황에 적합한 샘플링 전략을 이용해야만 샘플링이 주는 이점을 제대로 누릴 수 있습니다.

17.2.6 추적에 대한 샘플링 결정 시점

지금까지 살펴본 전략들은 샘플링을 선택할 때 어떤 기준을 사용할지 초점이 맞춰져 있습니다. 개별 서비스와 관련된 이벤트의 경우, 그 결정은 전적으로 앞서 사용한 기준이 무엇이냐에 달려 있었습니다. 하지만, 추적 이벤트의 경우 어떤 기준으로 샘플링을 할 것인지와 함께 언제 샘플링 할 것인지도 중요한 요인이 됩니다.

추적 스팬trace spans은 여러 서비스에 걸쳐 수집되며, 각 서비스는 잠재적으로 각자의 고유한 샘플링 전략과 비율을 사용할 수 있습니다. 추적을 완료하기 위해 필요한 모든 스팬이 각 서비스가 샘플링 하기로 결정한 이벤트가 될 확률은 상당히 낮습니다. 추적 내의 모든 스팬을 확실히 포착하려면 샘플링 여부에 대한 결정이 언제 내려지는지 특별히 주의할 필요가 있습니다.

앞서 살펴본 것처럼 이에 대한 한 가지 전략은 이벤트 자체의 속성(반환 상태return status, 지연 시간, 엔드포인트 주소, 고객ID와 같은 높은 카디널리티의 필드 등)을 이용해 샘플링 할만한 가치가 있는지를 결정하는 것입니다. 엔드포인트 주소나 고객ID와 같은 일부 이벤트 속성은 정적이며 이벤트가 시작된 시점에 이미 알려져 있습니다. 헤드 기반의 샘플링head-based sampling(혹은 업프론트 샘플링up-front sampling)에서 샘플링 결정은 추적 이벤트가 시작되었을 때 이루어집니다. 이 결정은 이후 요청 헤더에 '샘플링 필요require sampling'라는 비트를 삽입하는 방식으로 다운스트림으로 전파되어 추적을 완료하는 데 필요한 모든 스팬이 확실히 샘플링 되도록 합니다.

반환 상태나 지연 시간과 같은 일부 필드는 이벤트 실행이 완료된 이후 소급해 살펴봐야만 알 수 있습니다. 샘플링 결정이 동적 필드에 의존하고 있는 경우, 해당 필드가 결정되기 전까지는 각 기저 서비스가 독립적으로 다른 스팬 이벤트를 샘플링할 것인지를 결정합니다. 다만 샘플링을 하더라도 다운스트림 스팬이 흥미로운 이상치outliers로 간주되는 정도일 것이고, 업스트림으로부터의 문맥 정보는 빠져 있는 상태가 됩니다. 요청이 끝나는 시점에야 알 수 있게 되는 값에 대한 적절히 결정을 내리려면 테일 기반 샘플링tail-based sampling이 필요합니다.

테일 기반 샘플링을 통해 모든 추적을 수집하기 위해서는 모든 스팬이 버퍼에 먼저 기록되어야 하고 나중에 스팬이 종료되는 시점에 기록된 내용을 바탕으로 샘플링에 대한 결정을 내리게 됩니다. 이러한 버퍼 기반 샘플링 기법은 상당히 비싼 작업이기 때문에 프로덕션 환경의 계측 코드 내에서 실제로 사용하는 것은 현실적이지 않습니다. 따라서 버퍼링 기반의 샘플링 기술은 일반적으로 외부 컬렉터 측의 로직으로 구현하는 경우가 많습니다.

샘플링 결정의 대상과 시기를 결정하는 과정에는 더 많은 세부 내용들이 존재합니다. 이 내용들은 다음 절에서 코드 기반의 예제를 통해 자세히 살펴봅시다.

17.3 샘플링 전략의 코드화

지금까지 개념적인 수준에서 샘플링 전략을 살펴봤습니다. 지금부터는 이 전략을 코드로 만들어 보겠습니다. 이 책에서는 Go로 작성된 코드를 이용하고 있습니다만, 해시hashes, 사전dicts, 맵maps, 의사 난수 생성pseudorandom number generation 및 동시성concurrency, 타이머timers를 지원하는 언어라면 언어의 종류에 관계없이 쉽게 포팅할 수 있습니다.

17.3.1 기본 시나리오

다운스트림 서비스를 호출하고, 몇 가지 내부 작업을 수행한 뒤 결과를 반환하고 특별한 조건 없이 모든 이벤트를 계측 싱크sink[2]로 기록하는 대용량 핸들러를 계측한다고 가정합시다.

```go
func handler(resp http.ResponseWriter, req *http.Request) {
    start := time.Now()
    i, err := callAnotherService()
    resp.Write(i)
    RecordEvent(req, start, err)
}
```

규모에 따라 이러한 계측 접근 방법은 불필요한 잡음을 만들어 낼 수 있으며 리소스 사용량의 급증으로 이어질 수 있습니다. 이 핸들러가 전송할 이벤트를 샘플링하는 다른 방법도 알아봅시다.

---

2 옮긴이_ 데이터 저장소를 말합니다. 여러 관찰 가능성 관련 제품들이 싱크라는 용어를 사용하고 있기 때문에 본문에서도 음차한 용어를 그대로 사용했습니다.

17.3.2 고정 비율 샘플링

샘플링에 대한 투박한 접근 방법으로는 1,000개의 이벤트 중 임의로 하나를 선택하는 것처럼 고정된 비율을 이용한 확률적 샘플링이 대표적입니다.

```go
var sampleRate = flag.Int("sampleRate", 1000, "Static sample rate")

func handler(resp http.ResponseWriter, req *http.Request) {
    start := time.Now()
    i, err := callAnotherService()
    resp.Write(i)

    r := rand.Float64()
    if r < 1.0 / *sampleRate {
        RecordEvent(req, start, err)
    }
}
```

이 코드는 각 이벤트의 상관관계와 무관하게 매 1000번째 이벤트를 샘플링하고 나머지 999개의 이벤트는 폐기합니다. 백엔드에서 데이터를 재구성하려면 각 이벤트가 sampleRate 만큼의 이벤트를 대표한다는 것을 기억하고, 컬렉터^{collector}의 수신측에서 모든 카운터 값을 곱할 필요가 있습니다. 그렇지 않으면, 지정된 시간 동안 실제로 발생한 총 이벤트 수가 잘못 보고될 수도 있습니다.

17.3.3 샘플링 비율의 기록

앞서 살펴본 간단한 코드에서는 수신 측에서 샘플링 비율을 수동으로 기억하고 설정해야 했습니다. 그런데 나중에 이 비율의 조정이 필요해지면 어떻게 해야 할까요? 계측 컬렉터는 정확히 어느 시점에 비율 조정이 필요해질 것인지 알 수 없습니다. 개선된 방법은 샘플링된 이벤트를 전달할 때 현재의 sampleRate를 [그림 17-1]처럼 명시적으로 전달하는 것입니다. 여기서 sampleRate은 통계적으로 봤을 때 전달된 이벤트가 어느 정도의 유사한 이벤트를 대표하는지를 나타냅니다. 샘플링 비율은 서비스 간에도 달라질 수 있지만 서비스 내에서도 달라질 수 있습니다.

응답 코드	시간	샘플링 비율
ok	1:00	100
ok	1:00	100
err	1:00	1
ok	1:01	80
err	1:01	1
ok	1:01	80
ok	1:01	80

그림 17-1 이벤트는 서로 다른 비율로 샘플링 될 수 있습니다.

이벤트 내에서 샘플링 비율을 기록하도록 개선한 코드는 다음과 같습니다.

```
var sampleRate = flag.Int("sampleRate", 1000, "Service's sample rate")

func handler(resp http.ResponseWriter, req *http.Request) {
    start := time.Now()
    i, err := callAnotherService()
    resp.Write(i)

    r := rand.Float64()
    if r < 1.0 / *sampleRate {
        RecordEvent(req, *sampleRate, start, err)
    }
}
```

이 방식을 사용하면 샘플링된 이벤트가 기록되는 시점에 유효한 샘플링 속도를 추적할 수 있습니다. 이를 통해 샘플링 비율이 동적으로 변하더라도 재구성할 때 필요한 정확한 계산 값을 얻을 수 있습니다. 예를 들어, "err != nil"과 같은 필터 조건을 충족하는 총 이벤트 수를 계산하고자 할 때, 이벤트별로 기록된 sampleRate 값을 관찰된 이벤트 수와 곱해 실제 이벤트 개수를 계산할 수 있습니다(그림 17-2 참조). 그리고 durationMs의 합을 계산해야 하는 경우에는 샘플링된 이벤트의 durationMs 값과 sampleRate 값을 곱해 개별 이벤트에 가중치를 적용한 후 전체 합을 구할 수 있습니다.

응답 코드	시간	이벤트 수 (가중치 적용)
ok	1:00	200
err	1:00	1
ok	1:01	240
err	1:01	1

그림 17-2 가중치가 적용된 숫자를 사용하여 총 이벤트 수를 계산할 수 있습니다.

이 예제는 설명을 위해 인위적으로 단순화되어 있습니다. 그렇기 때문에 실제 이벤트 추적 시 사용하기에는 꽤 많은 결함이 있을 수 있다는 점을 염두에 두기 바랍니다. 다음 절에서는 동적인 샘플링 비율과 추적이 함께 잘 동작하도록 하기 위해 필요한 추가적인 고려 사항들을 살펴보겠습니다.

17.3.4 일관성 있는 샘플링

지금까지 코드를 통해 샘플링 결정이 어떻게 이루어지는지 살펴봤습니다. 하지만 아직 샘플링 추적 이벤트에 대해서는 언제 샘플링 결정을 해야 하는지 생각해 보지 않았습니다. 추적과 샘플링이 상호 작용하는 방식을 고려할 때는 헤드 기반의 샘플링을 이용할 것인지 아니면 테일 기반 샘플링이나 버퍼링 기반의 샘플링을 이용할 것인지에 대한 전략이 중요합니다. 이번 장 후반부에서 그런 결정이 어떻게 구현되는지 다뤄보겠습니다. 지금은 추후 그런 결정을 내릴 수 있도록 하기 위해 다운스트림의 핸들러로 문맥을 전파하는 방법에 대해 알아보겠습니다.

추적 이벤트를 제대로 관리하기 위해서는 개별적으로 추적ID를 생성하는 대신 중앙에서 생성된 샘플링 혹은 추적ID가 모든 다운스트림 핸들러로 전파되어야 합니다. 이렇게 함으로써 동일한 사용자 요청의 여러 가지 표현 방식에 대해 일관된 샘플링 결정을 내릴 수 있습니다(그림 17-3 참조). 다시 말하자면 이렇게 함으로써 주어진 샘플 요청에 대하여 종단 간의 추적을 포착할 수 있게 됩니다. 샘플링 전략의 구현 방식 차이로 인해 업스트림에서는 샘플링하지 않은 오류를 다운스트림에서 샘플링하는 것만큼 안타까운 일도 없을 것입니다.

해시 (추적ID)	샘플링 여부
8464143	
9976727	
2046000	O
8697994	
1983000	O
3427217	
6152331	
4919000	O
6122453	

그림 17-3 추적ID를 포함하고 있는 샘플링된 이벤트

일관된 샘플링은 샘플링 비율이 일정하게 유지되었을 때, 추적이 그대로 유지되거나 전반적으로 샘플링되도록 보장합니다. 그리고 하위 요청이 더 높은 비율로 샘플링 되었다면(가령 레디스가 요청 1000개 중 하나를 샘플링하는 동안 상위 요청에서는 10개 중 하나만 샘플링하는 경우) 레디스 하위 요청으로부터 생성된 잘못된 추적이 유지되는 동안 상위 요청이 취소되는 경우는 절대 없습니다.

각 단계에서 임의의 값을 생성하는 대신 추적ID나 샘플링ID로부터 샘플링 확률을 읽을 수 있도록 앞의 예제를 수정합시다.

```
var sampleRate = flag.Int("sampleRate", 1000, "Service's sample rate")

func handler(resp http.ResponseWriter, req *http.Request) {
    // 업스트림에서 생성된 샘플링ID가 있다면 사용합니다.
    // 그렇지 않다면 요청 자신이 루트 스팬인 경우이니 랜덤ID 값을 생성해 전달합니다.
    var r float64
    if r, err := floatFromHexBytes(req.Header.Get("Sampling-ID")); err != nil {
        r = rand.Float64()
    }

    start := time.Now()
    // 자녀 스팬을 생성할 때 샘플링ID를 전파합니다.
    i, err := callAnotherService(r)
    resp.Write(i)
```

```
            if r < 1.0 / *sampleRate {
                RecordEvent(req, *sampleRate, start, err)
            }
    }
```

sampleRate의 피처 플래그feature flag 값을 변경하여 다른 비율의 추적을 샘플링할 수 있도록 하면 실행 중인 경우도 포함하여 재컴파일하지 않고도 샘플링 비율을 조정할 수 있습니다. 그렇지만 다음으로 논의할 기술인 목표 비율 샘플링target rate sampling을 채택하면 수작업으로 샘플링 비율을 조절할 필요조차 없습니다.

17.3.5 목표 비율 샘플링

목표 비율 샘플링은 트래픽의 증가나 감소에 맞춰 각 서비스의 샘플링 비율을 조정하기 위해 피처 플래그를 수동으로 조절하지 않아도 됩니다. 대신 수신된 요청 비율에 따라 자동으로 샘플링 비율을 조절할 수 있습니다(그림 17-4 참조).

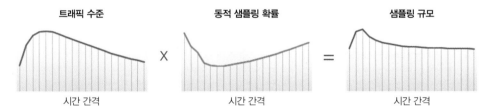

그림 17-4 샘플링 규모의 계산을 자동화할 수 있습니다.

이렇게 계산되는 과정을 코드를 통해 살펴봅시다.

```
var targetEventsPerSec = flag.Int("targetEventsPerSec", 5,
    "The target number of requests per second to sample from this service.")

// sampleRate의 자료형이 꼭 interger일 필요는 없습니다. float을 사용해도 무방합니다.
var sampleRate float64 = 1.0
// 직전 1분동안의 요청을 추적하여 직후 1분동안의 샘플링 비율을 결정합니다.
var requestsInPastMinute *int

func main() {
```

```go
    // 카운터를 초기화합니다.
    rc := 0
    requestsInPastMinute = &rc

    go func() {
        for {
            time.Sleep(time.Minute)
            newSampleRate = *requestsInPastMinute / (60 * *targetEventsPerSec)
            if newSampleRate < 1 {
                sampleRate = 1.0
            } else {
                sampleRate = newSampleRate
            }
            newRequestCounter := 0
            // 실제 프로덕션 환경에서는 경합 조건이 덜 발생하도록 조치해야 합니다.
            requestsInPastMinute = &newRequestCounter
        }
    }()
    http.Handle("/", handler)
    [...]
}

func handler(resp http.ResponseWriter, req *http.Request) {
    var r float64
    if r, err := floatFromHexBytes(req.Header.Get("Sampling-ID")); err != nil {
        r = rand.Float64()
    }

    start := time.Now()
    *requestsInPastMinute++
    i, err := callAnotherService(r)
    resp.Write(i)

    if r < 1.0 / sampleRate {
        RecordEvent(req, sampleRate, start, err)
    }
}
```

이 예제는 리소스 비용이 얼마나 발생할지 어느 정도 예측할 수 있도록 해줍니다. 하지만 여전히 각 키에 대한 요청 규모에 맞추어 가변적으로 샘플링 비율을 적용할 수 있는 유연성이 부족합니다.

17.3.6 하나 이상의 정적 샘플링 비율 사용하기

동적이든 정적이든 샘플링 비율이 낮은 경우에는 롱테일long-tail 이벤트를 놓칠 가능성에 대비해야 합니다. 99.9퍼센타일의 특이 이벤트outlier event가 랜덤 샘플링을 통해 선택될 가능성은 무척 낮습니다. 같은 관점에서 대량의 요청으로 인해 소규모의 요청이 묻히는 것보다는 각각의 개별 출처로부터 적어도 어느 정도의 데이터를 샘플링하고 싶을 것입니다.

이 시나리오에 대한 해결책은 하나 이상의 샘플링 비율을 설정하는 것입니다. 우선은 키key별로 서로 다른 샘플링 비율을 사용하는 것부터 시작해 봅시다. 다음의 예제 코드는 일반적인 이벤트에 대해 1,000분의 1의 비율로 샘플링합니다. 그리고 오류나 슬로우 쿼리처럼 특이 이벤트가 발생하면 1대 5의 비율로 테일 샘플링을 수행합니다.

```go
var sampleRate = flag.Int("sampleRate", 1000, "Service's sample rate")
var outlierSampleRate = flag.Int("outlierSampleRate", 5, "Outlier sample rate")

func handler(resp http.ResponseWriter, req *http.Request) {
    start := time.Now()
    i, err := callAnotherService(r)
    resp.Write(i)

    r := rand.Float64()
    if err != nil || time.Since(start) > 500*time.Millisecond {
        if r < 1.0 / *outlierSampleRate {
            RecordEvent(req, *outlierSampleRate, start, err)
        }
    } else {
        if r < 1.0 / *sampleRate {
            RecordEvent(req, *sampleRate, start, err)
        }
    }
}
```

이 예제는 다수의 정적 샘플링 비율을 같이 사용하는 좋은 예시이긴 하지만 여전히 계측기의 트래픽 급증에 대해서는 취약합니다. 애플리케이션에서 오류 발생 비율이 급증하면 상당히 많은 오류 이벤트를 샘플링하게 되기 때문입니다. 이어서 소개할 목표 비율 샘플링target rate sampling을 이용해 이와 같은 단점을 해결해봅시다.

17.3.7 키와 목표 비율을 이용한 샘플링

앞서 소개한 두 가지 구현 방법을 함께 사용해 코드를 개선하고 특정 목표 비율로 계측을 수행해 보겠습니다. 오류가 발생했거나 지연 시간이 500밀리세컨드를 초과하는 등 비정상적인 요청의 경우 테일 샘플링을 통해 보장된 비율로 샘플링을 수행할 수 있습니다. 동시에, 일반적인 요청들은 처리 가능한 초당 요청수requests per second 범위 내에서만 요청을 샘플링하도록 처리율 제한rate-limiting을 걸 수 있습니다.

```go
var targetEventsPerSec = flag.Int("targetEventsPerSec", 4,
    "The target number of ordinary requests/sec to sample from this service.")
var outlierEventsPerSec = flag.Int("outlierEventsPerSec", 1,
    "The target number of outlier requests/sec to sample from this service.")

var sampleRate float64 = 1.0
var requestsInPastMinute *int

var outlierSampleRate float64 = 1.0
var outliersInPastMinute *int

func main() {
    // 카운터를 초기화합니다.
    rc := 0
    requestsInPastMinute = &rc
    oc := 0
    outliersInPastMinute = &oc

    go func() {
        for {
            time.Sleep(time.Minute)
            newSampleRate = *requestsInPastMinute / (60 * *targetEventsPerSec)
            if newSampleRate < 1 {
                sampleRate = 1.0
            } else {
                sampleRate = newSampleRate
            }
            newRequestCounter := 0
            requestsInPastMinute = &newRequestCounter

            newOutlierRate = outliersInPastMinute / (60 * *outlierEventsPerSec)
            if newOutlierRate < 1 {
                outlierSampleRate = 1.0
```

```
            } else {
                outlierSampleRate = newOutlierRate
            }
            newOutlierCounter := 0
            outliersInPastMinute = &newOutlierCounter
        }
    }()
    http.Handle("/", handler)
     [...]
}

func handler(resp http.ResponseWriter, req *http.Request) {
    var r float64
    if r, err := floatFromHexBytes(req.Header.Get("Sampling-ID")); err != nil {
        r = rand.Float64()
    }
    start := time.Now()
    i, err := callAnotherService(r)
    resp.Write(i)
    if err != nil || time.Since(start) > 500*time.Millisecond {
        *outliersInPastMinute++
        if r < 1.0 / outlierSampleRate {
            RecordEvent(req, outlierSampleRate, start, err)
        }
    } else {
        *requestsInPastMinute++
        if r < 1.0 / sampleRate {
            RecordEvent(req, sampleRate, start, err)
        }
    }
}
```

다소 장황해 보이고 중복된 코드도 눈에 띄지만, 접근 방법을 명확히 보여주려고 일부러 작성
된 코드라는 점을 감안하기 바랍니다. 만약 또 다른 종류의 요청에 대해서도 다른 비율로 샘플
링을 지원해야 한다면 키 개수에 상관없이 샘플링 비율을 지정할 수 있도록 코드를 리팩터링
할 필요가 있습니다.

17.3.8 많은 키를 지원하는 동적 비율 샘플링

실제 서비스 환경에서는 샘플링을 설정하고자 하는 대상 요청을 예측하기 어려운 경우가 많습

니다. 앞서 작성한 코드는 중복된 코드 블록이 많고 각각의 측정 대상에 대하여 목표 샘플링 비율을 수작업으로 지정했습니다.

보다 현실적인 접근을 위해 각각의 키key에 대하여 목표 샘플링 비율과 관찰된 이벤트의 수에 대한 맵map을 사용하도록 코드를 리팩터링해 봅시다. 그런 다음 샘플링 결정을 하기 위해 각각의 키를 조회하도록 코드를 수정합시다. 이렇게 수정된 코드는 다음과 같습니다.

```
var counts map[SampleKey]int
var sampleRates map[SampleKey]float64
var targetRates map[SampleKey]int
func neverSample(k SampleKey) bool {
    // 샘플링할 필요가 없는 요청을 처리하는 함수입니다.
    // 가령 Keepalive를 위한 요청에 대한 이벤트는 기록할 필요가 없습니다.
    return false
}

// 코드가 반복적으로 실행될 때마다 맵을 갱신하고 롤오버하는
// main() 함수와 고루틴 초기화에 대한 코드를 이곳에 작성합니다.

type SampleKey struct {
    ErrMsg string
    BackendShard int
    LatencyBucket int
}

// 가령 각각의 키에 대한 샘플링 비율은 다음과 같은 연산을 통해 계산될 수 있습니다.
// newRate[k] = counts[k] / (interval * targetRates[k])

func checkSampleRate(resp http.ResponseWriter, start time.Time, err error,
        sampleRates map[any]float64, counts map[any]int) float64 {
    msg := ""
    if err != nil {
        msg = err.Error()
    }
    roundedLatency := 100 *(time.Since(start) / (100*time.Millisecond))
    k := SampleKey {
        ErrMsg: msg,
        BackendShard: resp.Header().Get("Backend-Shard"),
        LatencyBucket: roundedLatency,
    }
    if neverSample(k) {
        return -1.0
```

```
    }

    counts[k]++
    if r, ok := sampleRates[k]; ok {
        return r
    } else {
        return 1.0
    }
}

func handler(resp http.ResponseWriter, req *http.Request) {
    var r float64
    if r, err := floatFromHexBytes(req.Header.Get("Sampling-ID")); err != nil {
        r = rand.Float64()
    }

    start := time.Now()
    i, err := callAnotherService(r)
    resp.Write(i)

    sampleRate := checkSampleRate(resp, start, err, sampleRates, counts)
    if sampleRate > 0 && r < 1.0 / sampleRate {
        RecordEvent(req, sampleRate, start, err)
    }
}
```

코드가 상당히 방대해졌지만, 여전히 정교한 기술이 부족합니다. 다시 한 번 말하지만, 이 예제는 샘플링의 개념을 구현하는 방법을 설명하기 위해 작성된 단순화된 코드입니다.

운 좋게도 이미 만들어져 있는 코드 라이브러리를 이용해 이런 형태의 복잡한 샘플링 로직을 처리할 수 있습니다. Go의 경우 dynsampler-go 라이브러리[3]를 이용해 많은 샘플링 키에 대한 맵을 관리할 수 있으며, 새로운 키에 대해서는 적절한 샘플링 비율을 할당할 수 있습니다. 또한 이 라이브러리에는 목표 샘플링 비율을 기반으로 하는지에 관계없이 샘플링 비율을 계산해 주는 고급 기능도 포함되어 있습니다.

이번 장에서는 샘플링의 개념 적용에 대한 전반적인 내용을 다뤘습니다. 장을 마무리 하기 전에 지금까지 구현한 테일 기반 샘플링과 모든 다운스트림 서비스에 대한 추적을 샘플링 하도록 요청할 수 있는 헤드 기반 샘플링을 결합하여 마지막 개선 사항을 구현해 보겠습니다.

....
3 https://github.com/honeycombio/dynsampler-go

17.3.9 여러 가지 샘플링 방법의 동시 적용

이번 장을 시작하면서 헤드 기반 샘플링을 사용하려면 샘플링 결정을 다운스트림 서비스로 전파하기 위해 헤더를 설정해야 한다는 이야기를 했습니다. 지금까지 작성한 예제를 바탕으로 설명하자면 부모 스팬parent span은 헤드 샘플링에 대한 결정 결과 및 관련된 샘플링 비율을 모든 자식 스팬child spans으로 전파해야 한다는 것을 의미합니다. 이렇게 하면 자식 스팬이 샘플링 결정을 내리지 않았더라도 부모로부터 전파된 샘플링 비율 수준에 맞추어 요청을 샘플링 하도록 강제할 수 있게 됩니다.

```
var headCounts, tailCounts map[interface{}]int
var headSampleRates, tailSampleRates map[interface{}]float64

// 코드가 반복적으로 실행될 때마다 맵을 갱신하고 롤오버하는
// main() 함수와 고루틴 초기화에 대한 코드를 이곳에 작성합니다.
// 앞서 작성했던 checkSampleRate() 함수도 포함됩니다.

func handler(resp http.ResponseWriter, req *http.Request) {
    var r, upstreamSampleRate, headSampleRate float64
    if r, err := floatFromHexBytes(req.Header.Get("Sampling-ID")); err != nil {
        r = rand.Float64()
    }

    // 업스트림으로부터 전달 받은 유효한 샘플링 비율이 있다면 해당 값을 이용합니다.
    if upstreamSampleRate, err := floatFromHexBytes(
        req.Header.Get("Upstream-Sample-Rate")
    ); err == nil && upstreamSampleRate > 1.0 {
        headSampleRate = upstreamSampleRate
    } else {
        headSampleRate := checkHeadSampleRate(req, headSampleRates, headCounts)
        if headSampleRate > 0 && r < 1.0 / headSampleRate {
            // 이벤트가 기록되면 샘플링합니다.
            // 또한 다운스트림으로 샘플링 결정을 전파합니다.
        } else {
            // 적합하지 않은 이벤트이기 때문에 headSampleRate 값을 초기화 합니다.
            // 초기화에 사용된 값은 상황에 대해 특별히 정의해 둔 값입니다.
            headSampleRate = -1.0
        }
    }

    start := time.Now()
    i, err := callAnotherService(r, headSampleRate)
```

```
        resp.Write(i)

        if headSampleRate > 0 {
            RecordEvent(req, headSampleRate, start, err)
        } else {
            // 헤드 샘플링과 동일하지만 다운스트림으로 전파하지 않는
            // 테일 샘플링 결정을 내립니다.
            tailSampleRate := checkTailSampleRate(
                resp, start, err, tailSampleRates, tailCounts,
            )
            if tailSampleRate > 0 && r < 1.0 / tailSampleRate {
                RecordEvent(req, tailSampleRate, start, err)
            }
        }
    }
```

이제 코드가 꽤 복잡해졌습니다. 그렇지만 복잡해진 코드에도 불구하고 샘플링이 강력한 유연성을 바탕으로 코드 디버깅에 필요한 문맥을 포착해 내는 데에는 큰 문제가 없습니다. 물론 동시 처리량이 많은 현대의 분산 시스템에서는 훨씬 더 세분화되어 있고 정교한 샘플링 기술을 사용해야 할 수도 있습니다.

예를 들어, 다운스트림의 테일 기반 샘플링이 응답에서 오류를 감지할 때마다 헤드 기반의 샘플링에 대한 **sampleRate**를 더 높은 수치로 변경하고 싶을 수 있습니다. 이 경우 컬렉터측의 샘플링 버퍼를 전체 추적이 버퍼링될 때까지 샘플링 결정을 연기하는 메커니즘으로 활용하여 테일 기반의 샘플링에서만 알려진 속성에 헤드 기반의 샘플링의 장점을 결합할 수 있습니다.

요약

샘플링은 관찰 가능성 데이터를 정제하기 위한 유용한 기술입니다. 샘플링은 보통 대규모의 인프라를 운영하는 경우에 필요하지만, 소규모 인프라 환경에서도 상황에 따라 유용하게 활용될 수 있습니다. 코드로 작성된 여러 예제를 통해 샘플링 전략이 어떻게 구현되는지를 살펴봤습니다. OTel과 같은 오픈소스 계측 라이브러리에서는 이러한 방식으로 샘플링 로직을 구현하는 것이 점차 보편화되고 있습니다. 이러한 라이브러리가 애플리케이션의 원격 측정 데이터를 생성하는 표준으로 자리 잡아 가고 있으므로 여러 가지 샘플링 전략을 직접 코드로 구현해야 할

필요성은 줄어들고 있습니다.

그렇지만 서드파티 라이브러리를 이용하여 전략을 관리하더라도 샘플링이 구현되는 메커니즘을 이해해야 특정한 상황에 대해 적절한 방법이 무엇인지 알 수 있습니다. 실제로 이러한 전략이 어떻게 동작하는지 이해함으로써 데이터 충실도를 달성할 수 있고, 동시에 리소스 제약 조건을 최적화하는 동안 유용하게 사용할 수 있습니다.

코드로부터 무엇을 어떻게 계측할 것인지 결정하는 것과 마찬가지로, 무엇을, 언제, 어떻게 샘플링 할 것인지도 조직의 요구사항을 기반으로 하는 것이 가장 좋습니다. 이벤트가 샘플링 대상으로서 얼마나 가치있는지를 나타내는 이벤트의 필드는 각 필드가 서비스 환경의 상태를 이해하거나 비즈니스 목표를 달성하는 데 얼마나 유용한지에 따라 달라질 수 있습니다.

다음 장에서는 대규모의 원격 측정 데이터를 라우팅 하기 위해 쓸 수 있는 접근 방법으로 파이프라인을 이용한 원격 측정 관리에 대해 알아봅니다.

CHAPTER 18

파이프라인을 이용한
원격 측정 관리

이번 장은 슬랙Slack의 시니어 스탭 소프트웨어 엔지니어 수만 카루무리Suman Karumuri와 엔지니어링 디렉터 라이언 카트코프Ryan Katkov가 기고해주었습니다.

 채리티, 리즈, 조지가 남긴 노트로부터

이번 장에서는 대규모 시스템에서 가장 절실하게 필요한 관찰 가능성의 개념을 다룹니다. 다만, 대규모 시스템이 꼭 아니더라도 여러 가지 이유로 도움이 될 만한 부분이 있을 것입니다. 이전 장에서는 관찰 가능성 데이터라는 작은 물방울들이 모여 거대한 홍수가 될 때 무슨 일이 일어나는지 살펴보았고, 샘플링을 이용해 데이터의 규모를 조절하는 방법을 배웠습니다. 이번 장에서는 파이프라인pipelines을 이용해 관찰 가능성 데이터의 규모를 관리하는 또 다른 방법에 대해 알아봅니다.

원격 측정 파이프라인을 구성하면 데이터의 규모뿐 아니라 애플리케이션의 복잡성 관리에도 도움이 됩니다. 간단한 시스템의 애플리케이션 원격 측정 데이터는 적절한 데이터 백엔드 시스템으로 직접 송신해도 별문제가 없습니다. 하지만 복잡한 시스템에서는 워크로드의 분산, 보안과 규제 준수compliance에 대한 요구사항, 서로 다른 보관 주기의 지원과 같은 여러 가지 이유로 인해 원격 측정 데이터를 여러 백엔드 시스템으로 라우팅해야 하는 경우가 많습니다. 여기에 데이터 규모를 더하면 원격 측정 데이터 프로듀서producers와 컨슈머consumers 사이의 다대다many-to-many 관계를 관리하는 것이 복잡해질 수 있습니다. 원격 측정 파이프라인은 이러한 복잡성을 추상화하는 데 도움이 됩니다.

수만 카루무리와 라이언 카트코프가 집필한 이번 장에서는 슬랙이 원격 측정 파이프라인을 이용해 관찰 가능성 데이터를 관리하는 방법에 대해 자세히 설명합니다. 슬랙의 시니어 스탭 소프트웨어 엔지니어인 프랭크 챈이 기고한 14장에서 이미 눈치챘겠지만, 슬랙의 애플리케이션 인프라는 다양한 규모의 환경에서 관찰 가능성을 이용해 엔지니어에게 도움이 되는 개념을 제시하는 방식으로 복잡성과 규모 문제를 우아하게 다루는 훌륭한 예시입니다. 이 책을 통해 이러한 교훈을 독자들과 함께 나눌 수 있게 되어 무척 기쁩니다.

이번 장의 내용은 전적으로 수만과 라이언의 관점에서 작성되었습니다.

이번 장에서는 원격 측정 파이프라인이 조직의 관찰 가능성 역량에 어떻게 도움을 줄 수 있는지 살펴보고 원격 측정 파이프라인의 기본적인 구조와 컴포넌트를 설명합니다. 그리고 슬랙이 어떻게 오픈소스 소프트웨어 컴포넌트를 중심으로 원격 측정 파이프라인을 이용했는지에 대한 구체적인 사례를 살펴봅니다. 슬랙은 이러한 패턴을 프로덕션 환경에 적용하고 3년 이상 운영해 왔으며 초당 수백만 건 이상의 이벤트를 처리하고 있습니다.

관찰 가능성 도입을 목표로 하고, 충분히 관찰 가능한 서비스를 만들기 위해 요구되는 개발자의 작업량을 줄이려면 원격 측정 관리 방식을 확립하는 것이 중요합니다. 강력한 원격 측정 관리 방식은 통합 계측 프레임워크의 기반을 마련하고 일관성 있는 개발자 경험을 제공함으로써 소프트웨어에 대한 새로운 원격 측정 방식을 도입할 때 발생할 수 있는 복잡성^{complexity}을 줄이고 관찰 가능성 도입을 포기하지 않도록 해줍니다.

슬랙에서는 이상적인 원격 측정 시스템을 구상할 때 다음과 같은 특성을 찾습니다. 우선 애플리케이션과 서비스로부터 전달되는 데이터 스트림을 파이프라인으로 수집 및 라우팅할 뿐 아니라 데이터를 강화할 수 있는지 살펴봅니다. 또한 데이터 스트림의 일부로 동작하는 컴포넌트에 대한 명확한 정책을 바탕으로 일관된 라이브러리와 엔드포인트를 제공합니다. 그리고 미리 정의된 이벤트 형식을 사용하여 애플리케이션이 빠르게 원격 측정 시스템을 이용할 수 있도록 해줍니다.

조직이 성장하면서 애플리케이션이나 서비스가 적절한 백엔드 시스템으로 직접 이벤트를 발송할 수 있었던 단순한 관찰 가능성 시스템에서 벗어나, 더 복잡한 사례를 다룰 수 있는 시스템으로 진화하는 것이 일반적입니다. 더 높은 보안 수준, 워크로드의 격리, 일정 기간의 데이터 보관 혹은 데이터 품질에 대한 더 높은 수준의 제어가 필요하다고 느껴진다면 파이프라인을 통한 원격 측정 관리를 도입하는 것이 도움이 됩니다. 높은 수준에서 봤을 때 파이프라인은 관찰 가능성 데이터를 처리하고 라우팅하기 위한 애플리케이션과 백엔드 시스템 사이에 위치한 컴포넌트들로 구성되어 있습니다.

이번 장을 읽고 나면 원격 측정 파이프라인을 언제, 어떻게 설계해야 하는지는 물론이고, 증가하는 관찰 가능성 데이터에 대한 요구사항 관리를 위해 필요한 기초 구성 요소를 이해할 수 있게 될 것입니다.

18.1 원격 측정 파이프라인의 속성

원격 측정 파이프라인을 구축하면 여러 가지 면에서 도움이 됩니다. 이번 절에서는 원격 측정 파이프라인의 일반적인 속성에 대해 먼저 살펴보고 이러한 속성이 어떤 도움을 주는지 알아봅니다.

18.1.1 라우팅

원격 측정 파이프라인의 사용 목적은 무척 간단합니다. 측정 대상이 되는 데이터를 처음 생성된 곳에서 다른 백엔드 시스템으로 라우팅하면서, 어떤 원격 측정 정보를 어디로 보내야 하는지에 대한 구성을 중앙에서 제어하는 것입니다. 데이터를 직접 데이터 저장소로 보내는 정적인 경로 구성은 권장하지 않습니다. 애플리케이션 변경 없이 데이터를 다른 백엔드 시스템으로 라우팅해야 하는 경우가 종종 발생할 수밖에 없으며, 특히 대규모의 시스템에서는 이런 변경을 수행하는 것이 부담될 수 있습니다.

예를 들어, 원격 측정 파이프라인을 이용해서 추적 데이터 스트림^{trace data stream}은 추적 백엔드 시스템으로 보내고, 로그 데이터 스트림^{log data stream}은 로깅 백엔드 시스템으로 보낸다고 생각해 봅시다. 또 동일한 추적 데이터 스트림의 일부를 병렬적으로 엘라스틱서치^{Elasticsearch} 클러스터로 보내 실시간 분석도 해야 한다고 가정해 봅시다. 라우팅과 변환^{translation}을 통해 유연성을 확보하면 여러 가지 도구를 이용하여 데이터 세트에 대한 통찰력을 얻을 수 있기 때문에 결과적으로 데이터 스트림의 가치가 높아집니다.

18.1.2 보안과 규제 준수

보안 요구사항으로 인해 원격 측정 데이터를 다른 백엔드 시스템으로 라우팅해야 할 수도 있습니다. 또한 특정 팀만 원격 측정 데이터에 접근할 수 있도록 제한해야 하는 경우도 있습니다. 일부 애플리케이션은 민감한 개인 식별 정보^{personally identifiable information} (PII)가 포함된 데이터를 기록할 수 있으며, 이런 데이터에 대해 광범위한 액세스를 허용하는 것은 규제 준수 위반으로 이어질 수 있습니다.

따라서 원격 측정 파이프라인은 일반 데이터 보호 규정^{General Data Protection Regulation} (GDPR)이나

연방정부 위험 및 인증 관리 프로그램Federal Risk and Authorization Management Program(FedRAMP)과 법적인 규제 준수를 시행할 때 도움이 될 수 있는 기능을 제공할 필요가 있습니다. 이러한 기능을 통해 원격 측정 데이터가 저장되는 장소와 데이터에 접근할 수 있는 사람을 제한할 수 있을 뿐만 아니라 데이터의 보존retention이나 삭제주기deletion life cycles를 강제할 수 있습니다.

슬랙은 규제 준수 요구사항을 잘 이해하고 있으며 패턴 기반으로 위반 사례를 찾아 조치하면서, 데이터에 민감한 정보나 개인 식별 정보가 포함된 것을 감지해 알려주는 서비스를 통해 외부의 요구사항에 대응하고 있습니다. 이러한 컴포넌트 이외에도 규제를 준수하지 않는 데이터를 직접 삭제할 수 있는 도구를 제공합니다.

18.1.3 워크로드의 격리

워크로드의 격리를 통해 중요한 시나리오에 대한 데이터 세트의 신뢰성reliability과 가용성availability을 지킬 수 있습니다. 원격 측정 데이터를 다수의 클러스터로 파티셔닝하면 각각의 워크로드를 격리할 수 있습니다. 예를 들어, 대량의 로그를 만들어내는 애플리케이션과 그렇지 않은 애플리케이션이 서로 영향을 주지 않도록 하고 싶을 수 있습니다. 서로 다른 성격의 두 애플리케이션이 동일한 클러스터에 로그를 쌓도록 하면, 대량으로 쌓이는 로그에 대해 수행되는 비싼 쿼리expensive query는 클러스터의 성능을 저하시킬 수 있고 동일 클러스터를 사용하는 다른 사용자에게도 안 좋은 영향을 끼칠 수 있습니다. 호스트 로그host logs와 같이 저장 공간을 적게 차지하는 로그는 히스토리 제공을 위해 상대적으로 긴 기간 동안 데이터를 보존해야 할 수도 있습니다. 워크로드 격리를 이용하면 유연성flexibility과 신뢰성reliability을 확보할 수 있습니다.

18.1.4 데이터 버퍼링

관찰 가능성 백엔드 시스템도 완벽한 신뢰성을 보장하지 않기 때문에 언제든지 장애가 발생할 수 있습니다. 일반적으로 이러한 장애는 관찰 가능성 백엔드 시스템에 의존하는 서비스의 SLO 상에서는 측정되지 않습니다. 서비스 자체의 이용에는 문제가 없지만 관찰 가능성 백엔드 시스템이 사용 불가 상태에 빠져 서비스에 대한 가시성에 문제가 생길 수 있습니다. 이러한 경우, 원격 측정 데이터가 누락되는 것을 방지하기 위해 측정된 데이터를 노드의 로컬 디스크나 카프카Kafka 혹은 래빗MQRabbitMQ와 같은 메시지 큐message queue 시스템을 활용해 임시로 버퍼링하고 재생replay하는 것이 좋습니다.

원격 측정 데이터의 규모는 갑작스럽게 큰 폭으로 증가할 수 있습니다. 사용자들의 서비스 사용량 증가나 중요한 데이터베이스에서의 문제와 같이 자연스러운 패턴들이 종종 인프라를 구성하는 모든 컴포넌트의 에러를 유발하며, 결과적으로 인입되는 이벤트 규모의 급증과 연쇄적인 실패로 이어지곤 합니다. 이때, 버퍼buffer를 도입하면 백엔드 시스템으로 흐르는 데이터 규모의 갑작스런 증가로 인한 충격을 완화시킬 수 있습니다. 뿐만 아니라 데이터 유입량 급증으로 인해 네트워크가 완전히 점유되는 상황을 막아주어 데이터 입력에 대한 신뢰성을 높일 수 있습니다.

이외에도 버퍼는 데이터를 백엔드 시스템으로 보내기 전 추가적인 처리 작업이 필요한 경우, 데이터를 잠시 보관하는 중간 단계의 역할도 수행합니다. 버퍼는 한 가지만 이용할 수도 있지만 여러 가지 버퍼를 동시에 사용하는 것도 가능합니다. 가령 급격한 데이터 증가 상황에서도 데이터의 적시성timeliness을 확보하고 싶다면 애플리케이션에 대한 로컬 디스크 버퍼local disk buffer를 데드레터 큐deadletter queue와 함께 결합해 사용할 수 있습니다.

슬랙에서는 데이터 버퍼링을 위해 카프카Kafka를 광범위하게 사용합니다. 구성된 카프카 클러스터는 백엔드 시스템에 장애가 발생한 뒤 복구하는 상황에 대비하여 최대 3일 동안의 이벤트 데이터를 유지합니다. 프로듀서producer 컴포넌트에서는 카프카 이외에도 제한적으로 디스크 버퍼를 함께 사용하여 카프카 클러스터에 문제가 생겼을 때도 적재 에이전트ingestion agents가 이벤트를 버퍼링할 수 있게 해줍니다. 이처럼 슬랙의 종단 간end to end 파이프라인은 서비스 중단 시에도 복원력resilient을 유지하도록 설계되어 있어 데이터 손실을 최소화할 수 있습니다.

18.1.5 용량 관리

용량 계획capacity planning이나 비용 통제cost-control를 위해 원격 측정 정보의 성격이나 분류에 따라 할당량quotas를 지정하고 처리율 제한rate limit이나 샘플링sampling 혹은 대기열queing을 적용하는 경우가 많습니다.

처리율 제한

원격 측정 데이터는 일반적인 사용자 요청과 관련되어 생성되는 경우가 많기 때문에 예측하지 못한 패턴을 보이는 경우가 종종 있습니다. 원격 측정 파이프라인은 백엔드 시스템으로 전송되는 데이터의 비율을 일정하게 유지함으로써 갑작스레 증가한 데이터가 백엔드 시스템까지 전달되지 않도록 합니다. 파이프라인은 지정된 비율보다 많은 데이터가 들어오는 경우 메모리에 데이터를 보관한 뒤 백엔드 시스템이 다시 데이터를 수신할 준비가 되면 데이터 전송을 재개합니다.

백엔드 시스템이 처리할 수 없는 높은 비율로 지속해서 데이터가 생성되는 경우, 원격 측정 파이프라인은 처리율 제한을 이용해 충격을 완화합니다. 예를 들어, 엄격한 처리율 제한hard rate limit을 적용해 지정된 비율을 초과하는 데이터를 버리거나, 유연한 처리율 제한soft rate limit을 기준으로 데이터를 적재하되 엄격한 처리율 제한 수치에 도달하기 전까지 적극적으로 데이터를 샘플링해 가용성을 보장할 수 있습니다. 중복된 이벤트 데이터가 존재하는 경우에는 일부 이벤트 데이터를 버리더라도 시그널signal의 손실이 발생하지 않기 때문에 이러한 트레이드오프를 사용할 수 있습니다.

샘플링

17장에서 살펴봤던 것처럼 적재 컴포넌트ingestion component는 이동 평균moving average을 이용해 데이터를 샘플링할 수 있고, 늘어나는 데이터 규모에 맞추어 샘플링 비율을 증가시킴으로써 파이프라인 내 시그널을 유지하면서도 백엔드 시스템의 처리 한계를 넘지 않도록 관리할 수 있습니다.

대기열

개발자의 원격 측정 정보 활용성을 극대화하기 위해 오래된 데이터보다 최근 데이터를 먼저 수집할 수 있습니다. 이 기능은 로깅 시스템으로 아주 많은 양의 로그가 밀려들 때log storm 특히 유용합니다. 이런 현상은 로깅 시스템이 설계 용량보다 더 많은 로그를 수신할 때 발생합니다.

예를 들어, 중요한 서비스가 다운되는 것과 같은 대규모 장애가 발생하면, 클라이언트가 백엔드 시스템이 수용하기 어려울 정도로 많은 양의 오류를 보고할 수 있습니다. 이때는 오래된 로그부터 최신 로그까지 모두 적재하기 위해 애쓰기보단 새로운 로그에 우선순위를 두고 수집하는 것이 더 중요합니다. 오래된 로그는 발생한 사고와 관련한 시스템의 과거 상태를 알려주지만, 새로운 로그는 현재의 시스템 상태를 잘 나타내주기 때문입니다. 과거 데이터는 추후 시스템에 여유 용량이 생겼을 때 백필 작업^{backfill operation}[1]을 통해 정리할 수 있습니다.

18.1.6 데이터 필터링 및 증강

프로메테우스^{Prometheus} 등을 통해 메트릭을 수집할 때 엔지니어의 실수로 사용자ID나 IP 주소와 같은 높은 카디널리티의 필드가 추가되어 카디널리티 폭발^{cardinality explosion}이 일어날 수 있습니다. 일반적으로 메트릭 시스템은 높은 카디널리티의 필드를 다루도록 설계되어 있지 않기 때문에 파이프라인에서 이를 관리해 주어야 합니다. 가장 간단한 방법 중 하나는 높은 카디널리티의 필드가 포함된 시계열 데이터를 파이프라인에서 삭제하는 것입니다. 카디널리티 폭발의 충격을 줄이기 위해 높은 카디널리티를 갖는 필드를 미리 집계하거나 유효하지 않은(부정확하거나 잘못된 타임스탬프 값을 가진) 데이터를 삭제할 수 있습니다.

로그에 대한 저장소는 민감한 데이터를 저장하기 위한 목적으로 구축된 것이 아닌 경우가 많기 때문에 개인 식별 정보(PII)를 가진 데이터나 보안 토큰^{security tokens}이 포함된 데이터를 필터링하거나 URL을 검사할 필요가 있습니다. 추적 데이터의 경우 높은 가치를 갖는 추적에 대해서는 지정된 비율 이상으로 추가 샘플링하고 상대적으로 가치가 낮은 추적은 백엔드 시스템에서 삭제하는 것이 좋습니다.

원격 측정 파이프라인은 데이터 필터링 외에도 원격 측정 데이터를 강화하여 수집된 정보의 활용도를 높일 수 있습니다. 대표적으로 리전^{region} 정보나 쿠버네티스 컨테이너 정보와 같이 데이터 자체의 처리 프로세스 이외의 영역에서 사용 가능한 메타데이터를 추가해 데이터를 강화할 수 있습니다. 이외에도 활용성을 높이기 위해 호스트명으로부터 획득한 IP 주소 정보나 GeoIP 정보로부터 얻은 로그 및 추적 데이터를 이용해 데이터를 보강할 수도 있습니다.

18.1.7 데이터 변환

강력한 원격 측정 파이프라인은 정형화되지 않은 로그, 다양한 형식으로 정형화된 로그, 시계열 메트릭 데이터 포인트, 혹은 이벤트와 같이 다양한 데이터 형식을 적재할 수 있습니다. 파이프라인은 여러 가지 데이터 형식을 인식하는 것 이외에도 내/외부로 다양한 형식을 지원하는 API

---

1 옮긴이_ 여러 가지 상황이나 사정으로 인해 데이터를 제때 적재하지 못하는 경우가 생길 수 있습니다. 이렇게 누락된 과거 데이터를 별도로 다시 채워 넣는것을 백필 작업이라고 합니다.

를 제공합니다. 이러한 데이터 유형을 변환하는 기능은 파이프라인의 핵심 컴포넌트입니다.

각 데이터 포인트를 공통의 이벤트 형식으로 변환하는 비용이 다소 들 수 있긴 하지만 변환을 통해 얻는 효용은 비용 이상의 가치를 갖고 있습니다. 또한 기술 선택에 대한 유연성을 극대화하고 다양한 형식으로 만들어진 동일 이벤트에 대한 데이터 중복을 최소화할 수 있고, 데이터 강화와 같은 이점도 얻을 수 있습니다.

일반적으로 원격 측정 백엔드 시스템은 개별적이고 고유한 API를 갖고 있으며 표준 패턴이 존재하지 않습니다. 외부 팀에서 요구하는 특정한 백엔드 시스템을 지원하는 것은 가치 있는 일이며 공통 형식을 해당 백엔드 시스템이 수집할 수 있는 형식으로 변환하기 위해 전처리 컴포넌트preprocessing component에서 사용할 플러그인을 작성하는 것만큼 간단한 일일 수도 있습니다.

슬랙에서 수행했던 이와 같은 변환 작업의 몇 가지 사례가 있습니다. 집킨Zipkin이나 예거Jaeger와 같은 추적 포맷을 슬랙에서 사용하는 SpanEvent라는 공통 형식으로 변환했습니다. 이 공통 형식을 이용하면 데이터를 데이터 웨어하우스data warehouse에 직접 기록할 수 있다는 장점이 생깁니다. 또 프레스토Presto 같은 일반적인 빅 데이터 도구를 이용해 쉽게 쿼리할 수 있을 뿐만 아니라 조인Join과 집계aggreagtion 같은 기능도 이용할 수 있게 됩니다. 데이터 웨어하우스에 저장된 이러한 추적 데이터 세트는 롱테일long-tail에 대한 분석을 지원하며 강력한 통찰력도 제공합니다.

18.1.8 데이터 품질과 일관성 보장

애플리케이션에서 수집된 원격 측정 데이터에는 잠재적으로 데이터 품질 문제가 있을 수 있습니다. 데이터 품질을 보장하기 위해 사용되는 일반적인 접근 방법 중 하나는 아주 먼 미래나 과거에 대한 타임스탬프를 갖고 있는 데이터를 삭제하는 것입니다.

예를 들어, 정확하지 않은 타임스탬프 정보가 포함된 데이터를 전달하는 기기는 시스템의 데이터 품질 전반을 떨어뜨릴 수 있습니다. 이러한 데이터는 백엔드 시스템에 적재하기 전에 잘못 설정된 타임스탬프를 정확한 값으로 교체하거나 정정해야 합니다. 실제로 유명 모바일 게임인 캔디 크러시Candy Crush를 설치한 기기에서 잘못된 타임스탬프 값을 전달하는 사례가 있었습니다. 이 게임의 사용자들은 게임이 지급되는 보상을 받기 위해 일부러 기기의 시간을 미래 시점으로 바꿔두곤 했습니다. 이로 인해 보고되는 데이터의 타임스탬프 값이 잘못된 경우가 종종 발생했습니다. 만약 잘못된 정보를 가진 데이터의 삭제가 힘든 상황이라면 파이프라인을 이용해 재처리 대상 데이터를 저장할 수 있는 별도의 저장소를 준비해야만 합니다.

예를 들어 파이프라인은 로그를 사용하기 위해 다음과 같은 작업을 수행할 수 있습니다.

- 정형화되지 않은 로그로부터 특정한 필드를 추출하여 정형화된 데이터로 변환합니다.
- 개인 식별 정보나 민감한 정보가 포함된 로그데이터를 감지하여 수정하거나 필터링합니다.
- 맥스마인드MaxMind[2]와 같은 위치 정보 데이터베이스를 이용해 IP 주소를 위도, 경도 정보로 변환합니다.
- 데이터가 존재하고 특정한 필드가 특정한 형식을 가졌는지 확인하기 위해 로그 데이터의 스키마를 확인합니다.
- 가치가 낮은 정제되지 않은 로그가 백엔드 시스템으로 전송되지 않도록 필터링합니다.

슬랙에서는 추적 데이터에 대한 데이터 일관성을 보장하기 위해 가치가 낮은 스팬이 백엔드 시스템으로 전달되지 않도록 필터링하는 것처럼 단순한 데이터 필터링 작업으로 데이터 세트의 가치를 높이는 방법을 이용합니다. 테일 샘플링tail sampling과 같은 기술을 이용하여 품질을 보장할 수 있도록 높은 지연 시간과 같이 속성을 기반으로 보고된 추적의 일부 세트만 샘플링해 백엔드 시스템으로 보내는 방법도 이용합니다.

18.2 원격 측정 파이프라인의 관리 자세히 살펴보기

이번 절에서는 기능 관점에서 원격 측정 파이프라인의 기본 컴포넌트와 아키텍처를 다룹니다. 원격 측정 파이프라인을 간단히 설명하면 수신기receiver, 버퍼buffer, 처리기processor 및 익스포터exporter로 이루어진 일련의 체인입니다.

다음의 항목들은 원격 측정 파이프라인의 핵심 컴포넌트에 대한 세부 내용입니다.

- 수신기는 소스로부터 데이터를 수집합니다. 수신기는 프로메테우스 스크래퍼scraper와 같은 애플리케이션에서 직접 데이터를 수집할 수 있습니다. 또는 수신기는 버퍼로부터 데이터를 적재할 수도 있습니다. 수신기는 HTTP API를 제공해 애플리케이션이 데이터를 푸시 방식으로 적재하는 방법을 제공할 수 있습니다.
  수신기는 장애가 발생했을 때 데이터 무결성integrity 보장을 위해 데이터를 버퍼에 기록할 수 있습니다.

---

2 https://www.maxmind.com/en/home

- 버퍼는 데이터를 보관하는 저장소로, 보통 짧은 기간 동안만 사용됩니다. 버퍼는 백엔드 시스템이나 다운스트림 애플리케이션이 데이터를 수신할 수 있을 때까지 임시로 데이터를 보관합니다. 보통 버퍼는 카프카Kafka나 아마존 키네시스Amazon Kinesis처럼 펍/섭pub-sub 시스템[3]입니다. 애플리케이션이 버퍼에 데이터를 직접 집어넣을 수도 있습니다. 이 경우 버퍼는 수신기의 사용할 수 있는 데이터 소스로 동작합니다.
- 처리기processor는 종종 버퍼로부터 데이터를 취득해 변환transformation한 다음 다시 버퍼로 보냅니다.
- 익스포터exporter는 원격 측정 데이터에 대한 싱크sink[4]역할을 수행하는 컴포넌트입니다. 익스포터는 버퍼로부터 데이터를 취득해 원격 측정 백엔드 시스템에 기록합니다.

단순하게 구성된 원격 측정 파이프라인은 [그림 18-1]처럼 '수신기 → 버퍼 → 익스포터'의 패턴으로 구성되고 보통 개별 원격 측정 백엔드 시스템에 대해 구성됩니다.

그림 18-1 단순한 원격 측정 파이프라인에서는 수신기, 버퍼, 익스포터가 사용됩니다.

[그림 18-2]처럼 '수신기 → 버퍼 → 처리기 → 버퍼 → 익스포터'와 같이 조금 더 복잡하게 체인을 구성할 수도 있습니다.

그림 18-2 처리기가 포함된 원격 측정 파이프라인의 고급 예시

파이프라인의 수신기나 익스포터는 데이터 용량 계획이나 라우팅 혹은 변환과 같은 연산들 중 가능한 하나만 담당하는 경우가 많습니다. [표 18-1]은 다양한 원격 측정 데이터에 대해 수행될 수 있는 작업의 일부입니다.

---

3 옮긴이_ 카프카와 같은 큐 시스템에서의 Publish, Subscribe 동작을 약어로 줄여 펍/섭이라고 합니다.
4 옮긴이_ 가공된 데이터를 내보낸다는 의미로 로그나 데이터 변환 애플리케이션과 시스템에 일반적으로 사용되는 용어입니다.

표 18-1 파이프라인에서 수신기, 처리기, 익스포터의 역할

원격 측정 데이터 형식	수신기	익스포터 또는 처리기
추적 데이터	• 여러 가지 형식의 추적 데이터를 수집합니다(예: 집킨, 예거, AWS X-Ray, OTel 등). • 여러 서비스로부터 데이터를 수집합니다(예: 모든 슬랙 클라이언트).	• 데이터를 다양한 추적 백엔드 시스템으로 적재합니다. • 테일 샘플링을 수행합니다. • 가치가 낮은 추적은 삭제합니다. • 추적으로부터 로그를 추출합니다. • 규제 준수를 위해 추적 데이터를 다양한 백엔드 시스템으로 라우팅합니다. • 데이터를 필터링합니다.
메트릭 데이터	대상을 식별하고 수집합니다.	• 메트릭의 라벨을 변경합니다. • 메트릭을 다운샘플링[5]합니다. • 메트릭을 집계합니다. • 데이터를 다양한 백엔드 시스템으로 전송합니다. • 높은 카디널리티를 갖는 태그나 시계열 데이터를 감지합니다. • 높은 카디널리티를 갖는 태그나 메트릭을 필터링합니다.
로그 데이터	• 여러 서비스로부터 데이터를 수집합니다. • 여러 서비스가 전송한 로그를 수집하는 엔드포인트입니다.	• 로그데이터를 정형화된 로그나 반정형화된 로그로 읽어 들입니다. • 로그에서 개인 식별 정보나 민감한 데이터를 필터링합니다. • GDPR 준수를 위해 데이터를 여러 백엔드 시스템으로 전송합니다. • 자주 호출되지 않는 로그나 감사 로그는 일반 파일로 저장하고 가치가 높은 로그나 자주 쿼리하는 로그는 인덱싱이 적용되어 있는 시스템으로 보냅니다.

오픈소스 시스템에서는 보통 수신기를 소스source라 부르고 익스포터를 싱크sink라 부릅니다. 다만 이름 때문에 이 컴포넌트들이 서로 연결될 수 있다는 사실을 간과하기 쉽습니다.

데이터 변환transformations과 필터링 규칙은 원격 측정 데이터의 형식에 따라 달라지는 경우가 종종 생기며, 격리된 파이프라인이 필요한 경우가 많습니다.

---

5 옮긴이_ 다운샘플링은 대량의 데이터를 다룰 때 데이터를 효율적으로 분석하고 저장하기 위해 데이터 수량을 줄이는 샘플링 기술입니다.

18.3 원격 측정 파이프라인 관리 시 당면 과제

이번 절에서는 대규모로 파이프라인을 운영하는 과정에 발생하는 여러 가지 과제들에 대해 살펴봅니다. 소규모로 원격 측정 파이프라인을 구성하고 운영하는 것은 쉽습니다. 보통 이 과정에는 OpenTelemetry 컬렉터를 수신기와 익스포터로 동작하도록 하는 절차도 포함됩니다.

대규모로 구성된 파이프라인은 수백 개의 스트림을 처리합니다. 많은 스트림을 처리하면서도 성능performance, 정확성correctness, 신뢰성reliability, 가용성availability을 보장해야 하기 때문에 대규모의 파이프라인을 가동하고 운영하는 것은 결코 쉬운 일이 아닙니다. 일부 소프트웨어 엔지니어링 작업이 포함될 수 있지만, 대부분은 제어 이론control theory 바탕으로 신뢰할 수 있는 파이프라인을 운영하는 작업입니다.

18.3.1 성능

애플리케이션은 다양한 형식으로 데이터를 생성하며 언제든 데이터의 특성이 변경될 수 있기 때문에 파이프라인의 성능을 유지하기 어려울 수 있습니다. 예를 들어 로깅 파이프라인에서 처리하기에 버거운 대량의 애플리케이션 로그가 생성되는 경우, 로그 파이프라인의 성능이 떨어질 수 있으며 확장이 필요할 수 있습니다. 보통 파이프라인의 특정 부분에서 느려진 속도는 파이프라인의 다른 부분에 부하 급증을 일으킬 수 있으며, 이로 인해 전체 파이프라인의 안정성이 훼손될 수 있습니다.

18.3.2 정확성

파이프라인은 다양한 컴포넌트로 구성되어 있기 때문에 파이프라인이 정상적으로 동작하고 있는지 판단하기 어렵습니다. 예를 들어 복잡한 파이프라인에서는 기록하려는 데이터가 제대로 변환되었는지, 혹은 삭제한 데이터가 불필요한 데이터로 볼 수 있는 유일한 경우인지 확인하기 어려울 수 있습니다. 그뿐만 아니라 수신되는 데이터의 형식을 미리 알 수 없어 이슈 디버깅도 복잡할 수 있습니다. 따라서 파이프라인에서 발생하는 오류와 데이터 품질data-quality 이슈를 모니터링해야 합니다.

18.3.3 가용성

파이프라인의 백엔드 시스템이나 컴포넌트의 신뢰성을 훼손할 수 있는 상황은 자주 발생합니다. 이때, 소프트웨어 컴포넌트와 싱크sink가 탄력성resiliency과 가용성availability을 보장할 수 있도록 설계되어 있다면 파이프라인의 일부에 문제가 발생하더라도 버텨낼 수 있습니다.

18.3.4 신뢰성

신뢰할 수 있는 변경 관리change management를 달성하려면 소프트웨어의 변경이나 구성 변경을 수행하는 동안에도 파이프라인의 가용성을 보장해야 합니다. 새로운 버전의 컴포넌트를 배포하는 동안 파이프라인이 일정한 지연 시간latency을 유지하면서도 최대 처리량을 넘지 않도록 유지하는 것은 쉬운 일이 아닙니다.

변경 작업에 따른 영향을 최소화하기 위해서는 파이프라인 처리 과정에서 발생하는 병목 현상과 용량 계획을 이해해야 합니다. 가용량까지 부하가 차오른 컴포넌트는 전체 파이프라인을 느리게 만드는 병목지점이 될 수 있습니다. 병목지점이 식별되었다면 해당 지점에 충분한 리소스가 할당되고 있는지 확인하거나 들어오는 요청량을 처리할 수 있을 만큼 컴포넌트가 충분히 잘 동작하고 있는지 확인해야 합니다. 이를 위해서 용량 계획과 더불어 파이프라인 구성 요소 간에 요청 처리 속도가 얼마나 차이가 나는지 식별할 수 있는 모니터링 기능이 필요합니다.

일반적으로 데이터를 재처리한 후 백필링backfilling[6]하는 것은 데이터 파이프라인 관리 업무 중 가장 복잡하면서도 시간이 많이 소요되는 작업 중 하나입니다. 예를 들어, 파이프라인을 통해 로그상의 일부 개인 식별 정보(PII)를 필터링하지 못한 경우 로그 검색 시스템상에서 해당 데이터를 삭제한 후 백필링해야 합니다. 일반적인 상황에 대해서는 대부분의 솔루션이 아주 잘 동작하지만 대량의 과거 데이터를 백필링하는 작업에는 적합하지 않은 경우가 많습니다. 백필링을 진행하기 위해서는 과거 데이터가 충분히 버퍼링 되어 있는지 확인해야 합니다.

---

6 옮긴이_ 건설, 건축 업계에서 주로 쓰이는 용어로 빈 구멍을 메꾸는 것을 의미합니다. IT 업계에서도 이와 비슷하게 누락된 데이터를 채우는 작업을 의미합니다.

18.3.5 격리

동일한 클러스터 내에 대규모의 로그와 메트릭을 생성하는 사용자와 그렇지 않은 사용자가 함께 배치되면, 전자의 사용자로 인해 클러스터가 포화되면서 나머지 사용자들까지 가용성 문제에 직면할 수 있습니다. 따라서 이러한 데이터 스트림들이 서로 격리되어 다른 백엔드 시스템에 데이터를 기록할 수 있도록 원격 측정 파이프라인을 구성해야 합니다.

18.3.6 데이터 신선도

원격 측정 파이프라인은 고성능과 정확성, 신뢰성을 보장하는 것 이외에도 실시간으로 동작할 수 있어야만 합니다. 데이터가 생성되는 시점과 사용 가능해지는 시점 사이의 시차를 나타내는 종단 간 지연 시간은 보통 수초 이내이거나 최악의 상황에도 수십 초를 넘지 않습니다. 이러한 지연 시간을 모니터링함으로써 데이터의 신선도를 확인할 수 있습니다. 하지만 데이터의 신선도 모니터링은 일정한 속도로 데이터를 생성하는 데이터 소스를 전제하고 있기 때문에 모든 데이터가 대상이 되기는 어렵습니다.

프로메테우스 등이 제공하는 호스트host 메트릭은 보통 일정 주기로 수집되어서 데이터의 신선도 측정에 사용할 수 있습니다. 반면 로그logs와 추적traces에서는 일정 주기를 갖는 적당한 데이터 소스를 찾기 어렵습니다. 이런 경우에는 인위적으로 활용할 수 있는 데이터 소스를 추가하는 것이 좋습니다.

슬랙에서는 로그에 대한 데이터 신선도 측정을 위해 로그 스트림에 분당 N개의 메시지를 전송하도록 비율을 고정한 신세틱 로그synthetic log를 추가했습니다. 이 로그 데이터는 싱크를 통해 수집된 뒤 주기적인 쿼리를 통해 파이프라인의 상태와 데이터 신선도를 이해하기 위해 활용됩니다. 예를 들어, 시간당 100GB 규모의 로그 데이터를 수집하는 가장 큰 로그 클러스터는 분당 최대 100개까지의 합성 로그 메시지를 생성하고 있습니다. 데이터가 수집되면 10초 단위로 로그를 쿼리하고 모니터링해 파이프라인이 실시간으로 데이터를 잘 수집하고 있는지를 확인합니다. 또한 신선도에 대한 SLO를 지정하기 위해 직전 5분간 수신한 모든 메시지들 중 신세틱 로그가 몇 개나 되는지를 매 분 단위로 집계하여 이용하고 있습니다.

사용자들의 로그 쿼리 작업이 방해받지 않도록 합성 데이터가 특정한 값을 갖거나 쉽게 필터링될 수 있도록 각별히 신경 써야 합니다. 또한 원격 측정 파이프라인 전반에 걸쳐 모니터링 범위를 보장할 수 있도록 인프라의 여러 지점으로부터 합성 로그가 잘 전송되고 있는지 확인해야 합니다.

18.4 사례 연구: 슬랙에서의 원격 측정 관리

슬랙의 원격 측정 관리 프로그램은 슬랙에서 사용되고 있는 다양한 관찰 가능성 이용 사례에 맞추어 점진적으로 진화해 왔습니다. 이때 사용되는 시스템은 오픈소스와 Go로 직접 개발한 Murron이라는 소프트웨어로 구성되어 있습니다. 이번 절에서는 파이프라인을 구성하는 여러 가지 개별 컴포넌트를 설명하고 이것이 슬랙 내의 여러 부서로 서비스를 제공하는 방법에 관해 알아봅니다.

18.4.1 메트릭 집계

슬랙에서는 프로메테우스를 주요 메트릭 시스템으로 사용합니다. 슬랙의 초기 백엔드 시스템 은 PHP로 작성되어 있었지만 나중에 Hack으로 변경되었습니다. PHP와 Hack은 요청당 프로세스를 할당하는 모델process per requests을 사용하기 때문에 프로세스의 문맥을 바탕으로 동작하는 프로메테우스의 풀pull 방식이 사용되기에 어려웠습니다. 이를 극복하기 위해 사용자 정의 프로메테우스 라이브러리를 만들었고 개별 요청에 대한 메트릭을 Go로 작성된 로컬 데몬으로 전송하는 방식을 채택했습니다.

요청별 메트릭은 로컬 환경에서 동작하고 있는 데몬 프로세스를 경유해 일정한 시간 단위로 수집되고 집계됐습니다. 데몬 프로세스는 [그림 18-3]처럼 메트릭에 대한 엔드포인트를 제공해 프로메테우스 서버가 메트릭을 수집할 수 있도록 했습니다. 슬랙은 이러한 방식으로 PHP와 Hack으로 개발된 애플리케이션 서버의 메트릭을 수집했습니다.

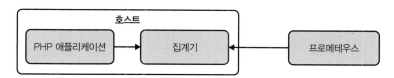

그림 18-3 요청당 프로세스를 할당하는 애플리케이션에 대한 메트릭 수집

슬랙은 PHP와 Hack 이외에도 Go나 Java로 작성된 여러 애플리케이션을 사용하고 있으며, 각 애플리케이션이 노출하고 있는 메트릭 엔드포인트를 이용해 프로메테우스가 직접 메트릭을 수집하고 있습니다.

18.4.2 로그와 추적 이벤트

Murron은 내부에서 개발된 Go 애플리케이션으로 슬랙의 로그와 추적 이벤트에 대한 파이프라인의 핵심 애플리케이션입니다. Murron은 수신기receiver, 처리기processor, 익스포터exporeter의 세 가지 컴포넌트로 구성되어 있습니다. 수신기는 HTTP, gRPC, API, 다양한 형태의 JSON, Protobuf, 사용자 정의 바이너리 형식과 같은 소스로부터 데이터를 수신한 뒤 버퍼 역할을 해주는 카프카나 다른 적재 시스템으로 전송합니다. 처리기는 로그나 추적 데이터를 담고 있는 메시지를 다른 형식으로 변환합니다. 컨슈머consumer는 카프카로부터 메시지를 수신해 프로메테우스나 엘라스틱서치와 같은 여러 가지 싱크로 데이터를 보냅니다.

Murron에서 가장 중요한 부분은 원격 측정 파이프라인을 정의하기 위해 사용하는 스트림stream 이라는 단위입니다. 스트림은 애플리케이션 로그와 추적 데이터 같은 메시지를 수신하는 수신기, 메시지를 처리하는 처리기, 그리고 이러한 메시지를 버퍼링하는 카프카 토픽 같은 버퍼로 구성됩니다. 필요한 경우 각 스트림에 대한 버퍼로부터 메시지를 수신해 처리한 뒤 적절한 백엔드 시스템으로 전달하는 익스포터도 스트림에 정의할 수 있습니다(그림 18-4 참조).

메시지의 라우팅 및 처리를 쉽게 할 수 있도록 Murron은 수신된 모든 메시지를 사용자 정의 봉투 메시지로 한 번 더 래핑합니다. 이렇게 래핑된 메시지는 Murron의 여러 컴포넌트로 적절히 라우팅 될 수 있도록 하기 위해 원본 메시지가 속한 스트림의 이름 정보 등을 포함하고 있습니다. 그외에도 래핑된 메시지에는 호스트명, 쿠버네티스 컨테이너 정보, 프로세스 이름과 같은 추가적인 메타데이터 정보도 포함되어 있습니다. 이러한 메타데이터들은 파이프라인의 후반부에 데이터를 보강 시 사용됩니다.

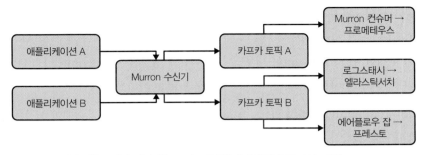

그림 18-4 추적 데이터에 대한 수신기, 버퍼, 익스포터로 구성된 슬랙 원격 측정 파이프라인

OpenTelemetry 세부 사양에 따르면 추적[trace]의 데이터 구조는 스팬[span]이라 불리는 여러 연결된 이벤트로 구성된 유향 비순환 그래프[directed acyclic graph][7]입니다. 이러한 구조 기반의 데이터는 추적 생성을 위해 높은 수준의 추적 API[tracing API]로 한 번 더 래핑됩니다. 래핑된 데이터는 컨슈머에서 사용하는 추적UI[Trace UI]를 이용해서 접근할 수 있습니다. 다만 원래의 데이터 구조가 래핑을 통해 숨겨졌기 때문에 여러 이용 사례에 대한 추적 생성 시 필요한 원시 데이터[raw data] 쿼리가 다소 어려워졌습니다.

슬랙에서는 이런 불편함을 개선하면서도 자연스럽게 스팬이 채택되도록 하기 위해 추적 데이터 구조를 더 쉽게 생성하고 소비할 수 있는 SpanEvent라는 단순화된 새로운 스팬 형식을 구현했습니다. SpanEvent는 ID, 타임스탬프, 지속 시간[duration], 부모 스팬ID[parent ID], 추적ID[trace ID], 이름, 형식, 태그, 특별 스팬 형식 필드[special span type field]로 구성됩니다. 추적과 마찬가지로 SpanEvent의 일반적인 그래프도 유향 비순환 그래프입니다. 엔지니어들에게 기존 계측과 상관 없이 쉽게 추적을 생성하고 분석할 수 있게 해주면 11장에서 설명했던 CI/CD 시스템의 계측처럼 많은 새로운 것들을 해볼 여지가 생깁니다.

슬랙에서는 인과 그래프 모델[causal graph model]을 지원하기 위해 PHP와 Hack, 자바스크립트, 스위프트[swift], 코틀린[kotlin]에 대한 자체 추적 라이브러리를 개발했습니다. 직접 개발한 라이브러리뿐만 아니라 자바와 Go 환경에서 사용할 수 있는 오픈소스 추적 라이브러리도 함께 사용하고 있습니다.

Hack으로 개발된 주요 애플리케이션들은 오픈트레이싱[OpenTracing][8] 호환 추적기[tracer]로 계측됩

---

7 옮긴이_ https://ko.wikipedia.org/wiki/유향_비순환_그래프

8 https://opentracing.io/

니다. 오픈트레이싱에 대해서는 7장 '오픈 계측 표준' 절에서 이미 다뤘습니다. 슬랙 모바일 클라이언트와 데스크탑 클라이언트는 높은 수준의 추적기나 낮은 수준의 스팬 생성 API를 이용해 코드를 추적한 뒤 SpanEvent는 내보냅니다. 이렇게 생성된 SpanEvent는 HTTP를 이용해 JSON이나 Protobuf로 인코딩된 이벤트 형태로 Wallace[9]로 전송됩니다.

수신기이면서 처리기이기도 한 Wallace는 Murron 기반의 시스템으로 슬랙의 핵심 클라우드 인프라와 별도로 동작하기 때문에 전체 시스템 장애가 발생하더라도 클라이언트와 서비스의 오류를 포착할 수 있습니다. Wallace는 수신된 스팬 데이터를 검증한 뒤 버퍼 역할을 수행하는 카프카에 데이터를 기록하는 또 다른 Murron 수신기로 이벤트를 전달합니다(그림 18-5 참조).

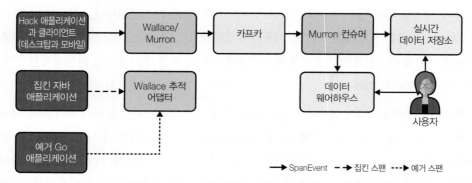

그림 18-5 슬랙의 추적 인프라는 애플리케이션(가장 왼쪽 열에 위치한 세 개의 박스)과 수신기 및 익스포터로 구성되어 있습니다.

자바나 Go로 직접 개발된 애플리케이션은 각각 집킨과 예거에서 제공한 오픈소스 계측 라이브러리를 사용합니다. Wallace는 이러한 애플리케이션으로부터 스팬을 수집하기 위해 두 가지 형식의 스팬 데이터에 대한 수신기를 모두 제공합니다. 이 수신기를 추적 어댑터[trace adapters]라 부르며 수집된 스팬을 SpanEvent 형식으로 변환한 뒤 Wallace로 전송하여 Murron 수신기를 통해 카프카에 기록합니다.

카프카에 기록된 추적 데이터는 주로 Murron 기반으로 만들어진 세 가지 익스포터와 Secor라는 핀터레스트[Pinterest]가 관리하는 오픈소스 프로젝트를 통해 활용됩니다.

---

9 옮긴이_ 슬랙이 직접 개발한 HTTP 서버의 일종으로 Go로 작성되어 있습니다.

엘라스틱서치 익스포터

Murron 익스포터는 카프카에서 SpanEvent를 읽은 뒤 엘라스틱서치로 전송합니다. 엘라스틱서치는 이벤트 저장소로 대시보드에 이벤트를 표시하고(물론 슬랙에서는 그라파나 Grafana를 기본 대시보드로 사용합니다) 사용자 정의 알람을 설정하도록 해줍니다.

데이터 웨어하우스 익스포터

앞서 소개했던 핀터레스트의 오픈소스 프로젝트인 Secor를 이용해 카프카에서 전달받은 데이터를 변환한 뒤 아마존 S3로 업로드해 프레스토 데이터 웨어하우스로 적재합니다.

허니컴 익스포터

최종적으로 Murron 익스포터가 카프카로부터 데이터를 전달받으면, 중요하지 않은 스팬을 필터링하고 나머지 데이터를 허니컴이 이해할 수 있는 사용자 정의 이벤트 형식으로 변환합니다. 이후 허니컴에서 쿼리할 수 있도록 다른 데이터 세트로 변환합니다.

이러한 익스포터를 사용하면 수초 이내의 종단 간 지연 시간만으로 추적 데이터에 바로 접근할 수 있게 됩니다. 슬랙에서는 허니컴과 엘라스틱서치를 데이터 소스로 활용하는 그라파나를 통해 데이터를 시각화하고 간단한 분석을 수행하고 있으며, 추적이 분류 과정에 유용하게 사용되도록 하는 데 중요한 역할을 수행하고 있습니다.

이에 반해 데이터 웨어하우스는 보통 두 시간 정도의 데이터 도착 시간 지연이 있습니다. 슬랙은 SQL 기반으로 더 긴 시간 범위에 대한 복잡한 분석용 쿼리를 수해하도록 해주는 프레스토를 사용합니다. 엘라스틱서치에는 7일간의 이벤트를 저장하고 허니컴에는 60일간의 이벤트 데이터를 저장하고 있으며, 프레스토의 백엔드 시스템인 하이브Hive는 최대 2년 정도의 데이터를 저장하고 있습니다. 엔지니어는 허니컴과 엘라스틱서치가 제공하지 않는 장기간의 트렌드 시각화가 필요할 때 프레스토를 사용하게 됩니다.

Murron은 초당 수백만 개 이상의 메시지를 전송하는 120개 이상의 데이터 스트림을 관리하고 있으며, 모든 데이터는 20개 이상의 클러스터에 걸쳐 구성된 200개 이상의 카프카 토픽을 통해 버퍼링 됩니다.

18.5 오픈소스 대안들

슬랙의 원격 측정 파이프라인은 수년에 걸쳐 유기적으로 진화해 왔으며 자체 개발 소프트웨어와 오픈소스 컴포넌트가 혼합된 형태로 구성되어 있습니다. 현명한 독자라면 이전 절의 내용을 통해 일부 소프트웨어의 기능이 중첩되어 있어서 이러한 시스템 통합을 통해 얻을 수 있는 이득이 있다는 것을 알아차렸을 것입니다. 관찰 가능성 원격 측정 파이프라인 영역은 3년 전과 비교해 볼 때 상당히 많이 성숙해졌으며 여러 가지 새롭고 쓸만한 옵션들이 계속 등장하고 있습니다. 이번 절에서는 이러한 변화를 바탕으로 여러 오픈소스의 대안 솔루션에 대해 살펴봅니다.

관찰 가능성 초기에는 원격 측정 파이프라인을 구성하기 위한 특별한 도구가 존재하지 않았습니다. 대부분의 엔지니어는 rsyslog와 같은 도구를 사용했고 데이터를 백엔드 시스템으로 전달하기 위해 직접 도구를 개발하거나 서드파티 공급 업체가 개발한 도구를 사용했습니다. 시간이 흐르면서 이러한 방식의 한계를 인식하게 되었고 스트림을 활용해 다양한 백엔드 시스템으로 로그를 라우팅하는 페이스북의 Scribe와 같은 아이디어를 채택해 도구를 개발했습니다. 페이스북의 Scribe는 다운스트림 시스템이 멈췄을 때도 안정적으로 로그를 전달할 수 있도록 로컬 디스크 지속성local disk persistence과 같은 아이디어를 도입하였습니다. 로컬 디스크 지속성은 다운스트림 시스템이 로그를 제대로 처리하지 못하거나 응답하지 않는 경우 로컬 디스크에 로그를 저장해 데이터 소실을 방지하는 방식을 말합니다. 그뿐만 아니라 Scribe에는 다수의 인스턴스를 연결해 원격 측정 파이프라인을 대규모로 구성하는 아이디어도 구현되어 있습니다.

시간이 흐르면서 원격 측정 파이프라인은 고급 로그 파싱과 필드 조작field manipulation뿐만 아니라 고급 처리율 제한이나 동적 샘플링 기능을 제공하는 보다 완전한 시스템으로 진화했습니다. 키네시스Kinesis나 카프카와 같은 현대적인 펍/섭 시스템이 널리 사용되면서 대부분의 원격 측정 파이프라인은 이러한 시스템을 데이터의 소스로 사용하거나 중간 데이터를 버퍼링하는 용도로 사용하기 시작했습니다. 로깅 분야에서는 팀버timber나 로그스태시Logstash[10], 파일비트Filebeat, 플루언트디Fluentd, rsyslog와 같은 서비스를 이용해 로그를 수신기로 전송할 수 있습니다. 또 메트릭에 대해서는 프로메테우스의 푸시게이트웨이Pushgateway[11]나 M3의 어그리게이터Aggregator[12]

---

10 https://www.elastic.co/kr/logstash

11 https://github.com/prometheus/pushgateway

12 https://m3db.io/docs/how_to/m3aggregator/

를 이용해 메트릭을 집계할 수 있습니다. 추적 데이터는 리파이너리^{Refinery}[13]와 같은 도구를 통해 더 심화된 필터링과 샘플링을 수행하고 추적 데이터를 처리할 수 있습니다. 이런 도구들은 모듈식으로 설계되어 있어 수신기와 익스포터가 많은 시스템들과 데이터를 주고받을 수 있도록 플러그인을 개발할 수 있습니다.

점점 더 많은 데이터가 이러한 원격 측정 파이프라인을 경유하게 되면서 효율성과 신뢰성도 점점 중요해졌습니다. 그 결과, 최근의 시스템들은 C(플루언트빗$^{Fluent Bit}$)나 Go(크리블^{Cribl}[14]), 혹은 Rust(벡터^{Vector}[15])와 같은 언어로 개발되어 더 높은 효율성을 보여주기 위해 노력하고 있습니다. 초당 수 테라바이트의 데이터를 처리해야 한다면 원격 측정 파이프라인 인프라의 효율성은 더욱 중요해집니다.

18.6 원격 측정 파이프라인 관리: 구축할 것인가 구매할 것인가

슬랙은 과거의 여러 가지 이유로 원격 측정 파이프라인 관리에 오픈소스와 자체 개발 소프트웨어를 섞어서 사용하고 있습니다. 오늘날에는 다양한 오픈소스 대체제가 존재하고 원격 측정 파이프라인의 기반을 쉽게 만들 수 있기 때문에 과거의 소프트웨어를 채택했던 이유 중 상당수는 그 의미가 없어졌습니다. 이러한 오픈소스 도구들은 태생적으로 모듈식으로 개발되어 있기 때문에 이용 사례에 맞추어 새로운 기능이 필요할 때 쉽게 확장할 수 있습니다. 이러한 상황을 고려했을 때 원격 측정 관리 파이프라인을 밑바닥부터 직접 만들기 위해 엔지니어링 리소스를 투입하는 것은 경제적 관점에서 봤을 때 합리적이지 않습니다.

오픈소스 소프트웨어는 당연히 무료지만 원격 측정 파이프라인을 유지하고 운영하는 데 소요되는 비용을 고려해야만 합니다. 자체 구축이 아닌 구매 관점에서 생각해 보면 모든 소프트웨어에는 공급 업체가 존재하며 이들이 운영에 대한 부담을 줄여줄 뿐만 아니라 사례를 바탕으로 강력한 사용자 경험도 제공해 줄 수 있습니다. 단순함과 사용 편의성은 분명 매력적인 제안이고 조직의 성숙도에 따라 경제적으로도 합리적인 선택이 될 수 있습니다만, 조직의 성장과 시간의 흐름에 따라 구축과 구매 사이의 균형점은 바뀔 수 있기 때문에 어떤 접근 방법을 선택할

13 https://docs.honeycomb.io/manage-data-volume/refinery/

14 https://cribl.io/

15 https://vector.dev/

것인지 늘 염두에 두어야 합니다. 구축과 구매 사이에 고려해야 할 또 다른 사항들에 대해서는 15장을 참고하기 바랍니다.

요약

이미 시장에 출시된 제품이나 서비스들을 함께 이용해 원격 측정 파이프라인 구축을 바로 시작할 수 있습니다. 시스템을 처음부터 직접 만들고 싶은 유혹을 느낄 수도 있겠지만 오픈소스 서비스를 먼저 적용해 보는 것을 추천합니다. 소규모의 파이프라인이라면 기본 설정만으로 운영해도 별문제가 없습니다. 하지만, 조직의 성장에 따라 파이프라인의 규모가 커지면 원격 측정 파이프라인을 관리하는 것이 복잡한 작업이 될 수밖에 없고 여러 가지 문제점이 발생합니다.

원격 측정 관리 시스템을 구축할 때 가장 중요한 것은 현재의 요구사항에 맞도록 구축해야 하는 것입니다. 새로운 요구사항을 예측하는 것은 필요한 일이지만 예측된 요구사항을 곧바로 시스템에 구현하는 것은 좋은 접근 방법이 아닙니다. 미래의 어느 시점이 되면 규제 준수 기능을 추가하거나 고급 데이터 보강 기능 혹은 필터링 기능을 도입해야 하는 상황이 생길 것입니다. 빠른 기능 구현을 위해 파이프라인을 모듈식으로 유지하면서 데이터 프로듀서와 버퍼, 처리기와 익스포터 모델을 따르면 관찰 가능성 기능을 부드럽게 유지하면서도 비즈니스가 요구하는 새로운 가치를 쉽게 제공할 수 있습니다.

Part 5

관찰 가능성 문화의 확산

4부에서는 대규모로 관찰 가능성을 도입할 때 발생할 수 있는 과제에 대해 살펴봤습니다. 5부에서는 조직 전반에 걸쳐 관찰 가능성 채택을 촉진하고자 할 때 사용할 수 있는 문화적 메커니즘에 대해 자세히 살펴봅니다.

관찰 가능성은 보통 조직 내 특정 팀이나 비즈니스 부문에서부터 시작되는 경우가 많습니다. 관찰 가능성 문화를 확산시키려면 비즈니스 전반에 걸쳐 다양한 이해 당사자들로부터 지원을 받을 수 있어야 합니다. 어떻게 이러한 지원들이 모여 관찰 가능성 사례를 확산하는 데 도움을 주는지 자세히 알아보겠습니다.

19장은 관찰 가능성 관행 채택으로 얻을 수 있는 비즈니스 효용을 살펴봄으로써 채택의 결과와 조직의 과제, 그리고 어떻게 비즈니스 사례를 만들 수 있는지 살펴봅니다.

20장은 엔지니어링 조직이 아닌 팀에서 어떻게 관찰 가능성 도구를 이용해 그들의 목표를 발전시킬 수 있는지 알아봅니다. 주변의 팀이 관찰 가능성 데이터를 이해하고 목표 달성을 위해 활용할 수 있도록 도움을 줌으로써, 관찰 가능성 채택 과제를 추진할 수 있는 조력자를 만들 수 있습니다.

21장은 관찰 가능성 채택의 진척도를 확인하고 지금까지 설명한 관찰 가능성의 효용을 얼마나 얻고 있는지 측정하는 것을 도와줄 업계 선도 데이터를 살펴봅니다. 이 모델은 절대적인 것은 아니며 대략적인 지침으로 활용할 수 있습니다.

마지막으로 22장은 독자 여러분들과 함께 구축하고 싶은 미래의 나아갈 길에 대해 이야기해 봅니다.

CHAPTER 19

관찰 가능성 비즈니스 사례

관찰 가능성은 보통 조직 내의 특정한 팀이나 비즈니스 부문에서부터 시작되는 경우가 많습니다. 관찰 가능성 문화를 확산시키기 위해 비즈니스 전반에 걸쳐있는 다양한 이해 당사자들의 지원이 필요합니다.

이번 장에서는 관찰 가능성에 대한 비즈니스 사례를 통해 이러한 지원을 어떻게 모을 수 있는지 파악해 보겠습니다. 일부 조직은 기존 접근 방법으로는 처리할 수 없는 어려운 과제를 해결하기 위한 방법으로 관찰 가능성을 채택합니다. 또 어떤 조직들은 기존 관행을 바꾸기 위한 적극적인 접근 방법으로 관찰 가능성을 이용하기도 합니다. 어떤 이유로 관찰 가능성을 향한 여정을 시작했는지에 관계없이, 이번 장에서는 관찰 가능성에 대한 비즈니스 사례를 만드는 방법을 살펴봅니다.

먼저 변화를 도입하기 위한 적극적인proactive 접근 방법과 사후 대응적인reactive 접근 방법 모두를 살펴봅니다. 긴급하지 않은 상황에 대한 분석을 통해 치명적인 서비스 중단이 아닌 경우에도 관찰 가능성을 채택해야만 하는 중요한 이유가 무엇이 있는지 알아봅니다. 그런 다음 관찰 가능성 관행의 실천을 지원하기 위해 필요한 단계를 살펴보고, 다양한 도구의 평가한 다음, 조직이 '충분히 좋은' 관찰 가능성 상태에 도달했다고 판단되었을 때 다른 이니셔티브로 관심사를 옮겨야 하는지에 대해 논의합니다.

19.1 변화에 대한 사후 대응적인 접근 방법

변화는 어렵습니다. 그래서 많은 조직은 가장 저항이 적은 길을 택하려는 경향이 있습니다. 왜 고장나지도 않은(혹은 고장난 것으로 인식되지 않는)것들을 고쳐야 할까요? 역사적으로 봤을 때 프로덕션 시스템은 관찰 가능성의 도움 없이도 수십 년간 잘 운영되어 왔습니다. 그런데 왜 갑자기 문제를 일으키려는 것일까요?

단순한 시스템에서 발생하는 현상은 아키텍처의 세부적인 사항까지 잘 알고 있는 엔지니어가 원인을 쉽게 추론해 낼 수 있습니다. 3장에서 살펴본 것처럼 일부 조직들은 갑작스러운 사고로 인해 기존 접근 방법의 부족함을 깨닫기 전까지는 관찰 가능성의 필요성을 느끼지 못하는 경우가 대부분입니다. 그렇지만, 사후 대응적으로 움직이는 조직에 근본적인 변화를 도입하는 것은 의도치 않은 결과를 초래할 수 있기 때문에 신중해야만 합니다. 성급하게 중요한 비즈니스 문제를 해결하기 위해 지나치게 단순한 접근 방법을 선택하게 되면 의미 있는 결과물을 만드는 것이 어려워질 수 있습니다. 해결하려다 보면 지나치게 단순화된 접근 방법을 선택해 의미 있는 결과물을 만드는 것이 어려워질 수 있기 때문입니다.

심각한 서비스 장애의 결과로 촉발된 사후 대응적인 변화의 사례를 살펴봅시다. 예를 들어, 많은 조직에서는 장애 원인 파악을 위해 근본 원인 분석root cause analysis(RCA)을 수행하고, 보통 분석 결과는 단일 원인을 가리키곤 합니다. 경영진은 심각한 상황에서 문제가 신속하게 처리되었다는 것을 보여주기 위해 겉으로 드러난 장애 원인에 대한 간단한 해결책만을 제시하려는 경우가 많습니다. 가령, 근본 원인 분석을 통해 장애의 결정적 원인으로 '백업 파일이 없었다'가 도출되었다면 중요한 파일을 삭제한 직원을 강등하는 것이 정당화될 수 있습니다. 그리고 컨설턴트를 통해 새로운 백업 전략을 만들고 도입함으로써 장애가 적절히 처리된 것으로 판단되면 경영진은 안도하게 됩니다.

이런 접근 방법으로 빠르게 마음의 안식을 얻을 수는 있겠지만, 결론적으로는 잘못된 방법입니다. 어떻게 하나의 파일이 연쇄적인 시스템 실패를 일으킬 수 있었을까요? 또 그렇게 중요한 파일이 왜 쉽게 삭제될 수 있었을까요? 변경이 어려운 인프라였다면 상황이 조금 더 나았을까요? 이 가상 시나리오에는 명백해 보이는 증상 대신 근본적인 원인을 잘 다룰 수 있는 여러 가지 접근 방법이 존재합니다. 빠른 문제 해결을 위해 서두르다 보면 지나치게 단순화된 접근 방법을 선택하고픈 유혹에 빠질 수 있습니다.

더 이상 허용되면 안되는 역기능dysfunction이 여전히 존재한다는 것을 알아차리지 못해 선택하게 되는 사후 대응적인 접근 방법도 있습니다. 기존 도구가 발견하지 못한 기능 장애는 소프트웨어 엔지니어링팀과 운영팀에 불필요한 부담을 주어 혁신적인 작업에 집중하는 것을 방해합니다.

3장에서 살펴본 것처럼 관찰 가능성을 활용하지 않는 팀은 동일한 증상(및 근본 원인)을 보이는 사고 추적에 시간을 낭비하는 경우가 빈번합니다. 이슈는 반복적으로 발생하기 마련이고 이는 엔지니어링팀과 비즈니스 조직에 스트레스가 됩니다. 누적된 알람으로 인해 엔지니어링팀에 쌓인 피로는 번아웃 burnout 으로 이어질 위험성이 있습니다. 기업은 이런 상황으로 인해 구성원들이 잃어버린 전문성과 그 전문성을 재구축하는 데 필요한 시간으로 인한 비용을 치러야 합니다. 또, 문제를 경험한 고객이 포기한 거래로 인해 비즈니스 매출이 감소하고 고객 충성도가 떨어지는 것도 감내해야 합니다. 이렇듯 지속해서 문제 해결에만 매달리는 상황이 이어지고, 높은 스트레스가 유지되는 상황에 갇혀 버리면 엔지니어링팀은 프로덕션 환경에 변경을 수행하는 것에 대한 자신감을 잃게 됩니다. 결과적으로 더 취약한 시스템이 만들어지고 유지보수에 더 많은 시간이 투입되면서 비즈니스적으로 가치 있는 새로운 기능의 제공이 늦어지게 됩니다.

안타깝게도 많은 비즈니스 리더들은 이러한 장애물을 정상적인 운영 업무의 하나라고 생각하는 경우가 많습니다. 리더들은 이러한 문제를 경감시켜 줄 거라 믿는 프로세스들을 도입합니다. 변경 자문 위원회의 승인을 요구하거나 금요일에는 변경된 코드 배포를 허가하지 않는 정책이 대표적입니다. 또 그들은 온콜 on call 순환 근무로 인한 엔지니어의 번아웃을 대비해 핵심 엔지니어를 온콜 업무에서 배제하는 것도 허용합니다. 엔지니어링팀이 갖고 있는 많은 해로운 문화적 관행은 프로덕션 시스템에 대한 기본적인 이해 부족에서 시작되었을지도 모릅니다.

비즈니스가 한계에 도달할 수 있는 상황에는 시스템에 대한 관찰 가능성이 확보되지 못했을 때 발생할 수 있는 다음과 같은 시나리오가 포함됩니다(물론 언급하지 않은 시나리오도 많습니다).

- 내부적으로 버그를 감지하고 해결하기 훨씬 전에 고객이 프로덕션 서비스에서 치명적인 버그를 발견하고 보고하는 경우
- 경미한 사고가 발생했을 때 이를 감지하고 복구하는 데 너무 많은 시간이 소요되어 종종 장기적인 서비스 장애로 이어지는 경우
- 문제를 분류하고 살펴보는 것보다 새로운 문제가 쌓이는 속도가 빨라서, 사고 및 버그 해결이 필요한 조사 대상 백로그 backlog 가 계속 늘어나고 있는 경우

- 고장에 대한 수정 작업처럼 운영 업무에 투입되는 시간이 새로운 기능을 개발하고 제공하는 데 할애하는 시간보다 큰 경우
- 지원팀이 확인하고 재현하거나 해결하지 못한 반복적인 성능 저하로 인해 고객의 서비스 만족도가 낮은 경우
- 엔지니어링팀이 다양한 서비스 상호간의 동작을 파악하는 것과 같은 예상치 못한 대규모의 작업을 처리하느라 새로운 기능의 릴리스가 몇 주 또는 몇 달씩 지연되는 경우

위와 같은 시나리오에 기여하는 또 다른 요인들이 있다면 추가적인 완화 접근 방법이 필요할 수도 있습니다. 하지만, 이러한 증상을 일반적인 경우보다 더 많이 겪는 팀이라면 아마도 시스템상에 체계적인 관찰 가능성이 부족한 것이 근본적인 원인일 수 있습니다. 그런 팀들은 기본적으로 프로덕션 시스템 동작에 대한 이해가 부족하기 때문에 비즈니스 목표 달성에 부정적인 영향을 끼칠 수밖에 없습니다.

19.2 관찰 가능성의 투자 수익률

관찰 가능성의 핵심 중 하나는 이전에는 알지 못했던 질문에 대해 답하거나, 흔히 이야기하는 '알려지지 않은 불확실성unknown unknowns'를 다룰 수 있게 된다는 것입니다. 핵심 분석 루프core analysis loop(8장 '관찰 가능성 확보를 위한 이벤트 분석' 참조)를 통해 데이터 주도data-driven 분석이나 애플리케이션 이슈를 디버깅하면 예측하지 못한 방식으로 자주 실패하는 시스템을 효과적으로 관리할 수 있습니다. 오늘날의 복잡한 분산 시스템이 사실상의 애플리케이션 아키텍처 표준이라는 것을 감안할 때(클라우드 인프라, 온프레미스 시스템, 컨테이너와 컨테이너 오케스트레이션 플랫폼, 서버리스 함수, 다양한 SaaS 컴포넌트 등이 뒤섞여 있는 이기종 환경), 효과적으로 '알려지지 않은 불확실성'를 디버깅하는 것은 회사의 중요한 디지털 서비스를 성공시킬 수도 또는 중단시킬 수도 있습니다.

관찰 가능성 도구 공급 업체 입장에서 이야기하자면, 실제 고객/시장의 피드백과 산업 연구를 통해 관찰 가능성을 채택하는 기업은 확실히 비즈니스적으로 효용을 얻을 수 있습니다. 허니컴은 포레스터 리서치를 통해 고객사들이 이러한 효용을 얼마나 얻고 있는지를 확인해 보았습니

다.[1] 비록 허니컴 솔루션에 특화되어 있는 연구를 바탕으로 한 측정 결과이긴 하지만, 어떤 도구를 사용하는지에 관계없이 기대할 수 있는 특성이 있다고 생각합니다(물론 각 도구는 이 책에서 설명하고 있는 것과 동등한 수준 이상의 관찰 가능성 역량을 갖고 있다는 가정했습니다).

연구에 따르면 관찰 가능성은 일반적으로 다음과 같은 네 가지 관점에서 이익$^{bottom\ line}$[2]에 영향을 미칩니다.

더 높은 매출 증가

관찰 가능성 도구는 시스템 가동시간^{uptime}과 성능을 향상시키는 데 도움이 되며, 코드의 품질 개선을 통해 직접적인 수익 증대로 이어집니다.

빠른 사고 대응을 통한 비용 절감

관찰 가능성은 빠른 평균 장애 인지 시간$^{mean\ time\ to\ detect}$(MTTD)과 평균 장애 복구 시간$^{mean\ time\ to\ resolve}$(MTTR), 빨라진 쿼리 응답 시간, 병목구간의 빠른 탐색, 온콜 업무에 소요되는 시간의 감소, 롤백 회피를 통한 시간 절약 등으로 인건비를 크게 절감할 수 있습니다.

장애 회피를 통한 비용 절감

관찰 가능성 도구는 문제가 심각해지고 장기화되기 전에 원인을 찾을 수 있게 해줌으로써 사고를 예방하는 데 도움이 됩니다.

직원 이직 감소를 통한 비용 절감

관찰 가능성의 도입은 업무에 대한 만족도를 높이고 개발자의 번아웃이나 알람과 온콜로 인한 피로감을 줄여줌으로써 이직률을 감소시킵니다.

이외에도 관찰 가능성 도구가 어떻게 구현되었는지에 따라 측정 가능한 여러 가지 효용이 있을 것입니다. 하지만 관찰 가능성의 기능적 요구사항을 만족하면서 이 책에서 설명한 사례를 채택하고 있는 모든 도구는 앞서 설명한 네 가지 효용을 기본적으로 제공해 주고 있을 것입니다.

---

1 에블린 체가 허니컴의 블로그에 기고한 '허니컴의 투자 수익률은 어떤가요? 관찰 가능성의 이득에 대한 포레스터의 연구'에서 포레스터 컨설팅의 총 경제적 영향 프레임워크 요약본을 참고하기 바랍니다.
https://hny.co/blog/forrester-tei-benefits-observability-roi-2021

2 옮긴이_ 기업의 순이익 혹은 당기순이익을 나타내는 용어입니다. 관련하여 매출을 이야기할 때는 top line을 사용합니다.

19.3 변경에 대한 적극적인 접근 방법

변경에 대한 적극적인 접근 방법은 이전 절에서 살펴본 사후 대응적 상황에서 발견되는 증상을 비정상적이고 예방할 수 있는 것으로 식별하는 것입니다. 조직의 관심을 이끌어내고 관찰 가능성에 대한 비즈니스 사례를 만드는 초기 방법은 서비스 내에서 장애 인지 시간$^{time-to-detect}$(TTD)과 장애 복구 시간$^{time-to-resolve}$(TTR)과 같은 공통 메트릭 값을 감소시키는 효과를 강조하는 것입니다. 이러한 측정치들이 완벽한 값은 아니지만 많은 조직에서 일반적으로 사용되고 있으며, 경영진과 같은 이해관계자들도 이해하고 있는 경우가 많기 때문에 활용하기에 좋습니다.

> **NOTE** 어댑티브 캐파시티 랩$^{Adaptive\ Capacity\ Labs}$의 존 올스포$^{John\ Allspaw}$는 왜 얕은 수준의 사고 데이터$^{shallow\ incident\ data}$를 신경 쓰지 않아야 하는지에 대해 블로그 포스팅[3]을 작성했습니다. 블로그 내용과 마찬가지로 관찰 가능성도 심층적인 데이터를 활용하여 사고의 원인을 파악하도록 해줍니다. 다소 한계가 있긴 하지만 이번 장의 목표를 위해 널리 통용되고 있는 장애 인지 시간(TTD)과 장애 복구 시간(TTR)이라는 메트릭에 집중하겠습니다.

시스템에 관찰 가능성을 도입하도록 만드는 초기 비즈니스 사례로 크게 두 가지가 있습니다. 첫째, 관찰 가능성은 기존 모니터링 도구로는 발견하기 힘든 개별 사용자의 이슈를 찾아내는 방법을 제공하고 있어 장애 인지 시간을 줄이도록 해줍니다(5장 '정형화된 이벤트' 참조). 둘째, 핵심 분석 루프를 자동화하여 정확한 이슈 발원지를 격리하는 데 필요한 시간을 상당히 줄여줌으로써 장애 복구 시간도 줄여줍니다(8장 참조).

초기 도입 성과가 증명되고 나면 애플리케이션 스택과 조직에 더 많은 관찰 가능성 사례를 도입하는 것이 무척 쉬워집니다. 이슈를 감지하고 해결하기 위해 더 나은 방법을 찾고 있는 팀들은 관찰 가능성을 이용한 사후 대응적인 접근 방법을 선택하는 경우가 많습니다. 이런 경우에는 관찰 가능성이 즉각적으로 도움이 될 수 있습니다. 다만, 그 외의 다른 효용들도 존재하므로 비즈니스 사례를 만드는 과정에 반드시 개선된 사항들이 측정되고 제시되어야만 합니다.

이슈를 더 빠르게 감지하고 해결할 수 있게 되면 예상치 못한 고장 수리 작업으로 인한 운영성

---

3 https://oreil.ly/pZd4m

업무 감소와 같은 업스트림 영향^{upstream impact}[4]을 이끌어낼 수 있습니다. 이 과정에서 온콜 업무의 주요 스트레스 중 하나인 이슈 판별에 대한 부담이 감소하기 때문에 질적 향상^{qualitative improvement}을 체감할 수 있게 됩니다. 또 애플리케이션 이슈에 대한 백로그^{backlog}의 감소, 버그 수정에 투입되는 시간의 감소와 더불어 새로운 기능을 만들고 릴리스하는 데 더 많은 시간을 사용할 수 있게 되는 것도 같은 문맥에서 얻을 수 있는 효용들입니다. 이러한 질적 향상을 측정함으로써 관찰 가능성이 더 행복하고 건강한 엔지니어링팀을 만들어줄 뿐 아니라, 직원의 근속과 높은 만족도를 달성할 수 있다는 비즈니스 사례가 만들어질 수 있습니다.

세 번째 효용은 개별 사용자 요청의 성능과 병목 현상의 원인을 이해하는 과정에서 얻을 수 있습니다. 이를 통해 서비스 최적화를 위한 최선의 방법이 무엇인지를 빠르게 이해할 수 있습니다. 절반 이상의 모바일 사용자는 서비스 로딩 시 3초 이상의 시간이 소요되면 가차 없이 다른 서비스로 이동합니다.[5] 관찰 가능성 애플리케이션을 이용하면 정상적으로 처리된 사용자 요청 비율을 측정하여 서비스 성능 향상과 연관 지을 수 있습니다. 관찰 가능성의 또 다른 분명한 비즈니스 사례는 높은 사용자 만족도와 유지율^{retention}입니다.

이야기한 내용들이 비즈니스에 중요하다면 조직 내에 관찰 가능성 도입이 필요한 비즈니스 사례가 있다고 볼 수 있습니다. 관찰 가능하지 않은 시스템에 발생한 증상을 관찰 가능성을 통해 해결하도록 유도하겠다고 치명적인 고장을 기다리는 것보다는 작지만 달성 가능하면서도 큰 효과를 보여줄 수 있는 단계를 통해 사회 기술 시스템에 적극적으로 관찰 가능성을 도입해 보는 것이 좋습니다. 지금부터 이러한 단계를 어떻게 밟아 나갈 수 있는지를 살펴봅시다.

19.4 사례로서의 관찰 가능성 소개

애플리케이션에 보안이나 시험 가능성을 도입하는 것과 마찬가지로, 관찰 가능성은 프로덕션 서비스를 개발하고 운영하는 것에 관여하고 있는 모두가 책임을 공유하는 지속적인 사례입니다. 효과적인 관찰 가능한 시스템을 만드는 것은 일회성으로 끝나는 작업이 아닙니다. 보안이나 시험 가능성을 도입하는 것과 마찬가지로 관찰 가능성의 기술적 기능의 도입 역시 단순히

---

4 옮긴이_ 어떤 시스템이나 프로세스, 혹은 사건이 다른 부분에 미치는 영향을 이야기합니다. 대표적으로 소프트웨어의 업데이트로 인해 발생하는 하드웨어의 호환성 문제 같은 것이 있습니다.

5 Tammy Everts, "Mobile Load Time and User Abandonment", Akamai Developer Blog, September 9, 2016.

체크박스에 표시하는 방식을 사용하여 조직이 관찰 가능성을 '달성했다'고 선언할 수는 없습니다. 관찰 가능성은 단순히 적용하는 게 아니라 관행practice으로 자리 잡아야만 합니다.

관찰 가능성은 시스템이 관찰 가능한지 여부를 기술적 속성의 하나로 측정하는 것에서부터 시작됩니다(1장 '관찰 가능성이란' 참조). 앞서 여러 번 강조했던 것처럼 프로덕션 시스템은 사회 기술적socialtechnical[6] 시스템입니다. 시스템이 관찰 가능성을 기술적 속성 중 하나로 갖게 되었다면, 다음 단계로 팀과 시스템이 얼마나 조화롭게 운영되고 있는지를 측정해야 합니다(3부 '팀을 위한 관찰 가능성' 참조). 물론 시스템이 관찰 가능하게 되었다는 것이 시스템이 효과적으로 관찰 가능한 상태가 되었다는 것을 의미하지는 않습니다.

관찰 가능성의 목표는 엔지니어링팀이 시스템에 대해 개발, 운영, 디버깅 및 보고를 할 수 있게 해주는 것입니다. 엔지니어링팀은 시스템을 더 잘 이해하기 위해 의문점에 대한 어떤 질문이든 할 수 있어야 합니다. 도구나 관리 지원을 통해 시스템을 적극적으로 조사할 수 있도록 인센티브incentive를 받아야 합니다. 정교한 분석 플랫폼은 사용 조직이 인터페이스에 압도되거나 과도한 비용에 대한 걱정으로 쿼리 수행을 두려워하게 되는 경우 쓸모 없어집니다.

잘 동작하는 관찰 가능성은 엔지니어들이 프로덕션 환경에서 이슈를 탐지하고 해결하는 데 도움이 될 수 있는 질문을 하도록 격려할 뿐 아니라 실시간으로 비즈니스 인텔리전스[7] 관련 질문에 대한 답변도 할 수 있게 해줍니다(20장 '관찰 가능성의 이해관계자와 조력자' 참조). 엔지니어링팀이 만든 새로운 기능을 아무도 사용하지 않거나 특정 고객이 지속적인 이슈로 인해 이탈할 위험에 처해있다면, 이는 비즈니스가 위험에 빠졌다는 것을 의미합니다. 관찰 가능성을 적용하기 위해서는 엔지니어가 서비스의 상태를 판별할 때 성능과 가용성뿐 아니라 그 외의 여러 요소를 바탕으로 교차 기능 검증을 채택해 측정해야 합니다.

데스옵스DevOps 관행이 계속해서 메인스트림으로 힘을 얻으면서, 미래 지향적으로 생각하는 엔지니어링 리더십팀은 엔지니어링팀과 운영팀 사이의 장벽을 제거하고 있습니다. 인위적인 장벽의 제거는 소프트웨어의 개발과 운영에 대해 더 강력한 오너십을 갖도록 해줍니다. 관찰 가능성은 온콜 경험이 적은 엔지니어가 고장 위치와 대처 방법을 더 잘 이해할 수 있게 해주고, 소프트웨어 개발과 운영 사이의 인위적인 벽을 허물어 줍니다. 마찬가지로 관찰 가능성은 소

---

6 https://en.wikipedia.org/wiki/Sociotechnical_system

7 옮긴이_ 조직에서 사람과 기술의 힘을 활용하여 전략적 의사 결정 프로세스에 사용될 데이터를 수집하고 분석하는 프로세스를 이야기합니다.

프트웨어 개발과 운영, 그리고 비즈니스 결과물 사이에 존재하는 벽도 허물어줍니다. 또한 관찰 가능성은 소프트웨어 엔지니어링팀이 시스템이 사용되는 방식을 이해하고 디버깅 할 수 있는 적절한 도구도 제공합니다. 이를 통해 팀 간의 기능적 핸드오프handoffs, 과도한 수작업excessive manual work, 런북runbooks, 어림짐작guesswork, 그리고 비즈니스 목표에 영향을 줄 수 있는 시스템 상태에 대한 외부의 관점에 대한 의존성을 없애는 데 도움이 됩니다.

고성과high performance 엔지니어링팀에서 사용하는 모든 관행과 특성을 다루는 것은 이번 장의 주제를 벗어납니다. 보다 자세한 내용에 관심이 있다면 'DORA 2019 Accelerate State of DevOps Report'[8]를 통해 저성과low performance팀과 엘리트팀을 나누는 여러 가지 기본적인 특성을 살펴보기 바랍니다. 또한 많은 사례를 바탕으로 한 관찰 가능성의 이익에 대해서도 언급되어 있으니 참고하면 좋습니다.

관찰 가능성 관행 도입 시 엔지니어링 리더는 우선 심리적으로 안전한 문화를 조성하고 있는지 신경 써야 합니다. 비난하지 않는 문화blameless culture는 실험적인 시도를 지지하고 호기심을 바탕으로 한 협업에 대해 보상하는 것처럼 심리적으로 안전하게 느낄 수 있는 환경을 조성합니다. 기존의 관행을 발전시키기 위해서는 새로운 실험을 장려해야 합니다. DORA의 연례 보고서는 비난하지 않는 문화의 이점과 고성과팀 사이의 끈끈한 연결고리에 대해 이야기하고 있습니다.

> **NOTE** 비난하지 않는 문화를 실천하기 위한 더 자세한 가이드는 PagerDuty의 포스트모템postmortem 문서[9]를 참고하기 바랍니다.

비난하지 않는 문화를 정착시키기 위해 비즈니스 리더는 관찰 가능성 도입 시 명확한 작업 범위(시험 적용할 단일팀이나 제품에만 도입되는 것인지와 같은)가 존재하는지 확인할 필요가 있습니다. 장애 인지 시간(TTD)과 장애 복구 시간(TTR)에 대한 성능 측정 기준치baseline performance measures는 적용 범위 내에서 측정되는 수치의 개선 여부를 확인할 수 있는 벤치마크benchmark로 사용될 수 있습니다. 이러한 노력을 기울이는 과정에 요구되는 인프라와 플랫폼 작업을 식별 및 할당하고 필요한 경우 예산도 책정해야 합니다. 그런 후에야 소프트웨어에 대한 계측과 분석과 관련한 기술적인 작업이 시작될 수 있습니다.

---

8 https://oreil.ly/2Gqjz

9 https://postmortems.pagerduty.com/

19.5 적절한 도구를 이용한 관찰 가능성 실천

관찰 가능성은 기본적으로 문화적인 관행이긴 하지만 엔지니어링팀은 코드를 계측하고 측정된 원격 측정 정보를 저장하고 조직 구성원들의 문의에 답변하기 위해 데이터를 분석할 수 있어야 합니다. 관찰 가능성 도입 시 필요한 초기 기술적 노력의 상당 부분은 도구를 마련하여 계측을 준비하는 것입니다.

이 시점이 되면 일부 조직은 직접 개발한 관찰 가능성 솔루션을 배포하고자 할 것입니다. 15장에서 살펴봤던 것처럼 회사의 핵심 역량과 관계없는 맞춤형 관찰 가능성 플랫폼을 구축하는 것에 대한 투자 수익률(ROI)은 그다지 큰 가치가 없습니다. 대부분의 조직은 맞춤형 솔루션을 구축하기가 상당히 어렵고 많은 시간이 소요되면서도 비싼 방향이라는 것을 깨닫게 됩니다. 직접 구축하는 대신 고려할 수 있는 다양한 트레이드오프가 있으며 선택할 수 있는 여러 가지 솔루션이 존재합니다. 상용 솔루션이나 오픈소스 솔루션이 있으며, 온프레미스 형태로 운영하거나 호스팅 형태로 운영할 수 있는 솔루션도 있습니다. 필요하다면 구매한 솔루션과 자체 구축을 병행하는 것도 가능합니다.

19.5.1 계측

가장 먼저 고려해야 할 단계는 애플리케이션이 원격 측정 데이터를 어떻게 내보내는 것인가입니다. 기존에는 공급 업체에 특화된 에이전트나 계측 라이브러리를 사용하는 것이 유일한 선택이었습니다. 따라서 특정 공급 업체에 심하게 락인^{lock-in}될 수밖에 없었습니다. 오늘날에는 OpenTelemetry(이하 OTel)가 프레임워크나 애플리케이션 코드 계측에 대한 새로운 표준이 되었습니다(7장 'OpenTelemetry를 이용한 계측' 참조). OTel은 모든 오픈소스 메트릭 플랫폼과 추적 분석 플랫폼을 지원하며 관련 제품을 출시한 거의 모든 공급 업체의 상용 솔루션을 지원하고 있습니다. 따라서 더 이상 특정 공급 업체의 계측 프레임워크에 얽매일 필요가 없으며 자체 에이전트나 라이브러리를 만들 필요도 없습니다.

OTel은 계측된 데이터를 지정된 분석 도구로 전달하도록 구성할 수 있습니다. 공통 표준을 이용하면 여러 백엔드 시스템으로 계측된 데이터를 동시에 보내 여러 분석 도구의 기능을 쉽게 보여줄 수 있습니다.

팀이 분석해야 하는 데이터를 고려했을 때 단순히 관찰 가능성을 메트릭, 로깅, 추적으로만 나누는 것은 지나치게 단순화된 구분일 수 있습니다. 이러한 구분은 관찰 가능성 데이터에 대한 유효한 구분의 범주이기는 하지만 관찰 가능성을 제대로 달성하기 위해서는 시스템에 대한 적절한 뷰view를 제공할 수 있도록 상호 작용할 수 있어야 합니다. 관찰 가능성을 메트릭, 로깅, 추적의 세 가지 축으로 표현하는 것이 마케팅 관점에서는 유용할지 몰라도 기술 관점에서 봤을 때는 큰 그림이 빠져있습니다. 이쯤 되면 어떤 데이터 형식이 관찰 가능성 이용 사례에 가장 적합하고, 이를 통해 어떤 데이터가 생성될 수 있는지 생각해 보는 게 유용할 것 같습니다.

19.5.2 데이터 저장소와 분석

원격 측정 데이터를 확보했으면 어떻게 저장하고 분석할지 생각해야 합니다. 데이터 저장소와 분석 도구는 보통 하나의 솔루션에 포함된 경우가 많지만 오픈소스를 쓰는지 아니면 공급 업체의 제품을 쓰는지에 따라 달라질 수 있습니다.

보통 상용 솔루션 공급 업체는 저장소와 분석 도구를 같이 공급합니다. 각 공급 업체는 스토리지와 분석 도구에 대한 기능을 중심으로 차별화를 하고 있기 때문에 관찰 가능성 목표를 감안하여 어떤 선택이 가장 좋을지 생각해 봐야 합니다. 올인원all-in-one 방식의 상용 솔루션 공급 업체로는 허니컴Honeycomb, 라이트스텝Lightstep, 뉴렐릭New Relic, 스플렁크Splunk, 데이터독Datadog 등이 있습니다.

오픈소스 솔루션을 사용할 때는 데이터 스토리지와 분석 도구에 대해 별도의 접근 방법을 사용해야 합니다. 오픈소스 프론트엔드 솔루션으로는 그라파나Grafana, 프로메테우스Prometheus, 예거Jaeger와 같은 제품이 있습니다. 이들 모두 분석 기능을 제공하고 있긴 하지만 확장을 위해 별도의 데이터 스토어의 사용을 권장합니다. 널리 사용되는 오픈소스 데이터 스토리지 계층으로는 카산드라Cassandra, 엘라스틱서치ElasticSearch, M3, 인플럭스DBInfluxDB 등이 있습니다.

> **NOTE** 오픈소스 소프트웨어의 사용에 관한 라이선스 계약과 이것이 사용량에 미치는 영향을 고려해야 합니다. 예를 들어, 엘라스틱서치와 그라파나가 최근 변경한 라이선스 정책에는 이들을 분석 도구로 사용할 때 신경 써야 하는 변경 사항들이 포함되어 있습니다.

선택지가 많아서 나쁠 것은 없습니다. 다만 직접 데이터 스토리지 클러스터를 운영할 때 발생할 수 있는 운영 부하에 대해서도 신중하게 고려하고 주의해야 합니다. 예를 들어, ELK 스택은 로그 관리와 분석에 대한 복잡한 요구사항을 충족시켜 줄 수 있기 때문에 널리 사용됩니다. 하지만 ELK 클러스터를 신경 써서 유지보수하는 과정에 엔지니어링 시간이 상당히 소모되며, 관리와 인프라 비용도 생각보다 빠르게 증가한다는 보고도 많습니다. 그 결과, 서비스로서의 ELK^{ELK as a service}와 같이 경쟁력 있는 관리형 오픈소스 원격 측정 데이터 스토리지를 찾는 경우도 늘어나고 있습니다.

데이터 스토리지의 선정을 고민할 때에는 관찰 가능성 데이터의 각 영역에 대하여 필요에 따라 서로 다른 솔루션을 찾아야할 수 있다는 점을 고려해야 합니다. 마찬가지로 기존의 모니터링 시스템에 새로운 관찰 가능성 기능을 추가하려는 시도도 위험할 수 있습니다. 관찰 가능성은 엔지니어가 질문에 대한 해답을 찾기 위해 데이터와 상호 작용하는 과정에서 탄생했기 때문에, 잘 동작하는 단일 솔루션을 갖는 것이 서너 개의 분리된 시스템을 유지하는 것보다 더 나은 경우가 많습니다. 개별적인 시스템을 이용해 분석을 수행하는 것은 시스템 사이에 문맥을 전달하고 변환하는 것에 대한 부담을 유발할 수 있으며, 안 좋은 사용성과 트러블슈팅 경험으로 이어질 수 있습니다. 서로 다른 접근 방법이 어떻게 공존할 수 있는지에 대해서는 9장 '관찰 가능성과 모니터링의 공존'을 참고하기 바랍니다.

19.5.3 도구의 출시

도구를 선택할 때는 핵심 비즈니스 요구사항에 집중할 수 있도록 엔지니어링 리소스를 최대한 활용할 수 있는지를 염두에 두어야 합니다. 또한 선택한 도구가 혁신 역량을 높여주는지 아니면 그 역량을 맞춤형 솔루션 관리에 소모하는지 생각해 봐야 합니다. 혹시 선택한 도구 관리를 위해 더 대규모의 별도 팀이 필요한가요? 관찰 가능성의 목표는 엔지니어링 조직 내에서 특별한 작업을 새롭게 생성하는 것이 아닙니다. 품질을 높여 나가면서도 비즈니스의 시간과 돈을 아끼는 것이 목표입니다.

물론 그렇다고 하여 특정 조직 내에 별도의 관찰 가능성팀을 만들면 절대 안 된다는 것은 아닙니다. 다만 큰 조직 내에 운영 중인 훌륭한 관찰 가능성팀이라면, 각 제품팀이 각자의 플랫폼에서 관찰 가능성을 달성할 수 있게 돕고 협력함으로써 초기 구현 프로세스를 안착시키는 데 중점을 둘 수 있을 것입니다. 관찰 가능성팀은 어떤 플랫폼이 관찰 가능성 파일럿 대상팀의 요구사항에 가장 적합한지 평가한 뒤 엔지니어링팀 전체가 동일한 솔루션을 보다 쉽게 이용할 수 있게 할 것입니다. 관찰 가능성팀의 구성에 관한 세부 사항에 대해서는 15장 '투자 회수 관점에서 본 구축과 구매'를 참고하기 바랍니다.

19.6 충분한 관찰 가능성을 확보했는지 인식하기

보안 및 시험 가능성과 마찬가지로 관찰 가능성에 대해서도 늘 많은 잔존 작업이 있습니다. 비즈니스 리더는 언제 관찰 가능성 투자에 우선순위를 둘 것인지 결정하는 데 어려움을 겪을 수 있습니다. 또, 관찰 가능성이 '만족스러운' 수준에 올라 다른 문제에 우선권을 줄 수 있게 되는 시점을 파악하는 것도 쉽지 않습니다. 따라서 애플리케이션 전체를 계측할 것을 권장하고 있긴 합니다만, 관찰 가능성이 애플리케이션에 대한 다른 요구사항들과 경쟁 관계에 있기 때문에 쉬운 일이 아니라는 것도 잘 알고 있습니다. 실용적인 관점에서 봤을 때, 파일럿 프로젝트의 성공 여부를 판단하기 위한 유용한 체크포인트로서 관찰 가능성이 충분히 확보되었는지 파악할 필요가 있습니다.

관찰 가능성 없이 맹목적으로 업무를 수행하는 팀으로부터는 과도한 재작업excessive rework이 발견될 수 있지만, 충분한 관찰 가능성을 확보한 팀에서는 예측 가능한 정보 전달력과 충분한 신뢰성을 발견할 수 있을 것입니다. 문화적 행동cultural behavior과 주요 결과key results 측면에서 이러한 마일스톤을 인식하는 방법을 살펴봅시다.

관찰 가능성 관행이 팀 내에서 기본적인 관행으로 자리 잡았다면 훌륭한 관찰 가능성을 가진 시스템 관리를 위해 필요했던 외부 개입은 최소화되고 일상적인 부분이 되어야 합니다. 시험이 준비되지 않은 새로운 코드를 상상할 수 없는 것처럼, 관찰 가능성을 실행하는 팀은 계측이 코드 리뷰 프로세스의 일부가 되도록 연동해야 합니다. 하루 업무를 마무리하면서 코드를 머지merge하고 노트북을 끄는 것이 아니라, 코드가 배포되었을 때 어떻게 동작하는지 보기 위해 관찰 가능성을 수행하는 것이 또 하나의 관행이 되어야만 합니다.

충분한 관찰 가능성을 확보한 팀이라면 프로덕션 환경에서의 코드 동작을 '다른 누군가의 문제'로 바라보지 않고, 제공된 기능이 실제 사용자들에게 어떤 효용을 제공하고 있는지를 직접 확인할 수 있다는 흥분에 들뜰지도 모릅니다. 모든 코드 리뷰는 코드 변경과 함께 제공되는 원격 측정 정보를 바탕으로 프로덕션 환경에 변경이 미칠 영향을 이해할 만큼 충분하고 적절한지 생각해봐야 합니다. 관찰 가능성은 비단 엔지니어에게만 국한되어서는 안됩니다. 변경에 따른 원격 측정 정보는 프로덕트 매니저와 고객 성공 담당자가 프로덕션 환경에서 받은 질문에 대해 답변할 수 있을 정도로 충분해야 합니다(20장 '관찰 가능성의 이해관계자와 조력자' 참조). 충분한 관찰 가능성 정보가 제공되고 있는지를 나타내는 두 가지 측정치가 있습니다. 하나는 프로덕션의 동작에 대한 일회성 데이터 요청 없이도 직접 정보를 찾을 수 있는지에 대한 개선 여부이고, 다른 하나는 어림짐작을 통한 제품 관리의 감소 여부입니다.

관찰 가능성으로부터 효용을 얻게 되면, 프로덕션 환경의 이해와 운영에 대한 자신감 수준이 높아집니다. 조직 전반에 걸쳐 해결되지 않은 '미스테리한' 사고 비율은 감소해야만 하며, 사고 감지와 해결 소요 시간도 줄어야 합니다. 그런데, 이 시점에서 성공을 측정하면서 흔히 저지르는 실수 중 하나는 감지된 전체 사고 수와 같은 얕은 메트릭을 과도하게 수집하는 것입니다. 이전에는 발견하기 어려웠던, 자칫 놓칠 수 있었던 사고를 살펴볼 수 있게 되는 것은 분명 프로덕션 환경에 대한 이해도가 높아지면서 얻을 수 있는 긍정적인 변화입니다. 다만, 이것은 이전에는 감지되지 않았던 문제를 지금은 더 완전히 이해할 수 있게 되었다는 관점으로 바라봐야 합니다. 엔지니어링팀이 문제를 이해하기 위해 보다 현대적인 관찰 가능성 도구를 사용하고 문제 해결의 주요한 방법으로 기존 도구에 의존하는 것이 줄어들었다면 어느 정도 균형점에 도달했다는 것을 깨달을 수 있게 될 것입니다.

데이터로 답변할 수 없는 새로운 문제를 만났을 때는 무엇이 잘못되었는지 추정하기보다는 시간을 갖고 원격 측정 데이터에 누락된 정보를 채워 나가는 것이 더 쉽다는 것을 알게 됩니다. 예를 들어 추적 스팬이 명확하지 않은 이유로 너무 오랜 지속 시간을 보이는 경우, 더 작은 단위의 작업을 포착하기 위해 스팬 내에 서브스팬subspan을 추가하거나 느린 동작이 촉발되는 지점을 파악하기 위해 새로운 속성을 추가할 필요가 있습니다. 구현이 추가되거나 코드의 노출 영역이 변경되면 관찰 가능성에 조금 더 주의를 기울여 바뀐 내용을 반영해야 합니다. 물론 그렇다 하더라도, 관찰 가능성 플랫폼을 올바로 선택했다면 전반적인 운영 부담과 TCO는 확실히 줄어들 것입니다.

요약

팀 내에서 관찰 가능성이 필요한 이유는 다양합니다. 치명적인 장애 대응의 일환으로 사후 대응적으로 도입하려는 것인지, 혹은 관찰 가능성의 부재가 팀의 혁신을 방해한다는 것을 깨닫고 적극적으로 도입하려는 것인지에 관계없이, 관찰 가능성 도입 과정에 비즈니스 사례를 만드는 것은 아주 중요합니다.

보안이나 시험 가능성과 마찬가지로 관찰 가능성도 지속적인 관행이 되어야 합니다. 코드를 변경 배포할 때 시험을 함께 수행해야 하는 것처럼 적절한 계측도 함께 제공되어야 합니다. 코드 리뷰는 보안 표준을 준수하는지 확인하는 것처럼 새로운 코드에 대한 계측도 적절한 관찰 가능성 표준을 달성하고 있는지 확인해야 합니다. 관찰 가능성은 지속적인 관심과 유지보수가 필요합니다만 문화적 행동과 주요 결과를 살펴봄으로써 관찰 가능성이 충분히 달성되었는지를 파악할 수 있습니다.

다음 장에서는 엔지니어링팀이 다른 내부 조직과 협력하여 관찰 가능성 문화의 채택을 가속화하는 방법을 살펴봅니다.

CHAPTER 20

관찰 가능성의
이해관계자와 조력자

이 책은 소프트웨어 엔지니어링팀에 관찰 가능성 사례를 소개하는 데 중점을 두고 있습니다. 그러나 조직 전반에 걸쳐 관찰 가능성을 채택하는 것은 엔지니어링팀만으로는 진행할 수도 없으며, 진행해서도 안 됩니다. 많은 이벤트 계측을 통해 확보된 원격 측정 데이터 세트에는 실제 서비스 동작에 대한 다양한 정보가 수집되어 있습니다.

관찰 가능성을 이용하면 임의의 질문에 대해 빠르게 답변을 제공할 수 있어서 조직 전반의 다양한 비엔지니어링non-engineering 이해관계자들과의 지식 격차를 메울 수 있습니다. 관찰 가능성 문화를 확산하기 위한 성공적인 전략은 엔지니어링 관련 팀과 협력 관계를 구축하여 이러한 격차를 줄이도록 돕는 것입니다. 이번 장에서는 관찰 가능성을 위한 엔지니어링 관련 사례와 관찰 가능성 채택을 함께 추진할 수 있는 팀을 살펴보고, 그러한 팀을 도와 관찰 가능성을 조직의 핵심 관행으로 만드는 데 필요한 추진력을 얻는 방법을 배울 것입니다.

20.1 비엔지니어링 관찰 가능성 요구사항의 식별

엔지니어링팀은 고객에게 가치를 전달하는 방법과 결합된 도구, 관행, 습관, 목표, 포부, 책임 및 요구사항을 갖고 있습니다. 어떤 엔지니어링팀은 소프트웨어 개발에 집중하고, 어떤 팀은 운영 업무에 집중합니다. 엔지니어링팀마다 서로 다른 강점이 있기 때문에 회사의 소프트웨어를 이용하는 사람들에게 훌륭한 고객 경험을 제공하는 것은 결코 '특정 조직이나 사람이 해낸

일'이 절대 아닙니다. 모두가 함께 만든 것이고 모두의 일입니다.

관찰 가능성도 비슷합니다. 지금까지 살펴본 것처럼 관찰 가능성은 소프트웨어에 대해 명문화 (코드, 문서, 지식기반, 블로그 포스트 등으로)되어 있거나 기대하는 동작과 실제 사용자들 입장에서 볼 수 있는 동작 사이의 차이를 빠르게 보여주는 일종의 렌즈 역할을 합니다. 관찰 가능성을 이용하면 특정 시점에 고객들이 소프트웨어를 사용하는 경험을 이해할 수 있습니다. 그 경험을 이해하고 개선하는 것은 모두가 함께 해나가야 하는 임무입니다.

엔지니어링팀은 여러 가지 이유로 관찰 가능성의 필요성을 느끼고 있습니다. 즉, 엔지니어링팀에서 필요성을 인식하기 전까지는 한동안 기능적인 격차가 존재할 수 있으며, 치명적인 장애가 발생하면 변화에 대한 욕구가 폭발적으로 늘어날 수 있습니다. 또는 파악하기 어려운 버그 추적을 위해 개발 리소스가 무한정 투입되면서 개발팀의 혁신 역량 발휘를 방해한다는 것을 깨닫는 등 보다 적극적으로 필요성을 인식하게 되는 경우도 있습니다. 두 가지 경우 모두 관찰 가능성 채택을 촉진하는 비즈니스 사례가 존재합니다.

마찬가지로, 비엔지니어링팀을 대상으로 관찰 가능성 채택을 하는 경우에도 어떤 비즈니스 사례를 지원할 것인지 스스로에게 질문을 해봐야 합니다. 실제로 특정 시점에 고객이 소프트웨어를 사용하면서 갖게 되는 사용자 경험을 이해해야 하는 비즈니스 사례에는 어떤 것이 있을까요? 조직 내에서 고객의 경험을 이해하고 향상시켜야 하는 사람은 누구인가요?

모든 팀이 관찰 가능성에 대한 전문성을 갖고 있지 않다는 것을 분명히 인식해야 합니다. 관찰 가능성에 전문성을 갖고 있는 엔지니어링팀 중에서도, 일부 팀은 훨씬 더 많은 코드를 작성하고 계측하는 작업을 수행하곤 합니다. 그러나 조직 내 대부분의 사람들이 현재 프로덕션 환경의 세부 상태를 분석하기 위해 관찰 가능성 데이터를 쿼리할 수 있게 되는 것과 관련이 있습니다.

관찰 가능성은 다양한 디멘션으로 데이터를 세분화 해주기 때문에, 개별 사용자나 사용자 그룹 혹은 전체 시스템의 동작을 이해하는 데 사용할 수 있습니다. 이렇게 분석된 데이터는 조직 내의 비엔지니어링 비즈니스팀의 질문에 대한 답변으로 다양하게 활용될 수 있으며, 필요한 경우 분석된 데이터를 바탕으로 추가 조사를 진행하기도 합니다.

관찰 가능성이 지원할 수 있는 비즈니스 사례에는 다음과 같은 내용들이 포함됩니다.

- 새로운 기능 채택 현황에 대한 이해
  : 어떤 고객이 새로 릴리스된 기능을 사용하나요? 새로운 기능에 관심 있다는 고객과 실제 사용하는 고

객 명단이 일치하나요? 새로운 기능 사용을 포기한 사람과 활발하게 기능을 사용하는 사람 간의 사용 패턴에 차이가 있나요?

- 새로운 고객의 성공적인 제품 사용 트렌드 파악

: 영업팀은 어떤 기능 조합이 잠재 고객에게 공감을 불러일으키는지 이해하고 있나요? 제품을 제대로 활용하지 못하는 사용자 간의 공통점이 있나요? 이런 문제점들을 어떤 식으로든 해결해야 할까요?

- 서비스 상태 페이지를 이용하여 서비스 가용성 정보를 고객과 내부 지원팀에 정확하게 전달

: 사용자가 장애를 신고했을 때 지원팀이 스스로 문제를 확인할 수 있도록 템플릿화된 쿼리를 제공할 수 있나요?

- 장단기 신뢰성 트렌드의 이해

: 소프트웨어 사용자들에 대한 신뢰성이 개선되고 있나요? 신뢰성 그래프 모양이 고객 불만과 같은 다른 데이터 소스와 일치하나요? 장애가 줄었나요 아니면 늘어났나요? 장애 복구 시간이 더 느려졌나요?

- 적극적인 이슈 해결

: 지원 티켓을 통해 많은 고객이 문제를 보고하기 전에, 고객에게 영향을 줄 수 있는 이슈를 찾아내고 해결할 수 있나요? 이슈를 적극적으로 해결하나요? 아니면 고객이 이슈를 찾아주기를 기다리고 있나요?

- 빠르고 신뢰할 수 있는 방식으로 고객에게 기능 제공

: 프로덕션으로 기능을 배포할 때 성능 이상치를 면밀히 관찰하고 수정하나요? 릴리스와 배포를 분리하여 새로운 기능의 릴리스가 광범위한 장애를 일으키지 않도록 할 수 있나요?

고객 경험을 이해하고 개선하는 것은 조직 구성원 모두의 일입니다. 애플리케이션의 가용성, 새로운 기능의 릴리스, 제품에 대한 사용 트렌드, 제공되는 디지털 서비스에 대한 사용자 경험을 신경 쓸 사람의 선정 등을 자문해 보면 비엔지니어링팀이 관찰 가능성에 대해 무엇을 요구하고 있는지를 식별할 수 있습니다.

조직 전반에 걸쳐 관찰 가능성 채택을 촉진하는 가장 좋은 방법은 관찰 가능성의 도입으로 큰 효용을 얻는 주변 팀을 만나보는 것입니다. 관찰 가능성을 이용하면 조직 내의 모든 사람들이 기술적 역량에 관계없이 계측된 데이터를 쉽게 활용하고, 그에 대해 편안하게 이야기할 수 있게 되어 고객 경험을 개선하는 데 도움이 되는 결정을 내릴 수 있게 됩니다.

요약해서 말하자면 관찰 가능성 데이터의 민주화입니다. 무슨 일이 일어나고 있는지 모두가 볼 수 있게 하고, 실제 사용자 환경에서 소프트웨어가 어떻게 동작하는지 모두가 확인할 수 있게 해야 합니다. 관찰 가능성 데이터를 먼저 사용하기 시작한 다른 팀과 마찬가지로, 질문에 대해 답을 얻는 방법을 알려주기 위해 기본 지침이나 교육이 필요할 수도 있습니다. 하지만 곧 팀마

다 자신들만의 독특한 관점과 질문을 가져오게 될 것입니다.

주변 팀의 이해관계자를 통해 질문에 대한 답변을 잘 찾고 있는지 확인합시다. 제대로 된 답변을 얻을 수 없는 경우, 새로운 계측을 추가하면 내일은 제대로 된 답변을 얻을 수 있을까요? 이해관계자들과 함께 계측을 반복하면 엔지니어링팀이 비즈니스의 다른 부분과 관련된 질문을 더 잘 이해할 수 있습니다. 이러한 협업 수준은 의사소통의 벽을 허무는 데 도움이 되는 일종의 학습 기회를 제공해 주기도 합니다.

보안 및 시험 가능성과 마찬가지로 관찰 가능성 또한 지속적인 관행으로 접근해야만 합니다. 코드 변경 시 적절한 시험이 제공되어야 하는 것처럼, 관찰 가능성을 실천하는 팀도 코드의 변경이 발생했을 때 적절한 계측을 함께 제공할 수 있도록 습관을 들여야 합니다. 코드 리뷰 시 보안 표준을 준수하는 것처럼 새로운 코드에 대한 계측이 적절한 관찰 가능성 표준을 지키고 있는지도 확인해야 합니다. 또한 이러한 리뷰는 비즈니스 기능을 지원하기 위한 계측이 코드베이스에 추가되는 경우, 비엔지니어링 비즈니스 조직의 요구사항이 포함되어 있는지 확인할 수 있도록 준비되어야 합니다.

관찰 가능성은 지속적인 관심과 유지 관리가 필요하지만, 이번 장에 설명된 문화적 행동과 주요 결과를 찾아봄으로써 적절한 수준의 관찰 가능성이 달성되었는지를 알 수 있습니다.

20.2 실무에서 관찰 가능성 조력자 만들기

관찰 가능성이 비즈니스 문제 해결에 도움이 될 수 있는 지식 격차를 인식하는 방법을 배웠으니 다음 단계로, 여러 이해관계자와 협력하여 지식 격차를 어떻게 인식할 수 있는지 알아봅시다. 관찰 가능성 채택을 위한 노력은 공유된 책임과 워크플로로 인해 다른 주변 팀(예: 지원팀)으로 확산되기 전에 엔지니어링팀에서부터 시작되는 경우가 많습니다. 비교적 적은 작업만으로도 관찰 가능성 채택이 어느 정도 잘 진행되고 있다면, 다른 이해관계자(금융이나 영업, 마케팅, 제품 개발, 고객 성공, 집행부 등)에게 연락하여 실제 고객의 애플리케이션 사용에 대해 무엇을 이해할 수 있는지 보여줄 수도 있습니다.

이해관계자들에게 관찰 가능성 데이터를 이용해 비즈니스 목표를 달성하는 방법을 보여줌으로써 수동적인 이해관계자들을 관찰 가능성 채택 프로젝트에 관심을 가진 적극적인 조력자로 탈

바꿈시킬 수 있습니다. 조력자들은 단순히 상황을 지켜보거나 최신 개발 상황에 대한 정보를 듣기만 하는 것이 아니라, 프로젝트에 대한 요구사항을 적극적으로 지지하고 우선시할 것입니다.

이러한 방법에는 정도가 없으며, 각각의 비즈니스가 당면하고 있는 고유한 과제에 따라 달라집니다. 그럼에도 불구하고, 이번 절에서는 일상 업무에 관찰 가능성 원칙을 적용해 관찰 가능성 채택 과제를 지원해 주는 조직적인 조력자를 만드는 몇 가지 예를 살펴보겠습니다.

20.2.1 고객 지원팀

이 책에서 다루고 있는 대부분의 내용은 프로덕션 환경의 애플리케이션을 디버깅 하기 위해 사용 되는 엔지니어링 사례에 관한 것입니다. 대규모 조직들은 전사적으로 데브옵스^{DevOps}나 SRE 모델을 따르고 있다 하더라도 일반적인 문제 해결이나 관리, 그리고 기술적인 질문에 대한 답변을 제공하기 위해 적어도 하나 이상의 전담팀을 이용해 최전방에서 고객 지원을 수행합니다.

고객 지원팀은 보통 엔지니어링팀이나 운영팀에서 정보를 공유할 준비가 되지 않았더라도 시스템에서 발생하고 있는 이슈를 알고 싶어합니다. 이슈가 발생하면 고객이 바로 알아차릴 수 있기 때문입니다. 일반적으로 고객들은 지원팀에 연락하기 전에 브라우저를 다시 띄우거나 요청을 다시 보내보곤 합니다. 이러한 시간을 활용하는 데에는 자동 복구^{auto-remediations}가 유용합니다. 이상적인 경우, 이슈는 작은 해프닝 정도로 고객에게 인식됩니다. 하지만 지속해서 이슈가 발생하면 온콜 엔지니어를 호출하여 대응해야 합니다. 그렇게 되면 일부 고객들은 단순한 실수 이상의 문제라는 것을 알아차릴 수도 있습니다.

기존의 모니터링 체계에서는 이슈 탐지까지 수분 이상이 걸린 뒤에야 온콜 엔지니어가 대응하여 이슈를 분류하고 사고를 선언합니다. 그리고 나서 지원팀이 볼 수 있는 대시보드가 업데이트되어 애플리케이션에 이슈가 발생했다는 것이 표시됩니다. 그 사이에 지원팀은 여러 가지 방식으로 나타나는 고객 문제에 대해 설명을 듣고, 나중에 선별하여 수작업으로 해결해 두어야 하는 이슈 티켓들을 맹목적으로 일단 쌓아둡니다.

관찰 가능성을 이용하면 지원팀에 몇 가지 옵션이 생깁니다. 가장 쉽고 간단한 옵션으로는 고객 영향이 있는 이슈가 감지되었는지를 파악하기 위해 SLO 대시보드를 슬쩍 살펴보는 것입니다 (12장 '신뢰성을 위한 SLO의 활용' 참조). 기존의 모니터링에 비하면 훨씬 세부적이고 유용한 피드백을 빠르게 제공하긴 하지만 완벽하지는 않습니다. 근래의 시스템들은 모듈화^{modular}되어 있고 탄력적^{resilient}일뿐 아니라 자가 치유^{self-healing}가 가능하기 때문에 장애가 발생했다, 발생하지 않았다고 이분법적으로 판단할 수 있는 경우가 드뭅니다. 전체 서비스가 살았거나 죽었다고 보기보다는 '유럽 지역의 안드로이드 사용자들의 장바구니 결제 실패가 50% 이상'이라던가 '새로운 ACL 기능을 활성화 해둔 고객만 부분적인 장애를 겪음'처럼 이야기하는 경우가 많습니다.

고객이 보고한 이슈를 관찰 가능성을 이용해 디버깅할 수 있게 하면 지원팀이 더 적극적으로 고객의 이슈에 대응할 수 있게 됩니다. 가령 "고객ID가 5678901인 고객의 현재 트랜잭션은 어떤가요?"라던가 "유럽에서 안드로이드 기기를 이용해 장바구니 기능을 이용했나요?", "접근 제어 리스트^{access control list}(ACL)를 활성화했나요?"와 같은 질문을 할 수 있게 됩니다. 지원팀은 이런 식으로 접수된 지원 요청이 알려진 이슈와 관계되어 있는지 확인하고 적절히 처리할 수 있습니다. 관찰 가능성 도구와 관련하여 충분한 수준의 지식과 교육을 받은 경우, 충분치 못한 파라미터를 갖는 SLI를 사용하는 것처럼 자동으로 탐지되기 어려운 새로운 이슈도 식별할 수 있습니다.

20.2.2 고객 성공팀과 제품팀

제품 중심의 조직에서는 고객 성공팀^{customer success teams}을 어렵지 않게 찾을 수 있습니다. 고객 지원팀이 이슈를 겪고 있는 고객을 돕는 사후 대응적인 접근 방법이라면, 고객 성공팀은 제품을 효과적으로 사용할 수 있도록 함으로써 고객이 문제를 겪지 않도록 돕는 적극적인 접근 방법입니다. 고객 성공팀은 제품의 사용 시작부터 계획, 훈련, 업그레이드 지원 등과 같은 다양한 영역에서 고객에게 도움을 제공하고자 합니다.

고객 지원팀과 고객 성공팀은 매일 고객의 피드백을 직접 듣습니다. 두 팀 모두 애플리케이션의 어떤 부분에서 사용자의 불만이 가장 많이 나오는지 알고 있습니다. 하지만 고객 불만이 가장 많이 나오는 지점을 해결하는 것이 정말로 고객의 전반적인 성공 여정에 중요한 부분일까요?

예를 들어, 새롭게 릴리스한 기능은 고객들로부터 큰 호응을 얻지 못할 수 있습니다. 왜일까요? 이 기능을 쓰고 있는 사용자들은 그저 시험을 하는 것일까요? 아니면 제품 워크플로의 일부로서 어쩔 수 없이 사용하는 것일까요? 언제, 어떻게, 어떤 파라미터로 기능이 사용되나요?

또 어떤 이벤트 순서로 사용되고 있나요?

관찰 가능성 솔루션을 통해 포착된 이벤트 데이터의 형식은 제품이 활용되는 방식을 이해하는 데 유용합니다. 특히 제품팀에게는 아주 유용합니다. 제품팀과 고객 성공팀은 실제 고객들이 이용할 때 회사의 소프트웨어가 어떻게 동작하는지 이해하는 것에 지대한 관심을 갖고 있습니다. 관찰 가능성 데이터를 관련된 디멘션에 대하여 임의로 세분화할 수 있으면 프로덕션 환경에서 동작하는 제품의 가용성과 탄력성을 지원하는 것을 넘어, 유용함을 보여줄 수 있는 흥미로운 패턴도 찾을 수 있게 됩니다.

뿐만 아니라, 제품의 특정 기능에 대한 제공 종료 날짜가 확정되면 고객 성공팀은 관찰 가능성 데이터를 이용해 어떤 사용자가 해당 기능을 여전히 활발하게 사용하고 있는지 확인할 수 있습니다. 새로운 기능이 채택되고 있는지를 측정하고, 제품 종료 일정에 영향받을 수 있지만 다른 이슈로 제품 종료 대응에 어려움을 겪는 고객을 적극적으로 도울 수 있습니다.

또한 고객 성공팀은 현재의 사용 패턴을 분석하여 어떤 특성이 새로운 제품 기능의 활성화를 위한 신호가 될 수 있는지를 파악할 수 있습니다. 데이터에서 성능 이상치outlier를 찾을 수 있는 것처럼 관찰 가능성을 이용해 성능 데이터로부터 제품 기능 채택에 대한 이상치도 찾을 수 있습니다. 어떤 디멘션에 대해 임의로 데이터를 세분화하면 어떤 사용자가 특정한 요청을 일반적인 경우보다 많이 보내고 있는지를 그렇지 않은 사용자의 데이터와 비교할 수 있습니다. 이렇게 사용자를 구분하는 요인으로는 어떤 게 있을까요?

예를 들어, 새롭게 릴리스한 분석 기능을 사용하는 사용자와 그렇지 않은 사용자들 사이에는 맞춤형 보고서 생성 기능 사용률에 10배 정도 차이가 있는 것을 발견할 수 있습니다. 분석 기능의 채택률을 높이는 것이 목표라면 고객 성공팀은 고객이 맞춤형 보고서를 생성하는 심화 과정을 포함하여 분석 기능을 사용하는 이유와 방법을 보여주는 교육 자료를 작성하여 대응할 수 있습니다. 또한 워크샵 전후로 교육의 효용성을 측정함으로써 원하는 교육 효과를 거두었는지도 측정할 수 있습니다.

20.2.3 영업팀과 경영팀

영업팀도 관찰 가능성 채택을 위한 노력을 도와주는 훌륭한 조력자입니다. 회사의 조직 구조에 따라 다를 수 있지만 엔지니어링팀과 영업팀은 함께 일할 기회가 많지 않습니다. 그렇지만 영업팀은 관찰 가능성 채택을 추진하는 데 있어서 가장 강력한 힘을 가진 조력자가 될 수 있습니다. 영업팀은 외부 고객에게 판매해야 하는 제품의 기능을 이해하고 지원하는 것에 아주 많은 관심을 갖고 있습니다.

영업팀은 고객에게 제품을 소개하거나 시연하는 동안 받은 반응을 전달하여 시장에서 제품의 어떤 부분이 공감을 일으키는지를 이해하도록 해줍니다. 정성적 이해qualitative understanding[1]는 필요한 트렌드를 발견하고 더 높은 판매 목표를 달성하기 위해 필요한 가설을 세울 때 유용합니다. 반면 관찰 가능성 데이터로부터 얻을 수 있는 정량적 분석quantitative analysis 유형은 판매 실행 전략을 정보화하고 검증할 때 유용합니다.

예를 들어, 다음과 같은 질문을 받았다고 생각해 봅시다. 어떤 고객이 어떤 기능을 얼마나 자주 사용하나요? 어떤 기능이 가장 많이 사용되며 가장 높은 가용성 대상이 되어야 할까요? 전략 고객들이 가장 신뢰하는 기능을 무엇이고 어느 시점에 사용하나요? 영업 시연 시 가장 많이 사용되기 때문에 항상 문제 없이 동작해야 하는 기능은 무엇일까요? 잠재 고객들이 가장 흥미로워해서 항상 빠르게 동작해야 하는 기능은 무엇일까요?

관찰 가능성 데이터를 이용하면 이런 질문들에 대해 답변할 수 있습니다. 이러한 답변은 영업 활동에 도움이 될 뿐 아니라 어디에 전략적인 투자를 수행할 것인지와 같은 비즈니스 의사결정의 핵심이기도 합니다.

경영진은 비즈니스에 가장 큰 영향을 미칠 수 있는 방법을 확실히 이해하고 싶어 하기 때문에 관찰 가능성 데이터가 도움이 될 수 있습니다. 올해 디지털 비즈니스를 수행함에 있어 가장 중요한 것은 무엇인가요? 가령, 어떤 엔지니어링 분야에 투자하면 영업 활동에 도움이 될 수 있을까요?

엔지니어링의 전략적 비즈니스 목표를 표현하는 기존의 하향식 지휘통제 접근 방법은 다소 모호할 수 있고(예: 가능한 100%에 가깝게 가용성을 확보한다) 그렇게 하기 위한 방법과 이유에 연관 관계가 없는 경우가 많습니다. 대신 관찰 가능성 데이터를 이용해 이러한 관계를 파악함으로써, 사용자 경험, 아키텍처, 제품 기능, 이를 사용하는 팀을 통해 기술적인 용어로 목표를 표현할 수 있습니다. 목표를 일반적으로 통용되는 언어를 이용해 명확하게 정의함으로써 여러 팀 사이에 조직적인 협업을 이끌어낼 수 있습니다. 정확히 어디에 투자할 것인가요? 누가 영향

---

1 옮긴이_ 사회현상이나 경험 등을 바탕으로 심층적으로 해석하고 이해하는 방법을 이야기합니다.

을 받게 되나요? 가용성과 신뢰성 목표를 달성하기 위해 적절한 수준의 엔지니어링 투자가 집행되었나요?

20.4 관찰 가능성 도구와 비즈니스 인텔리전스 도구의 차이점

이전 절을 읽으면서 비즈니스 인텔리전스business intelligence(BI) 도구가 동일한 역할을 해줄 수 있는 것은 아닌가 하는 생각을 해봤을지도 모릅니다. 실제로 지금까지 설명한 회사의 다양한 조직과 요구사항에 대해 이해한 것을 생각해보면 BI의 이용 사례와 크게 다르지 않아 보입니다. 만약 그렇다면 왜 그냥 BI 도구를 사용하지 않는 것일까요?

BI 도구는 온라인 분석 처리(OLAP), 모바일 BI, 실시간 BI, 운영 BI, 지역 기반, 데이터 시각화와 차트 매핑, 대시보드를 만들기 위한 도구, 빌링 시스템, 애드혹ad-hoc 분석과 쿼리, 엔터프라이즈 보고 등으로 구성되어 있기 때문에 쉽게 일반화하기 어렵습니다. 대상이 되는 데이터가 지목되면 어떤 도구에서든 최적화되어 분석될 것입니다. 이러한 도구를 강화시켜주는 데이터 웨어하우스의 특성도 일반화하기 어렵습니다만, 적어도 이러한 데이터는 비휘발성nonvolatile이고 시간에 따라 변화하며 원시 데이터, 메타 데이터, 요약 데이터를 포함하고 있습니다.

BI 도구는 매우 일반화되어 있는 반면에 관찰 가능성 도구는 특정한 이용 사례에 완전히 특화된 경우가 많으며, 이용 사례는 코드, 인프라, 사용자, 시간의 교차점을 이해하는 것과 관련되어 있습니다. 관찰 가능성 도구가 만들어내는 몇 가지 트레이드오프에 대해 살펴봅시다.

20.4.1 쿼리 실행 시간

관찰 가능성 도구는 짧게는 1초 미만, 길어도 수초 이내에 쿼리를 수행할 수 있을 정도로 빠르게 동작해야 합니다. 관찰 가능성의 핵심 원칙은 탐색 가능성explorability입니다. 왜냐하면 찾고자 하는 것을 항상 알고 있을 수는 없기 때문입니다. 똑같은 쿼리를 반복적으로 수행하는 데 낭비하는 시간을 줄이고, 조그만 단서들을 추적하는 데 더 많은 시간을 할애해야 합니다. 조사를 진행하면서 결과가 출력될 때까지 기다리는 동안에 생기는 혼란은 전체 생각의 흐름을 끊을 수 있습니다.

이에 반해 BI 도구는 보고서를 실행하거나 반복적으로 사용되는 복잡한 쿼리 작성에 최적화되어 있습니다. 이러한 데이터는 실시간으로 필요한 것이 아니고, 다른 도구나 시스템에 전달될 목적으로 추출되는 것이기 때문에 실행에 다소 시간이 오래 걸려도 상관없습니다. 일반적으로 비즈니스 운영에 대한 결정을 내리기 위해서는 몇 주, 몇 달, 혹은 몇 년에 걸쳐 측정된 데이터를 활용하지, 몇 초 혹은 몇 분 동안 측정된 데이터를 활용하지는 않습니다. 전략적인 비즈니스 결정을 몇 초 단위로 내린다면, 무언가 심각하게 잘못되고 있는 것입니다.

20.4.2 정확도

한 가지 관찰 가능성 워크로드만을 선택해야만 한다면, 결과를 빠르게 응답하는 것보다는 완벽하게(정확도가 아주 높다는 가정하에) 응답하는 것이 더 좋습니다. 반복 조사가 필요한 경우 1분동안 100%의 데이터를 스캔하는 대신 1초 동안 99.5%의 결과를 스캔하는 것이 더 좋습니다. 이것은 완벽하지 않으며서 다소 취약한 네트워크에 구축된 대규모로 병렬화된 분산 시스템에서 불가피하게 발생하는 현실적이고 일반적인 트레이드오프입니다(18장 '파이프라인을 이용한 원격 측정 관리' 참조).

17장에서 살펴본 것처럼 규모에 따른 관찰 가능성 달성을 위해 특정한 형태의 동적 샘플링이 종종 사용됩니다. 두 가지 접근 방법 모두 엄청난 성능 향상을 위해 약간의 정확성을 희생합니다. BI 도구와 비즈니스 데이터 웨어하우스의 경우, 샘플링이나 '거의 정확한close to right' 접근 방법은 모두 금지되어 있습니다. 데이터를 추출하는 데 시간이 얼마나 걸리든지와 상관없이 언제나 정확한 결과를 뽑아내야 하는 빌링billing이 대표적입니다.

20.4.3 최신성

관찰 가능성 도구를 이용해 답변한 질문들은 최신성recency에 대한 강한 편향이 있기 때문에 가장 중요한 데이터는 보통 가장 최근의 데이터입니다. 프로덕션 환경에서 무언가 발생한 시점과 그 결과를 쿼리할 수 있는 시점 사이의 지연이 수초 이상이면 안됩니다. 특히, 사고를 조사할 때는 더욱 그렇습니다.

지난 몇 달 동안의 데이터는 사라질 수 있어서 세세한 개별 요청보다는 집계된 데이터나 트렌드 관점에서 과거 이벤트에 더 관심을 두고자 하는 경향이 있습니다. 그리고 정말로 세부적인 요청이 필요하다면, 해당 데이터를 찾는 데 더 많은 시간이 들더라도 이해해야 합니다. 하지만 최신 데이터라면, 쿼리 결과는 원시적이고 많은 정보를 담고 있는 동시에 최신 상태여야 합니다.

BI 도구는 일반적으로 이러한 스펙트럼의 반대편에 위치합니다. BI 도구상에서 데이터를 처리하는 데 시간이 더 걸리는 것은 보통 문제가 되지 않습니다. 필요하다면 최근의 데이터를 캐시하여 성능을 증가시키거나 오래된 데이터의 전처리, 인덱싱, 집계 등을 통해 성능을 높일 수도 있습니다. 하지만 보통 BI 도구를 이용하면 데이터 전체의 충실도를 사실상 영원히 유지하려는 경향이 강합니다. 관찰 가능성 도구를 이용하는 경우 5년 전에 일어난 일은 물론이고 2년 전에 일어난 일도 찾을 이유가 전혀 없습니다. 현대의 BI 데이터 웨어하우스는 데이터를 영구적으로 저장하고 그 크기도 무한히 증가할 수 있도록 설계되어 있습니다.

20.4.4 데이터 구조

관찰 가능성 데이터는 넓고 정형화된 임의의 데이터 덩어리로부터 만들어 집니다. 서비스별로 요청당 하나의 이벤트가 발생하거나 오랫동안 실행되는 배치 프로세스의 경우 각 폴링 주기 polling interval에 대해 하나의 이벤트가 발생합니다. 관찰 가능성은 어떤 시점에 무슨 일이 일어났는지에 대한 답변을 할 수 있어야 한다는 요건이 있기 때문에 가능한 이벤트에 대한 많은 세부 사항을 추가해야 하고 가능한 많은 문맥을 제공해야 합니다. 이렇게 함으로써 문제를 분석하는 사람이 나중에 관련성이 있는 정보를 찾아낼 수 있습니다.

따라서, 관찰 가능성 워크로드의 스키마 schemas는 사후에 추론되어야 하고, 언제든 새로운 디멘션을 보내거나 기존 디멘션의 전송을 중지함으로써 즉시 변경될 수 있어야 합니다. 마찬가지로 인덱스도 도움이 되지 않습니다(16장 '효율적인 데이터 스토리지' 참조).

이와는 반대로 BI 도구는 대량의 구조화되지 않은 데이터를 정형화하고 쿼리 가능한 형태로 바꿉니다. BI 데이터 웨어하우스는 정형화된 스키마나 사전에 정의된 스키마 없이는 통제하기 어려운 혼란에 빠질 수 있습니다. 즉, 시간에 따른 유용한 분석을 수행하기 위해서는 일관된 스키마가 필요합니다. 그리고 BI 워크로드는 대시보드와 같은 것을 제공하기 위해 반복적으로 동일한 질문을 하는 경향이 있습니다. BI 데이터는 인덱스, 복합 인덱스, 요약 등을 통해 최적화할 수 있습니다.

BI 데이터 웨어하우스는 데이터가 영구적으로 증가할 수 있다는 것을 전제로 설계되었기 때문에 사전에 정의된 스키마를 바탕으로 예측 가능한 비율로 데이터가 증가하는 것이 중요합니다. 반면, 관찰 가능성 데이터는 빠른 피드백과 유연성을 위해 설계되었으므로 즉시성immediacy이 예측 가능성predictability보다 훨씬 더 중요합니다.

20.4.5 시간 범위

관찰 가능성 도구와 BI 도구 모두 세션session 개념 혹은 추적trace 개념을 갖고 있습니다. 관찰 가능성의 추적은 초 단위, 혹은 길어봐야 분 단위로 측정되는 시간 범위로 제한됩니다. 반면 BI 도구는 장기적인 처리가 필요하거나 완료까지 짧게는 며칠 길게는 몇 주가 걸릴 수도 있는 추적을 다룹니다. 이렇게 긴 기간 동안 처리되는 추적은 일반적으로 관찰 가능성 도구가 지원하는 이용 사례는 아닙니다. 관찰 가능성 도구에서 장시간 실행되어야 하는 작업은 보통 단일 추적이 아니라 폴링 프로세스polling process를 이용해 처리합니다.

20.4.6 일시성

요약하자면 디버깅 데이터는 본질적으로 비즈니스 데이터에 비해 일시적ephemeral일 수밖에 없습니다. 예를 들면, 2년 전에 기록된 특정한 트랜잭션이나 빌링 정보를 뽑아보고 싶은 경우는 얼마든지 생길 수 있습니다. 그러나 2년 전 특정한 사용자의 요청이 발생했을 때 서비스A와 서비스B 사이의 지연 시간이 높았는지를 보고 싶은 경우는 드뭅니다.

하지만 서비스A와 서비스B 사이의 지연 시간이 지난 1~2년간 증가하였는지, 혹은 95퍼센타일의 지연 시간이 늘어나고 있는지를 파악하고 싶을 수 있습니다. 흔히 있을 수 있는 질문이지만 BI 도구나 데이터 웨어하우스, 혹은 관찰 가능성 도구로 쉽게 답변할 수 있는 성격의 질문은 아닙니다. 과거의 성능 데이터를 집계하는 것은 우리의 오랜 친구인 모니터링의 전문 영역입니다(9장 '관찰 가능성과 모니터링의 공존' 참조).

20.5 실무에서 관찰 가능성과 BI 도구 함께 사용하기

BI 도구는 다양한 형태로 제공되며, 주로 재무, 고객 관계 관리customer relationship management (CRM), 전사적 자원 관리enterprise resource planning (ERP), 마케팅 유입 경로 혹은 공급망 시스템supply chain system (SCM)등의 시스템으로부터 비롯된 비즈니스 메트릭을 분석하기 위해 설계되어 있습니다. 이러한 메트릭은 많은 엔지니어를 통해 대시보드와 보고서로 만들어집니다. 하지만 애플리케이션 서비스 경험이 중요한 기술 중심의 회사에서는 BI 시스템이 제공하고자 하는 정보보다 더 세부적인 내용을 필요로 하는 경우가 많습니다.

BI 도구가 제공하는 메트릭은 주 단위나 월 단위로 비교적 긴 기간에 대해 보고되는 경우가 많습니다. 가령 BI 도구는 2월 한 달 동안 가장 많이 사용된 기능이 무엇인지 이해하도록 도와줍니다. 관찰 가능성 도구는 개별 요청 수준으로 훨씬 더 많이 세분화된 기능을 제공할 수 있습니다. 관찰 가능성과 모니터링을 함께 사용하면 상호 보완적이 되는 것과 마찬가지로, 관찰 가능성을 비즈니스 인텔리전스와 함께 사용함으로써, 미시적micro 수준의 데이터를 통해 거시적macro 수준의 관점을 만들수 있게 됩니다.

BI 도구는 집계된 메트릭에 의존하고 있기 때문에 비즈니스에 대한 아주 큰 그림만을 볼 수 있도록 시야가 고정된다는 한계가 있습니다. 이런 관점은 전반적인 비즈니스 트렌드 시각화에는 도움이 됩니다만 이번 장의 초반에 살펴봤던 제품의 사용이나 사용자 행동과 같은 질문에 답을 해야 할 때는 도움이 되지 않습니다.

관찰 가능성 도구를 여러 부서와 공유하는 것은 하나로 통일된 언어를 사용하도록 촉진하는 훌륭한 방법입니다. 관찰 가능성은 운영 엔지니어부터 경영진까지 모두가 이해할 수 있도록 서비스나 API 같은 추상화 수준에서 데이터를 포착합니다. 엔지니어는 이러한 공유를 통해 비즈니스의 언어로 그들의 모델을 설명하는 방법을 알게 되고, 비즈니스 조직의 사람들은 그동안 보아온 추상화된 사용자 개념을 넘어서 더 넓고 실제적인 제품 사용자들의 여러 가지 이용 사례를 인식하게 됩니다.

요약

관찰 가능성을 통해 실제 소프트웨어를 사용하는 고객들의 경험을 이해할 수 있습니다. 비즈니스와 관련된 많은 팀이 고객의 경험을 이해하고 개선하거나 추가 투자를 하는 것에 많은 관심이 있기 때문에, 관찰 가능성을 통해 조직 내의 여러 팀들이 그들의 목표를 달성하는 것을 도울 수 있습니다.

엔지니어링팀 이외에 제품이나 지원, 고객 성공과 같은 팀들은 조직 전반에 걸쳐 관찰 가능성 채택 움직임을 가속화 해줄 수 있는 훌륭한 조력자가 될 수 있습니다. 영업이나 경영과 같은 비기술적인 팀들도 약간의 지원을 해주면 관찰 가능성 채택에 대한 조력자가 될 수 있습니다. 이번 장에서 언급한 팀들은 예시일 뿐이며 절대적인 기준이 아닙니다. 바라건대 이번 장의 내용을 바탕으로 관찰 가능성 데이터를 사용하여 더 나은 정보를 얻고, 원하는 결과를 달성할 수 있는 비즈니스팀의 유형에 대해 생각해 보길 바랍니다. 비즈니스팀이 목표를 달성할 수 있도록 도움으로써 관찰 가능성 채택 노력이 조금 더 조명 받을 수 있도록 도와줄 수 있는 이해관계자와 조력자들을 만들 수 있습니다.

다음 장에서는 관찰 가능성 채택 성숙도 곡선을 바탕으로 조직의 전반적인 관찰 가능성 채택 상황을 측정하는 방법을 살펴보겠습니다.

CHAPTER **21**

관찰 가능성 성숙도 모델

관찰 가능성 문화의 확산은 진행 상황을 측정하고, 투자 대상 영역의 우선순위를 정할 수 있도록 계획을 수립해 추진해야만 제대로 달성할 수 있습니다. 이번 장에서는 관찰 가능성의 효용과 구체적인 기술 단계를 넘어 관찰 가능성 채택의 진척도를 평가하는 기준으로 삼기 위한 관찰 가능성 성숙도 모델Observability Maturity Model을 소개합니다. 그리고 조직이 관찰 가능성 채택을 촉진하는 방법을 평가하고 우선순위를 정하기 위해 필요한 주요 능력key capabilities에 대해 알아봅니다.

21.1 성숙도 모델에 대한 기본적인 이해

1990년대 초반 카네기 멜론 대학의 소프트웨어 엔지니어링 연구소에서는 여러 공급 업체가 소프트웨어 개발 프로젝트를 효과적으로 수행하는 능력을 평가하기 위한 방법으로 능력 성숙도 모델Capability Maturity Model[1]을 발표했습니다. 이 모델은 성숙도의 점진적인 단계와 특정 공급 업체의 프로세스가 각 단계에 얼마나 잘 부합하는지를 평가하기 위해 사용되는 분류 체계를 정의합니다. 평가 결과는 구매 결정purchasing decisions이나 참여 모델engagement models, 그외 기타 프로젝트 수행에 필요한 여러 가지 활동에 영향을 줍니다.

이후 능력 성숙도 모델은 사용이 늘어나면서 소프트웨어 마케팅 산업에서 어느 정도 사랑받는

---

1 https://oreil.ly/zc9DP

모델로 자리 잡았습니다. 오늘날 성숙도 모델은 구매 결정이라는 범위를 훨씬 넘어서 조직의 관행을 모델링하는 일반적인 방법으로도 사용되고 있습니다. 연구소에 따르면 성숙도 모델은 조직이 갖고 있는 능력을 다른 조직과 비교하여 프로파일링profile하거나 향후 목표로 삼는 관행들을 평가할 때도 도움이 됩니다. 그렇지만 성숙도 모델에도 한계가 있습니다.

조직의 관행 측정 시 소프트웨어 엔지니어링팀의 성과 수준에는 상한선이 없습니다. 절차proce-dures와 달리 관행practices은 지속적으로 진화하고 개선되는 최첨단 기술이기 때문입니다. 특정 시점 기준으로 성숙도 모델이 최고 수준에 도달했다라고 표현할 수 있긴 하지만, 이 말의 표면적인 의미와 달리 성숙도는 완벽할 수 없으며 종착점도 없습니다. 게다가 최종 상태는 모델이 만들어질 당시에 알려진 것들만 반영된 정적인 스냅숏이고, 종종 모델 작성자의 편견이 많이 포함되어 있기도 합니다. 목표와 우선순위는 바뀔 수 있으며, 더 나은 접근 방법이 계속 발견됩니다. 더 중요한 것은 각각의 접근 방법이 조직마다 다를 수 있기 때문에 일반적인 방법으로는 점수를 매길 수 없습니다.

성숙도 모델을 살펴볼 때 모든 조직에 일률적으로 적용할 수 있는 성숙도 모델은 존재하지 않는다는 것을 기억합시다. 대신, 조직의 요구사항과 달성하고자 하는 결과를 비판적이고 체계적인 방식으로 평가함으로써 조직에 적합한 접근 방법을 만들기 위한 출발점으로써 활용할 수 있습니다. 성숙도 모델은 장기적인 이니셔티브 추진 시 유용할 수 있는 실제적이고 측정 가능한 목표를 식별하고 정량화하도록 도와줍니다. 조직 내에서 성숙도 모델에 대한 가설을 시험하고 주어진 제약 조건에서 실행 가능한 방법과 그렇지 못한 방법을 평가하기 위해 가설을 수립하는 것이 중요합니다. 이러한 가설과 성숙도 모델은 시간이 지나면서 더 많은 데이터를 활용할 수 있게 되면 지속적으로 개선해야 합니다.

21.2 관찰 가능성 성숙도 모델이 필요한 이유

소프트웨어의 개발 및 운영과 관련하여 엔지니어링팀이 높은 생산성을 갖도록 하는 방법이 공식적으로 문서화되어 있는 경우는 많지 않습니다. 대신, 개별 기업의 독특한 문화를 바탕으로 선배 엔지니어가 후배 엔지니어에게 비공식적으로 노하우를 전수하는 경우가 많습니다. 각 기업의 이러한 지식 공유 방법은 'Etsy way'[2], 'Google way'처럼 기업명이 들어간 엔지니어링 철학 혹은 일련의 습관으로 알려지면서 시장의 많은 관심을 받기 시작했습니다. 이것은 동일한 철학을 갖고 일하는 사람들에게는 익숙할지 모르지만 그렇지 않은 사람들에게는 마치 종교의 이단heretical처럼 느껴지기도 했습니다.

종합적으로, 이 책의 집필진은 많은 팀의 성공과 실패를 60년 이상 지켜봐 왔습니다. 다양한 형태와 크기, 그리고 위치에 있는 조직이 올바른 문화를 채택하고 필수 기술에 집중하면서 고성과high-performing팀을 성공적으로 구성하는 것을 보았습니다. 소프트웨어 엔지니어링의 성공은 실리콘밸리에 살 만큼 운 좋은 사람들이나 FAANG(페이스북, 아마존, 애플, 넷플릭스, 구글의 영문 표기 첫 글자를 모은 단어)에서 일한 경험이 있는 사람들에게만 일어나는 것이 아닙니다. 팀이 어느 지역에 있든지 이전에 어떤 회사에서 일했든지 간에 관계없습니다.

이 책에서 이야기하고 있는 것처럼 프로덕션 환경의 소프트웨어 시스템은 사회 기술적인 문제를 안고 있습니다. 관찰 가능성 도구를 이용해 소프트웨어 시스템의 기술적인 문제를 해결할 수는 있지만, 기술적인 문제 이외에도 고려해야 할 다른 요소들이 있습니다. 관찰 가능성 성숙도 모델은 그런 관점에서 엔지니어링 조직의 문맥과 제약 사항, 그리고 목표를 함께 고려합니다. 관찰 가능성의 기술적, 사회적 특징은 모델을 통해 식별된 각 팀의 특성과 역량에 영향을 줄 수 있기 때문입니다.

성숙도 모델이 광범위하게 적용되기 위해서는 조직의 혈통이나 사용하는 도구에 구애받지 않아야 합니다. 특정한 소프트웨어 솔루션이나 세부적인 기술 구현을 이야기하는 대신, 인간의 관점에서 성숙도 모델 적용 여정의 효용과 비용에 초점을 맞춰야 합니다. '여러분이 이 분야에 취약한지를 어떻게 알 수 있나요?' '특정 분야에서 좋은 성과를 거두고 있는지 어떻게 알 수 있고, 다른 분야의 개선에 우선순위를 두는 게 더 나은지는 어떻게 알 수 있나요?'

관찰 가능성을 채택한 여러 팀의 경험을 토대로 보자면, 관찰 가능성을 적용했을 때 프로덕션 환경과 상호 작용하는 것에 대한 자신감이 증가하고, 새로운 제품 기능의 개발에도 더 많은 시간을 할애할 수 있게 되는 것과 같은 일반적인 질적 추세qualitative trends가 나타났습니다. 그러한 인식을 정량화 해보기 위해 관찰 가능성을 적용하고 있는 팀, 아직 채택 작업을 시작하지 않은 팀, 관찰 가능성 채택 계획이 없는 팀을 대상으로 조사를 진행했습니다. 조사를 통해 관찰 가능성을 채택한 팀은 그렇지 못한 팀에 비해 프로덕션 환경의 소프트웨어 품질에 대한 자신감이

---

2 옮긴이_ https://www.etsy.com/codeascraft/the-etsy-way/

세 배 이상 높다는 것을 알 수 있었습니다.[3] 뿐만 아니라 관찰 가능성을 채택하지 않은 팀은 새로운 제품 기능을 릴리스하는 것과 관계없는 작업에 절반 이상의 시간을 허비하고 있다는 것도 파악할 수 있었습니다.

이러한 패턴은 오늘날의 현대적이고 복잡한 사회 기술 시스템의 새로운 속성입니다. 프로덕션 환경의 소프트웨어 품질을 보장하고 기능 개선을 위해 사용한 시간의 분석을 통해 문제점과 해결책을 찾을 수 있습니다. 관찰 가능성을 채택함으로써 '더 좋은 코드를 작성하는 것', '더 일을 잘하는 것'만으로는 해결할 수 없는 문제들에 대한 해답을 찾는 데 도움을 얻을 수 있습니다. 관찰 가능성을 위한 성숙도 모델을 만드는 것은 이 책 전반에 걸쳐 설명한 다양한 기능들을 하나로 묶을 수 있게 해줄 뿐만 아니라, 관찰 가능성 채택을 안내해 줄 수 있는 결과 중심의 목표를 모델링하는 출발점이 될 수도 있습니다.

21.3 관찰 가능성 성숙도 모델

관찰 가능성 성숙도 모델은 다음과 같은 엔지니어링 조직의 목표를 달성하기 위해 준비되었습니다.

지속 가능한 시스템과 삶의 질

이 목표는 다소 야심찬 것처럼 보일 수 있습니다만, 엔지니어의 삶의 질은 지속 가능한 시스템과 아주 밀접하게 연결된 것이 현실입니다. 관찰 가능한 시스템을 보유하고 운영하는 것은 어려운 일이 아니기 때문에 관찰 가능성 채택을 통해 시스템을 담당하는 엔지니어의 삶의 질을 높일 수 있습니다. 고객에게 가치를 제공하지 못하는 작업에 업무시간 절반 이상을 사용하는 엔지니어는 더 높은 비율로 번아웃burnout되거나 무관심해질 수 있고, 엔지니어링 팀의 사기가 저하된다는 보고가 있습니다. 관찰 가능한 시스템은 의미 없는 업무를 줄여줌으로써 엔지니어의 퇴사로 인해 발생하는 새로운 엔지니어의 채용과 교육에 필요한 시간과 비용을 아낄 수 있게 해줍니다.

---

3 Honeycomb, "Observability Maturity Report," 2020년 버전(https://hny.co/wp-content/uploads/2020/04/observability-maturity-report-4-2-2020-1-1-1.pdf) 2021년 버전(https://hny.co/wp-content/uploads/2021/06/Observability_Maturity_Report.pdf)을 참고하기 바랍니다.

고객 만족도 증대를 통한 비즈니스 요구사항 대응

관찰 가능성은 엔지니어링팀이 고객과 서비스 간에 일어나는 상호 작용을 더 잘 이해할 수 있게 해줍니다. 엔지니어는 이러한 이해를 바탕으로 고객의 요구사항을 파악하고 고객을 만족시킬 수 있는 성능, 안정성, 기능을 제공할 수 있습니다. 궁극적으로는 관찰 가능성이 비즈니스의 성공적인 운영에 대한 모든 것이 될 수 있습니다.

이번 장에서 설명하는 프레임워크framework는 출발점일 뿐입니다. 조직은 프레임워크를 이용해 스스로에게 질문할 수 있는 구조와 도구를 확보할 수 있습니다. 또, 현재 지점이 어디인지, 그리고 무엇을 목표로 해야 하는지처럼 상황을 이해하고 설명 할 수 있는 문맥을 갖출 수 있습니다.

관찰 가능성의 품질은 기술적인 요소와 사회적인 요소로부터 영향을 받습니다. 관찰 가능성은 특정 컴퓨터 시스템이나 사람의 전유물이 아닙니다. 관찰 가능성에 대한 논의가 계측, 데이터 스토리지 그리고 쿼리 등 기술에만 지나치게 쏠려있는 경향이 있으며, 실제로 조직이 수행할 수 있는 작업에 대해서는 관심이 없는 경우가 많습니다. 관찰 가능성 성숙도 모델은 소프트웨어를 제공하고 운영 업무를 개선하는 작업을 사회 기술적인 문제로 바라볼 수 있게 해줍니다.

만에 하나 팀 구성원이 준비된 도구를 이용해 문제를 해결하는 것에 자신이 없다면 원하는 결과를 얻기는 힘들 것입니다. 도구의 품질은 필요한 계측을 쉽게 추가할 수 있는지, 데이터를 충분히 세분화할 수 있는지, 그리고 인간이 할 수 있는 임의의 질문에 대해 충분한 답변을 할 수 있는지와 같은 요소에 따라 달라질 수 있습니다. 각각의 기능을 처리하는 과정에 동일한 도구를 사용할 필요는 없습니다. 특정 도구가 어떤 기능을 제공한다고 하여 다른 모든 요구 기능 처리에도 적절한 도구라고 해석할 필요도 없습니다.

21.4 관찰 가능성 성숙도 모델의 기능들

이번 절에서 이야기하는 기능들은 관찰 가능성 관행의 품질에 직접적으로 영향을 줄 수 있습니다. 관찰 가능성 성숙도 모델 목록이 완벽한 것은 아니지만, 잠재적으로 나타날 수 있는 비즈니스 요구사항을 보여주기에는 충분합니다. 이번 절에서 소개하는 기능 및 이와 연관된 비즈니스 결과는 프로덕션 환경의 우수성을 보여줄 때 필요한 많은 원칙을 포함하고 있습니다.

이런 일을 수행하는 데 있어 정해진 순서 혹은 규정된 방법은 없습니다. 대신, 모든 조직은 여러 가지 잠재적인 여정에 직면하게 됩니다. 각 단계에서 무엇을 달성해야 하는지에 집중합시다. 나중에 하지 말고 지금 바로 이러한 영역에서 진전을 이루어 나가면서 긍정적인 비즈니스 영향을 얻을 수 있는지 확인해야 합니다.

이런 능력을 만들어 나가는 것은 결코 '완료'되지 않는 목표라는 것을 이해하는 것도 중요합니다. 지속적인 개선의 여지는 언제나 존재합니다. 실용적인 관점에서 봤을 때, 이러한 능력이 조직의 두 번째 천성처럼 자리 잡고 문화의 일부로서 시스템적으로 지원되기 시작했다면, 성숙도의 상위 수준에 도달했다는 좋은 신호라 생각해도 무방합니다. 예를 들어 CI 시스템 도입 이전에는, 시험을 포함시키는 것에 대해 특별히 생각하지 않고 코드를 체크인check in하는 경우가 많았습니다. 그러나, CI/CD를 도입한 현대적인 조직의 엔지니어들에게 시험이 포함되지 않은 체크인은 상상조차 할 수 없습니다. 이와 마찬가지로 관찰 가능성 관행도 개발팀의 본능적인 습관이 되어야만 합니다.

21.4.1 시스템 실패에 대한 탄력성

탄력성resilience은 팀이 지원하는 시스템에 대해 서비스를 복구하고 사용자 영향을 최소화하려는 적응 능력입니다. 이는 운영팀 자체의 능력이나, 소프트웨어의 견고성robustness, 결함 허용성fault tolerance만을 의미하는 것은 아닙니다. 또한 탄력성은 성숙도의 측정을 위해 긴급 상황에 대응하는 프로세스로부터 기술적인 결과와 사회적인 결과 모두에 대해 측정되어야만 합니다.

---

4 https://oreil.ly/fWiPD
5 https://oreil.ly/gDN3S

기술적 결과의 측정은 서비스 복구에 걸린 시간과 시스템에 문제가 발생했을 때 투입된 사람의 수를 조사하는 형태이기도 합니다. 예를 들어, 'DORA 2018 Accelerate State of DevOps Report'[6]에서는 MTTR이 1시간 미만인 경우를 엘리트 퍼포머elite performers라 정의하고 1주일에서 한 달 사이의 MTTR을 저성과자low performers로 정의하고 있습니다.

긴급 대응emergency response은 확장 가능하고 신뢰성 있는 서비스를 위해 필수적입니다. 하지만 긴급 대응이 갖는 의미는 팀마다 조금씩 다를 수 있습니다. 어떤 팀은 만족스러운 긴급 대응을 '전원을 껐다 켜는 것' 정도로 생각할 수 있지만, 또 다른 팀은 '여러 디스크로 전개된 데이터 중복성을 복구해 주는 자동 복구 기능이 어떻게 고장이 났는지 정확히 이해하고 향후 발생할 수 있는 위험을 경감시키는 것'을 긴급 대응으로 생각할 수도 있습니다. 측정 대상 영역에는 이슈를 감지하는 데 걸린 시간과 이슈를 초기에 완화하는 데 걸린 시간, 그리고 발생한 이슈를 완전히 이해하고 위험을 해결하는 데 걸린 시간 이렇게 세 가지가 있습니다.

하지만 팀 관리자가 더 집중해서 신경 써야만 하는 측면은 서비스를 운영하는 사람에 관한 것입니다. 직원들의 주의력과 참여, 몰입도를 유지하도록 지속 가능한 방식으로 온콜 업무 순환이 이루어지고 있나요? 프로덕션 환경을 담당하는 모든 사람이 질서 있고 안전한 방식으로 교육받고 참여할 수 있도록 하는 체계적인 계획이 존재하나요? 아니면 경험 수준과 관계없이 모두가 대응해야 하는 전면적인 비상 상황으로 대응되고 있나요? 서비스의 온콜 업무에 많은 사람들이 참여해야만 하거나 장애나 고장 시나리오 대응을 위해 문맥 전환context switching을 해야만 한다면, 새로운 기능 개발을 통한 비즈니스 가치 창출에 시간과 에너지를 쏟고 있지 못한 것입니다. 엔지니어링 시간의 대부분을 장애나 고장 대응에 할애하는 상황이 지속되면 팀의 사기는 떨어질 수밖에 없습니다.

팀이 일을 잘하고 있다면

- 시스템 가동시간이 비즈니스 목표에 부합하며 지속적으로 개선되고 있습니다.
- 알람에 대한 온콜 대응은 효율적으로 동작하며, 발생한 알람이 무시되지 않습니다.
- 온콜 담당자가 과도하게 스트레스를 받지 않고, 필요한 경우 엔지니어는 추가 교대 근무를 수행하기도 합니다.
- 엔지니어들이 추가 근무를 하거나 과도하게 스트레스를 받지 않으면서 사고를 처리할 수 있습니다.

---

6 https://dora.dev/research/2018/dora-report/2018-dora-accelerate-state-of-devops-report.pdf

팀이 일을 잘 못하고 있다면

- 온콜 순환 업무를 위해 많은 추가 시간과 비용이 지출합니다.

- 사고가 자주 발생하고 장기화됩니다.

- 온콜 담당자가 알람 피로에 시달리거나 실제 고장에 대한 알람을 받지 못합니다.

- 사고 대응 인력이 이슈 진단에 어려움을 겪습니다.

- 일부 팀 구성원들이 과도하게 비상 상황에 투입됩니다.

관찰 가능성과의 관계

알람으로 인한 피로도를 줄이려면 알람은 관련성이 높고, 집중적이면서도 실행 가능한 것이어야 합니다. 오류 예산과 고객의 요구사항 사이에는 명확한 관계가 존재합니다. 사고가 발생했을 때 상황을 설명해 줄 수 있는 이벤트가 제공되면 사고 담당자가 효과적으로 문제를 해결할 수 있습니다. 아주 높은 카디널리티의 데이터를 조사하고 즉석에서 빠르게 결과를 집계하는 능력은 오류 원인을 정확히 찾아내고 빠르게 사고를 해결하도록 도와줍니다. 복잡한 시스템을 효과적으로 디버깅할 수 있는 도구를 사고 대응 담당자에게 제공함으로써 온콜 업무의 스트레스와 업무 강도를 줄여줄 수 있습니다. 과거의 사고 조사 방식을 쉽게 공유할 수 있도록 하여 문제 해결 과정을 투명하게 만들면, 사고 해결에 필요한 기술이 조직 내에 효과적으로 전파되어 사고 발생 시 누구나 효과적으로 대응할 수 있게 됩니다.

21.4.2 완성도 높은 코드의 배포

고품질high-quality 코드의 측정은 코드가 얼마나 이해하기 쉽고 잘 관리되고 있는지, 실험실 환경에서 얼마나 버그를 자주 발견해 낼 수 있는지를 측정하는 것과는 다른 관점의 이야기입니다. 코드의 가독성이나 기존의 검증 기술도 분명 유용하긴 하지만, 코드가 실제로 프로덕션 환경의 혼란스러운 조건에서 얼마나 잘 동작할 것인지에 대해서는 아무런 검증을 수행하지 못합니다. 쉽게 문제가 발생하고 정해진 기능만 제공하는 코드보다는 변화하는 비즈니스 요구사항에 맞추어 조정될 수 있는 코드가 되어야 합니다. 즉, 코드의 품질은 고객과 비즈니스에 중요한 영향을 끼치는 운영과 확장성을 검증하는 방식으로 측정되어야만 합니다.

팀이 일을 잘하고 있다면

- 코드는 안정적이고 프로덕션 환경에서 버그가 거의 발견되지 않으면서 장애가 적게 발생합니다.
- 팀은 코드가 프로덕션 환경에 배포된 후 지원보다는 고객 솔루션에 초점을 맞춥니다.
- 엔지니어는 코드의 생애주기(개발부터 프로덕션 릴리스까지)동안 시점에 관계없이 발견한 문제점을 디버깅하는 것이 직관적이라는 것을 알게 됩니다.
- 발생한 이슈는 격리되어 연쇄적인 실패를 촉발하지 않으면서도 수정될 수 있습니다.

팀이 일을 잘 못하고 있다면

- 고객 지원에 많은 비용이 소모됩니다.
- 엔지니어링 시간의 상당 부분이 새로운 기능 개발이 아니라 버그 수정에 투입되고 있습니다.
- 배포로 인한 위험 부담으로 새로운 기능의 배포를 꺼리는 경우가 많습니다.
- 이슈를 식별하거나 실패 사례를 재현하고 수정하는 데 너무 오랜 시간이 소요됩니다.
- 개발자들이 릴리스 된 코드의 안정성에 대해 자신감이 없습니다.

관찰 가능성과의 관계

코드를 모니터링하고 추적하면 언제 어떻게 프로세스가 실패하는지 쉽게 볼 수 있고, 취약한 부분이 어딘지 쉽게 식별하고 수정할 수 있습니다. 고품질의 관찰 가능성은 한 대의 서버뿐 아니라 1만 대의 서버에서도 동일한 도구를 이용하여 디버깅할 수 있게 해줍니다. 관련성이 높고 상황에 맞는 원격 측정 정보는 배포가 진행되는 동안 엔지니어가 코드의 동작을 감시하면서 빠르게 알람을 발송하고 이슈가 사용자에게 영향을 주기 전에 수정할 수 있도록 해줍니다. 또한, 발생한 버그가 수정되었는지 쉽게 확인할 수 있습니다.

21.4.3 소프트웨어 복잡도와 기술 부채의 관리

기술 부채가 나쁘기만 한 것은 아닙니다. 엔지니어링 조직은 단기적인 이익short-term gain과 장기적인 성과longer-term outcomes 사이에서 끊임없이 선택의 기로에 서게 됩니다. 부채를 해결하거나 선택에 대한 부정적인 측면을 완화해 줄 수 있는 어떤 계획이 존재하는 경우 단기적인 이익을 선택하는 것이 올바른 결정일 수 있습니다. 이러한 점을 염두에 뒀을 때, 구조적으로 안정적인 옵션보다 높은 기술 부채를 갖고 있는 코드가 빠른 솔루션으로 우선적으로 채택될 수 있습니다. 높은 기술 부채를 갖고 있는 코드가 제대로 관리되지 않으면 장기적으로 많은 비용을 유발할 수 있습니다. 유지보수에 많은 비용이 필요하고 향후 코드 수정도 비용에 의존적인 구조가 되기 때문입니다.

팀이 일을 잘하고 있다면

- 엔지니어는 업무 시간의 대부분을 핵심 비즈니스 목표를 진척시키는 데 사용합니다.
- 버그 수정이나 다른 사후 대응적인 작업에는 팀 전체 시간의 일부분만을 사용합니다.
- 엔지니어는 코드의 어느 부분을 수정해야 하는지 찾지 못하고 헤매느라 시간을 낭비하지 않습니다.

팀이 일을 잘 못하고 있다면

- 확장 제한에 걸리거나 예상치 못한 상황을 만났을 때 코드와 시스템을 재구축하느라 엔지니어링 시간을 낭비합니다.
- 팀은 잘못된 것을 고치거나 무언가를 수정하기 위해 잘못된 방법을 선택함으로써 주의가 산만해집니다.
- 엔지니어는 국지적인localized 변경으로부터 종종 통제하기 어려운 파급효과를 경험합니다.
- 엔지니어들은 소위 '유령의 묘지|haunted graveyard'[7]라 불리는 효과로 인해 코드 변경을 두려워합니다.

관찰 가능성과의 관계

관찰 가능성은 시간 낭비 없이 시스템의 종단 간 성능을 이해하고 실패와 성능 저하를 디버깅할 수 있게 해줍니다. 이슈를 처리하는 엔지니어는 시스템의 알려지지 않은 부분을 탐색하는 동안 관찰 가능성을 통해 얻은 단서로 올바른 경로를 쉽게 찾을 수 있습니다. 이를 바탕으로 엔지니어는 어디를 찾아봐야 할지 임의로 추측하지 않고도 최적화해야 하는 시스템의 올바른 지점을 식별할 수 있게 됩니다. 그리고 병목 현상을 확인하기 위해 코드를 변경할 수 있습니다.

---

7 Betsy B. Beyer et al., "Invent More, Toil Less", ;login: 41, no. 3 (Fall 2016), https://oreil.ly/4bfLc

21.4.4 예측 가능한 릴리스

소프트웨어 개발의 가치는 새로운 기능과 함께 최적화된 제품이 릴리스 되었을 때 사용자에게 전달됩니다. 이 프로세스는 개발자가 변경된 코드를 리포지토리에 커밋할 때 시작되며, 여기에는 시험, 검증 및 배포가 포함됩니다. 이 프로세스는 제품 릴리스를 계속 진행해도 괜찮을 만큼 충분히 안정화되고 성숙되었다고 판단될 때 종료됩니다. 많은 사람들이 지속적인 통합continuous integration (CI)과 지속적인 배포continuous deployment (CD)를 릴리스의 최종 목적지라고 생각합니다. 하지만 CI/CD 도구와 프로세스는 단지 강력한 릴리스 주기를 만들기 위해 필요한 구성 요소일 뿐입니다. 모든 비즈니스는 고객의 요구사항을 만족시키면서 시장 경쟁력을 유지하기 위해 예측 가능하고 안정적이면서 빈번하게 릴리스 가능한 환경을 필요로 합니다.[8]

팀이 일을 잘하고 있다면

- 릴리스 주기가 비즈니스의 요구사항과 고객의 기대를 충족합니다.
- 코드 작성 후 빠르게 프로덕션 환경에 배포됩니다. 엔지니어는 작성한 코드에 대한 동료 검토peer review가 완료되고 제어 조건을 만족하면 체크인 후 직접 배포할 수 있습니다.
- 배포 없이도 특정한 코드 경로를 활성화하거나 비활성화할 수 있습니다.
- 배포와 롤백이 빠릅니다.

팀이 일을 잘 못하고 있다면

- 간헐적으로 릴리스될 뿐만 아니라 릴리스 시 사람의 개입이 많이 필요합니다.
- 한번에 많은 변경 사항들이 배포됩니다.
- 릴리스는 특정한 순서로 이루어져야만 합니다.
- 영업팀이 특정 릴리스 계획에 관여하여 기능 릴리스에 대한 약속을 통제해야만 합니다.
- 특정한 날짜나 시간에는 배포하지 않습니다. 제대로 관리되지 않는 릴리스 주기로 인해 업무 외 시간의 삶의 질이 떨어지기 때문입니다.

---

8 Darragh Curran, "Shipping Is Your Company's Heartbeat", Intercom, last modified August 18, 2021, `https://oreil.ly/3PFX8`

관찰 가능성과의 관계

관찰 가능성은 빌드 파이프라인과 프로덕션을 이해하기 위한 방법입니다. 관찰 가능성을 통해 빌드 및 릴리스하는 과정에 발생하는 에러나 시험 도중 발생하는 성능 저하를 확인할 수 있습니다. 계측은 빌드가 잘 진행되었는지, 추가한 기능이 기대한 동작을 하고 있는지, 그리고 이상한 동작은 없는지를 보여줍니다. 즉, 계측은 에러를 재현하기 위해 필요한 모든 문맥을 수집해 줍니다.

뿐만 아니라 관찰 가능성과 계측은 릴리스에 대한 자신감을 갖도록 해주는 방법이기도 합니다. 계측이 제대로 진행되기 시작하면 이전 빌드ID와 새로운 빌드ID를 구분하여 나란히 분석할 수 있습니다. 또, 배포 간에 일관성 있고 원활하게 프로덕션 성능이 제공되고 있는지 검증하거나 새로운 코드가 의도된 동작을 하는지, 의심스러운 정황은 없는지도 살펴볼 수 있습니다. 뿐만 아니라 에러 급증과 같은 특정한 이벤트가 발생했을 때 어떤 공통적인 디멘션이나 값이 있는지 확인하는 것과 같은 세부 정보도 확인할 수 있습니다.

21.4.5 사용자 동작의 이해

모든 프로덕트 매니저, 프로덕트 엔지니어, 시스템 엔지니어는 소프트웨어가 사용자에게 미치는 영향을 이해하고 싶어 합니다. 이를 통해 제품의 시장 적합성product-market fit을 확인할 수 있고, 엔지니어로서 제품 개발의 목적과 영향력을 느낄 수 있습니다. 사용자들이 제품에 대해 좋지 않은 경험을 했다면, 그 결과는 물론이고 사용자들이 무엇을 하려고 했는지 이해하는 것이 중요합니다.

팀이 일을 잘하고 있다면

- 계측을 쉽게 추가하거나 증강augment할 수 있습니다.
- 개발자가 고객 성과와 시스템 활용/비용에 대한 핵심 성과 지표key performance indicators(KPIs)에 쉽게 접근할 수 있고 나란히 시각화할 수 있습니다.
- 피처 플래그 혹은 비슷한 기능을 이용해 기능의 완전한 릴리스 전에 소규모 사용자를 대상으로 빠르고 반복적으로 기능을 제공할 수 있습니다.
- 프로덕트 매니저는 사용자 피드백과 행동에 관한 유용한 뷰view를 얻을 수 있습니다.
- 제품의 시장 적합성을 쉽게 달성할 수 있습니다.

팀이 일을 잘 못하고 있다면

- 프로덕트 매니저가 다음에 진행해야 할 일에 관한 의사결정에 필요한 충분한 데이터를 확보하지 못했습니다.
- 개발자들은 자신의 작업이 고객이나 시장에 아무런 영향을 주지 못한다고 느낍니다.
- 제품 기능이 과도하게 늘어나거나 합리적이지 않은 방식으로 설계되고, 제품 생애주기가 끝나가는 시점에도 고객으로부터 아무런 피드백을 받지 못합니다.
- 제품의 시장 적합성을 달성하지 못합니다.

관찰 가능성과의 관계

효과적인 제품 관리를 위해서는 적절한 데이터에 접근할 수 있어야 합니다. 관찰 가능성은 필요한 데이터를 생산하고 개방형 질문을 하도록 유도하며 이 과정을 반복적으로 수행할 수 있게 해줍니다. 이벤트 주도 데이터 분석이 제공하는 일정 수준의 가시성과 예측 가능한 릴리스 흐름은 모두 관찰 가능성을 통해 얻을 수 있습니다. 프로덕트 매니저는 제품의 변화가 비즈니스 목표를 잘 충족시키는지에 대한 확실한 이해를 바탕으로 기능 방향성을 조사하는 과정을 반복할 수 있습니다.

21.5 조직을 위한 관찰 가능성 성숙도 모델 적용

관찰 가능성 성숙도 모델은 관찰 가능성을 효과적으로 사용하는 데 있어 조직의 역량을 검토할 때 유용한 도구가 될 수 있습니다. 이 모델은 팀의 역량이 부족한 부분과 탁월한 부분을 측정하는 출발점이 됩니다. 관찰 가능성 성숙도 모델은 조직이 관찰 가능성 문화를 채택하고 전파 계획을 수립하는 동안 비즈니스 수익에 가장 직접적인 영향을 미치고 성과를 향상시킬 수 있는 기능의 우선순위를 정할 때 도움이 됩니다.

성숙한 관찰 가능성 관행을 만드는 과정은 선형적으로 진행되지 않으며, 이러한 기능들도 아무런 문맥 없이는 존재할 수 없다는 것을 기억해야 합니다. 각각의 기능은 관찰 가능성과 밀접하게 연관되어 있으며 어떤 한 기능을 개선하면 다른 기능들이 영향을 받을 수 있습니다. 각 조직의 요구사항에 맞추어 프로세스가 진행되는 방식은 고유하며, 어디서부터 시작할 것인지는 현재 전문성을 갖고 있는 영역이 무엇인지에 따라 달라집니다.

워들리 매핑Wardley mapping은 이러한 기능이 현재 조직의 능력에 대한 우선순위와 상호 의존성을 고려했을 때 어떻게 상관관계를 가질 수 있는지를 파악하도록 해주는 기술입니다. 어떤 능력이 비즈니스에 가장 중요한지 이해하는 것은 관찰 가능성 채택 여정을 진행하기 위해 필요한 단계들의 우선순위를 정하고 앞으로 나아갈 수 있도록 도와줍니다.

각각의 기능을 검토하고 우선순위를 정할 때, 팀 내에서 이러한 변화를 주도하는 책임자가 누구인지 명확하게 식별할 필요가 있습니다. 책임자와 함께 이러한 이니셔티브를 검토하고 특정 조직의 요구사항과 관련된 명확한 결과를 바탕으로 한 측정measure 개발이 진행되고 있는지 확인해야 합니다. 자금과 시간 측면에서 봤을 때 명확한 소유권과 책임감, 후원 없이는 진전을 이루기 어렵기 때문입니다. 물론, 경영진의 후원 없이도 작고 점진적인 개선을 해나갈 수 있습니다. 하지만 전체 조직이 함께 움직이지 않고 일부 핵심 인력에게 의존하게 되면, 핵심 인력 개개인이 능력과는 관계없이 성숙된 고성과 조직을 만들지 못할 것입니다.

요약

관찰 가능성 성숙도 모델은 조직이 달성하고자 하는 성과를 측정하고 맞춤형으로 채택 경로를 만드는 출발점을 제공합니다. 관찰 가능성 관행을 성숙한 수준으로 끌어올린 고성과팀의 핵심 역량은 다음과 같은 관점에서 측정될 수 있습니다.

- 어떻게 탄력성을 이용해 시스템 고장에 대응하고 있는가?
- 얼마나 쉽게 고품질 코드를 배포할 수 있는가?
- 복잡성과 기술 부채가 잘 관리되고 있는가?
- 소프트웨어 릴리스 흐름을 예측할 수 있는가?
- 사용자 동작을 잘 이해하고 있는가?

관찰 가능성 성숙도 모델은 소프트웨어 엔지니어링 전문가들을 대상으로 한 정량적 분석과 함께 관찰 가능성을 채택한 조직 전체에서 발견된 정성적 추세를 종합한 것입니다. 이번 장에서 제시한 결론들은 2020년과 2021년에 수행된 연구 결과를 반영하고 있습니다. 성숙도 모델은 산업 전반에 적용할 수 있을 만큼 충분히 일반화된 이상적 미래에 대한 정적인 스냅숏이라는 점을 기억합시다. 관찰 가능성 채택이 지속적으로 확산됨에 따라 성숙도 모델 자체도 진화할 것입니다.

마찬가지로 관찰 가능성 관행도 발전하겠지만, 성숙도에 이르는 여정은 조직에 따라 다를 것입니다. 다만, 이번 장은 조직이 자체적으로 실용적인 접근 방법을 만들어 관찰 가능성 성숙도를 달성에 필요한 기반을 제공하는 것에 초점을 맞추고 있습니다. 다음 장에서는 앞으로 어떤 방향으로 나아가야 하는지를 고찰해 보면서 도움이 될 수 있는 몇 가지 팁을 제시하면서 책을 마무리할까 합니다.

CHAPTER 22

관찰 가능성의 미래

지금까지 여러 가지 관점에서 소프트웨어 시스템에 대한 관찰 가능성을 살펴봤습니다. 관찰 가능성이 무엇인지 알아보고, 관찰 가능성 개념을 소프트웨어 시스템에 적용했을 때 어떻게 동작하는지 기능적 요구사항과 기능적 결과, 그리고 관찰 가능성 채택을 위해 바꿔야 할 사회 기술적인 관행의 관점에서 다뤘습니다.

요약하자면 우리는 이 책의 시작 부분에서 관찰 가능성을 다음과 같이 정의했습니다.

> 소프트웨어 시스템을 위한 관찰 가능성은 시스템이 가질 수 있는 모든 상태를 얼마나 잘 설명하고 이해할 수 있는지를 측정하는 것입니다. 미리 디버깅의 필요성을 정의하거나 예측할 필요 없이도 시스템 상태 데이터의 모든 디멘션과 디멘션의 조합에 대해 임의의 반복적인 조사를 통해 디버깅할 수 있어야 합니다. 새로운 코드의 배포 없이 처음 보는 이상한 상태를 이해할 수 있다면, 관찰 가능성을 확보한 것입니다.

책에서 다룬 관찰 가능성과 관련된 많은 개념과 사례를 바탕으로 관찰 가능성의 정의를 조금 더 명확하게 정립할 수 있었습니다.

> 소프트웨어의 상태와 관계없이 높은 카디널리티와 많은 디멘션을 가진 원격 측정 데이터를 이용하거나 임의로 필요에 맞게 세분화할 수 있고, 핵심 분석 루프를 통해 정확한 이슈 지점을 미리 정의하거나 예측하지 않고도 빠르게 격리하고 디버깅할 수 있다면, 관찰 가능성을 확보한 것입니다.

22.1 관찰 가능성의 과거와 현재

이 책을 쓰기 시작한 지 3년이 넘었습니다. 책을 쓰는 것이 그렇게 오래 걸릴 일이냐고 물어보실지도 모르겠습니다.

관찰 가능성은 계속해서 변해왔습니다. 이 책을 처음 쓰기 시작했을 때만 해도, 이 주제에 대해 누군가와 대화를 나누려면 먼저 '관찰 가능성'의 정의를 설명해야만 했습니다. 데이터의 카디널리티cardinality나 디멘셔널리티dimensionality에 대해 이야기했을 때 그 누구도 용어를 이해하지 못했습니다. 관찰 가능성의 세 가지 기둥three pillars view of observability이 단지 데이터 형식일 뿐이라는 것을 종종 열정적으로 논쟁해야만 했고, 새로운 인사이트를 얻기 위해 필요한 분석이나 관행은 완전히 무시할 수밖에 없었습니다.

신디 스리드하란Cindy Sridharan이 서문에서 이야기한 것처럼, '관찰 가능성'이라는 용어의 중요성이 부각되면서(불가피하고도 유감스럽게도) 관련된 용어 중 하나인 '모니터링'과 혼동되는 경우가 자주 발생했습니다. 종종 '관찰 가능성'은 '모니터링'이나 '원격 측정' 혹은 '가시성'과 동의어가 아니며, 혼용될 수 없다는 것을 설명해야만 했습니다.

그 당시 OpenTelemetry는 초창기였고 OpenTracing이나 OpenCensus와 어떤 차이가 있는지를 설명해야만 했습니다. 왜 바로 사용할 수 있을 정도로 준비된 공급 업체의 에이전트 대신 설정 작업이 더 필요한 새로운 개방형 표준을 사용해야 할까요? 무엇이 중요한가요?

지금은 굳이 사람들에게 그런 설명을 할 필요가 없습니다. 관찰 가능성이 모니터링과 무엇이 다른가에 대해서도 많은 공감대가 생겼습니다. 더 많은 사람이 기본적인 개념을 이해하고 있으며, 데이터는 분석 없이는 아무런 의미가 없다는 것도 잘 이해하고 있습니다. 사람들은 동료들로부터 관찰 가능성 도입의 결과를 전해 듣고 있기 때문에, 관찰 가능성의 효용과 이른바 약속의 땅에 대해서 어느 정도 이해하고 있습니다. 오늘날 많은 사람이 찾고 있는 것은 더 정교한 분석과 함께, 현재 수준에서 관찰 가능성을 성공적으로 실천하는 수준까지 가기 위한 방법에 대한 쉽고 구체적인 지침입니다.

이 책을 처음 시작했을 때는 훨씬 적은 목차로 구성했습니다. 지금보다 기본적인 개념을 다루고 주제의 범위도 작았습니다. 집필을 진행하면서 점차 사람들이 갖고 있는 우려와 성공적인 패턴이 무엇인지 잘 이해하게 되었고, 더 심층적이고 세부적인 내용을 추가할 수 있었습니다. 대규모로 관찰 가능성을 사용하는 조직이 더욱 많아지면서, 해당 조직의 사람들이 책의 집필에 직접 참여할 수 있도록 초대하였고 그들의 사례로부터 교훈을 배울 수 있었습니다(슬랙, 보고 있나?)

이 책은 경쟁사에서 일하는 사람들을 포함하여 많은 리뷰어들의 노력으로 만들어졌습니다. 관찰 가능성 세계의 최신 기술을 포괄적으로 반영할 수 있도록 집필 과정 전반에 거쳐 작성한 원고를 수정하고 더 넓은 관점에서 통합하면서 개념에 대해 끊임없이 재검토했습니다. 비록 집필 시점 기준으로 이 책의 모든 저자들이 허니컴에서 일하고 있긴 하지만, 언제나 집필의 목표는 선택한 도구와 관계없이 관찰 가능성이 실무에서 어떻게 동작하는지를 객관적이면서도 포괄적으로 설명하는 것이었습니다. 언제나 정직하고 울림이 있는 글을 쓸 수 있게 해준 리뷰어들에게 감사를 전합니다.

피드백을 바탕으로 관찰 가능성 채택 과정에 고려해야만 하는 사회 기술적인 과제에 대하여 더 많은 콘텐츠를 추가했습니다. 연관된 관행의 변화를 요구하는 모든 기술적 변화와 마찬가지로, 도구를 구매하는 것만으로는 관찰 가능성을 달성할 수 없습니다. 관찰 가능성 관행을 채택한다는 것은 소프트웨어의 동작을 이해하는 방법과 고객과의 관계를 바꾸는 것을 의미합니다. 관찰 가능성은 어떻게 코드의 변경이 고객의 경험에 영향을 줄 수 있는지 정확히 이해하도록 해줌으로써 고객과 공감하며 하나가 될 수 있게 해줍니다. 조직 내에서 여러 팀에 걸쳐 관찰 가능성이 실제로 실행되는 방식을 설명하고, 초보자에게 도움이 되는 유용한 조언을 선별하는 과정은 반복되는 패턴과 변화로 인해 다소 시간이 소요되었습니다.

그렇다면 이제는 어디로 가야 할까요? 먼저 이 책의 범위를 벗어난 필수 주제에 대해 보충 설명을 해줄 수 있는 여러 가지 자료를 살펴보고, 관찰 가능성 세계의 미래에 대하여 몇 가지 예측을 해보도록 하겠습니다.

22.2 보충 자료

다음과 같은 책과 자료들은 책의 부족한 부분을 보완해 줄 것입니다.

「사이트 신뢰성 엔지니어링」 벳시 베이어*Betsy Beyer*(제이펍, 2018)[1]

앞서 여러 차례 언급했던 책입니다. '구글 SRE 책'으로도 알려진 이 책은 SRE팀이 데브옵스 관행을 어떻게 적용했는지에 대해 자세하게 다루고 있습니다. 이 책은 프로덕션 환경의 시스템을 관리하면서 관찰 가능성 관행을 사용하는 것과 관련된 몇 가지 개념과 관행을 자세히 설명합니다. 또한 프로덕션 환경의 소프트웨어 시스템을 확장 가능하고 신뢰할 수 있으면서도 더 효율적으로 만드는 방법에 대해 집중하고 있습니다. SRE 관행의 소개를 통해 기존의 업계 관행과 어떻게 다른지 설명합니다. 대규모 분산 시스템의 구축 및 운영에 대한 이론과 실제를 모두 다루고 있으며, SRE 채택 이니셔티브를 도와줄 수 있는 관리 관행에 대해서도 이야기하고 있습니다. 책에서 소개한 많은 기술들은 분산 시스템을 관리할 때 많은 도움이 될 수 있습니다. 조직 내에서 아직 SRE 원칙을 사용하지 않고 있다면, 이 책을 통해 얻은 정보들이 SRE 관행을 수립하는 데 도움이 될 것입니다.

「Implementing Service Level Objectives」 알렉스 히달고*Alex Hidalgo*(오라일리, 2020)[2]

이 책은 SLO에 관한 깊이 있는 탐구를 제공하며, 해당 내용을 12장과 13장에서 간략하게 다루기도 했습니다. 히달고는 사이트 신뢰성 엔지니어로 SLO와 관련된 모든 분야의 전문가이자 허니컴의 동료이기도 합니다. 이 책은 SLO 세계와 관련된 더 많은 개념과 철학, 정의를 개괄적으로 다루고 있어, 조금 더 깊이 있게 SLO를 이해하기 위한 발판을 제공해 줍니다. 수학적 모델과 통계적 모델을 이용하여 SLO를 구현하는 자세한 방법을 다루고 있기 때문에, 왜 관찰 가능성 데이터가 SLO에 이상적으로 적합한지를 더 잘 이해하도록 도와줍니다(13장의 기초이기도 합니다). 뿐만 아니라 SLO 채택에 따라 바뀌어야만 하는 문화적 관행을 다루고, 앞서 소개했던 개념들을 더 잘 설명해 주는 책입니다.

「관찰 가능성 엔지니어링」 알렉스 보텐(한빛미디어, 2023)[3]

이 책은 OTel에 대하여 지금까지 살펴본 것보다 더 깊고 자세한 내용을 다루고 있습니다. 보텐의 책은 OTel의 핵심 컴포넌트인 API, 라이브러리, 도구에 대한 자세한 내용뿐 아니라 기본적인 개념과 시그널 형식에 대해서도 다루고 있습니다. 파이프라인을 이용해 원격 측정 데이터를 관리하는 것에 관심이 있다면, 책에서 소개하는 OpenTelemetry 컬렉터*Collector*

---

1 https://www.oreilly.com/library/view/site-reliability-engineering/9781491929117/

2 https://www.oreilly.com/library/view/implementing-service-level/9781492076803

3 https://learning.oreilly.com/library/view/cloud-native-observability-with/9781801077705

이용 방법을 참고할 수 있습니다. OpenTelemetry 컬렉터에 대해서는 앞서 살펴보긴 했지만, 이 책에서는 훨씬 더 깊이 있는 내용을 다루고 있습니다. OTel로 무엇을 할 수 있는지 알아보기 위해 OTel 핵심 개념에 대한 깊이 있는 학습을 해보고 싶다면 이 책을 꼭 읽어보기 바랍니다.

「실전 분산 추적」 오스틴 파커(에이콘출판사, 2022)[4]

이 책은 추적을 위해 애플리케이션을 계측하는 방법에 대한 깊이 있는 안내를 제공하며, 계측 절차를 통해 수집한 데이터로부터 운영적 통찰력을 발굴하는 방법을 다룹니다. 추적에 특화되어 있긴 하지만, 계측에 대한 모범 사례와 가치 있는 추적을 만들어내기 위한 스팬 특성의 선택 방법도 다루고 있습니다. 이 책은 라이트스텝Lightstep 직원들이 집필했으며, 분산 추적이 어느 방향으로 변화하고 있는지에 대한 추가적인 관점을 제시하고 있어 유익하고 유용합니다.

허니컴 공식 블로그[5]

허니컴 블로그에서 관찰 가능성 사례에 대한 최신 정보를 찾을 수 있습니다. 공식 블로그인 만큼 허니컴의 관찰 가능성 도구에 특화된 이야기들이 올라오기도 합니다만 일반적인 관찰 가능성의 개념과 조언뿐만 아니라, 허니컴 엔지니어링팀에서 제시한 관찰 가능성을 통해 업무 관행을 진화시킨 방법과 사례에 대한 글들도 자주 올라옵니다.

추가로 이 책 전반에 걸쳐서 자신만의 관점과 의견을 만들어 나갈 때 도움이 되는 다양한 출처와 저자들에 대해서도 소개했습니다. 시간이 된다면 이 자료들도 확인해 보기 바랍니다.

22.3 관찰 가능성의 미래

출판물로 미래 예측을 공개하는 것은 대담한 결정이며, 그 예측들이 얼마나 잘 맞았는지 되돌아보는 것은 더욱 대담한 결정입니다. 하지만 우리가 관찰 가능성 생태계의 중심에 위치하고 있다는 것을 감안했을 때, 이 산업이 향후 몇 년 동안 어디로 향할지 근거 있는 예측을 할 만큼

---

4 https://www.oreilly.com/library/view/distributed-tracing-in/9781492056621/

5 https://hny.co/blog

충분히 자격을 갖추었다고 생각합니다. 이번 절에서 이야기하는 예측들은 2022년 3월 기준으로 작성된 것들입니다.[6]

향후 3년 동안 OTel과 관찰 가능성이 성공적으로 엮이면서 앞으로 이 둘을 따로 떼어놓고 생각하기 어려워질 것입니다. 책에서 개략적으로 이야기했던 것처럼 OTel을 채택하고 개발하는 것에 관심이 있는 사용자 그룹과 관찰 가능성의 정의에 걸맞은 도구를 개발하는 것에 관심이 있는 사용자 그룹은 일정 부분 겹칩니다. 추적 데이터에 대한 지원이 가장 성숙된 형식이라는 사실은, OTel이 애플리케이션 계측에 대한 사실상의 표준으로 급부상하는 데 큰 도움이 되었습니다. 메트릭, 로그 데이터, 프로파일링은 여전히 개발 초기 단계이지만 동일한 성숙도 수준까지 빠르게 도달하여 다양한 환경에서 더욱 광범위하게 채택될 수 있는 문이 열릴 것으로 기대됩니다. 뿐만 아니라 몇 가지 설정 변경만으로 현재보다 훨씬 쉽게(이미 충분히 단순하긴 합니다만) 서로 다른 백엔드 솔루션 간의 전환을 할 수 있게 될 것으로 예상합니다.[7] 앞으로 특정 공급 업체에서 다른 공급 업체로 전환하는 방법에 대해 자세히 설명하는 기사들이 급격하게 늘어날 것입니다.

이 책의 대부분은 백엔드 애플리케이션과 인프라를 디버깅하기 위한 관찰 가능성 예제에 집중하고 있습니다. 하지만 앞으로는 프론트엔드 애플리케이션에도 관찰 가능성이 점차 확산될 것으로 예측합니다. 오늘날 브라우저 애플리케이션을 이해하고 테스팅 하기 위한 최신 기술로는 실제 사용자 모니터링real user monitoring(RUM)과 신세틱 모니터링synthetic monitoring이 있습니다.

이름을 통해 알 수 있는 것처럼 RUM은 브라우저를 이용하여 실제 애플리케이션 사용자의 경험을 측정하고 기록합니다. RUM은 사용자에게 전달되는 실제 서비스 수준의 품질에 집중하여 애플리케이션 에러나 속도 저하를 탐지하고 코드 변경 사항이 사용자 경험에 의도하고 있는 효과를 미치고 있는지 확인합니다. RUM은 코드 성능에 영향을 주지 않으면서 웹 트래픽을 수집하고 기록하는 방식으로 작동합니다. 대부분의 경우 간단한 자바스크립트 코드가 웹 페이지나 애플리케이션의 네이티브 코드에 추가되어 브라우저나 클라이언트로부터 피드백을 제공합

---

6 옮긴이_ OpenTelemetry는 2023년 10월 기준으로 주요 관찰 가능성 솔루션 공급 업체를 포함한 1,100개 이상의 기업이 참여하고 있는 초대형 과제가 되었습니다(https://www.cncf.io/reports/opentelemetry-project-journey-report/). 또한, 관찰 가능성과 관련하여 오픈소스를 이용하겠다는 경향이 강해지고 있으며 AI나 ML를 통해 관찰 가능성을 강화하는 것에 대한 관심이 높아지고 있습니다(https://grafana.com/blog/2024/01/08/observability-trends-and-predictions-for-2024-ci/cd-observability-is-in.-spiking-costs-are-out./).

7 베라 레이놀즈(Vera Reynolds)는 OTel을 이용해 추적 데이터를 허니컴과 뉴렐릭으로 전송하는 것에 대한 지침서 '공급 업체 락인을 회피하기 위한 핵심, OpenTelemetry'를 공개해두었습니다. (https://oreil.ly/4160A)

니다. 이렇게 수집되는 대량의 데이터를 관리하기 위해 RUM 도구는 통합^{consolidation}을 위한 샘플링이나 집계를 사용할 때가 많습니다. 여기서 통합은 전반적인 성능을 통째로 이해할 수 있다는 것을 의미하며, 특정한 사용자의 성능을 세부적으로 이해하기 위해 이 값을 작은 값으로 쪼갤 수는 없습니다.

하지만 이런 제약사항에도 불구하고 RUM은 실제 사용자 경험을 측정할 수 있다는 장점을 갖고 있습니다. 이것은 RUM 도구가 애플리케이션에서 일어나는 예측하지 못한 광범위한 이슈를 찾아낼 수 있다는 것을 의미합니다. RUM은 개발팀이 한번도 들어본 적 없는 마이너한 모바일 브라우저의 새 버전에서만 나타나는 현상부터 지구 반대편에 있는 특정 국가나 지역의 어떤 IP 주소에서 확인되는 네트워크 지연까지 어떤 것이든 볼 수 있도록 도와줍니다. 또한 RUM은 라스트마일^{last-mile} 이슈를 식별하고 해결할 수 있습니다. 계측 수행을 위해 실제 사용자가 페이지에서 무언가 클릭하는 것에 의존적이라는 점에서 신세틱 모니터링과는 차별화됩니다.

신세틱 모니터링은 정의된 계측 시험 단계를 자동적으로 수행하는 접근 방법을 이용합니다. 이러한 도구는 통제된 환경에서 세부적인 애플리케이션 성능과 경험 계측치를 수집합니다. 사용자들이 애플리케이션에서 수행할 만한 작업을 시뮬레이션 하기 위해 동작 스크립트^{behavioral scripts} 혹은 동작 경로^{paths}를 만듭니다. 이러한 경로에서의 성능은 일정한 주기로 계속해서 모니터링됩니다. 코드에 대한 단위 시험과 일면 비슷하지만, 이러한 경로나 스크립트는 보통 개발자가 소유하고 실행하는 경우가 많습니다. 이러한 경로 혹은 프론트엔드 애플리케이션을 사용하는 일반 사용자 동작의 시뮬레이션은 개발되고 관리되어야 하며 시간과 노력을 필요로 합니다. 보통 신세틱 모니터링은 아주 많이 사용되는 경로나 비즈니스 크리티컬한 프로세스에 대해서만 성능을 모니터링합니다. 시험 스크립트가 미리 작성되어야 하기 때문에 사용자가 수행할 수 있는 모든 탐색적인 경로들에 대해서 성능을 측정하는 것은 현실적이지 않습니다.

그러나 신세틱 모니터링 도구로는 실제 사용자 경험에 대한 성능을 볼 수 없기 때문에 RUM을 이용하는 것이 갖는 몇 가지 장점이 있습니다. RUM은 신경 써야 하는 조건들을 적극적으로 시험할 수 있도록 해줍니다(예를 들어 특정한 디바이스 종류나 브라우저 버전과 같은). 보통 재현 가능한 결과를 만들어내기 때문에 자동 회귀 시험 제품군에 포함되기도 합니다. 이를 통해 실제 사용자에게 코드를 배포하기 전에 시험을 실행할 수 있게 되어, 실제 사용자에게 영향을 미치기 전에 성능 문제를 파악할 수 있습니다.

RUM과 신세틱 모니터링은 구체적이고 다양한 이용 사례가 있습니다. 관찰 가능성 이용 사례는 RUM과 비슷해 보이지만, 개별 고객 경험을 디버깅할 수 있게 해주는 높은 수준의 충실함을 이용하여 프로덕션 환경에서 실제 사용자 경험을 측정해 준다는 차이가 있습니다. 14장에서 살펴본 것처럼 많은 팀이 관찰 가능성 데이터를 CI/CD 빌드 파이프라인이나 시험 제품군에 사용합니다. 이는 원격 측정 내에서 원래의 시험 요청에 단순히 태그를 붙이는 것만으로도 시스템을 이용하는 사용자 경로에 대해 성능을 모니터링 하도록 종단 간 시험 스크립트를 실행할 수 있다는 것을 의미합니다. 몇 년 내로 프론트엔드 애플리케이션의 모니터링을 위해 RUM과 신세틱 모니터링 중 하나를 선택해야 하는 고민은 없어질 거라고 예상합니다. 둘 중 하나를 선택할 필요 없이 그저 관찰 가능성을 적용하기만 하면 되도록 변화할 것입니다.

또 OTel의 자동 계측은 3년 이내에 여러 공급 업체의 라이브러리와 에이전트가 제공하는 자동 계측 패키지를 따라잡아 서로 비교할 만한 수준까지 올라올 것으로 예상합니다. 지금도 OTel을 사용하는 것은 여전히 많은 팀들에게 단지 선택 사항일 뿐입니다. 사용하는 언어에 따라 OTel에 포함된 자동 계측이 특정한 공급 업체가 전용으로 제공하는 계측보다 다소 부족할 수 있습니다. 하지만 활발한 개발자 생태계와 결합되어 있는 OTel의 오픈소스로서의 특성을 고려하면 결국 이러한 상황이 오랫동안 지속되지 않을 것이라는 걸 예상할 수 있습니다. OTel을 이용한 자동 계측은 적어도 공급 업체 락인^{lock-in}을 되돌릴 수 있을 만큼 충분히 대안으로써 활용될 수 있을 것입니다. 시간이 지나면 OTel을 사용하는 것이 당연한 일이 될 것이고, 모든 애플리케이션 관찰 가능성 이니셔티브의 사실상의 출발점이 될 것입니다(이미 시작되었습니다!).

그렇지만 이것을 관찰 가능성 도구에서 활용할 수 있는 유용한 원격 측정 생성의 유일한 방법이라는 의미로 해석해서는 안 됩니다. 7장에서 살펴봤던 사용자 정의 계측^{custom instrumentation}은 비즈니스 로직을 구동하는 코드와 가장 밀접하게 관련되어 있는 문제를 디버깅할 때 필요한 중요한 부분입니다. 주석^{comments}이 없는 코드를 생각할 수 없는 것처럼 사용자 정의 계측이 포함되지 않은 코드도 상상할 수 없습니다. 엔지니어로서 우리는 새로운 코드를 작성할 때마다 계측의 관점에서 생각하는 것에 익숙해져야 합니다.

3년 후에는 파이프라인을 만드는 과정이 엄청나게 빨라지고 피드백 루프는 짧아지면서, 더 많은 팀들이 CI/CD 파이프라인의 마지막 단계에서 프로덕션 환경으로 변경 사항을 배포하는 작업을 자동화하게 될 것입니다. 지속적인 배포^{continuous deployment}가 다소 까다로울 수 있긴 하지만, 기능 배포와 기능 릴리스를 분리하는 관행은 대부분의 조직에서 어렵지 않게 달성할 수 있을 것입니다. 피처 플래그^{feature flags}는 더 많이 채택될 것이고 점진적인 배포와 같은 배포 패턴이 더 대중화될 것입니다.

우리가 주의 깊게 관찰해야 할 곳은 개발자의 워크플로입니다. 소프트웨어 산업 관점에서 봤을 때, 코드의 작성과 배포 과정을 가능한 한 빨리 관찰 가능성과 연결할 수 있는 다양한 방법이 필요합니다(11장 '관찰 가능성 주도 개발' 참조). 그리고 코드의 작성과 실행의 간극을 줄일 필요도 있습니다. 그러나 일부 개발자들만이 변경된 코드가 배포된 후 어떻게 동작하고 있는지 빠르게 피드백을 받을 수 있는 도구를 가지고 있습니다. 개발자는 코드를 배포할 때마다 코드의 변경이 프로덕션 환경의 사용자들에게 어떤 영향을 주는지를 면밀하게 이해할 필요가 있습니다. 놀랍게도 극히 일부의 개발자들만이 그렇게 할 수 있지만 안타깝게도 그런 개발자들조차 매우 큰 경험의 차이를 갖고 있습니다.

이런 경험이 얼마나 중요한지에 대하여, 그리고 이런 능력 없이는 다시는 일할 수 없다는 이야기를 개발자들로부터 듣고 있습니다. 더 빠르게 움직이고, 시간 낭비를 줄이고, 오류를 적게 만들면서도 더 빠르게 오류를 잡아낼 수 있는 가시적인 이점들이 구체화되기 시작했습니다(19장 '관찰 가능성 비즈니스 사례' 참조). 요약하자면 관찰 가능성을 어떻게 활용할 수 있는지 배우는 것이 더 나은 소프트웨어 엔지니어가 되는 지름길입니다. 소프트웨어 산업은 기본적으로 프로덕션 환경에 대해 더 나은 개발자 워크플로를 원하고 있으며, 관찰 가능성을 통해 많은 개발자들이 그러한 위치에 도달할 수 있다고 예측합니다.

관찰 가능성은 더 많은 개발자에게 이러한 유형의 혁신적인 경험을 해볼 수 있도록 기준을 낮출 수 있을까요? 이전에는 해결할 수 없었던 프로덕션 환경의 문제를 해결할 때마다 괴물 같은 마법사가 된 듯한 기분을 느끼는 것이 관찰 가능성 채택이 급격히 늘어나는 것을 유지하는 데 도움이 될까요? 소프트웨어 산업 종사자로서 모든 엔지니어링팀이 관찰 가능성에 더 쉽게 접근할 수 있도록 만들 수 있을까요?

시간이 대답해 줄 것입니다. 계속 지켜보십시오. 그리고 어떻게 진행되고 있는지 알려주세요. 언제든 X에서(구 트위터) 이 책의 저자들에게 연락하기 바랍니다. @mipsytipsy, @liz-thegrey, @gmiranda23

채리티, 리즈, 그리고 조지로부터

INDEX

INDEX

INDEX